Elenis Kinder

Nicholas Gage

Elenis Kinder

Scherz

Für Joan, Christos, Eleni und Marina

Erste Auflage 1990
Titel der Originalausgabe: «A Place For Us».
Einzig berechtigte Übersetzung aus
dem Amerikanischen von Gerda Bean.
Copyright © 1989 by Nicholas Gage.
Gesamtdeutsche Rechte beim Scherz Verlag, Bern, München, Wien.

Inhalt

1 Aufbruch nach Amerika

Die Schwarzweißaufnahme* zeigt wie viele, die Ende der vierziger Jahre gemacht wurden, eine Gruppe von Flüchtlingen, die ihre verwüstete Heimat für einen Neubeginn in Amerika verlassen. Es sind vier Reisende: zwei fast erwachsene junge Frauen in bäuerlicher Kleidung und zwei Kinder, ein Junge und ein Mädchen, etwa acht Jahre alt. Hinter ihnen stehen zwei Männer in modischen Stadtanzügen – Verwandte, mit der Aufgabe betraut, die Waisen sicher zum Schiff zu begleiten, das sie in ihre neue Heimat bringen wird. Im Hintergrund ragt ein riesiges Schiff der Marine auf, und darum herum errät man das Getriebe des Hafens von Piräus.

Aber die vier Auswanderer stehen still und feierlich inmitten der verschwommenen Geschäftigkeit und schauen ernst in die Box des Straßenfotografen, der bezahlt worden ist, um die letzten Augenblicke auf griechischem Boden festzuhalten. Die älteren Mädchen, mit langen Zöpfen auf dem Rücken, sind von den groben Dorfschuhen und Strümpfen bis zu ihren dicken Wollröcken und Jacken ganz in Schwarz gekleidet. Sie tragen Trauer, denn ihre Mutter starb, damit sie diese Reise antreten konnten.

Sie hieß Eleni Gatzoyiannis. Acht Monate davor, im Juni 1948, sorgte sie für die Flucht ihrer Familie aus ihrem Bergdorf, da die kommunistischen Partisanen, die es besetzt hatten, Kinder zusammentrieben, um sie in Schulungslager hinter den Eisernen Vorhang zu schicken. In letzter Minute war Eleni gezwungen gewesen, zurückzubleiben, und sie hatte ihren Kindern befohlen, ohne sie zu

---

* Siehe Ausschnitt Schutzumschlagfoto

fliehen. In einem Flüchtlingslager erfuhren sie später, daß sie eingesperrt, gefoltert und schließlich als Vergeltung für ihre Flucht von
den Partisanen hingerichtet worden war. In Kesseln mit kochendem
Wasser über dem Feuer färbten sie ihre Kleidung schwarz und bereiteten sich für die Reise nach Amerika vor, denn ihre Mutter hatte
ihnen gesagt: Was immer mit ihr geschähe – dorthin müßten sie
gehen.

Das kleine Mädchen auf dem Foto hält stolz eine winzige Plastik-
handtasche in der Hand und trägt neue Kleider, die aus einem Athener Kaufhaus stammen. Der kleine Junge floh barfuß aus dem Dorf,
aber für die Reise nach Amerika bekam er derbe Schuhe, die im
Flüchtlingslager angefertigt worden waren. Einer seiner Schuhe ist
offen, es fällt aber niemandem auf, und keiner schnürt ihn zu. Er trägt
einen schlecht sitzenden Anzug aus grauer Wolle mit kurzen Hosen
und einer dicken Jacke mit ausgebeulten Taschen. Sein neuer Haar-
schnitt ist so kurz, daß an den Seiten die Kopfhaut durchschimmert.
Er blickt argwöhnisch in die Kamera, als ob er dem Fotografen nicht
traut.

Was der Junge tatsächlich beobachtete, sind zwei Pappkoffer, die
gleich hinter dem Fotografen stehen, denn sie enthalten den ganzen
Besitz seiner Familie, auch den Hochzeitsschal seiner Mutter und die
einzigen Fotografien, die sie von ihr haben. Fast so wichtig ist ihm die
Schultasche aus Segeltuch, die mit Heften aus seinem Unterricht im
Flüchtlingslager gefüllt ist. Er hofft, daß diese seine amerikanischen
Lehrer beeindrucken werden.

Ich weiß, was der Junge beobachtete und dachte und welche Schätze
seine Taschen füllten, denn ich war dieses neunjährige Kind, das am
3. März 1949 die Seereise nach Amerika antrat. Meine drei Schwestern und ich hatten Schiffskarten für die *Marine Carp*, einen umge-
bauten amerikanischen Truppentransporter, der nach dem Zweiten
Weltkrieg in den Dienst als Passagierschiff gepreßt worden war. Ich
reiste mit meiner ältesten Schwester Olga, zwanzig, meiner zweiten
Schwester Kanta, sechzehn, und meiner vierten Schwester Fotini,
zehn. Unsere fünfzehnjährige Schwester Glykeria war hinter dem
Eisernen Vorhang vermißt, vielleicht sogar tot. Mit unserer Mutter
hatten wir sie zurücklassen müssen. Nach *Manas* Hinrichtung war
unsere Schwester mit den restlichen Dorfbewohnern von den zu-
rückweichenden kommunistischen Partisanen mit vorgehaltener

Waffe nach Albanien getrieben worden, und wir hatten keine Ahnung, wo sie jetzt war.

Obwohl ich meine Mutter verloren hatte, den einzigen Elternteil, den ich je kennengelernt hatte, waren wir eigentlich keine Waisen, denn wir hatten einen Vater in Amerika. Deshalb hatten wir es geschafft, von den Wellblechhütten in Igumenitsa, wo ein aufgehängtes Leintuch uns von anderen Familien trennte, in den Hafen von Piräus zu gelangen. Jetzt würden wir in ein Land fahren, das uns stets so fern und sagenhaft wie Atlantis vorgekommen war.

Mana hatte uns immer Briefe von diesem Vater vorgelesen, der in Worcester, Massachusetts, Obst und Gemüse verkaufte und vom ganzen Dorf für einen amerikanischen Millionär gehalten wurde. Er war 1910 von Griechenland nach Amerika ausgewandert – ein Junge von siebzehn Jahren, mit zwanzig Dollar in der Tasche – und 1926 zurückgekehrt, um zu heiraten. Die amerikanische Staatsbürgerschaft und das Vermögen, das er angeblich besaß, erzeugten Neid unter den Dorfbewohnern, die meine Mutter *Amerikana* nannten, obwohl sie selbst nie weiter als achtzig Kilometer über ihren Geburtsort hinausgereist war.

In den ersten neun Jahren meines Lebens hatte es Zeiten gegeben, in denen ich insgeheim stolz auf den Reichtum und Status meines unbekannten Vaters war, allmählich verübelte ich ihm aber seine Abwesenheit und die Verlegenheit, in die mich seine Nationalität brachte. Der Sohn eines amerikanischen «Kapitalisten» zu sein, machte mich häufig zum Sündenbock der Dorfjungen, die die Propaganda der kommunistischen Partisanen in sich aufgenommen hatten. Wenn Blockaden und Knappheiten des Zweiten Weltkriegs Hungersnot schafften und wir unter Unterernährung und Rachitis litten, den Boden nach Unkraut zum Essen absuchten und mit Hilfe der knappen Mehlration, die mein Großvater, ein Müller, uns ungern zuteilte, überlebten, dann machte ich meinem Vater stille Vorwürfe, daß er uns nicht zu sich nach Amerika holte.

In der kurzen Friedensperiode zwischen dem Zweiten Weltkrieg und dem Ausbruch des griechischen Bürgerkriegs Ende 1946 schrieb *Mana* an ihren Mann und bat ihn flehentlich, unsere Papiere einzureichen, damit wir sofort auswandern könnten, aber er zögerte, weil er sich über das Risiko Sorgen machte, heranwachsende Töchter an einen mondänen Ort wie Amerika zu verpflanzen. «Du hast keine

Ahnung, wie frei die Mädchen hier sind. Schon früh fangen sie an, mit Fremden herumzulaufen...», schrieb er. Er befahl meiner Mutter, für Olga, meine älteste Schwester, die Hochzeit mit einem Mann aus guter Familie zu arrangieren, dann würde er uns holen.

Aber es war zu spät. Im Herbst 1947 besetzten griechische kommunistische Partisanen die Dörfer im Norden Griechenlands, wo wir lebten. Alle Männer, darunter mein Großvater Kitso Haidis, flohen aus den Bergen, um der Zwangsrekrutierung zu entgehen, und ließen Frauen und Kinder zurück. *Mana* bat ihren Mann um Rat, und er riet ihr, zu bleiben und auf Haus und Grundstück aufzupassen. Sie hatte die Invasionen der Italiener und Deutschen überlebt, schrieb er, ganz sicher hätte sie von ihren griechischen Landsleuten viel weniger zu befürchten, die doch nur für ihre Rechte kämpften.

Meine Mutter war eine folgsame Bäuerin, die niemals mit einem Mann sprach, der nicht zur Familie gehörte, bis sie im Alter von achtzehn Jahren mit einem vierzehn Jahre älteren Amerikaner, der auf Besuch war, verlobt wurde. Ihre Erziehung verlangte, daß sie den Befehlen der Männer gehorchte. Als die Partisanen kamen, gab sie ihnen klaglos unser Essen und half beim Bau von Festungen und beim Verwundetentransport. Sie widersprach nicht, als sie unser Haus forderten, um es zum Hauptquartier und Gefängnis zu machen, sondern zog einfach mit uns in die Hütte ihrer Eltern. Obwohl die Partisanen und ihre Nachbarn sie zur Zielscheibe besonderer Kränkungen machten, weil sie die reiche *Amerikana* war, blieb sie folgsam und klagte nie.

Erst als die Partisanen die Übergabe ihrer Kinder verlangten, beschloß Eleni Gatzoyiannis, ihnen die Stirn zu bieten.

Im Frühjahr 1948 hielten die Partisanen in unserem Dorf eine Versammlung ab, zu der jeder kommen mußte, und verkündeten, daß alle Kinder zwischen drei und vierzehn Jahren in osteuropäische Lager gebracht werden würden, wo sie als Kommunisten erzogen und ausgebildet würden. Sie stellten einen Tisch voller Speisen vor die hungernden Dorfbewohner und sagten, alle Kinder, deren Eltern sie freiwillig herausgäben, bekämen sofort zu essen. Trotz der Schreie ihrer ausgehungerten Kinder weigerten sich die meisten Mütter.

Eines Tages, als ich mich im Bohnenfeld meiner Großmutter versteckt hielt, hörte ich, wie zwei Offiziere der Partisanen sagten, daß alle Kinder, freiwillig herausgegeben oder nicht, mit Gewalt fortgebracht würden. Als ich zu meiner Mutter rannte und es ihr erzählte, faßte sie zum ersten Mal im Leben den Entschluß, sich zu widersetzen, und begann die Flucht zu planen, die mit ihrer Einkerkerung, Folter und Hinrichtung endete.

Als ich in Piräus am Kai stand, gab ich meinem Vater mit die Schuld an ihrem Tod. Hätte er doch nur schneller gehandelt, dann hätte er uns 1946, in der kurzen Friedenszeit, herausholen können, und wir wären ganz und lebten als Familie in Amerika. Jetzt waren wir auseinander gerissen. Die von Kugeln durchsiebte Leiche meiner Mutter war mit anderen Opfern in ein flaches Massengrab geworfen und Monate später von meinem Großvater gefunden worden, der ihre sterblichen Überreste auf dem Friedhof in der Nähe unseres zerstörten Hauses begrub. Glykeria war hinter dem Eisernen Vorhang für uns verloren. Meine übrigen Schwestern und ich waren dank dem Mut und der Liebe meiner Mutter noch zusammen, aber wir waren ohne einen Pfennig Geld und besaßen nichts weiter als so viel Kleidung, daß wir einmal wechseln konnten. Und nun sollten wir unsere Heimat verlassen und einen Ozean überqueren, um in ein fremdes Land zu gelangen, wo niemand unsere Sprache sprach, und um mit einem Vater zu leben, den ich nie gesehen hatte, an den ich aber immer mit einer Mischung aus Liebe, Sehnsucht und Zorn gedacht hatte.

Wenn er uns wirklich liebte, dachte ich, hätte er uns gleich am Anfang mit nach Amerika genommen, statt seine junge Frau in Griechenland zu lassen und alle paar Jahre besuchsweise zurückzukehren. Als er Ende 1938 zum letzten Mal Griechenland verließ – als die Wolken des Krieges sich über Europa zusammenzogen –, wußten weder Christos Gatzoyiannis noch seine Frau Eleni, daß sie den Sohn trug, um den sie beide gebetet hatten, während sie die Geburt von vier Töchtern gottergeben hinnahmen.

Jetzt stellte ich mir das Gesicht meines Vaters vor und versuchte, meine Wut auf den Mann, der uns nicht rechtzeitig gerettet hatte, zu unterdrücken. Wie jedes Kind, das nur noch einen Elternteil hat, hätte ich meinen Vater gern bewundert. Liebe für diesen unbekannten Amerikaner und Haß auf ihn führten Krieg in meiner Brust, als wir die Barkasse beobachteten, mit der wir zur *Marine Carp* übersetzen würden. Ich hielt meine Schultasche, in der meine Hefte steckten, wie einen Talisman und hoffte, meinen Vater zu beeindrucken, wenn er sah, wie gut ich im Rechnen war.

Selbst als mein Vater erfuhr, daß seine Frau ermordet worden war und seine Kinder in einem Flüchtlingslager lebten, war er immer noch unschlüssig, ob er uns zu sich holen sollte. Er schrieb und fragte uns, was uns lieber wäre: Wollten wir im Dorf bei unseren Großeltern leben, nach Athen zu unseren Cousins ziehen oder zu ihm nach Amerika kommen? Unsere Antwort kam schnell und einstimmig, weil wir uns ganz genau an das erinnerten, was unsere Mutter uns zum Abschied gesagt hatte – damals, als die kommunistischen Partisanen sie mitnahmen, um Weizen zu dreschen. Sie hatte versprochen, zu versuchen, mit Glykeria zu fliehen und uns zu finden, aber Olga hatte sie ermahnt: «Wenn wir es nicht schaffen, mußt du deinem Vater telegrafieren und ihm sagen, er soll euch sobald wie möglich nach Amerika holen. Euer Großvater wird versuchen, euch zum Bleiben zu überreden. Meine Eltern wollen aber nur, daß jemand in Griechenland bleibt, damit sie im Alter versorgt sind. Aber, ob ich lebendig oder tot bin – ich werde nicht ruhen, bis ihr alle in Amerika und in Sicherheit seid.»

Dann kam der Augenblick, in dem sie sich von mir verabschiedete, von den Partisanen den Berg hinabgeführt wurde, noch einmal die Hand zum Abschied hob und in der Ferne verschwand. Zuletzt hatte sie noch zu mir und Kanta gesagt: «Denkt dran: Wer in Griechenland bleibt und nicht nach Amerika geht, ist von mir verflucht. Wenn ihr heute abend das Haus verlaßt, werft einen schwarzen Stein hinter euch, damit ihr nie zurückkommt.»

Die Abschiedsworte meiner Mutter noch lebhaft im Gedächtnis und die Drohung ihres ewigwährenden Fluches über uns, hätten wir den Bitten und düstern Prophezeiungen unseres Großvaters, dazubleiben, nie nachgegeben. «In Amerika ist der Rauch der Fabriken so dick, daß er den Himmel verdeckt. Ihr werdet die Sonne nie wieder auf euren Gesichtern spüren», warnte er. «Ihr werdet nie wieder Olivenöl, Fetakäse oder Lamm essen. Das Land ist voller Ausländer. Ihr werdet womöglich Italiener heiraten, oder Schlimmeres.»

Aber wir weigerten uns, auf ihn zu hören, als er uns vom Flüchtlingslager in Nordgriechenland nach Athen begleitete und uns bei den Formalitäten in der amerikanischen Botschaft half, wo wir unsere Pässe bekamen – ausgestellt im Namen von Olga, der einzigen, die über achtzehn war. Und an jenem Tag, als sich die Barkasse des

Schiffes näherte, schmollte der alte Mann und weigerte sich, sich mit uns – ein letztes Mal als Griechen – fotografieren zu lassen.

Als unsere Cousins die beiden Koffer auf das Boot hoben und ich jede Hilfe mit meiner Schultasche energisch ablehnte, bemerkte ich, daß die Lippen meines Großvaters unter dem weißen Schnurrbart zu zittern begannen. «Schaut euch den Himmel noch einmal gut an», brummte er. «Den seht ihr nie wieder!»

Ich schaute und sah den wolkenlosen blauen Himmel, der mein ganzes Leben lang über mir gehangen hatte, und fragte mich, wie es wohl wäre, ihn nie wieder zu sehen. Aber ich zögerte nicht, als ich meinen Schwestern auf das Boot folgte. Wir erreichten das Schiff und kletterten die wacklige Leiter hoch aufs Deck, auf dem viele Passagiere in seltsamer, fremd aussehender Kleidung standen.

Während sich das Schiff in Bewegung setzte, beobachtete ich, wie die Gestalt meines Großvaters schrumpfte. Plötzlich winkte er mit dem Spazierstock, den er immer bei sich trug und der aus dem Zweig eines Hartriegelstrauches geschnitzt und von seinen Händen zu dunklem Glanz poliert worden war. Schließlich war es nur noch das wilde Schwenken seines Stockes, das ihn von den anderen Punkten am Hafen unterschied.

Ich steckte die Hände in die Taschen, um unter den Schätzen, die ich bei mir hatte – Amulette, die mich vor der ungewissen Zukunft schützen sollten –, Bestandsaufnahme zu machen. Da war das kreuzförmige Kästchen an einer Kette, das mir meine Mutter im letzten Augenblick unseres Zusammenseins um den Hals gelegt hatte. Es war ihr magischster Besitz gewesen, denn es enthielt den Knochensplitter eines Heiligen, und es war das einzige, was sie mir geben konnte, um mich davor zu bewahren, auf der Flucht erschossen zu werden oder auf eine Landmine zu treten. Ich hatte ihr versprochen, tapfer zu sein, und die kalte Härte des Kreuzes ermutigte mich.

Ich untersuchte die anderen Schätze. Zunächst ein weißes Taschentuch, das mir eine Patin an dem Tag zwischen den Kriegen geschenkt hatte, als sie das Dorf mit ihrem Sohn verließ, um zu ihrem Mann Nassio nach Amerika zu ziehen. Nassio hatte nicht wie mein Vater gezögert. Während wir im Dorf ausgehungert und bombardiert wurden, war sein Sohn in Amerika und spielte zweifellos mit so wunderbaren Spielsachen wie das aufziehbare Flugzeug, das sein Vater ihm einmal geschickt hatte. Ich hatte immer gehofft, meine Patin würde mir zum Abschied dieses Flugzeug schenken, aber ich bekam das Taschentuch, und jetzt berührte ich es, um mir den Übergang von einer Kultur zur anderen zu erleichtern.

Ich befingerte die Rohrpfeife, die mein Onkel Andreas mir geschnitzt hatte, als er mir beibrachte, wie man Vogelrufe imitiert. Andreas war der gütigste Mann in meinem Leben gewesen; er war nicht wie mein strenger, jähzorniger Großvater. Onkel Andreas war es, der weinte, als wir das Flüchtlingslager verließen und meine zehnjährige Schwester Fotini zu ihm rannte, um ihn zu trösten, und ihm eine winzige, fast wertlose Münze schenkte, die sie gehortet hatte.

Dann berührten meine Finger etwas Kaltes und Glattes. Ich zog es aus der Tasche. Es war der kleine schwarze Stein, den ich in unserer Fluchtnacht vor unserem Haus aufgehoben hatte, weil meine Mutter mir befohlen hatte, einen hinter mich zu werfen, damit ich niemals an den Ort zurückkehren würde, der uns so viel Leid gebracht hatte. Diesen Stein hatte ich acht Monate in meiner Tasche behalten, und jetzt war es Zeit, ihn ins Meer zu schleudern.

Meine Mutter hatte uns oft erzählt, wie mein Vater, ein umherziehender Kesselflicker von siebzehn Jahren, beim Betreten des Schiffes nach Amerika triumphierend den Fes über die Reling schmiß, den die Männer damals auf Befehl der türkischen Besatzungsmacht in Nordgriechenland als Zeichen ihrer Unterjochung tragen mußten. Als der Fes in den Wellen verschwand, sagte sie, habe sich mein Vater zum ersten Mal im Leben wie ein freier Mann gefühlt.

Jetzt war ich an der Reihe, diesen Stein aus meinem Dorf in dieselbe See zu werfen, damit mich nichts in dieses Land des Krieges und der Hungersnot, der Bomben, Folter und Hinrichtungen zurückziehen würde. Meine Mutter hatte gesagt, ihr Fluch träfe jedes ihrer Kinder, das zurückkäme. Wenn ich den Stein warf, kehrte ich Griechenland unwiderruflich den Rücken und wandte mein Gesicht Amerika zu, wo mein Vater wartete.

Aber der Leichnam meiner Mutter war noch in Griechenland, in der Kirche, nur wenige Meter unterhalb unseres zerstörten Hauses. Man hatte sie die *Amerikana* genannt, und ihr ganzes Leben lang hatte sie von Amerika geträumt, aber nun würde sie unsere Berge nie mehr verlassen. Auch meine Schwester war noch immer irgendwo hinter jenen Bergen.

Es war das einzige Land, das ich kannte, und ich liebte die grausame Schönheit der Bergspitzen, den Klang der Ziegenglocken in der dünnen Luft, den Geruch nach Holzfeuer und die alljährliche Verzauberung der grauen Berghänge, wenn die Judasbäume und Wildblumen im Frühling in Osterfarben aufblühen. Es fiel mir nicht schwer, Griechenland zu verlassen, aber trotz der Anweisungen meiner Mutter konnte ich mich nicht überwinden, diesen Stein über Bord zu werfen und mich selbst für immer von meinem Heimatland zu trennen. Es war der einzige Ort, dem ich mich zugehörig gefühlt hatte, bis der Krieg meine Mutter getötet und meine Schwestern und mich wie die Dünung des Meeres hinweggespült hatte, das mich so erschreckte, als ich zum ersten Mal seine unendliche Weite sah.

Ich ließ den Stein wieder in meine Tasche gleiten und wandte mich ab, um meinen Schwestern zu folgen, die die eiserne Treppe in den Bauch des Schiffes hinunterkletterten und wegen des schwindelerregenden Schwankens unter ihren Füßen entsetzt aufschrien.

Bis vor acht Monaten, als wir unser Dorf verließen und den Berg hinabgingen, hatten meine Schwestern und ich kein Gewässer gesehen, das größer als der Mühlenteich war, wo unsere Mutter unsere Kleidung wusch. Die Überquerung des Flusses Kalamas, der die einsamen Dörfer der Murngana-Berge vom Rest der Welt trennte, in einem großen Weidenkorb schwebend, der an einem Kabel und Laufrad hing, kam uns wie ein ungeheures Abenteuer vor. Und bis zum Tag unserer Flucht hatten wir nie ein Motorfahrzeug gesehen. In den Bauch dieses großen eisernen Fisches hinabzusteigen und uns auf eine achtzehntägige Reise auf einem Meer einzulassen, das am Horizont verschwand, schien uns genauso bedenklich wie Orpheus' Abstieg in den Hades.

Der Hafen war noch in Sicht, als sich Olga stöhnend auf eines der schmalen Metallbetten in unserer Kabine warf und verkündete, sie werde die Reise nicht überleben und Amerika nie zu sehen bekommen. Während wir eilig nach einem Eimer suchten, erbrach sie sich auf den Fußboden.

Unsere Dritte-Klasse-Kabine war ein fensterloser Raum tief im Bauch des Schiffes, wo sich das Stampfen der Maschinen wie das Klopfen eines riesigen Herzens anhörte. Doppelstockbetten für zwölf Passagiere säumten die Wände. Ich kletterte in ein oberes Bett und starrte an die Decke. Die eisernen Querstreben über meinem

Kopf und das Klopfen der Maschinen gaben mir das Gefühl, dem Herzschlag des riesigen Biests zu lauschen. Ich schloß die Augen und überlegte, ob Olgas schlimme Prophezeiung wahr werden könnte – ob wir auf See sterben müßten und unsere Leichen über Bord geworfen und von den Fischen gefressen würden?

Als das Geplapper griechischer Stimmen die Kabine füllte, beugte ich mich vornüber und entdeckte, daß alle Kojen von Frauen besetzt waren – manche, wie meine Schwestern, in groben bäuerlichen Wollsachen, die meisten aber in Stadtkleidern mit leuchtenden Druckmustern.

«Kanta», zischte ich meiner zweiten Schwester zu, die einen unserer Koffer öffnete. «In dieser Kabine sind nur Frauen!»

«Natürlich», antwortete sie. «Sollen deine Schwestern vielleicht mit Männern eine Kabine teilen?»

«Aber *ich* bin doch ein Mann», protestierte ich.

«Du bist klein genug, deshalb haben sie es erlaubt», sagte sie, als ob ich dankbar sein sollte. «Es ist besser, als wenn du allein in einer Männerkabine wärst.»

Das war *ihre* Meinung. Empört sprang ich von meiner Koje und ließ die schwatzenden Frauen allein. Olga stöhnte, und die kleine Fotini sah auch ein bißchen krank aus. Aber ich machte mich auf, den Rest des Schiffes wie ein Mann zu erforschen.

Auf dem Hauptdeck fand ich ein halbes Dutzend muskulöser Jungen vor, die mit einem Ball spielten, während sie beim Schaukeln des Schiffes geschickt das Gleichgewicht hielten. In einer fremden Sprache riefen sie mir etwas zu.

«Sie fordern dich zum Mitspielen auf», sagte eine weibliche Stimme hinter mir auf griechisch. Ich drehte mich um und sah eine Frau mit kastanienbraunem Haar in einem eleganten Wollmantel. Sie lag in einem Liegestuhl und lächelte mich an.

«Wer sind sie?» fragte ich.

«Amerikanische Jungen», antwortete sie. «Aber sie fahren mit ihren Familien nach Israel. Es sind Juden. Warum spielst du nicht mit ihnen?»

Ich schaute sie mir genauer an – die ersten amerikanischen Kinder, die ich je gesehen hatte. Einer kam herüber und redete mit der dunkelhaarigen Frau, während er mich abschätzend musterte. Alle Jungen trugen lange Hosen, und mir wurden meine hervortretenden

Knie und groben Bauernschuhe schmerzlich bewußt. Ich knöpfte meine Jacke zu, um die Hosenträger aus Stoff zu verstecken, die meine weiten Hosen festhielten.

«Er möchte wissen, wie alt du bist», sagte sie.

«Fast zehn», antwortete ich und blickte herausfordernd zu dem amerikanischen Jungen hoch. «Wie alt ist er?»

Ich verstand die Antwort, bevor sie sie übersetzte, weil sie dem Griechischen glich. «Neun.»

Ich starrte ihn an. Die Jungen in Amerika wurden offensichtlich größer als in Griechenland. Vielleicht durften sie deshalb wie Männer lange Hosen tragen. Das bedeutete nichts Gutes für meine Zukunft.

«Geh, spiel doch mit ihnen», ermunterte mich die Frau. Ich blieb hartnäckig stehen.

«Was spielen sie denn?» fragte ich.

Sie redete mit dem Jungen und antwortete: «Fußball.»

Ich hatte genug gesehen, um zu wissen, daß das nichts mit dem zu tun hatte, was ich Fußball nannte. Im Flüchtlingslager spielten wir Fußball nur mit den Füßen, nie mit unseren Händen, und der Ball war rund. In Amerika, so schien es, waren sogar die Spiele anders, als ich sie kannte. «Sagen Sie ihm, daß ich lieber zuschauen möchte», sagte ich, und der große amerikanische Junge zuckte mit den Schultern und wandte sich ab. Mit dem gelassenen Selbstbewußtsein von einem, dessen lange Hosen von einem richtigen Gürtel hochgehalten wurden, ging er davon.

Natürlich waren amerikanische Jungen größer, sagte ich mir. Während wir Wurzeln ausgruben, um am Leben zu bleiben, hatten sie mehr zu essen, als sie brauchten. Meine Mutter hatte behauptet, daß in Amerika jeder reich sei. Aber etwas ließ mir keine Ruhe.

«Wenn diese Jungen aus Amerika sind», sagte ich zu der freundlichen Frau, «und wenn Amerika so ein wunderbares Land ist, warum verlassen sie es dann?»

«Sie gehen fort, weil sie Juden sind», erklärte sie geduldig. «Zweitausend Jahre hatten die Juden kein eigenes Land. Überall, wo sie hinkamen, waren sie Fremde und wurden oft verfolgt. Im letzten Jahr haben ihnen die Vereinten Nationen ein Land geschenkt, und diese Kinder und ihre Familien fahren dorthin, um es zu besiedeln. Es ist nicht so, daß sie Amerika nicht mögen – alle sagen, daß Amerika ein wunderbares Land ist. Aber sie wollen ein eigenes Land haben.»

Ich dachte über die Juden nach. Ich wußte, daß die Deutschen im Frühjahr 1944 alle Juden in Ioannina, der Hauptstadt unserer Provinz, eingesammelt und in Todeslager verschleppt hatten. Das wußte ich, weil die Griechen von Ioannina die Geschäfte und den Besitz der Juden aufgeteilt hatten. Und ein Händler aus unserem Dorf, der dort einen Laden hatte, brachte Kleidungsstücke, die aus jüdischen Häusern geplündert worden waren, auf den Berg und verteilte sie an die Dorfbewohner. Meine Mutter verbot es Olga, ein Stück Stoff zu behalten, das er ihr gegeben hatte, weil diese Sachen, die den ermordeten Juden unrechtmäßig weggenommen worden waren, den Besitzer mit einem Fluch belegen würden. Mir taten Menschen leid, die kein richtiges Zuhause hatten und immer von einem Platz zum anderen geschubst wurden, aber diese Kinder sahen zu gesund und gut angezogen aus, um Flüchtlinge wie ich und meine Schwestern zu sein.

«Sind Sie denn keine Amerikanerin?» fragte ich die hübsche braunhaarige Frau. «Aber woher können Sie ihre Sprache sprechen?»

Sie erklärte, daß sie Griechin sei, die in der Schule Englischunterricht hatte und dann einen Amerikaner, der in Griechenland stationiert war, kennengelernt und geheiratet hatte. Er war zurückgeschickt worden, und jetzt fuhr sie zu ihm nach Amerika. Sie hieß Christina.

Als sie sah, wie enttäuscht ich war, daß sie mir nichts von Amerika erzählen konnte, bot Christina mir Englischunterricht an, wenn ich sie jeden Morgen nach dem Frühstück an Deck besuchen würde. Ich hatte genug Zeit, wenigstens etwas von der Sprache zu lernen, da wir zweieinhalb Wochen auf dem Schiff sein würden: Die *Marine Carp* fuhr zuerst nach Haifa und dann nach Italien, bevor sie den Vereinigten Staaten entgegensteuerte.

Ich nahm Christinas Angebot begeistert an und fragte, ob ich auch Fotini mitbringen könnte. Als sie damit einverstanden war, eilte ich zu unserer Kabine hinunter, um meinen Schwestern alle meine Neuigkeiten mitzuteilen.

In unserer Kabine herrschte große Aufregung. Olga, noch blasser, als sie ohnehin schon gewesen war, saß auf ihrem Bett und wimmerte wie unter Schock. Kanta, die vernünftigere meiner älteren Schwestern, erklärte, Olga sei gerade ins Bad gegangen, um sich zu übergeben, und habe sich fürchterlich erschreckt.

Nachdem wir das Flüchtlingslager verlassen hatten und zum ersten Mal Athen besuchten, waren die sanitären Einrichtungen die aufregendsten Entdeckungen, die wir machten. Wir hatten noch nie ein Spülklosett gesehen, und im Hotel schlichen Fotini und ich immer wieder den Korridor hinunter, um im WC an der Kette zu ziehen, damit wir diesen faszinierenden Wasserfall sehen konnten, bis der Portier es uns schließlich verbot. Was Olga im Schiffsbadezimmer wohl Neues und Erschreckendes begegnet war?

«Es war eine nackte Frau!» stieß sie endlich hervor. «Ich hab mich auf der Toilette erbrochen, und dann hörte ich ein zischendes Geräusch und drehte mich um, und da war ein Abteil mit einer Blechscheibe oben, und Wasser kam raus. Eine ganz nackte Frau stand drunter mit dem Kopf zur Decke gereckt wie ein Huhn, das aus einer Pfütze getrunken hat und dem Himmel dankbar das Gesicht entgegenstreckt!»

In unserem Dorf wuschen sich die Frauen in Holzbottichen im dunklen Keller ihrer Hütte und sahen nie ihren eigenen Körper, geschweige denn eine andere Frau, nackt. Kein Wunder, daß Olga aufgeregt war, dachte ich. Ich nahm an, daß die Furcht vor der gefährlichen Reise eine entsetzte Passagierin so überwältigt hatte, daß sie wahnsinnig geworden war, sich die Kleider vom Leib gerissen hatte und im Bad Amok gelaufen war.

«Da geh ich nie wieder rein», sagte Olga schaudernd.

Eine Frau, die auf dem nächsten Bett saß, fing an zu lachen. «Sie hat sich doch nur gewaschen», erklärte sie. «Sie hat sich geduscht. Das ist sauberer als ein Wannenbad.»

«Aber jeder kann vorbeigehen und ihren Körper sehen!» protestierte Kanta.

«Nur Frauen können da hineingehen», erklärte die Frau aus der Stadt.

Olga fing Kantas Blick auf. «Wenn die Frauen in Amerika so etwas machen», sagte sie, «dann wundere ich mich nicht, daß Vater nicht wollte, daß wir dort aufwachsen.»

Obwohl Olga fürchterlich seekrank war, betrat sie nie wieder das Badezimmer, ohne vorher an der Tür zu lauschen, ob die Dusche lief. Während der ganzen Reise wuschen wir alle uns nur Gesicht, Hände und Füße.

Eine der jungen griechischen Frauen in unserer Kabine nahm Olga nach ihrer traumatischen Erfahrung unter ihre Fittiche, kümmerte sich um sie, wenn sie seekrank war, und redete ihr gut zu, an Deck spazierenzugehen, wenn sie sich kräftig genug fühlte. Wenn es ihr nicht so gut ging, unterhielt die Frau sie mit romantischen und blutrünstigen Geschichten über Entführungen, Verrat, Familienfehden und uralte Blutrache in Mani, der Region, in der sie geboren war. Da sich nun jemand um Olga kümmerte, waren wir anderen frei, unsere Schwester an diesem ersten Abend alleinzulassen und zum Hauptdeck hinaufzugehen, um amerikanisches Essen zu probieren.

Im Speisesaal entdeckten wir unter den vielen Fremden ein vertrautes Gesicht: Prokopi Koulisis, ein junger Mann von neunzehn Jahren, der aus dem Nachbardorf stammte. Wie wir reiste er zu seinem Vater nach Worcester. Er war ein gutmütiger, geselliger Bursche mit einem runden Gesicht, welligem braunem Haar und muskulösem Körper, und ich beneidete ihn um die Leichtigkeit, mit der er mit Fremden umging. Kurz bevor die Partisanen gekommen waren, war er mit den übrigen Männern aus unseren Bergen geflohen, und wir hatten ihn erst wieder gesehen, als wir uns zufällig in der amerikanischen Botschaft in Athen trafen, wo wir uns ärztlich untersuchen lassen mußten, um uns für die Einwanderung zu qualifizieren. Prokopis Mutter war, wie unsere Schwester, nach Albanien verschleppt worden und verschwunden. Ich war froh, daß Prokopi mit uns auf der *Marine Carp* fuhr, da ich mir von seiner Gegenwart eine Art Schutz auf unserer gefährlichen Reise erhoffte.

Nun lud er uns ein, uns zu ihm zu setzen, während wir auf unsere erste amerikanische Mahlzeit warteten. Nach all den Geschichten, die wir über den amerikanischen Wohlstand gehört hatten, erwarteten wir ein Bankett, aber als der Steward die Teller vor uns absetzte, konnten wir uns vor Verblüffung kaum fassen. Das Fleisch war noch rosa, fast blutig. «Vielleicht hatten sie nicht mehr genug Kohlen für den Herd», murmelte Kanta. Da waren auch noch ein paar klitschige Rollen, die wir als Möhren identifizierten, und ein rätselhafter Haufen weißes Zeug, das dick wie Joghurt war.

«Wie kann man Kartoffeln nur so etwas antun!» bemerkte Prokopi, als er davon gekostet hatte. «Sie haben sie totgeschlagen, wo es doch viel einfacher wäre, sie schön braun zu rösten, mit ein wenig Oregano, etwas Rosmarin...» Uns lief das Wasser im Mund zusammen.

Fotini schob ihren Teller weg und jammerte. «Das kann ich nicht essen! Das Fleisch ist roh, und alles andere schmeckt wie gekochtes Unkraut.»

«Iß Brot», riet ihr Kanta. «Brot können sie nicht verderben.» Wir langten alle nach dem Brotkorb und schauten uns erschüttert an, als wir nach dem ersten Bissen entdeckten, daß amerikanisches Brot wie Watte schmeckte.

Knoblauch, Basilikum, Rosmarin, Oregano, saftiges Lammfleisch, würzige Artischocken, Auberginen und Okra – keine dieser Köstlichkeiten schien bis nach Amerika gelangt zu sein. Wir wußten, wir sollten für dieses Essen dankbar sein, nachdem wir zehn Jahre lang fast verhungert waren. Wir mußten aber auch unwillkürlich daran denken, was unsere Mutter mit ein wenig Maismehl und ein paar Zwiebeln oder selbst den Eingeweiden eines Lamms zustande gebracht hatte, die sie in ein würziges *kokoretsi* verwandelte. Amerika war das Land des Überflusses, aber warum schmeckte hier alles so fad –?

Meine erste Englischstunde am folgenden Tag mit Christina brachte noch mehr unerfreuliche Überraschungen. Sie nahm freundlicherweise auch Kanta und Fotini in ihre improvisierte Klasse auf, aber unsere Begeisterung schwand, als wir entdeckten, daß das englische Alphabet zwei Buchstaben mehr als unser griechisches Alphabet enthielt, und viele waren ganz fremd – sie kamen mir wie die Spuren von Hühnerkrallen vor.

«Gebt nicht auf», ermutigte uns Christina und fügte ein griechisches Sprichwort hinzu: «Bohne für Bohne füllt sich der Sack.» Ich schwor mir, sie zu überraschen und das ganze englische Alphabet für die nächste Unterrichtsstunde auswendig zu lernen.

Am Nachmittag, mitten in der Siesta, kamen alle Leute an Deck und liefen zum Bug. Ich war auf dem Schiff auf und ab gegangen und hatte das amerikanische Alphabet laut aufgesagt. Nun folgte ich eifrig, um zu sehen, was die Aufregung verursachte.

Wir näherten uns dem Hafen von Haifa. Weil es aber der jüdische Sabbat war, mußten wir bis zum nächsten Tag warten, um das Schiff entladen zu können. Am folgenden Nachmittag durften die Passagiere von Bord gehen und am Hafen entlang spazieren, und selbst Olga raffte sich auf, um endlich mal wieder festen Boden unter den Füßen zu spüren. An einem Obststand kauften wir Blutorangen und bestaunten ihre Größe und Süße. Abgesehen von den Orangen, schien Haifa sich kaum von einer griechischen Hafenstadt zu unterscheiden, erst recht nicht von einer armen. Ich sah einen Bus voller Schiffspassagiere, auch die gut angezogenen amerikanischen Jungen, die an Deck Fußball gespielt hatten. Sie winkten und sangen und waren aufgeregt, weil sie ihr neues Zuhause erreicht hatten. Wieder fragte ich mich: Wenn dieser armselige Ort ihnen so wunderbar erschien, wie war dann wohl Amerika?

Während die *Marine Carp* von Haifa aus in westlicher Richtung Palermo entgegensteuerte, verirrte ich mich immer tiefer im Sumpf der englischen Sprache. Es gab Wörter, die mit den gleichen Buchstaben geschrieben wurden, aber ganz anders klangen, sagte Christina – *enough, though, through*. Im Griechischen war das Buchstabieren eines Wortes logisch und vernünftig. Im Englischen gab nichts einen Sinn. Mir schwirrte der Kopf, als ich ihr beim Aufstellen einer Liste mit Vokabeln zusah, die sie aus ihrem griechisch-englischen Wörterbuch abschrieb und die wir lernen sollten. Wenn ich mir zehn Wörter pro Tag einprägte, rechnete ich mir aus, brauchte ich mehr als ein Leben, um diese unmenschliche Sprache zu lernen.

Fotini, noch immer ein bißchen seekrank, gab nach den ersten paar Stunden auf. «Das nützt mir nie was», rief sie aus. «Ich werde nie Amerikanisch lernen! Es ist zu schwer!» Kanta mußte sich um Olga kümmern, und bald war ich der einzige Schüler. Ich hatte solche Angst vor dem, was uns nach unserem Landgang erwartete, daß ich wie ein aufgezogenes Spielzeug auf dem Deck herumlief und die merkwürdig klingenden Wörter wiederholte, die mich in meiner neuen Schule beschützen und für die mich mein Vater loben würde: «Das Meer ist blau. Das Schiff ist groß. Einszweidreivierfünfsechssiebenachtneunzehn.»

Als das Schiff sich Palermo näherte, war Olga überzeugt, daß ihr Ende nahe war. Sie hatte kaum etwas im Magen behalten können, erst recht nicht das ungenießbare amerikanische Essen. Auf die medizinische Weisheit des Dorfes zurückgreifend, beschloß sie, daß das einzige, was ihr Leben retten könne, Wein sei. Sie rief mich an ihr Bett und wisperte angestrengt, ich solle Prokopi Koulisis finden und ihn an Land schicken, um von den Italienern eine Flasche Wein zu kaufen. Sie reichte mir ein paar der kostbaren amerikanischen Dollar, die unser Vater geschickt hatte, und sagte, so totenbleich wie die

Vampire und Gespenster unserer Dorfgeschichten, daß sie ganz bestimmt sterben und über Bord geworfen würde, wenn ich meine Aufgabe nicht richtig erledigte.

Die zerknitterten Scheine fest in der Hand, eilte ich zum Deck hinauf, wo Prokopi das Anlegemanöver beobachtete. Ich bat ihn dringend, Wein zu kaufen, um das Leben meiner Schwester zu retten. Als einziger Mann in der Familie fühlte ich mich für Olgas Sicherheit verantwortlich, und wenn sie starb, würde mein Vater mir die Schuld dafür geben.

Prokopi zeigte sich hilfsbereit, aber wir entdeckten, daß die Passagiere, die weiterfuhren, nicht an Land gehen durften. Als wir so über die Reling hingen, bemerkte Prokopi Italiener, die Vorräte in den Laderaum des Schiffes luden. Er sagte, ich solle bleiben, wo ich war, während er hinunterging und versuchte, einem der Matrosen eine Flasche Wein abzuschwatzen.

Ich starrte auf das Getriebe unten auf dem Kai. Da liefen Horden von zerlumpten Jungen umher, noch schlechter ernährt und gekleidet als die Menschen in den griechischen Flüchtlingslagern. Sie brüllten den Passagieren auf dem Schiff in ihrer musikalischen Sprache etwas zu und deuteten bettelnd auf ihre Münder. Niemand an Deck hatte etwas zu essen, aber viele Passagiere warfen den mageren Kindern Päckchen mit Kaugummi und Zigaretten zu. Ich beobachtete staunend, wie Jungen, die kleiner und jünger waren als ich, in dem schmutzigen Wasser danach tauchten. Auf dem Kai zündeten sich kleine Jungen fachmännisch Zigaretten an und inhalierten mit dem Selbstbewußtsein von Erwachsenen, während sie weiter um mehr bettelten.

Als ich auf dieses Rudel Straßenkinder schaute, wurde mir plötzlich klar, daß ich ohne das Opfer meiner Mutter und die Staatsbürgerschaft meines Vaters genau wie sie wäre, um Abfälle, die die Leute mir zuwürfen, betteln und wie eine streunende Katze ohne Zuhause leben würde. In diesem Augenblick wußte ich, daß das, was mich erwartete, niemals so schlimm sein konnte wie die Traumen, die ich hinter mir hatte. Ich dachte an die Szenen, die meine Träume oft heimsuchten: Wie die Deutschen durch unser Dorf marschierten, so nah an der Schlucht vorbei, in der wir uns versteckt hielten, daß ich glaubte, sie würden auf uns treten; die rauchenden Ruinen der Häuser, die sie in Brand gesteckt hatten, und das verkohlte Skelett einer alten Frau, die sie ins Feuer geworfen hatten. Ich dachte daran, wie meine Schwestern in der Erde nach Blumenzwiebeln zum Essen suchten und dabei die halb vergrabene Leiche einer jungen Frau fanden, die noch warm war. Ich versteckte mich und beobachtete, wie gefangengenommene Soldaten gezwungen wurden, ihre eigenen Gräber zu schaufeln, bevor sie sich in eine Reihe stellen mußten und erschossen wurden. Und ich erinnerte mich an den Tag im Flüchtlingslager, als wir erfuhren, daß unsere Mutter tot war, und an das Wehklagen meiner Schwestern, das mich aus der Wellblechhütte und in den Wald getrieben hatte, wo ich Zuflucht suchte. All diese Bilder stürzten an mir vorbei, und die Erinnerung an meine Angst und meinen Hunger überwältigte mich, als ich vom Schiff auf die hungernden italienischen Jungen unter mir schaute.

Meine Mutter wußte, daß solche Dinge in Amerika nicht passierten. Deshalb mußten wir ihr versprechen, Griechenland zu verlassen, auch ohne sie. Plötzlich verschwand die beklemmende Angst, die mich, seit wir an Bord gekommen waren, geplagt hatte. Ich blickte auf die Waisenjungen im Hafen von Palermo, und mir wurde klar, daß meine Mutter ihr Leben geopfert hatte, damit ich nicht wie diese Jungen werden würde. Jetzt lag es an mir, mit allem, was Amerika bereithielt, fertig zu werden. Ende der vierziger Jahre waren auf der ganzen Welt heimatlose Menschen, die wie Blätter von den Stürmen des Krieges herumgeweht wurden, auf der Suche nach einem Land, das sie aufnehmen würde. Griechenland war die einzige Heimat, die ich kannte, aber meine Mutter war gestorben, um uns in ein besseres Land zu schicken, und ich mußte ihrem Urteil trauen.

Als Prokopi wieder an Deck erschien, im Arm eine Flasche Chianti, war ich sicher, daß diese Olgas Leben retten und daß wir alle diese Reise überleben würden. Das Blut meiner Mutter hatte für unsere Überfahrt bezahlt, deshalb würden wir auch bestimmt das goldene Land erreichen, von dem sie uns so oft erzählt hatte.

Auf dem Fußboden unseres Steinhauses am Feuer sitzend, hatte sie uns immer wieder die Briefe vorgelesen, die unser Vater aus Amerika schrieb, unter anderem eine denkwürdige Postkarte aus New York, auf der das Empire State Building abgebildet war. «Ich schreibe dies auf der Spitze des höchsten Gebäudes der Welt», hatte er auf die Rückseite gekritzelt. «Es hat 102 Stockwerke. Auf einer Seite kann ich den Atlantik und die Statue einer Frau sehen, die Sankt Freiheit genannt wird und so groß ist, daß man hinaufklettern und in einem ihrer Finger stehen kann. So sieht Amerika aus.»

Unsere Mutter schmückte seine Worte noch aus und ersann phantastische Geschichten über ein Land, wo die Straßen wie Felsschluchten waren und wo Häuser, so hoch wie Berge, durch das Verbrennen von schwarzen Steinen – Kohle – statt Holzklötzen beheizt wurden. Sie sprach von Schwimmbadzimmern mitten im Haus reicher Leute. Ich strengte meinen Kopf an und versuchte, mir solche Sachen vorzustellen. Bald würde ich sie mit eigenen Augen sehen.

Während der restlichen zwölf Tage unserer Reise über den Ozean, in denen Olga wieder zu Kräften kam und mein englischer Wortschatz zunahm, rief ich mir jedes Mal, wenn panikartige Furcht mich zu verschlingen drohte, die Geschichten meiner Mutter über Amerika ins Gedächtnis zurück.

Am achtzehnten Tag unserer Reise stand ich vor Sonnenaufgang auf und zog meinen kratzigen Wollanzug an. Dann kletterte ich, viel zu aufgeregt, um frühstücken zu können, zum Deck hinauf. Sobald sich die Dunkelheit gehoben hatte und der Nebel verschwand, sah ich zwei Streifen Land, die sich uns entgegenstreckten – die Arme Amerikas, die uns an seine Brust zogen.

Das Deck füllte sich rasch, als sich das Schiff dem Hafen von New York näherte. Meine Schwestern versammelten sich um mich herum und standen schweigend an der Reling. Ich spürte Koulisis' Hände auf meinen Schultern.

Als ich an Land Einzelheiten erkennen konnte, war ich bitter enttäuscht. In Vertiefungen lag schmutziggrauer Schnee, darüber ein erbarmungsloser metallischer Himmel. Ich mußte unwillkürlich daran denken, daß in Griechenland jetzt unter einem warmen blauen Himmel die Orangen und Zitronen an den Bäumen reiften.

«Die Statue!» schrie jemand, und dann gab es einen Ansturm auf die andere Seite des Schiffes, wo die riesige Figur der Frau zu sehen war, die mein Vater Sankt Freiheit nannte. Sie blickte in unsere Richtung und hielt die Fackel, die Millionen von Flüchtlingen vor Hungersnot, Krieg, Armut und Verfolgung willkommen geheißen hatte, jeder gewiß so ängstlich wie ich es jetzt war. Alles brüllte und deutete mit dem Finger auf sie, aber als wir näher heranfuhren, wurde die Masse still wie bei einem Wunder.

Als wir uns dem Pier näherten, wandte ich mich der Menge zu, die an Land wartete, und versuchte, den Vater zu erkennen, den ich noch nie gesehen hatte. Ich erwartete, daß er den Rest wie ein Koloß überragte, deshalb achtete ich nicht auf einen kleinen, stattlichen Mann im modischen Filzhut und grauen Mantel, der in der allerersten Reihe stand. Aber Prokopi Koulisis erinnerte sich an meinen Vater von seinen Besuchen in unserem Dorf her, und ich merkte, wie mich zwei starke Arme vom Deck hoben und mich wie eine Trophäe hoch über die Köpfe der Menge hielten, während Olga «*Patera!*» schrie. Der untersetzte Mann auf dem Pier riß sich den Hut vom Kopf und begann ihn hin und her zu schwenken.

Fünfundzwanzig Jahre später, als mein Vater einundachtzig Jahre alt war, beschrieb er die Szene in Englisch, einer für ihn immer noch fremden Sprache.

«Ich war auf dem Pier und habe das Schiff angeschaut», begann er langsam aufs Tonband zu sprechen. «Olga erkannte mich. Und ich winkte ihnen zu. Prokopi Koulisis hebt Nikola hoch und zeigt ihn mir vom Deck. Zum ersten Mal sehe ich meinen Sohn. Ach, meine Tränen! Mein Herz brach in dieser Minute.»

Er schwieg und versuchte, sich zu sammeln, während zwei kleine Enkel zu seinen Füßen spielten. «Sie kommen raus», fuhr er beharrlich fort. «Ich umarme ihn, seine kleinen Arme. Sie waren so kalt. Meine eigenen Kinder!»

Er wandte sich dem Gerät zu, das seine Worte aufnahm. «Ich glaube, ich muß jetzt aufhören», sagte er schüchtern, «weil ich weinen muß.»

2 Der erste Frühlingstag

Im Innern des höhlenartigen Zollgebäudes auf dem Pier 44 schien es, als würden wir nie mehr aufgerufen, um die Schranke passieren und die Vereinigten Staaten offiziell betreten zu dürfen. Schweigende Menschenknäuel mit dunklen, orientalischen Zügen, die in Haifa an Bord gekommen waren, wurden nach vorn gerufen, und überschwengliche Gruppen von Italienern, Großmütter in Schwarz mit Babys auf den Armen, wurden aufgerufen und durch die Türen gelassen, hinter denen wir die aufgeregten Schreie der Wiedersehensfreude in vielen Sprachen hören konnten. Doch wir saßen verloren neben unseren Pappkoffern und warteten.

Christina wurde aufgerufen. Sie umarmte uns alle und küßte mich auf den Scheitel, was mir peinlich war. «Du bist mein bester Schüler», sagte sie und berührte meine Wange. «Mach dir nicht so viele Sorgen. Bis Weihnachten sprichst du Englisch wie ein Einheimischer.»

Endlich hörten wir, wie ein Beamter mit unserem unaussprechlichen Namen kämpfte: «Ga-ga-yan-is.»

Vor der Autorität zitternd, gingen wir als Gruppe nach vorn, und Olga schob hastig Paß Nummer 247 hin, ausgestellt auf den Namen von Olga C. Ngagoyeanes und ihrer minderjährigen Geschwister Alexandra, Fotini und Nicholas am 19. Februar 1949 vom amerikanischen Konsul in Athen, Robert B. Memminger. Olga wurde darin als einsfünfzig groß mit braunen Haaren, braunen Augen und im Haushalt tätig beschrieben.

Unser Paß war nur für die Reise in die Vereinigten Staaten gültig und lief am 19. Juni 1949 ab. Olga hatte ihren Namen auf griechisch an den Rand des Schwarzweißfotos geschrieben, das uns vier vor einer riesigen Säule der amerikanischen Botschaft zeigte, wo wir im hellen Sonnenlicht in die Kamera blinzeln.

Der Einwanderungsbeamte blickte von unseren Gesundheitsbescheinigungen und unserem Paß auf uns. Wir hatten noch immer dasselbe an wie auf dem Foto. Kommentarlos stempelte er die Dokumente und deutete auf den Zollbeamten hinter uns, der mechanisch unsere Koffer durchwühlte und uns mit einer Handbewegung zum Weitergehen aufforderte.

Wir gingen um die Sperre herum in den nächsten Raum, wo unser Vater auf uns wartete – in seinen glänzenden schwarzen Schuhen, dem grauen Mantel und dem breiten Filzhut die Wohlgenährtheit und der Wohlstand in Person, eine Insel der Eleganz in einem Meer von weinenden und sich umarmenden Flüchtlingen. Sobald er uns sah, nahm er den Hut ab und enthüllte einen kahlen Schädel mit wenigen grauen Fransen auf dem Hinterkopf. Er kniete sich nieder, um mich zuerst zu umarmen, und ich ließ es steif über mich ergehen. Er küßte meine beiden Augen, ließ mich dann los und umarmte Fotini. Ich bemerkte, daß meine Schwestern sich zurückhaltend gaben, als er sie wie in der alten Heimat üblich auf beide Wangen küßte. Nach einer Abwesenheit von fast zehn Jahren kam er selbst den Ältesten wie ein Fremder vor. Doch trotz unserer Zurückhaltung hielten wir alle ihn insgeheim für einen feinen Mann, der noch wohlhabender aussah und besser gekleidet war, als wir gehofft hatten.

Vater stellte uns einen dünnen alten Mann in zerknitterter Kleidung vor, der neben ihm stand. Es war Spiro, Prokopi Koulisis' Vater. Spiro Koulisis hatte für uns eine kleine Willkommensrede vorbereitet. «Dies ist der erste Frühlingstag», sagte er. «Eine gute Zeit, um ein neues Leben zu beginnen. Möget ihr hier feste Wurzeln schlagen, und möget ihr viele Jahre für euren Vater leben.»

Wir dachten alle sofort an unsere Mutter, die nicht viele Jahre lebte, aber wir sagten nichts. Als Prokopi vor der Sperre auftauchte und seinen Vater umarmte, brachen beide in Tränen aus, und ich fühlte mich von den Gefühlen bedroht, die in mir aufwallten. Um zu verbergen, wie aufgewühlt und den Tränen nahe ich war, ging ich zum Rand des Piers, um den großen Bug der *Marine Carp* zu betrachten, die jetzt, wo ich davorstand, hundertmal größer erschien. Ich balancierte am äußersten Rand und starrte in das trübe Wasser.

Ich wollte sehen, wie tief hinunter der Rumpf des Schiffes reichte. Da hörte ich eine barsche Stimme: «He! Weg da! Komm sofort hierher!» Ich drehte mich um und sah, wie mein Vater energisch gestikulierte. Vor zwei Minuten haben wir uns kennengelernt, und schon schreit er mich an, dachte ich. Kommandiert mich herum wie ein Schulmeister! Ich ging absichtlich langsam zurück, um zu demonstrieren, daß er mich nicht einfach so herumschubsen konnte. Ich kam so schnell, wie *ich* es für richtig hielt.

Mein Gesicht mußte meine Gedanken verraten haben, denn als ich bei ihm war, kniete er sich nieder und legte einen Arm um mich. «Ich sehe dich zum ersten Mal und schreie dich gleich an», entschuldigte er sich. «Aber jetzt, wo ich dich endlich habe, möchte ich nicht, daß dir etwas passiert.» Er nahm meine Hand und führte uns alle vom Pier herunter.

Als wir aus dem Tor traten, schlug uns der Lärm New Yorks entgegen. Wir blieben wie angewurzelt stehen. In der Ferne reckten sich die Spitzen der Stadt wie ein Zypressenwald, gerade noch sichtbar unter dem Bogen des West Side Highway über unseren Köpfen. Aber das Erstaunlichste war der Parkplatz im Schatten der Hochstraße, auf dem eine Autoreihe neben der anderen stand.

«In ganz Athen gibt es nicht so viele Autos», rief ich aus.

Mein Vater blieb neben einem langen blauen DeSoto stehen. «Hier sind wir», verkündete er. Er öffnete den Kofferraum und wies uns an, das Gepäck hineinzustellen.

«Ist das dein Auto, Vater?» wunderte sich Fotini.

«Diese Woche, ja», antwortete er und lächelte rätselhaft. «Wollen wir jetzt in einem Restaurant essen? Soll ich euch New York City zeigen?»

«Nein, gegen wir lieber gleich nach Hause», sagte Olga und drückte damit aus, was wir alle dachten. «Wir mögen amerikanisches Essen sowieso nicht.»

«Zuhause ist weit», erwiderte unser Vater (wie weit ahnten wir nicht). «Aber, wie ihr wollt.»

Als wir ins Auto kletterten, legte Vater eine Hand auf Prokopis Schulter. «Es gehört sich nicht, daß ein junger Mann hinten bei meinen Töchtern sitzt», sagte er. «Laßt den alten Mann hinten sitzen. Du und Nikola – ihr könnt vorn sitzen und mir beim Fahren zusehen.»

Kanta hörte diese Bemerkung, die die strenge, puritanische Haltung ihres Vaters gegenüber seinen Töchtern bestätigte, und warf Olga einen besorgten Blick zu.

Vater ließ den Motor an, schaltete geschickt und fuhr mit einer Geschwindigkeit und Gewandtheit auf den Highway hinaus, die mich begeisterten. Ich hatte noch nie in einem Privatauto gesessen, und er fuhr mit der Kühnheit eines Rennfahrers.

«Langsam, Gatzoyiannis!» brüllte Spiro Koulisis auf dem Rücksitz. «Auf der Fahrt hierher hab ich nichts gesagt. Du und ich – wir haben unser Brot schon gegessen. Aber jetzt sind unsere Kinder in deinen Händen.»

«Die Kinder müssen halb verhungert sein», bemerkte Vater und hatte wohl selbst Appetit. «Prokopi, mach die Tüte mit dem Obst auf.»

Wir schauten verwundert zu, wie der junge Mann aus der Tüte zu seinen Füßen ein regelrechtes Füllhorn hervorzog: Äpfel, Orangen, Birnen, Mandarinen und weiße Trauben. Fotini sprach aus, was wir alle dachten: «Sind die echt, *Patera?*»

«Natürlich», antwortete er. «Was denkst du denn?»

«Aber es ist doch März!» protestierte Kanta. «In Griechenland gibt es vor August keine Birnen oder Trauben.»

«In Amerika gibt es immer frisches Obst», prahlte Vater. «Aus Gegenden, wo immer Sommer ist – Florida, Kalifornien. Wenn du im Dezember Orangen haben willst, gehst du in einen Laden und kaufst sie. Ein großartiges Land, dieses Amerika!»

Wir schüttelten die Köpfe und begannen das Obst nach achtzehn Tagen geschmacklosen Essens mit gutem Appetit zu verzehren. Vater biß in eine Birne. «Nicht schlecht», sagte er mit Kennermiene, «aber kein Vergleich zu den Bartletts, die ich aus meinem Lieferwagen verkauft habe. Deshalb konnten wir doppelt so viel verlangen wie die Griechen mit ihren Schubkarren, und unsere Kunden zahlten den Preis gern. Alle großen Tiere und ihre Köche kauften nur bei Christy & Christy.»

Wir alle kannten die Geschichte von Christy & Christy und ihrem berühmten Lieferwagen, dem REO-Speedwagon. Der «REO», wie ihn mein Vater nannte, war in unserem Dorf so berühmt wie das geflügelte Pferd Pegasus. Ein gerahmtes Bild auf der Kamineinfassung in Lia zeigte unseren Vater, Christos Gatzoyiannis, der mit einem jugendlichen Angestellten neben diesem prächtigen Fahrzeug stand, während Vaters Partner, Christos Stathis, grinsend hinterm Lenkrad saß. Der Wagen schien so lang wie unser Schulhaus zu sein, dunkel und glänzend und mit einem goldenen Streifen und Glasfenstern verziert. OBST UND GEMÜSE TÄGLICH FRISCH stand in großen, dreidimensional erscheinenden Buchstaben auf der Seite, und auf der Tür des Fahrerhauses stand CHRISTY & CHRISTY, 1 Ledge St. Das Foto war zur Zeit der großen Depression entstanden; aber beide Christys sehen wohlgenährt und stolz auf ihr wunderbares Gefährt aus. Und kein Wunder! Selbst in der schlimmsten Zeit, als gebürtige Amerikaner an den Straßenecken standen und Äpfel verkauften, strichen Christy und Christy, zwei Einwanderer aus Griechenland, jeweils 90 bis 95 Dollar pro Woche ein. Der frühe Erfolg mit dem Lieferwagen hatte es beiden Partnern ermöglicht, Ende der zwanziger Jahre in ihr Heimatdorf zurückzukehren und – nach der Wahl einer geeigneten Braut – in großem Stil zu heiraten.

Der Obst- und Gemüsewagen unterhielt Christos' Familie auch noch, nachdem seine Kinder geboren waren, und machte ihn selbst zu einem der wohlhabendsten und geachtetsten griechischen Einwanderer in Worcester, bis sein Partner, Stathis, krank wurde und ihn überredete, seinen Schwager Nassio Economou als Partner zu übernehmen. Nassio, ein großer Frauenverehrer, hatte etwas gegen die lange Arbeitszeit und die Notwendigkeit, um halb sechs Uhr morgens aufzustehen, und als mein Vater 1937 die Geschäfte in den Händen seines Partners ließ, um Griechenland zu besuchen, verkaufte Nassio den Wagen und das Geschäft heimlich für 1200 Dollar und kaufte sich selbst von einem bankrotten Landsmann einen Diner (also eine Art Imbißstube, die aussieht wie ein Speisewagen) in Bahnhofsnähe. Als er meinem Vater wie selbstverständlich 600 Dollar überreichte – alles, was von dem Geschäft, für dessen Aufbau er seine ganze Zeit geopfert hatte, übriggeblieben war –, ging Vater mit dem Messer auf ihn los, wurde aber durch das Versprechen beschwichtigt, daß Nassio ihn zum Partner im Terminal Lunch Diner machen würde.

Als wir den Merritt Parkway entlangfuhren, unserem neuen Heim in Worcester entgegen, merkten wir, daß unser Vater noch immer seinem geliebten REO und dem Obst- und Gemüsegeschäft nachtrauerte, die sein ganzer Stolz gewesen waren. Wir wußten, daß die Partnerschaft mit Nassio nie zustande gekommen war und daß zwischen den ehemaligen Kollegen Bitterkeit herrschte, aber wir waren mit Nassios Familie durch stärkere Bande als Geld verbunden: Nassio hatte Glykeria aus der Taufe gehoben, seine Mutter Fotini, und seine Frau, Eugenia, war meine Patin geworden, bevor Nassio sie und ihren Sohn nach Amerika geholt hatte. Diese Bande, die am Taufstein geknüpft wurden, waren genauso heilig wie Blutsbande und mußten trotz der Geldstreitigkeiten geachtet werden. «Du kämpfst nicht mit Leuten, die Öl über deine Kinder gegossen haben», sagte meine Mutter oft, wenn Nassios niederträchtiges Verhalten angesprochen wurde.

Bevor meine Patin Eugenia mit ihrem Sohn nach Amerika fuhr, waren meine Mutter und sie die besten Freundinnen gewesen – ganz gleich, was ihre «ledigen» Ehemänner in Worcester auch anstellten. Sie weinten bitterlich, als der Abschied kam. «Wenn du Christos in Amerika siehst», bat meine Mutter Eugenia, «sag ihm, daß wir nichts anderes in der Welt wollen, als zu ihm zu kommen.»

Mich an jenen Tag erinnernd, langte ich in meine Tasche, um das weiße Taschentuch zu berühren, das Eugenia mir zum Abschied geschenkt hatte. «Werden wir in der Nähe meiner Patin wohnen, *Patera?*» fragte ich jetzt. Ich hoffte, ihn vom Verlust seines Lieferwagens abzulenken.

«Sie wohnen am anderen Ende der Stadt», antwortete er. «Aber deine *Nuna* ist gerade jetzt in unserem Haus und kocht für uns alle. Sie möchte euch willkommen heißen.»

Bald fuhr er bei einer Tankstelle vor, und wieder beeindruckte mich die selbstbewußte Art, mit der er mit dem Tankwart in der kehligen englischen Sprache plauderte. Er strahlte gutmütige Autorität aus, und der Angestellte ging emsig hin und her, prüfte den Ölstand und putzte die Fenster, als ob es sein größter Wunsch sei, meinem Vater alles recht zu machen. Ich konnte sehen, unser Vater war in dieser neuen Welt eine Achtung gebietende Erscheinung.

Während wir durch die üppige Landschaft Connecticuts fuhren, erkundigte sich Vater nach allen Verwandten, auffälligerweise aber nicht nach unserer Mutter. Meine Schwestern beantworteten seine Fragen knapp und fragten sich, wann er wohl auf sie zu sprechen käme. Er erkundigte sich nach unseren Großeltern, unseren Cousins, nach unserer Tante und unserem Onkel mütterlicherseits und seinem älteren Bruder Foto, das schwarze Schaf der Familie. Foto hatte wegen der Ermordung eines Türken, der seine erste Frau beleidigt hatte, im Gefängnis gesessen, und Vater hatte ihm genug Geld geschickt, um im Gefängnis ein Kaffeehaus eröffnen zu können. Später setzte er mit seiner zweiten Frau (die an der Seite unserer Mutter hingerichtet worden war) neun Kinder in die Welt. Trotz der Tatsache, daß unser Vater ihn und seine Familie vor dem Krieg jahrelang unterstützt hatte, hatte Foto es nicht für nötig befunden, uns während der Hungersnot auch nur einen Bissen zu essen zu geben oder das Geflügelwild, das er fing, mit uns zu teilen. Er floh vor den Partisanen aus dem Dorf, ohne uns ein Wort zu sagen, und als wir im Flüchtlingslager waren, schickte mein Vater naiverweise das Geld für unsere Unterstützung an Onkel Foto, der das meiste davon in die eigene Tasche steckte und behauptete, es sei nie angekommen.

«Und wie geht es meinem nichtsnutzigen Bruder?» fragte Vater. «Könnt ihr euch vorstellen, daß dieser Idiot, als er in Igumenitsa die Einwanderungspapiere für euch ausfüllte, Nikolas Geburtsdatum mit 1935 statt 1939 angegeben hat? Ich mußte deshalb den vollen Preis für die Überfahrt bezahlen – vierhundertfünfzig statt zweihundertfünfundzwanzig Dollar. Ja», sagte er, in Gedanken versunken, «es hat ein Vermögen gekostet, euch hier rüberzuholen. Aber es hat sich gelohnt.»

Wir starrten schweigend die Wolkenkratzer von Hartford an, aber nachdem die Stadt hinter uns lag, stieß Kanta plötzlich die Frage hervor, die wir übrigen nicht zu stellen gewagt hatten. «*Patera*», sagte sie kalt vom Rücksitz. «Du hast nach unseren Großeltern und unseren Onkeln und Tanten und jedem Cousin, den wir haben, gefragt. Willst du dich denn gar nicht nach deiner Frau erkundigen? Wie sie litt und wie sie starb? Willst du uns nicht nach der Hungersnot und nach den Schlägen fragen? Willst du nicht wissen, wie sie litt, um uns zu retten?»

Mein Vater schien zusammenzusacken, als ob er einen Schlag erhalten hätte. Einen Augenblick lang senkte er schweigend den Kopf, dann fuhr er an die Seite und hielt an. Er stellte den Motor ab, und im Auto war es bis auf Olgas Schluchzen still. Dann drehte er sich nach Kanta um, und ich konnte Tränen in seinen Augen glitzern sehen.

«Dafür ist noch viel Zeit, mein Kind», sagte er. «Wir sind noch viele Jahre zusammen. Nichts wird uns trennen, außer Gott. Ich möchte später alle diese Geschichten hören, aber jetzt ist die Zeit für Freude, weil wir zusammen sind.»

Kanta sah ihn besänftigt an. «Ich dachte, es ist dir egal», sagte sie leise.

«Es ist mir nicht egal», antwortete er. «Aber jetzt wollen wir uns freuen und uns kennenlernen.»

Olga schluchzte immer noch. «Wir müssen darüber reden!» sagte sie laut. «Es ist unsere Pflicht, über die Qualen unserer Mutter zu reden! Wir müssen ihr Opfer bezeugen!»

«Ihr seid meine Kinder, und ich will, daß ihr heute glücklich seid», sagte mein Vater mit Nachdruck und drehte den Zündschlüssel. «Wir haben später noch viel Zeit für Tränen.»

Wir fuhren weiter, und im Auto war eine neue Heiterkeit, ein Gefühl der Erleichterung, weil wir von unserer Mutter gesprochen hatten. Wir wußten, sie hätte unserem Vater zugestimmt – heute war ein Tag der Freude, weil ihr Traum für vier ihrer Kinder endlich Wirklichkeit geworden war.

Es dämmerte schon, als wir durch die Vororte von Worcester fuhren, wo unser neues Zuhause sein würde. Wir erwarteten so etwas wie Athen, die einzige große Stadt, die wir je gesehen hatten. Aber obwohl Worcester 1949 mit 200 000 Einwohnern die zweitgrößte Stadt Neuenglands war, beeindruckte es uns nicht.

Die Stadt schien nur aus langen, flachen Fabriken und Holzhäusern zu bestehen, genau wie es mein Großvater vorausgesagt hatte. Als wir vor einem der Wohnhäuser hielten, um Prokopi und Spiro Koulisis aussteigen zu lassen, kletterte ich aus dem Auto und blickte suchend nach oben – ob es stimmte, was mein Großvater gesagt hatte, daß ich den Himmel nie wiedersehen würde? Aber zu meiner Erleichterung war er deutlich zwischen den Wolken sichtbar. Er dunkelte im schwindenden Licht zu einem Saphirblau.

Vater fuhr durch eine hell erleuchtete Geschäftsstraße mit Läden voller Menschen. «Wenigstens ist es sauberer als New York», bemerkte Kanta. «Und die Leute sind besser angezogen als auf den Piers.»

Plötzlich fuhr Vater eine der Seitenstraßen hinauf und hielt vor einem dreistöckigen Holzhaus, einem riesigen beige-braunen Bau, der an einer abschüssigen, von Bäumen beschatteten Straße stand. Das Haus war schmucklos bis auf einen Vorsprung links neben der Tür, wo sich drei Erkerfenster übereinander und eine kleine Veranda mit quadratischen Säulen, ebenfalls dreifach übereinander, befanden, denn jedes Stockwerk dieser dreigeschossigen Mietshäuser ist genau wie die anderen beiden.

Wir hatten kein Auge für architektonische Einzelheiten, als wir aus dem Auto stolperten, denn meine Patin rannte aus dem Seiteneingang und die Auffahrt hinunter. Sie trocknete sich die Hände an der Schürze und rief: «Meine armen Kinder, meine Seelen!» Beim Anblick von uns Kindern, die Eugenia zuletzt am Tage, als sie Griechenland verließ, im Beisein unserer Mutter gesehen hatte, brach sie in Tränen aus, was bewirkte, daß auch Olga zu schluchzen begann.

Vater kam herauf und sagte streng: «Das reicht, *Kumbara*. Ich will nicht, daß sich meine Kinder aufregen. Bringen wir die Koffer rein und zeigen wir ihnen das Haus.»

Während Olga an Eugenias üppigem Busen weinte, schaute Kanta meine Patin genau an. Sie staunte, wie sich die schwarz gekleidete Bäuerin mit dem schwarzen Kopftuch, das ihre Haare verbarg, verändert hatte. Jetzt war das Kopftuch verschwunden, und Eugenia hatte kurzes Haar, das ihre Schultern berührte. Sie trug ein schickes braunes amerikanisches Kleid und am Handgelenk eine goldene Uhr. Dieses elegante Detail versetzte Kanta einen Stich, und sie dachte: «Meine Mutter hatte kein Brot zu essen, während meine *Kumbara* in Amerika war und eine goldene Uhr trug.»

Während sich die andern mit den Koffern abmühten, kletterte ich, einem unwiderstehlichen Drang folgend, der seit New York immer stärker geworden war, zurück auf den Fahrersitz, und ein höchst befriedigender Trompetenstoß der Hupe ließ alle zusammenfahren.

«Laß das!» schrie Olga, und meine Patin zog mich aus dem Auto und drückte mich an sich. «Mein kostbares Kind», sagte sie, immer noch weinend. «Komm ins Haus, damit ich dich anschauen kann.»

Sie führte uns die Auffahrt hinauf und durch einen Seiteneingang, hinter dem sich ein kleiner Korridor und eine Treppe verbarg, die in die oberen Stockwerke führte, wo andere Familien wohnten. Durch eine Tür gelangte man in einen winzigen Flur und in unsere Küche.

Wir blieben stehen und starrten. Olga konnte ihre Augen nicht von dem Linoleumboden mit dem gelben Muster wenden – wie ein Teppich aus goldenen Blättern. Unsere Küche im Dorf hatte einen Fußboden aus Lehm gehabt.

Während wir mit offenem Mund dastanden und staunten, sahen wir eine hübsche junge Frau mit rundem Gesicht, die uns beobachtete. Eugenia stellte sie uns als Chrysoula Tatsis vor, und wir begriffen, daß dies die erste Griechin war, die aus unserem Dorf nach Amerika ausgewandert war. Chrysoula, «die Goldene», war 1936 erst sechzehn Jahre alt gewesen, als Leo Tatsis, der Besitzer eines Lebensmittelgroßhandels in Worcester, nach Lia gekommen war, sie geheiratet und fortgelockt hatte.

Als Frau eines wohlhabenden Mannes, der zwanzig Jahre älter war, hatte sich Chrysoula als aufgeweckt und klug erwiesen und die Sprache und amerikanischen Sitten schnell gelernt. Alle anderen griechischen Einwanderer, die später kamen, und besonders deren Frauen betrachteten sie als Vorbild und Schiedsrichterin in Geschmacksfragen in diesem neuen Land. Sie kannte sich mit Dingen wie Frisiersalons und Seidenstrümpfe aus. Am allerwichtigsten war jedoch – wie unser Vater oft bemerkte –, daß sich Chrysoula dem Leben in Amerika angepaßt hatte, ohne ihrem moralischen Ansehen zu schaden. Chrysoula Tatsis sah man nicht mit Hosen auf der Straße wie manche Schlampen in Amerika, sagte er oft, und wies meine Schwestern an, sie sich zum Vorbild zu nehmen als eine Frau, die in diesem Land leben konnte, ohne ihre Tugend zu gefährden.

Wir schauten Chrysoula ehrfürchtig an, ihr freundliches aufrichtiges Gesicht, ihr hübsch gewelltes Haar mit bescheidenen Knoten, ihr seidiges grünes Kleid, ihre Lippen mit einem Hauch von Rosa. Sie begrüßte uns ruhig und ein bißchen schüchtern. Sie wollte unser gefühlvolles Wiedersehen mit unserer Patin nicht stören.

Als wir unsere Blicke schließlich von Chrysoula losrissen, um uns in der Küche umzusehen, trat Eugenia als Führerin auf und zeigte Kanta und Olga die Wunder der modernen amerikanischen Technologie. «Schaut, meine Schätzchen», sagte sie. «Das ist ein Kühlschrank. Man stellt Essen hinein anstatt auf das Fensterbrett, und es wird nicht schlecht und fängt nicht an zu riechen. Und schaut hier», sagte sie und öffnete den Ofen. «Jetzt kocht ihr nicht mehr über einem Feuer, und ihr braucht nicht mehr zum Bäcker zu gehen und zu bezahlen, um eine Pfanne voll Bohnen oder *pastitsjo* gekocht zu bekommen, weil ihr euer eigenes Essen hier in eurem eigenen Ofen garen könnt.»

«Das bedeutet, wir können jeden Tag Brot backen!» rief Kanta aus, die sich schrecklich nach dem Geschmack des knusprigen griechischen Brotes gesehnt hatte. Kanta lag mehr als uns übrigen an gutem Essen, obwohl sie nie dick wurde. Der Duft der Dinge, die im Ofen und auf dem Herd kochten, erinnerten uns daran, wie hungrig wir waren. Zum ersten Mal seit achtzehn Tagen atmeten wir die köstlichen Düfte von großen weißen Limabohnen in Knoblauch- und Tomatensauce, von würzigen grünen Bohnen, die mit Lammfleischwürfeln gekocht werden, von scharfem Ziegenkäse und mildem Olivenöl, von fettem flockigem Käse und Spinatkuchen ein. Plötzlich hatten wir alle einen Riesenhunger.

Aber die Wunder unserer Küche gingen weiter. Eugenia deutete auf eine tonnenförmige, weißglänzende Maschine auf Beinen mit zwei Walzen oben drauf. «Wäschewaschen ist nichts in Amerika», erklärte sie. «Anstatt die Wäsche auf Steinen neben dem Teich mit Zweigen zu schlagen, wirft man die Sachen hier rein, wo eine Maschine sie sauber schlägt, und diese Rollen hier oben pressen sie fast trocken. Paßt bloß auf, daß ihr eure Finger nicht dazwischenkriegt», warnte sie und schaute mich und Fotini an. Wir schüttelten die Köpfe, unfähig, so viele neue technologische Wunder auf einmal aufzunehmen, aber Vater zeigte auf eine Tür zu einem anderen Raum.

«Olga, stell deinen Koffer dort rein», sagte er.

«Du meinst, das gehört uns auch noch?» rief sie aus und öffnete die Tür, hinter der sich ein Eckzimmer mit zwei Doppelbetten verbarg.

«Ja, und stell den anderen Koffer in dieses Zimmer», fuhr er fort, und wir eilten zu einer zweiten Tür und entdeckten noch ein weiteres Schlafzimmer, einen kleineren Raum mit einem Doppelbett.

«Aber das ist ja riesig!» rief Kanta aus. «In Griechenland braucht eine Familie nur einen Raum.»

Vater lächelte bescheiden. «Das gehört *alles* uns», sagte er. «Öffnet jede Tür, und was ihr seht, gehört uns.»

Die Hölle brach los. Außer der Tür, durch die wir in die Küche getreten waren, gab es noch vier weitere, und wir rannten umher und erforschten unser neues Zuhause. Die größte Überraschung war das Badezimmer, das zwischen den beiden Schlafzimmern lag. Im Hotel in Athen hatten wir bereits die Innentoiletten entdeckt, aber selbst unsere kultivierten Cousins, die dort in Reihenhäusern lebten, mußten eine Toilette auf dem Hof benutzen. Wir hatten nie erwartet, in einem Privathaus eine Toilette vorzufinden.

Wir rannten von einem Zimmer ins andere. Jedes war größer als das letzte. Das herrlichste war das Eßzimmer mit dem eingebauten Geschirrschrank, der Glastüren hatte, und daneben lag – hinter gewölbten Mahagonitüren – ein riesiger Raum, in dem die Stimmen widerhallten, die gute Stube. Unsere Stimmen hallten deshalb wider, weil das Zimmer bis auf ein paar Klappstühle leer war. Auch im Eßzimmer standen keine Möbel. «Ich wollte warten, bis ihr kommt, und dann erst Möbel kaufen», erklärte mein Vater.

Es machte uns nichts aus. Dieses Haus in Amerika kam uns wie ein Palast vor, gut genug für einen König. Die einzigen Häuser, die je unser Zuhause gewesen waren, waren unsere Steinhütte mit dem Lehmboden im Dorf gewesen, wo der Stall für die Tiere sich gleich unter unserem einzigen Raum befand, und die Wellblechbaracke im Flüchtlingslager, die wir mit anderen Familien teilten.

Als wir jede Ecke erforscht und in die Küche zurückgekehrt waren, weinten Olga und Kanta, weil unsere Mutter, die ihr Leben lang von Amerika geträumt hatte, dieses prächtige Zuhause nicht erleben konnte. Um uns abzulenken, wies Vater Eugenia und Chrysoula an, das Essen auf den mit Wachstuch bedeckten Tisch zu stellen. Bald war unser Kummer vergessen, als wir das erste genießbare Mahl seit unserer Abreise aus Griechenland in uns hineinstopften.

Anschließend schaute sich Vater unsere schmutzige Kleidung an und versuchte, seinen Ekel zu verbergen. Er sagte, es sei Zeit für uns, ein Bad zu nehmen und die neuen Pyjamas und die Unterwäsche anzuziehen, die er für uns gekauft hatte. Stolz zog er die Kommodenschubladen im Schlafzimmer auf, um uns nagelneue Unterwäsche und Schlafanzüge zu zeigen, die in sauberen Stapeln darin lagen. Chrysoula war ausgesandt worden, um die Sachen für die Mädchen zu kaufen, und ihre Schlafanzüge waren aus einem weichen, glänzenden Stoff, der mit kleinen zarten Blümchen bedruckt war.

«Aber, die kann ich nicht tragen, *Patera!*» rief Olga aus. «Ich trauere um *Mana*. Ich werde fünf Jahre lang schwarz tragen.»

«Ich auch!» kam Kantas Echo, nicht ganz so entschieden, während sie mit der Hand über den seidigen Stoff strich. «Diese Farben kann ich nicht tragen.»

Unser Vater seufzte. «Zieht sie nur heute abend für mich an, Kinder», sagte er. «Morgen können wir weiter darüber reden.»

Chrysoula demonstrierte einem faszinierten Publikum, wie man die Badewanne mit Wasser füllte, und beschrieb, wie jeder von uns im Wasser sitzen und den Körper von oben bis unten waschen würde. Olga wurde rot, aber Vater blieb eisern. Die amerikanische Tugend, die er vor allen anderen schätzte, war Reinlichkeit. Selbst als er auf seinen langen Besuchen in Griechenland war, hatte er einmal in der Woche stolz in einer Zinnwanne vor dem Kaminfeuer ein Bad genommen. Die Dorfbewohner, die selten badeten, hielten dies für eine exzentrische und möglicherweise lebensgefährliche Gewohnheit.

Ohne mich wehren zu können, wurde ich dazu ausersehen, mich als erster den Gefahren der Badewanne auszusetzen. Als ich wieder auftauchte und mir in meinem gestreiften Schlafanzug mit den langen Hosen erwachsen und männlich vorkam, sah ich, daß die beiden früheren Partner meines Vaters, Nassio Economou und Christos Stathis, zu Besuch gekommen waren.

Ich starrte Nassio neugierig an. Schon im Dorf hatte ich Gerüchte über sein ausschweifendes Leben gehört. Jetzt, in seinem Nadelstreifenanzug und seiner Fliege, sah er wie einer der Dandys aus, die ich in Kolonaki, dem eleganten Athener Stadtteil, gesehen hatte. Christos Stathis dagegen hatte ein quadratisches, strenges Gesicht und einen Körperbau wie meine Patin. Eindeutig Bruder und Schwester, waren beide so robust und solide wie unsere Berge.

Aber Nassio musterte uns wie ein Käufer bei einer Pferdeauktion. Ich wurde immer nervöser und wartete auf sein Urteil. Wir schauten böse zurück.

Auf Olga und Kanta zeigend, sagte Nassio zu meinem Vater: «Schneid die Zöpfe ab, schmeiß das schwarze Zeug weg! Laß sie niemand so sehen!»

«Mach dir keine Sorgen», erwiderte Vater und versuchte, seinen Ärger zu verbergen. «Ich kümmere mich schon um alles.»

«Was hat denn die da am Hals?» fuhr Nassio fort und deutete auf Olga, die errötete.

«Es ist nur ein Kropf», verteidigte sie sich. «Viele Leute im Dorf haben das. Es ist ja nur ein kleiner.»

«Wie willst du sie so verheiraten?» fragte Nassio meinen Vater. «Wir sind hier in Amerika, Dr. Gage. Du hast jetzt Töchter. Du kannst sie nicht im Haus einsperren und schwarze Kleider tragen lassen. Du mußt dieser Tatsache ins Auge sehen.»

«Du brauchst mir nicht zu sagen, was ich mit meinen Töchtern zu machen habe», gab unser Vater bissig zurück. «Meiner Meinung nach bist du kein Fachmann, wenn es darum geht, tugendhafte Mädchen zu erziehen.»

Ich sah, wie ein ärgerlicher Zug über Nassios Gesicht huschte, als er sich abwandte, um Fotini zu begutachten, die verängstigt aussah. «Keine Farbe in den Backen», bemerkte er. «Weiß wie Mehl. Du mußt sie aufpäppeln. Wo ist der Junge?»

Ich warf mich in die Brust, richtete mich zu meiner vollen Größe auf und versuchte, unter seinem prüfenden Blick nicht zu schwanken, als er mich von oben bis unten taxierte.

Er schnalzte mit der Zunge und wandte sich an meinen Vater, um sein Urteil zu sprechen. «Ananassaft!» verkündete er. «Laß ihn viermal am Tag Ananassaft trinken, Dr. Gage, dann wird er vielleicht noch normal groß. Sonst hast du einen Zwerg am Hals.»

«Der wächst schon noch! Mein Sohn hat noch Jahre Zeit zum Wachsen», giftete mein Vater zurück. «Aber für dich, kleiner Mann, besteht keine Hoffnung mehr.»

Nassio zuckte mit keiner Wimper. «Ich bin groß genug, wo's drauf ankommt», prahlte er.

«Nassio, um Himmels willen, nicht vor den Mädchen», flehte seine Frau.

«Denkst du denn, die wissen nicht Bescheid – sogar auf dem Dorf?» gab er zurück.

Ich sah, wie mein Vater vor Zorn rot anlief, und Christos Stathis sah es auch. Er legte eine Hand auf Nassios Schulter. «Hör auf», sagte er. «Wir sind hergekommen, um die Kinder zu begrüßen und zu hören, was es drüben Neues gibt, und nicht, um deinen Unsinn anzuhören.»

Vater beherrschte sich mühsam, und Nassio gab klein bei. Ich freute mich insgeheim, daß mein Vater mir so rasch zu Hilfe gekommen war.

«Was ist mit dem anderen Mädchen?» fragte Christos Stathis. Er wollte das Thema wechseln. «Was hört man von Glykeria?» «Glykeria ist immer noch in Albanien, in einem der Lager, wohin die Partisanen sie wie Vieh getrieben haben», erwiderte Vater. «Ich hab ihr Geld geschickt, aber keine Nachricht bekommen. Sie ist in Gottes Händen.»

«Du kannst dein Geld genausogut ins Meer werfen», bemerkte Nassio. «Glaubst du vielleicht, die Albaner geben's ihr?»

«Ich hab es durch das Rote Kreuz schicken lassen», sagte Vater mit wachsender Verärgerung.

«Das sind Diebe, genau wie die Kommunisten», stichelte Nassio. «Sie nehmen den Leuten umsonst das Blut ab, drehen sich um und verkaufen es an Kranke. Du weißt, mein Freund, daß sie aus diesem Lager, ohne Vater, Bruder oder Mutter, die sie beschützen, nicht so makellos zurückkommen wird, wie sie hineingegangen ist.»

Vater sprang vom Stuhl, sein Gesicht so rot wie ein Tomate. «Sie ist fünfzehn Jahre alt, du Schwein!» schrie er, während Christos Stathis und Eugenia sich zwischen sie stellten. «Ich will dich nicht in meinem Hause haben, wenn du so redest.»

«Sie ist *mein* Patenkind, oder nicht?» entgegnete Nassio kühl. «Ich sage nur, daß nichts wichtiger ist als ihr Leben.»

Die Frauen mußten ihre ganze Energie aufbieten, um die beiden Streithähne zu beschwichtigen, aber nach einer Runde Ouzo und einigen *mesedakia* versuchte Christos Stathis erneut, Neuigkeiten aus dem Dorf in Erfahrung zu bringen.

Kurz vor unserer Abreise nach Amerika hatte Olga darauf bestanden, in Begleitung unseres Großvaters nach Lia zurückzukehren. Sie wollte den Leichnam meiner Mutter unbedingt aus der fernen Schlucht holen, wohin er und andere Opfer des Exekutionskommandos geworfen worden waren, und ihn zum geweihten Grund unserer Kirche bringen, wo *Mana* jeden Tag ihres Lebens gebetet hatte. Im verlassenen Dorf schliefen Olga und unser Großvater im Haus unseres Onkels Foto.

Während wir in unserer neuen Küche saßen, erzählte Olga der schweigenden Gruppe die Geschichte: «*Papu* und Onkel Foto standen auf, bevor ich erwachte, und gingen früh hinauf zur Schlucht», sagte sie. «Sie wollten nicht, daß ich ihren Leichnam sehe und mich aufrege. Aber ich ahnte, wohin sie gegangen waren, und lief den Berg hinauf. Sie kamen herunter und trugen eine Kiste, in der *Mana* und Tante Alexo lagen. Sie war nur ungefähr so lang», sagte sie und hielt die Hände etwa einen Meter auseinander. «Und ich schrie: ‹Ich will meine *Mana* sehen!›, aber *Papu* ließ mich nicht. Er sagte: ‹Die Haare deiner Mutter sind immer noch so, wie sie waren, golden und glänzend wie Seide, aber ihr Schädel ist zertrümmert – vielleicht durch die Felsbrocken, die sie darüber gehäuft haben.›»

Während Olga erzählte und weinte, hielt ich es nicht länger aus. Ich stand leise auf und schlüpfte in das Eckzimmer, wo unsere Koffer standen. Ich rollte mich auf dem Bett zusammen und hielt mir die Ohren zu, aber ich konnte sie immer noch weinen hören. Um mich abzulenken, suchte ich eifrig meine Habseligkeiten aus den Koffern zusammen und stellte sie im Zimmer herum auf, damit es vertrauter, mehr wie ein Zuhause wurde. Ich summte laut und versuchte, Olgas Worte zu übertönen und nicht zu lauschen, aber es war zwecklos. Ihre Stimme schien im Innern meines Schädels zu sein.

Ich schlüpfte in die Küche zurück und sah, daß alle in Tränen waren, selbst Nassio. Ich tat so, als ob ich es nicht bemerkte, und ging zu meiner Patin. «Schau, *Nuna*, sagte ich. «Ich hab es immer noch, dein Geschenk.» Ich hielt das weiße Taschentuch in die Höhe, das sie mir zum Abschied gegeben hatte.

Daraufhin weinte sie nur noch heftiger und nahm mich in die Arme. Obwohl ich es sonst nicht zuließ, daß die Leute mich wie ein Baby behandelten, blieb ich auf ihrem Schoß sitzen, bis das Gemurmel der Unterhaltung mich einzuschläfern begann. Schließlich trug mich mein Vater ins Bett, das ich mit ihm teilen würde. Als er selbst zu Bett ging, sah ich, wie er sekundenlang innehielt, die Ikonostase in der östlichen Ecke betrachtete und sich dreimal bekreuzigte. Selbst in seinem gestreiften Schlafanzug sah er imponierend aus.

Vom Sonnenlicht, das durch die Fenster hereinströmte, geblendet, erwachte ich am nächsten Morgen allein in dem riesigen Bett. Ich wartete auf das Schaukeln des Schiffes. Dann fiel mir ein, wo ich war. Bald roch ich einen köstlichen Duft, dem ich folgte, und fand meinen Vater in der Küche vor, der fachmännisch mit Fetakäse gefüllte Omelettes wendete und sie auf beiden Seiten perfekt vergoldete. Schwungvoll legte er eines vor mich auf den Teller, und ich konnte mir nichts Verführerischeres als diese goldene Wolke, aus der Käse sickerte, vorstellen. Bis ich den letzten Krümel verschlungen hatte, war ich überzeugt, daß mein Vater der beste Koch von ganz Worcester war.

Als wir alle mit dem Frühstück fertig waren, verkündete er: «Jetzt gehen wir in die Stadt und kaufen euch ein paar Sachen zum Anziehen, damit ihr wie Amerikaner ausseht.»

Bei dieser Neuigkeit wurde Kanta vor Aufregung rot. Ihr ganzes Leben lang hatte sie amerikanische Modeabbildungen aus den Zeitschriften, die ihr Vater manchmal schickte, gesammelt und in der Einsamkeit des Toilettenhäuschens davon geträumt. In ihrer Phantasie war sie nach der neuesten amerikanischen Mode gekleidet – in weichen, seidigen Stoffen in leuchtenden Farben –, und in ihren Träumen war ihr Haar stets kurz geschnitten und gewellt.

Olga dagegen protestierte sofort. Da sie die älteste war, fühlte sie sich dafür verantwortlich, daß die Wertmaßstäbe, die ihre Mutter ihr beigebracht hatte, aufrechterhalten wurden, und achtete darauf, daß auch ihre jüngeren Geschwister sich daran hielten. «Ich werde nur Schwarzes anziehen, *Patera!*» rief Olga aus. «Wir trauern um *Mana*, und ich werde fünf Jahre lang Schwarz tragen.»

«Wir werden versuchen, dir etwas zu kaufen, das an Schwarz herankommt», erwiderte mein Vater. «Du kannst diese Sachen nicht jeden Tag tragen. Du brauchst wenigstens ein gutes Kleid für die Kirche.»

«Kirche!» schrie Olga empört. «Kein Mädchen mit Selbstachtung, das älter als elf ist, läßt sich vor ihrem Hochzeitstag in der Kirche sehen. Das weißt du doch!»

«So ist es im Dorf, ich weiß, mein Kind», sagte unser Vater sanft. «Aber hier in Amerika ist alles ganz anders. Alle griechischen Mädchen gehen in die Kirche, wie die Männer und Frauen. Natürlich begleiten sie ihre Eltern, und sie sprechen nicht mit Männern, aber wenn du dein Gesicht in der Kirche zeigst, dann heißt das nicht, daß du schamlos bist. Nassio hatte recht – du mußt in Amerika neue Sitten lernen.»

«Also, *ich* gehe nicht in die Kirche», gab Olga zurück. «*Mana* brachte mir richtiges Verhalten bei, und ich werde sie ehren, indem ich tue, was sie mich gelehrt hat.»

Trotzdem zwängte sich auch Olga mit dem Rest in den DeSoto, um den Ausflug in die Geschäfte mitzumachen. Wir waren gespannt, unser neues Land bei Tageslicht zu sehen. Vater fuhr unsere abschüssige Straße, die Greendale Avenue, bis zur Ecke hinauf und bog dann links ein. «Dort wirst du mit Fotini zur Schule gehen», sagte er zu mir und zeigte auf ein riesiges rotes Backsteingebäude. «Du siehst, es liegt nur einen Steinwurf vom Haus entfernt. Ihr könnt also in zwei Minuten zum Mittagessen zu Hause sein.»

«Was ist mit Olga und mir, *Patera?*» erkundigte sich Kanta vom Rücksitz aus. «Werden wir auch zur Schule gehen?»

«Ihr habt Glück», sagte er. «Hier gibt es eine Schule, die sich Lamartine Street School nennt, wo Ausländer die englische Sprache lernen können – Einwanderer aus allen Ländern, sogar alte Leute. Aber man muß mindestens dreizehn Jahre alt sein, um hingehen zu dürfen. Die Kleinen müssen ins kalte Wasser springen, das heißt die öffentlichen Schulen besuchen.»

Im kalten Tageslicht kam mir Worcester nicht besonders freundlich vor. Nichts sah vertraut aus – keine alten Frauen mit schwarzen Kopftüchern, die aus den Fenstern lehnten, um zu tratschen, keine angemalten Olivenöldosen mit Basilikum und Geranien vor jeder Tür, keine runden Eisentische, an denen Männer über ihrem Kaffee saßen und die Welt an sich vorüberziehen ließen. Worcester, auf sieben Hügeln erbaut, schien eine endlose, verbarrikadierte Stadt aus häßlichen hölzernen Mietshäusern und noch häßlicheren Backsteinfabriken zu sein.

Als wir die Verwaltungsgebäude im Stadtzentrum erreichten, sah alles vertrauter aus. Das riesige, glänzende Granitgebäude mit dem dorischen Säulengang, das, wie Vater sagte, die Stadthalle war, schien eine Kopie des Parthenons zu sein. Die Main Street säumte eine Reihe von imposanten weißen Marmorbauten: das Gericht, Kirchen und Bürogebäude – alle demonstrierten den Einfluß des klassischen Griechenland auf die Siedler von Worcester.

Während wir die Main Street, einer Parade von Geschäften, Banken und Bürogebäuden, entlangfuhren, zeigte mein Vater stolz auf das Rathaus, einen ausladenden vierstöckigen Granitbau mit einem hoch aufragenden Glockenturm. Hinter dem Rathaus erstreckte sich ein grünes Rechteck – der Stadtpark, erklärte mein Vater, wo Amerikas Unabhängigkeitserklärung 1776 zum ersten Mal in der Öffentlichkeit vorgelesen worden war. Hier lagen viele frühe Patrioten Worcesters begraben. «In diesem Land gibt es so viel Platz, daß man die Toten in der Erde liegen läßt», erläuterte unser Vater, «anstatt sie nach drei Jahren wieder auszugraben und ihre Knochen in die Kirche zu legen.»

Wir sagten nicht, daß wir das für ein Sakrileg hielten.

Hinter dem Stadtpark, sagte Vater, hinter den Läden und Banken, die das grüne Viereck umgaben, lag der Bahnhof – Union Station –, das Herz der geschäftigen Stadt, wo alle Schienen zusammenliefen. Und gegenüber dem Bahnhof befand sich der Diner mit dem Namen Terminal Lunch, den Nassio Economou fast geschenkt von einem bankrotten Spieler erworben hatte und wo er und Christos Stathis jetzt mit einem Geschäft eine Menge verdienten, das rechtmäßig auch unserem Vater gehören müßte. Aber keiner von uns redete vom Terminal Lunch, denn wir hatten nur Augen für Sherer's Department Store, das palastartige Warenhaus auf der einen Seite des Stadtparks, wo, wie uns Vater versicherte, nur erstklassige amerikanische Bekleidung verkauft wurde.

Wie in einer Kirche flüsternd schlichen wir hinter ihm auf Zehenspitzen ins leuchtende, luxuriöse Innere, wo alles, wie es schien, noch am selben Morgen poliert worden war und das Licht von kristallenen Kronleuchtern sich in Seiden und Juwelen und den feinsten Lederwaren spiegelte. Wir rückten zusammen. Plötzlich wurde uns bewußt, wie grob der Stoff und wie häßlich die Farben unserer Kleidung waren und wie schwer unsere Dorfschuhe auf die weichen Teppiche in Schmuckfarben traten.

Unseren Vater schien es nicht zu stören, daß ihm diese kleine Schar häßlicher Entlein folgte. Er nickte und grüßte die Angestellten, die hinter den Tresen warteten, indem er freundlich und vertraut seinen Hut hob – ein Mann von Geschmack und Vornehmheit, ein Kunde, den man hier gerne sah.

Er führte uns zuerst in die Schuhabteilung im Erdgeschoß und gab jungen Männern in dreiteiligen Anzügen Anweisungen. Sie eilten herbei, um uns zu bedienen. Ich versuchte, meine derben Schuhe zu verstecken, indem ich meine Füße um die Stuhlbeine wand, aber am Ende hatten wir alle neue Straßenschuhe und auch ein Paar Hausschuhe, denn bei uns war es Brauch, die Schuhe an der Tür auszuziehen. Ich bekam braune Oxfords wie die meines Vaters. Die älteren Mädchen zogen ihre schwarzen Kreppsohlen-Schnürschuhe aus, um Schuhe mit hohen Absätzen anzuprobieren. Kanta erhielt blaue

Slingpumps und war so begeistert, daß sie sie nicht einwickeln oder in einen Karton packen ließ, sondern an ihre Brust drückte. Olga wählte standhaft die einfachsten Schuhe, die es gab, und bekam schwarze.

Kleider und Anzüge gab es in den oberen Stockwerken, verkündete unser Vater mit einer Handbewegung, und wir folgten ihm in eine Kabine, die mit Spiegeln verkleidet war und wo uns ein junger Mann in Uniform erwartete. Zum ersten Mal sahen wir einen Aufzug. In Griechenland hatten uns die großen Spiegel und Schaufensterpuppen aus Gips im Kaufhaus Diamantopoulos beeindruckt und verwirrt, aber verglichen mit Sherer's amerikanischer Großzügigkeit kam uns das beste Geschäft Athens geradezu kläglich vor. Unser Vater winkte uns in den Aufzug, wo ein junger Mann, der wie ein Offizier der Armee gekleidet war, an einem Rad drehte, um uns himmelwärts zu befördern. Wir holten tief Luft und folgten ihm hinein, nur Olga blieb hilflos und starr draußen stehen.

«Rein mir dir, rein mit dir», zischte unser Vater. «Soll dich die ganze Welt für einen Bauerntrampel halten? Er wird dich nicht auffressen.» Zitternd folgte sie, und als sich die Türen schlossen und der Fahrstuhl in die Höhe ruckte, verschluckten wir die Schreie, die uns im Halse steckten.

In der Abteilung für Damenkleider betrachtete Olga die Fülle von leuchtend-bunten Kleidern, die vor ihr ausgebreitet waren, mit finsterem Blick, während Kanta vor der Vielfalt der amerikanischen Mode fast in Ohnmacht fiel. Olga akzeptierte schließlich widerwillig ein dunkelblaues Kleid mit winzigen weißen Punkten über der Brust. Kantas Wahl fiel auf ein hellblaues Kleid, das zu ihren neuen Schuhen paßte. Es hatte einen braunen Samtkragen und einen Faltenrock, und als sie es anzog, stellte Kanta fest, daß ihre magere Gestalt von all dem Essen, das sie in den vergangenen vierundzwanzig Stunden verschlungen hatte, einen kleinen Bauch angesetzt hatte. Unser Vater kaufte auch Wollmäntel für die Mädchen. Olga wählte einen dunkelbraunen, die anderen suchten sich Pastellfarben aus.

Nachdem Vater Fotini ein Kleid mit Puffärmeln und Spitze gekauft hatte, in dem sie wie ein dunkelhaariger Engel aussah, führte er uns in die Jungenabteilung, wo er in dieser geheimnisvollen englischen Sprache Anordnungen erteilte. Die herumschwebenden Verkäuferinnen brachten einen beigen Trenchcoat an, die haargenaue Miniatur eines Herrenmantels, und einen flotten braunen Anzug mit Lederaufsätzen an Schultern und Ärmeln. Das allerbeste aber: der Anzug hatte Hosen mit langen Beinen! Es gab noch ein weißes Sporthemd, eine schmale, quergestreifte Strickkrawatte und ein paar gestreifte Polohemden für jeden Tag – aber das war nur der Zuckerguß auf der Torte. Das Wichtigste an der ganzen Sache war, daß ich plötzlich zur Mannheit und zu langen Hosen befördert worden war.

Mit vor Aufregung geröteten Wangen, Stapel von Schachteln und Tüten balancierend, die mit unserem neuen Staat gefüllt waren, erduldeten wir die Fahrt im Aufzug bis zum Erdgeschoß mit dem Selbstbewußtsein erfahrener Käufer. Als wir dem Ausgang zustrebten, rief eine Frauenstimme auf griechisch: «Christos Gatzoyiannis! Sind das etwa Ihre Kinder?»

Eine gut gekleidete Frau mittleren Alters mit rosigen Wangen eilte herbei und machte viel Wesens um uns, während Vater uns vorstellte. Sie bewunderte unsere Einkäufe und lobte unseren guten Geschmack, und dann sagte sie verschwörerisch zu unserem Vater: «Christo, darf ich mal kurz unter vier Augen mit Ihnen reden?»

Plötzlich mißtrauisch geworden, beobachteten wir, wie er mit der Frau außer Hörweite ging und aufmerksam zuhörte, während sie ihm etwas ins Ohr sagte. Dann antwortete er. Sie lächelte und tätschelte seine Hand. Wir tauschten entsetzte Blicke. Der gleiche Gedanke durchfuhr uns: Wir waren dem vom Krieg gebeutelten Europa entronnen, um zu unserem verwitweten Vater zu kommen, und hier war er, vielleicht schon von den Reizen dieser hinterhältigen Schmeichlerin eingefangen. Zweifellos hatte sie ein Auge auf unseren Vater und sein Vermögen und beabsichtigte, unsere Stiefmutter zu werden. Wir starrten sie mit einmütiger Empörung an.

In eisigem Schweigen fuhren wir nach Hause, und als wir unsere Einkäufe ins Haus trugen und Vater auf einen Stuhl sank und Olga bat, ihm eine Tasse Kaffee zu machen, regte sich keiner. Er drehte sich um und sah, daß wir ihn alle vorwurfsvoll anstarrten.

«Was ist los mit euch?» fragte er verdutzt. «Warum probiert ihr eure Sachen nicht an? Sind das nicht die schönsten Kleider, die ihr je gesehen habt?»

«Was bedeutet dir diese Frau?» fragte Olga schnippisch.

«Welche Frau?»

«Diese Mrs. Sigalos», zischte Kanta.

«Die Frau eines Freundes!» sagte er. «Warum schaut ihr mich alle so an?»

«Warum hat sie dich weggeschleppt und mit dir geflüstert?» wollte Olga wissen.

«Und warum hat sie deine Hand getätschelt?» fügte Kanta hinzu. «Wir haben es gesehen.»

Vater sackte noch tiefer auf seinem Stuhl zusammen. «Wenn ihr glaubt, daß zwischen mir und Mrs. Sigalos etwas ist – das könnt ihr vergessen», seufzte er. «Wie könnte ich nach eurer Mutter an eine andere Frau denken? Jetzt, wo sie tot ist, werde ich nie wieder heiraten – ihr braucht euch also keine Sorgen zu machen.»

«Warum hat diese Frau dann aber deine Hand getätschelt?» fragte Kanta hartnäckig weiter.

Er zuckte mit den Schultern und beschloß, die Wahrheit zu sagen. «Sie nahm mich beiseite, um mich zu fragen, ob ich für all diese Sachen, die ich euch gekauft habe, zahlen könnte. Sie bot an, mir Geld zu leihen. Ich dankte und sagte ihr, daß ich keinen Kredit brauche. Da hat sie mir die Hand getätschelt.»

«Aber warum um alles in der Welt hat sie dir Geld angeboten?» fragte Kanta verwundert. Wir machten alle große Augen. Jeder konnte sehen, daß unser Vater ein reicher Mann war, so, wie er sich kleidete und wie er mit den Verkäufern umging.

«Nun, sie hörte, daß ich keinen Job habe», sagte er, sich verteidigend.

«Keinen Job?» wiederholten wir.

«Aber du hast uns doch gesagt, daß du Koch in einem großen Restaurant bist!» ließ sich Fotini hören.

«Das war ich auch», sagte Vater. «Im Alpha Lunch. Gleich neben dem Rathaus. Aber die Lerner Company hat den Laden gekauft, um ein Bekleidungsgeschäft draus zu machen, und so mußte das Restaurant schließen, und ich bin im Moment ohne Arbeit.»

«Wie um Himmels willen konntest du uns dann all diese Sachen kaufen?» forschte Kanta wie ein Rechtsanwalt.

«Macht euch mal keine Sorgen, ich habe genug Geld», gab unser Vater zurück. «Ich bin überall kreditwürdig. Und außerdem bekomme ich Arbeitslosenunterstützung.»

«Was ist Arbeitslosenunterstützung?» fragte Olga mißtrauisch.

«Wenn man hier in Amerika die Arbeit verliert und nichts dafür kann, gibt einem die Regierung Geld, damit man über die Runden kommt, bis man eine neue Stelle hat», erklärte er. «Ich sag euch ja dauernd, dies ist ein großartiges Land. Nicht wie Griechenland. Aber euer Vater kann in jedem Restaurant in Worcester Arbeit kriegen, so gut ist sein Ruf. Ich könnte noch vor dem Mittagessen ein halbes Dutzend Angebote bekommen, wenn ich wollte. Wichtig ist aber, jetzt, wo ihr hier seid, die richtige Stelle zu bekommen – nicht weit von zu Hause, damit ich nach euch sehen kann. Genug Geld, damit wir gut leben können. Jeder Restaurantbesitzer in der Stadt hat mich gebeten, für ihn zu kochen, aber ich muß alles sorgfältig prüfen, damit ich die richtige Wahl treffe.»

«Hast du deshalb keine Möbel für das Wohnzimmer gekauft?» wollte Kanta wissen. «Weil dir das Geld ausgegangen ist?»

«Natürlich nicht!» rief Vater aus und wurde ärgerlich. «Ich hab nur gedacht, daß ihr mir beim Aussuchen der Möbel und Teppiche vielleicht gerne helfen würdet. Ich hätte alles auf Kredit kaufen können, wie heute die Kleider bei Sherer's. Jedes große Geschäft in Worcester weiß, daß ich äußerst kreditwürdig bin.»

«Wieviel schuldest du jetzt?» fragte Kanta beharrlich. «Was hast du für Schulden?»

«Was bist du – meine Bank?» knurrte er. «Zu deiner Information: Wenn du alles zusammenrechnest, einschließlich der Kosten für eure Überfahrt, die ganzen Einwanderungspapiere, was ich für dieses Haus gekauft habe, die Kleider, sonstige Kleinigkeiten, dann macht das – sagen wir, so ungefähr dreitausend Dollar.»

Dumpfes Schweigen, während wir alle über diese Summe nachgrübelten und in Drachmen umzurechnen versuchten – eine Aufgabe, die so astronomische Zahlen beinhaltete, daß wir sie ohne Bleistift und Papier unmöglich bewältigen konnten. Schließlich stand ich auf und berührte meinen Vater am Ärmel.

«Heißt das, daß du nicht reich bist?» fragte ich.

«Reich! Was ist reich?» explodierte er. «Ich habe meine Kinder hier, und das macht mich reich. Was brauche ich noch?» Er legte einen Arm um mich. «Ich bin ein reicher Mann, weil ich meinen guten Namen und meinen Ruf habe. Frage jeden in Worcester, wer der beste Koch im Umkreis ist, und sie werden sagen: Christy Gage. So nennen mich alle Amerikaner – ‹Christy Gage›. Ich sag dir was, mein Sohn. Morgen gehst du mit mir, wir schauen bei verschiedenen Restaurants vorbei, und du hilfst mir bei der Entscheidung, wo ich arbeiten soll. Du wirst sehen, wenn ein Mann einen guten Namen und geschickte Hände hat, dann braucht er nicht reich zu sein.»

In der Nacht, als ich im Bett lag und ihn heimlich durch meine Wimpern hindurch beobachtete, schien er länger als nötig vor den Ikonen auf dem Familienaltar zu verweilen. Ich studierte sein Gesicht und versuchte zu entziffern, ob er wirklich so zuversichtlich war, eine Stelle zu finden, wie er sagte. Meine Mutter hatte immer versprochen, daß uns unser Vater ein schönes Leben bereiten würde, wenn wir je nach Amerika kämen, und ich hoffte immer noch, daß sie recht hatte, aber die Offenbarungen dieses Tages hatten mich erschüttert. Im ersten Jahrzehnt meines Lebens hatte sich immer alles abrupt verschlechtert, wenn die Dinge sich zu bessern schienen, ein Muster, das mit der Festnahme meiner Mutter am Vorabend unserer Flucht und der Nachricht über ihre Ermordung seinen Höhepunkt erreicht hatte. Ich hatte mir eingeredet, daß dieses Muster in Amerika zerstört werden würde. Jetzt versicherte ich mir, daß mein Vater so einfach Arbeit finden würde, wie er sagte, und so gut zu uns sein würde, daß er damit das Versäumnis, uns nicht früher geholt zu haben, wiedergutmachte. Ich beobachtete ihn heimlich und versuchte, aus dem Ritual vor dem Zubettgehen seine Gefühle abzulesen.

Er bekreuzigte sich und betrachtete dann eine Fotografie an der Wand, die im Dorf aufgenommen worden war. Wir waren um unsere Mutter herum versammelt – die Mädchen blonde, barfüßige Gören, meine Mutter schlank und ernst unter ihrem schwarzen Kopftuch. Sein ganzes Leben lang war mein Vater der wohlhabende und angesehene abwesende Patriarch einer Familie gewesen, die auf der anderen Seite des Meeres lebte. Jetzt waren diese schattenhaften Kinder zu einer großen und sehr gegenwärtigen Verantwortung geworden. Ich wußte aus den Geschichten meiner Mutter, daß Christos Gatzoyiannis, ein Jugendlicher mit rosigen Backen, als er amerikanischen Boden betrat, nur eines im Sinn gehabt hatte, nämlich Geld zurückzuschicken, um seine Mutter und Brüder zu unterstützen und sich selbst schöne amerikanische Kleider zu kaufen. Etwas in der Art, wie er das alte Foto betrachtete, machte mir klar, was für ein Schlag es für ihn war, plötzlich Alleinerziehender und Ernährer von vier großen Kindern zu sein.

3 Auf fremdem Boden

Damals, im Frühling 1949, als Worcester meine neue Heimat wurde, hatte der Wohlstand der Stadt gerade seinen Höhepunkt erreicht und der ein Vierteljahrhundert dauernde Rückgang begonnen, da sich die Nachkriegswirtschaftslage verschlechterte und Fabriken in die Südstaaten verlegt wurden, wo billigere, gewerkschaftlich nicht organisierte Arbeitskräfte zu finden waren. Aber Worcesters wirtschaftliche Zukunft war das letzte, an das ich dachte, als ich an meinem zweiten Morgen in Amerika erwachte, meine neuen langen Hosen anzog und mich bereitmachte, um meinen Vater auf seiner Odyssee durch die Restaurants zu begleiten, die einen guten Koch benötigten.

Er war so schick gekleidet wie immer – von seinem schönen Filzhut und dem beigen Maßanzug, dessen Schnitt seinen stattlichen Umfang verbergen sollte, bis zu den gewichsten Schuhen. Er ging stets mit hoch erhobenem Kinn. Seine Schritte waren leicht, trotz seines Gewichts, als ob er eine Parade anführte. Als ich auf den geparkten DeSoto zusteuerte, rief er mich zurück. «Heute gehen wir zu Fuß», sagte er. «Ich will, daß du die Nachbarschaft kennenlernst, und die Restaurants sind sowieso alle in der Nähe in der West Boylston Street.»

Ich war stolz, neben dieser imponierenden Gestalt in meinem neuen Staat gesehen zu werden, und versuchte, seinen Gang zu imitieren.

«Natürlich kann mir keines der Restaurants hier in Greendale so viel bezahlen, wie ich unten in der Stadt beim Rathaus wert bin», sagte er vertraulich. «Im Alpha Lunch habe ich fünfundsiebzig Dollar die Woche verdient. Aber wenn ich an der West Boylston Street arbeite, kann ich das Fahrgeld für den Bus sparen – das macht sechzig Cent pro Tag oder drei Dollar in der Woche. Und ich werde nah genug sein, um schnell heimzulaufen, wenn ihr mich notfalls braucht.» Diese Dinge hatte er sich wohl lange überlegt, und er versuchte jetzt, sich selbst von der Weisheit seiner Entscheidung zu überzeugen.

Während wir die Greendale Avenue hinuntermarschierten und dann links einbogen und auf der West Boylston Street gegenüber dem Fabrikkomplex der Firma Norton und den Eisenbahnschienen weitergingen, machte mich Vater auf die örtlichen Wahrzeichen aufmerksam. An der Ecke der Greendale Avenue und West Boylston Street, weniger als einen Häuserblock von unserer Tür entfernt, befand sich Hamel's Lebensmittelladen, wo wir Kinder, wie er sagte, einkaufen und anschreiben lassen könnten, denn er habe den skandinavischen Eigentümer bereits auf unsere Ankunft vorbereitet. Weiter auf der West Boylston Street kamen wir an der klassischen Fassade der Öffentlichen Bibliothek von Greendale vorbei. Dort, behauptete er, könne ich Bücher ausleihen, ohne etwas zu bezahlen. Er machte mich auf den Drugstore und den Friseur und das Billigkaufhaus aufmerksam, aber nichts faszinierte mich so sehr wie Louis Chings Wäscherei, weil ich noch nie zuvor einen Orientalen gesehen hatte. Ich starrte den Besitzer durch die Fensterscheibe an, bis Vater mich wegzog.

Unser erstes Ziel, sagte er, sei das Greendale Lunch, das sich als dunkle, verräucherte Kneipe herausstellte. Gleich gegenüber war eines der Tore des Norton-Fabrikkomplexes.

Wir stießen die Tür auf und sahen, wie der Besitzer, Yianni Keratsis, neben dem Spiegel der Bar, an dem Poster der Kandidatinnen für den Titel der Miss Rheingold klebten, Regale auffüllte. Als er meinen Vater sah, trat er vor und umarmte ihn. Ich bemerkte, daß Keratsis, wie mein Vater, eine schwarze Krawatte trug, was darauf hindeutete, daß vor kurzem jemand aus seiner Verwandtschaft gestorben war.

«So, das ist also dein Sohn, Christo!» rief er aus und zog an einem Tisch Stühle vor. «Möge er lange für dich leben! Wie wär's mit einem Eis, mein Junge?»

Er ging nach hinten und kam mit Kaffee und Doughnuts für meinen Vater und einer Schale Vanilleeis zurück. «Wir haben dieses Jahr beide unsere Sorgen gehabt», sagte Keratsis zu meinem Vater.

«Mein Bruder Kosta ist jetzt schon drei Monate tot, und jeden Morgen, wenn ich hier reinkomme, erwarte ich, ihn hinter der Bar zu sehen.»

Mein Vater nickte: «Als ich heute früh aufwachte, hörte ich eine Frauenstimme in der Küche», sagte er, «und einen Moment lang dachte ich, es sei mein Engel Eleni, lebendig –, aber dann merkte ich, daß es die Stimme meiner Tochter Olga war.»

Sie gedachten schweigend ihres Verlusts, dann sahen sie mir beim Eisessen zu. Ich entdeckte erstaunt, wie viel besser es schmeckte als das griechische Eis. Die Amerikaner konnten vielleicht nicht kochen, überlegte ich, aber sie verstanden es jedenfalls, gutes Eis zu machen.

Nach einigem Tratsch über gemeinsame Bekannte kam Vater endlich zur Sache. «Als guter Familienvater, Yianni», begann er, «weiß ich, daß du verstehst, welche neuen Verpflichtungen ich habe, jetzt, wo meine Kinder gekommen sind. Ich muß möglichst in der Nähe unseres Hauses arbeiten, damit ich ein Auge auf sie haben kann. Mir sind eine Menge Stellen in der Stadt angeboten worden, aber ich würde lieber hier in der Nachbarschaft arbeiten... für dich.»

Das kam überraschend für Keratsis. «Du bist ein verdammt guter Koch, Christo», sagte er. «Jedes Restaurant würde sich glücklich preisen, dich zu haben.»

Vater richtete sich auf und warf mir einen Blick zu, um sicher zu sein, daß ich zuhörte.

«Wie schade, daß du nicht vor drei Monaten vorbeigekommen bist», fuhr Keratsis fort. «Als Kosta starb, geriet ich in Panik und stellte zwei neue Leute für ihn ein. Norton entläßt jetzt viele Arbeiter, und mein Geschäft ist um dreißig Prozent zurückgegangen. Jedesmal, wenn Norton niest, krieg ich eine Erkältung. Einen Koch mußte ich schon auf Halbtagsarbeit setzen... Aber sobald Norton die Arbeiter wieder zurückruft –»

«Mach dir keine Gedanken, Yianni», unterbrach ihn Vater. «Natürlich verstehe ich. Kein Problem. Wie ich schon sagte, ich hab eine Menge anderer Angebote.»

«Schau, Christo», sagte Keratsis. «Geh weiter runter, zu Pallas. Du weißt doch, zu ihm kommen die ganzen schwedischen Familien, die alten Leute, die jungen, wenn sie sich verabreden. Er ist nicht von Norton und den Trinkern nach der Arbeit abhängig wie ich.»

«So ist es, Yianni. Danke für den Vorschlag», sagte mein Vater und streckte die Hand aus. «Und noch mal – mein Beileid wegen deines Bruders. Beeil dich, Nikola, iß dein Eis auf.»

Wir gingen fünf Minuten weiter entlang der West Boylston Street und kamen zu einer Kreuzung, wo eine Seitenstraße in einem Winkel auf die Hauptstraße auftraf. An der weitwinkligen Ecke stand ein einstöckiges Granitgebäude, das in vier Abschnitte unterteilt war: ein Textilgeschäft, ein Friseur, eine Bäckerei und – im größten Teil – eine Konditorei, die mein Vater Boulevard Spa nannte.

«Diese ganze Ladenzeile gehört meinem Freund George Pallas», informierte mich Vater. «Gescheiter Mann! Am Anfang verkaufte er Hamburger von einem Schubkarren, aber er wußte, daß dies hier eine Hauptkreuzung sein würde und legte sein ganzes Geld zusammen, um das Grundstück zu kaufen. Jetzt gehört ihm alles.»

Im Innern stand ich wie betäubt vor den Tabletts mit Kuchen und vergoldeten Pralinenschachteln in den Vitrinen. In einer Jukebox waren Schallplatten gestapelt. Es gab runde Tische mit verschnörkelten, schmiedeeisernen Stühlen, und auf der Rückseite befand sich eine Theke aus poliertem Marmor mit einer Reihe von Drehhockern davor.

«Yiorgo!» rief mein Vater.

«Christo!» brüllte der kleine, grauhaarige Mann in makelloser Uniform hinter der Theke. Er sprach ein Griechisch, das mir gekünstelt vorkam. «Was für ein unerwartetes Vergnügen, dich in meinem armseligen Etablissement empfangen zu dürfen, mein alter Freund», sagte er. «Und dies muß dein Junge sein. Ein gutaussehender Bursche, aber wir müssen ihn ein bißchen aufpäppeln. Wie wär's mit meiner Spezialität, mein Sohn – Milch und Schokoladensirup und Eiscreme, alles in einer Maschine zusammengeschüttelt? Das nennt man Frappé. Ich könnte auch noch ein Ei hineinwerfen, damit du groß und stark wirst.»

«Er mag Eiscreme», sagte mein Vater.

«Zur Krönung tun wir noch ein bißchen heiße Schokoladensoße drauf», sagte Pallas und löffelte eine Kugel Vanilleeis auf eine gerillte Dessertschale. Obwohl ich von der letzten Eisportion bereits satt war, dachte ich nach dem ersten Bissen, dies müsse das Ambrosia der olympischen Götter sein.

Als nächstes entdeckte ich, daß der Hocker, auf dem ich saß, sich völlig um seine Achse drehen ließ. Ich wirbelte herum und hatte meinen Spaß, bis mein Vater die Hand ausstreckte und mich anhielt. «Benimm dich», sagte er streng. Er hatte geplaudert, und jetzt kam er zu dem Teil, wo es darum ging, daß er Arbeit in der Nähe seiner Kinder suchte. Die ganze Zeit, während mein Vater redete, füllte Pallas eifrig Serviettenhalter, prüfte die Salz- und Pfefferstreuer und wischte die Theke.

«Ich brauche einen guten Koch für mein Mittagsgeschäft, Christo», sagte Pallas schließlich. «Natürlich kann ich nicht wie die Restaurants in der Innenstadt zahlen.»

«Das ist mir klar, Yiorgo», erwiderte mein Vater. «Aber es ist wichtig für mich, in der Nähe meiner Kinder zu sein.»

«Fünfundvierzig Dollar die Woche», sagte Pallas und richtete geschäftig einen Stoß Speisekarten aus. «Das ist das Äußerste, was ich bezahlen kann.»

«Fünfundvierzig!» rief mein Vater aus. «Im Alpha Lunch hab ich fünfundsiebzig Dollar die Woch gekriegt!»

«Das war ein ganz anderer Betrieb», antwortete Pallas seelenruhig. «Die Leute, die hierherkommen, bestellen ein bißchen Suppe, ein belegtes Brot, vielleicht ein Stück Heidelbeerkuchen. Dann legen sie einen Dollar auf den Tresen und erwarten, daß ich rausgebe. In dieser Gegend geben die Leute nicht so ohne weiteres einen Vierteldollar Trinkgeld fürs Schuheputzen.»

«Erzähl mir nicht, daß du dieses Haus mit Fünf- und Zehncentstücken aufgebaut hast», sagte mein Vater. Er wollte scherzen.

Pallas lächelte nicht. «Fünfundvierzig Dollar ist das Höchste, was ich bieten kann, Christo», sagte er. «Mein letztes Angebot.»

«Ich danke dir für deine Zeit, Yiorgo», sagte mein Vater und stand auf. «Mit vier Kindern kann ich unmöglich mit fünfundvierzig Dollar die Woche auskommen.» Er führte mich zur Tür hinaus, ohne die Tatsache anzusprechen, daß die Hälfte meines Eises ungegessen zurückblieb.

«Dieser Pallas ist ein richtiger Kleinigkeitskrämer», murmelte er, als er mich weiter auf der West Boylston Street entlangzog und dann die Straße überquerte. «Der hat keine Phantasie, keinen Weitblick. Nick Skouras ist ein ganz anderer Mensch. Ein großer Mann mit großen Ideen. Siehst du das da drüben? Also, das nenne ich ein richtiges Restaurant!»

Er wies über einen großen Parkplatz auf ein Art-deco-Etablissement aus Stahl und Fliesen, das als Diner begonnen und sich in alle Richtungen ausgedehnt hatte.

«Das ist Stuart's», sagte mein Vater und deutete auf die roten Neonbuchstaben auf dem Dach. «Nick Skouras hat es von irgend so einem Yankee gekauft und macht seitdem ein Bombengeschäft. Hundertfünfzig Sitzplätze. Von mittags bis Mitternacht geöffnet. Aus allen Fabriken in dieser Gegend kommen die Arbeiter, nicht nur von Norton. Sie kommen den Berg runter von Worcester Pressed Steel, Morgan Spring, Heald Machine. Ganze Familien kommen und essen große Mahlzeiten. Nick hat eine Goldgrube.»

Als wir eintraten, stellte ich fest, daß die meisten Tische bereits besetzt waren, obwohl noch nicht Mittagszeit war.

«Christo, du alter Pirat!» brüllte eine dröhnende Stimme, daß die Fenster klirrten. Ich folgte meinem Vater an einen Tisch im Hintergrund, wo ein unheimlich dicker Mann saß und Rollen mit Fünf- und Zehncentstücken und Vierteldollarmünzen zählte.

Nick Skouras forderte uns mit einer Handbewegung auf, ihm gegenüber Platz zu nehmen, und rief eine Kellnerin herbei, die er auf englisch anwies, uns Kaffee, Doughnuts und Eiscreme zu bringen. Ich schüttelte den Kopf.

«Er hat keinen Hunger», sagte mein Vater auf griechisch.

«Er kriegt schon welchen, wenn er Stuart's berühmtes Bananensplit sieht», bellte der Riese. Er flüsterte der Kellnerin etwas zu. Sie lächelte.

Nick Skouras hieß mich förmlich in Amerika willkommen und nannte mich *sinonomate*, was bedeutete, daß wir den gleichen Vornamen hatten. Mein Vater rühmte sein offensichtlich blühendes Geschäft, und er strahlte.

«Meine Gäste lieben mich, und meine Angestellten lieben mich, weil ich sie richtig behandle», prahlte er. «Wenn du zu mir gekommen wärst, um für mich zu arbeiten, wüßtest du das inzwischen, Christo. Schau dir das an *sinonomate*», sagte er und zeigte auf die mehrfarbige Kreation in einem großen Suppenteller, die vor mich hingestellt worden war. «Stuart's berühmtes Bananensplit. Hast du so was schon mal gegessen?»

«Nein», stammelte ich und betrachtete das Eis mutlos. Ich hatte noch nie eine Banane gesehen, und selbst wenn dies nicht meine dritte Eisportion gewesen wäre, hätte ich so ein Ding nie gegessen.

Mein Vater räusperte sich. «Als du mich damals gefragt hattest, war es für mich zu weit weg gewesen», begann er.

«Zu weit vom Kaffeehaus und den Kartenspielern, meinst du», sagte Skouras und lachte heiser. «Wie ich höre, wollen sie eine Bronzetafel an deinem Stuhl anbringen. Die hast du jedenfalls längst bezahlt!»

«Damit habe ich mir nur die Zeit vertrieben», sagte mein Vater leicht verärgert. «Jetzt habe ich meine Kinder hier, ich habe sie in einem Haus in der Greendale Avenue untergebracht, und ich muß einen Job in der Nachbarschaft finden, damit ich in der Nähe bin. Wenn du mich also immer noch haben willst, Niko, stehe ich zur Verfügung.»

Nick Skouras schüttelte den Kopf mit ironischem Grinsen. «Christo, alter Freund, jetzt, wo du Arbeit brauchst, brauche ich keinen Koch!» sagte er. «Ich habe Charlie in der Küche, und ich habe versprochen, ihn bald zum Partner zu machen. Mein Sohn und mein Neffe kümmern sich um die Schnellgerichte hinterm Tresen. Und im ganzen Laden gibt's keine Arbeit, die ich nicht selber machen kann, wenn ich muß.»

«Aber du hast von sechs Uhr früh bis Mitternacht offen, und dein Geschäft nimmt immer mehr zu», beharrte mein Vater. «Charlie kann das doch nicht alles schaffen. Du brauchst noch einen Koch.»

Nick Skouras überlegte und stapelte dabei die aufgerollten Münzen. «In Ordnung», sagte er schließlich. «Ich gebe dir vorläufig zwei Tage in der Woche, und wenn das Geschäft wächst, stell ich dich voll ein.»

«Zwei Tage in der Woche reichen nicht», fuhr mein Vater ihn an. «Ich muß jetzt auch an andere denken – ich habe vier Kinder.»

«Ich wollte dir ja nur helfen», dröhnte Skouras mit einer Stimme, die im ganzen Restaurant zu hören war. «In meinem Geschäft muß ich mich nach *meinen* Bedürfnissen richten und nicht nach deinen.»

Köpfe drehten sich nach uns um, und Vater lief puterrot an, aber er erhob sich mit der Haltung eines Herrschers. Er nahm zwei Vierteldollarstücke aus der Tasche und warf sie auf den Tisch neben das unberührte, schmelzende Bananensplit. «Hol dir einen anderen für deine zwei Tage in der Woche», sagte er. «Das ist für unser Essen. Den Rest kannst du behalten.»

Nick Skouras richtete sich zu voller Größe auf und brüllte: «Christo, du beleidigst mich!» Seine furchterregende Stimme folgte uns, als ich hinter meinem Vater aus dem Restaurant stolperte.

Auf dem Parkplatz blieb Vater stehen und schien sich zusammenzureißen. Er hob das Kinn und sah aus wie ein Mensch, der einen Entschluß gefaßt hatte.

«Achte nicht auf diesen Nick Skouras», riet er mir. «Das ist ja nur ein aufgeblasener Windbeutel. Es respektiert ihn sowieso keiner – hat eine gute griechische Frau sitzengelassen, um sich mit irgend so einer Amerikanerin abzugeben, die seine Buchhaltung gemacht hat. Mit so einem Mann würde ich ohnehin nichts zu tun haben wollen! Und der kritisiert *mich*, weil ich ein bißchen Karten gespielt habe!»

Auf dem Heimweg betrachtete ich ihn aus dem Augenwinkel und versuchte zu erraten, was in ihm vorging. Er schritt mit dem gleichen Selbstvertrauen und gut gelaunt aus, und aus seinem Gesichtsausdruck war nichts zu lesen. Wir kamen zu Hause an, und er bat Olga, ihm einen griechischen Kaffe zu machen. Als sie die schäumende Tasse auf den Küchentisch stellte, rief er Kanta und Fotini herbei, damit alle hören konnten, was er uns mitzuteilen hatte. «Ich habe mich entschlossen, im Terminal Lunch in der Innenstadt eine Stelle als Koch anzunehmen», verkündete er. «Nassio Economou und Christos Stathis haben mich schon lange gebeten, für sie zu arbeiten. Ich sage mir, warum soll ich denen ewig böse sein?»

«Aber ich dachte, Nassio hätte dich betrogen, als er den Lieferwagen verkauft und das Restaurant gekauft hat und dich nie zum Partner gemacht hat!» rief Olga aus.

«Sagst du nicht immer, daß Nassio der letzte ist, für den du arbeiten würdest?» setzte Kanta hinzu.

Vater machte eine müde Handbewegung, als ob er nach Mücken schlüge. «Lieber mit dem Teufel, den man kennt...» Er seufzte. «Ich muß arbeiten, oder nicht?»

«Was zahlen sie dir?» forschte Kanta, die Inquisitorin.

«Fünfundfünfzig Dollar die Woche», murmelte er. «Sie sagen, mehr können sie nicht zahlen.»

«Aber das sind ja zwanzig Dollar weniger als bei deinem letzten Job!» rief Kanta aus.

«Und du brauchst drei Dollar pro Woche für die Busfahrt», erinnerte ich ihn.

«Und du bist ganz unten in der Stadt», jammerte Olga.

Vater nahm einen Schluck Kaffee. «Wenigstens kommt Geld rein», sagte er. «Und überhaupt halte ich meine Augen offen. Wenn es zum Leben nicht reicht, wird eine von euch älteren Mädchen in der Fabrik arbeiten müssen.»

«Kein anständiges Mädchen arbeitet in einer Fabrik», stieß Olga hervor.

«Laß mich in Ruhe, Olga», sagte er seufzend, und man sah ihm seine sechsundfünfzig Jahre an. «Ich bin müde.»

An diesem Abend und jedem Abend während des ersten Monats nach unserer Ankunft besuchten uns andere Einwanderer. Alle Griechen in Worcester hatten Verwandte, die vom Bürgerkrieg in Mitleidenschaft gezogen worden waren, und da der Postdienst unterbrochen war, warteten alle verzweifelt auf Neuigkeiten. Die meisten Dörfer im Norden, wie unseres, waren verlassen worden, als die sich zurückziehenden kommunistischen Partisanen die Zivilisten zwangen, mit ihnen nach Albanien zu fliehen. Alle versuchten, etwas über vermißte Verwandte zu erfahren.

Am Abend nach dem desillusionierenden Ausflug mit meinem Vater öffneten wir die Tür, um Jimmy Tzouras, einen alten Freund von Vater, hereinzulassen, der mit einer Tüte Obst auf der Schwelle stand und an seiner unvermeidlichen White-Owl-Zigarre paffte. Tzouras, eine massige Bulldogge von einem Mann, etwa zehn Jahre jünger als mein Vater, besaß einen blühenden Obst- und Gemüsegroßhandel in Worcester mit dem Namen Standard Fruit und lebte in einer Junggesellenwohnung, aber er sehnte sich nach seiner Frau und Tochter, die er in Griechenland zurückgelassen hatte. Er hatte die Gewohnheit, jeden Abend andere griechische Familien zu besuchen, wobei er jedesmal Obst mitbrachte, und in der Kühe einzuschlafen, weil sein Geschäft es verlangte, daß er um fünf Uhr früh aufstand. Alle mochten Jimmy Tzouras, trotz seiner stinkenden Zigarren.

Tzouras besuchte uns, sobald er von unserer Ankunft hörte, denn seine Tochter und seine Frau waren mit der gleichen Gruppe wie unsere Schwester Glykeria von den Partisanen nach Albanien verschleppt worden. Er hatte Post von ihnen, und sie hatten den schrecklichen Weg zuerst zu Fuß und dann auf dem Meer beschrieben, wo die entführten Dorfbewohner in die Laderäume von Kohlenkähnen gedrängt und nach Shkodër in Nordalbanien geschafft worden waren. Dort wurden sie in Baracken gepfercht, die vorher als Ställe benutzt worden waren.

Tzouras begrüßte uns alle, betrachtete eingehend unsere Gesichter und ließ sich dann in einem bequemen Sessel nieder. Nachdem er uns die Obsttüte überreicht und sich eine neue Zigarre angezündet hatte, zog er einen vielfach gefalteten Umschlag aus der Tasche.

«Ich habe Neuigkeiten aus Albanien», sagte er mit gerunzelter Stirn. «Ein Brief von meinem Cousin in Shkodër.»

«Schreibt er was von Glykeria?» fragte mein Vater.

«Ich fürchte, ja», sagte Tzouras.

«Ist sie tot?» schrien wir alle.

«Nein, nein!» antwortete Tzouras. «Nichts dergleichen! Ich lese euch den Brief vor.»

Sein Cousin hatte den Brief vorsichtig formuliert, damit er die kommunistische Zensur passierte. Er wußte, daß nur wenige Schreiben aus Albanien jemals Amerika erreichen würden. «Lieber Cousin», las Tzouras, «ich hoffe, dieser Brief trifft dich bei guter Gesundheit an. Es geht uns allen den Umständen entsprechend gut. Deine Frau und Tochter sind gesund wie auch unsere Verwandten. Wir hören, daß unsere tapferen Kämpfer den Monarcho-Faschisten in Makedonien schwere Verluste zufügen, und wir freuen uns, nach Hause zurückkehren zu können, wenn die Rote Fahne über unserem Vaterland weht.

Einer Reihe von tapferen jungen Frauen aus unseren Dörfern wurde die große Ehre zuteil, im Kampf zur Waffe greifen zu dürfen. Unter denen, die kürzlich aus Shkodër in Ausbildungslager im Süden geschickt wurden, ist auch die Tochter unseres Cousins in Lia, der in Deiner Nähe in Worcester lebt. Leider wurde Deine eigene Spirdoula für solchen Ruhm für zu jung gehalten. Wir senden Dir alle...»

«Sie haben Glykeria eingezogen!» schrie Kanta, die von den Partisanen in unserem Dorf für kurze Zeit festgehalten worden war, aber während der Ausbildung so oft ohnmächtig wurde, daß man sie zurückschickte.

«Diese Schweine! Sie ist kaum fünfzehn Jahre alt!» brüllte mein Vater. «Schicken die sie zum Kämpfen an die Front!»

«Sie müssen ziemlich verzweifelt sein», stimmte ihm Tzouras mit einem Nicken bei. «Jetzt, wo sie Grammos verloren haben, sammeln sie junge Mädchen, alte Männer, jeden, der ein Gewehr halten kann, ein. Wahrscheinlich machen sie sich für einen letzten Aufmarsch in diesem Sommer in Makedonien bereit.»

Olga, Kanta und Fotini waren in Tränen, als sie an die Leiden unserer Schwester dachten.

«Sie haben deine Spirdoula nicht genommen, die fast im gleichen Alter ist», knurrte mein Vater. «Sie haben sich extra Glykeria vorgenommen, weil sie ihre Mutter hingerichtet haben... Sie wollten an ihr ein Exempel statuieren.»

«Sie wird Hosen anziehen und mit den schmutzigen Partisanen in den Gräben schlafen müssen – diesen Tieren!» jammerte Olga. «Ich würde mich lieber erschießen!»

«Halt den Mund!» fuhr Vater sie an. «Was immer Glykeria geschieht – sie ist meine Tochter und eure Schwester, und am Sonntag gehen wir alle in die Kirche und beten für ihre Errettung. Gott hat euch rausgeholt. Er kann auch Glykeria herausholen.» Er bekreuzigte sich, zog sein Taschentuch hervor und schneuzte sich.

Meine Schwestern weinten den ganzen Abend um Glykeria und dachten sich schreckliche Dinge aus, die ihr passieren konnten, bis ich beim Zuhören fast verrückt wurde. Keiner von uns konnte von der Linsensuppe essen, die mein Vater gekocht hatte. Schließlich befahl er uns, nicht mehr von Glykeria zu sprechen, bis wir am Sonntag in die Kirche gingen und Kerzen für sie anzündeten.

«Ich gehe nicht in die Kirche und laß mich von Männern anschauen», erklärte Olga. «Ihr andern könnt gehen, wenn ihr wollt.»

«Und *ich* gehe nicht in die Kirche, wenn ich nicht vorher die Haare geschnitten bekomme», verkündete Kanta. «Ich will nicht, daß mich alle Griechen in Worcester mit meinen Zöpfen auf dem Rücken sehen – ich sehe ja aus wie ein Dorftrampel.»

«Gut, gut», seufzte mein Vater und rollte die Augen himmelwärts. «Olga, du bleibst zu Hause, wenn du willst, und dich, Kanta, wird die irische Dame, die über uns wohnt, morgen zum Haareschneiden mitnehmen. Das ist eine gute Frau, die Mrs. Butler, sie sagte, wenn sie irgendwas für meine verwaisten Kinder tun könne, sollte ich es sagen. Eine gute Dame mit guten Sitten. Wir müssen hier unten ruhig sein, damit wir sie nicht stören. Kein Schreien und Jammern mehr. Und jetzt ab ins Bett!»

Am Sonntag schaffte es Vater, daß wir alle, außer Olga, rechtzeitig gewaschen, gebürstet, gekämmt und in unseren neuen amerikanischen Staat gekleidet waren, um im gemieteten DeSoto vor der Kirche großartig Einzug zu halten.

Die griechisch-orthodoxe Kirche in Worcester nannte sich St. Spyridon, weil die Handvoll Einwanderer, die sie 1924 gegründet hatte, vor allem aus unserer Provinz Epirus, gleich neben der Insel Korfu, kam, wo die Gebeine des heiligen Spyridon aufbewahrt und verehrt werden. Vor allem aber fiel das Fest des heiligen Spyridon damals auf den 25. Dezember, den einzigen Tag, an dem alle Fabriken geschlossen waren, so daß die Einwanderer ihr Kirchenfest feiern konnten, ohne ihren Lohn einzubüßen.

Als Vater in der Orange Street vorfuhr und auf unsere Kirche zeigte, war ich enttäuscht, ein langgestrecktes braunes Backsteingebäude zu sehen, das nicht die Form eines griechischen Kreuzes hatte. Nachdem wir uns in die volle Kirchenvorhalle geschoben hatten, mehrten sich die Überraschungen.

In unserer Dorfkirche und jeder Kirche in Griechenland geht die Gemeinde direkt ins Hauptschiff, die Männer nach vorn, während die Frauen und kleinen Kinder hinten stehenbleiben. Es gibt keine Bänke oder Stühle, nur ein paar Nischen an der Wand, wo ältere Männer sich mit den Ellbogen abstützen können, um den langen Gottesdienst zu überstehen. In griechischen Kirchen konkurriert ein ständiges Raunen vom Geschnatter und Geplapper der Gemeinde mit dem Gesang des Priesters und Kantors. Die Kirchengänger wandern herum und kommen und gehen, wie es ihnen paßt.

Nichts davon hatte mich auf St. Spyridon in der Orange Street vorbereitet, wo wir durch die massiven Türen traten und uns in der vollgestopften Vorhalle, alle Augen auf uns gerichtet, wiederfanden. Damals gab es vierhundert zahlende Familien, die St. Spyridon angehörten, und doppelt so viele Kirchgänger, die die jährliche Gebühr ignorierten. Ich schöpfte den Verdacht, daß jeder einzelne von ihnen an diesem bestimmten Sonntag mit der spezifischen Absicht aufgetaucht war, die Flüchtlingskinder von Christos Gatzoyiannis unter die Lupe zu nehmen.

Auf dem Weg zur Kirche hatte mein Vater mich verhört, um herauszufinden, ob ich das Vaterunser, das Pater-i-mon, auswendig aufsagen konnte. So bescheiden wie möglich antwortete ich, daß ich es nicht nur von vorn bis hinten kannte, sondern auch noch das Pistewo, das Glaubensbekenntnis, rezitieren konnte. Nachdem wir uns nun durch die neugierige Menge zum Kerzenstand geschoben hatten, kaufte mein Vater zwei lange dünne Kerzen für jeden von uns zum Anzünden – eine für unsere Mutter und eine für unsere vermißte Schwester. Dann – nachdem er mir «Bist du sicher, daß du das *ganze* Pater-i-mon kennst?» zugeflüstert hatte – kritzelte er etwas auf einen Zettel. Er fragte den Priester, ob ich es während des Gottesdienstes aufsagen dürfe. Das war üblich und mir vertraut, weil der Schulmeister im Dorf jede Woche einen anderen Schüler auswählte, um im richtigen Augenblick der Liturgie das Vaterunser zu deklamieren.

«Da sind sie – die Kriegswaisen – die armen Dinger . . .» Ich konnte hören, wie das Geflüster durch die Menge schwebte, aber Vater achtete nicht auf die Umstehenden. Nachdem wir unsere Kerzen angezündet, in den bereitstehenden Messingkandelaber gesteckt und den beiden für diesen Sonntag bestimmten Ikonen unsere Reverenz erwiesen hatten, indem wir uns bekreuzigten, sie küßten und niederknieten, führte uns Vater durch die Masse ins Mittelschiff wie Moses durch das Rote Meer. Wir gingen in einer Prozession den Hauptgang zwischen den Kirchenbänken entlang, während ich mit offenem Mund über den Anblick staunte, daß sich die Leute in der Kirche setzten. Alle Augen lagen auf uns. Kanta und Fotini versuchten, zurückzubleiben, aber Vater schob sie vorwärts und flüsterte ihnen zu, daß in Amerika Frauen und Männer gemeinsam am Gottesdienst teilnahmen.

Er führte uns durch das ganze lange Mittelschiff bis zur allerersten Bank. Als wir endlich saßen und versuchten, das Gewicht all dieser Blicke zu ignorieren, blickten wir auf das Schöne Tor, wo wir den Priester erwarteten – vergebens. Die vertrauten Gesichter der Heiligen mit ihren sorgenvollen byzantinischen Augen, hageren, ausgehungerten Gesichtern, in den ausgedörrten Armen die Symbole ihres Martyriums, die von der Altarrückwand auf mich zurückstarrten, machten mir Mut. Ich atmete den dicken Weihrauchnebel ein und erhob meinen Blick himmelwärts. Und da war auch das riesengroße Gesicht des Christus Pantokrator – Christus, der Allmächtige –, der mit einer Strenge auf mich herunterblickte, die mir immer eher anklagend als beschützend vorkam. Aber anstatt mich einzuschüchtern und mir für meine Sünden Schuldgefühle einzujagen, wirkte der Pantokrator heute wie ein alter Freund, der den ganzen Weg von meinen Bergen herabgekommen war, um in meinem neuen Zuhause über mir zu wachen.

«Das ist er, das ist der Priester, Vater Rizos», flüsterte mein Vater, als eine Gestalt im Talar hinter dem Schönen Tor hervortrat.

«Das ist kein Priester!» zischte Fotini entrüstet. «Er hat keinen Bart, und seine Haare sind so kurz wie bei allen anderen.»

«In Amerika brauchen die Priester keine Bärte zu tragen», wisperte mein Vater zurück.

«Es ist mir egal, was du sagst», murmelte Fotini eigensinnig. «Ich küsse nicht die Hand eines Priesters, der keinen Bart hat.»

Es war ein komisches Gefühl, in der Kirche zu sitzen. Unter meinem Wollanzug begann ich zu schwitzen, und es juckte unangenehm. «*Irini pasi*, Friede sei mit uns allen», sang der Priester. Die vertrauten Worte beruhigten mich ein wenig, und ich versuchte, mich von der Erhabenheit des Rituals einlullen zu lassen. Plötzlich riß mich ein Stoß beinahe übernatürlich lauter Orgelmusik vom Sitz. Dann wurden Soiannas von einem himmlischen Chor irgendwo hinter und über meinem Kopf heruntergeschmettert, und ich wirbelte herum, um nach der Quelle zu forschen. Außer dem monotonen Singsang des Priesters und Kantors hatte ich noch nie in der Kirche Musik gehört, deshalb erwartete ich beinahe, daß sich die Himmel öffneten und ein Großteil der himmlischen Heerscharen irgendwo unter der Decke schwebte, aber es war nur der in schwarze Robe gehüllte Chor, der hinter uns auf dem Balkon stand und «Kyrie eleison» sang.

Die Zeit für meinen Auftritt war gekommen. Die Hand meines Vaters unter meinem Arm half mir energisch auf die Beine. Der glutäugige Priester starrte mich an, als ob er Schlimmes ahnte, und eine qualvolle Pause trat ein, in der ich meine Stimme wiederzufinden suchte. Dann sprach ich mit fester Stimme, in der Hoffnung, daß der Pantokrator mich hören und Seine Hand über mir halten würde, das griechische Vaterunser.

Als ich wieder sicher zwischen meinen Schwestern und meinem Vater eingequetscht saß, blickte ich zu ihm auf, um zu sehen, was er von meiner Vorstellung gehalten hatte. Er starrte mit ausdruckslosem Gesicht auf den Altar, aber seine Wangen waren tränennaß.

Da wir in der vordersten Reihe saßen, waren wir am Ende des Gottesdienstes die ersten, die nach vorn traten, um das Stückchen Brot zu empfangen, das *antidoron* oder «Nachgabe» genannt wurde, und die Hand des Priesters, der es reichte, zu küssen. Vater Rizos' unheilvolle Züge entspannten sich zu einem Lächeln, als er zu mir sagte: «Gut gemacht, mein Junge. Willkommen!» Als Fotini, die gleich hinter mir stand, sich grimmig weigerte, ihm die Hand zu küssen, zwinkerte er ihr versöhnlich zu.

Wir gingen durchs Mittelschiff an vielen strahlenden Gesichtern vorbei, in der Vorhalle blieben wir stehen, und die Gemeinde drängte sich um uns, um zu gratulieren. Hände und Augen von Hunderten von Fremden, die mir die Haare zerzausten oder mich in die Backe kniffen und sich dann an meinen Vater wandten, um ihre Meinung zum besten zu geben, schubsten mich herum und fielen über mich her. «Gescheiter Junge»... «Feiner Kerl, Christo, auf den kannst du stolz sein»... «Viel Verantwortung, aber was für nett aussehende Kinder»... «Wo ist die Älteste? Wie ich höre, ist sie für die Hochzeitskrone bereit»... «Du hast deinen Vater heute stolz gemacht, mein Junge...»

Am schlimmsten waren die *jiajias* mit den schwarzen Kopftüchern, direkt aus den Dörfern, die mich mit feuchten Küssen attackierten und mich in die Wangen kniffen, bis sie brannten. Manche spuckten sogar in meine Richtung, um den Fluch des bösen Blickes abzuwenden, der sich meiner wegen der vielen Komplimente ganz sicher bemächtigen würde. Ich versuchte, der Spucke auszuweichen, während die alten Frauen krächzten: «Knoblauch in deine Augen, mein Kind.» (Später, auf dem Heimweg, entdeckte ich, daß eine von ihnen eine richtige Knoblauchzehe in die Tasche meines neuen Anzugs gesteckt hatte, um mich vor der schrecklichen Folge von so viel Bewunderung zu bewahren.) Verzweifelt zupfte ich meinen Vater am Ärmel, damit er sich endlich in Bewegung setzte.

Während uns die Menge umkreiste, konnte ich sehen, daß mein Vater vor Stolz euphorisch war. Dies war die Präsentation seiner neuen Familie, vor allem seines einzigen Sohnes, vor der griechischen Gemeinde, und ich war um seinetwillen froh, so einen guten Eindruck gemacht zu haben. Aber ich war es auch herzlich leid, geküßt, gezwickt und bespuckt zu werden, und konnte es nicht erwarten, die Kirche und meinen neuen Ruhm zu verlassen. Ich war froh, daß ich mich an das Vaterunser erinnert hatte, aber die Vorstellung, die ich gegeben hatte, war eine Kleinigkeit gewesen, wenn man bedachte, was mich am nächsten Morgen erwartete – meine Einführung in das amerikanische Schulsystem.

Für unseren ersten Schultag zogen Fotini und ich unsere besten Sachen an und gingen – rechts und links an Vaters Hand geklammert – die Straße hinauf und um die Ecke herum. Ich hatte meine Tasche voll griechischer Schulbücher aus dem Flüchtlingslager mitnehmen wollen, aber Vater sagte: «Sie können ja nicht mal griechisch lesen, deine Lehrer. Es wird sie aber beeindrucken, daß du schon etwas Englisch gelernt hast. Wenn wir dich also beim Direktor anmelden, Nikola, und ich dir ein Zeichen gebe, dann stehst du auf und zeigst ihm, wie du auf englisch zählen kannst.»

«Was ist denn so toll daran, daß er zählen kann?» brummte Fotini, die darauf bestanden hatte, ihre winzige blaue Plastiktasche, gefüllt mit einem Taschentuch, zwei Pennys und dem Schlüssel, der uns mittags zum Essen ins Haus lassen würde, mitzunehmen. «Im Flüchtlingslager hatte ich immer bessere Noten als er, vor allem im Rechnen.»

«Ihr seid beide kluge Kinder», erwiderte mein Vater besänftigend. «Aber es ist wichtiger für einen Jungen, klug zu sein, weil er eine Familie ernähren muß. Für ein Mädchen ist es wichtig, einen guten Ruf zu haben. Ihr wißt, was ich euren Schwestern immer sage: ‹Tugend ist unschätzbar für die, die sie besitzen, und unerreichbar für die, die sie verloren haben.›»

Ich nickte und bildete mir etwas ein auf seine Worte, während Fotini wütend einen Stein den Gehweg entlangkickte und ihre neuen Schuhe zerkratzte. Ich merkte, daß sie genausoviel Angst hatte wie ich, obwohl sie ein Jahr älter war.

In der Schule führte uns Vater zum Büro des Direktors, eines großen Yankees mit schroffem Gesicht, der ein Gemisch aus verschiedenen Grautönen darstellte: grauer Anzug, graue Krawatte, graues Haar, graue Hautfarbe und sogar ein paar Sprenkel grauer Schuppen auf den Schultern. Er saß in seinem Drehstuhl mit dem Rücken zum Fenster, trommelte mit den Fingernägeln auf dem Rollpult herum und betrachtete uns von oben bis unten. Dann forderte er meinen Vater mit einer Handbewegung auf, sich auf einen Stuhl neben dem Schreibtisch, und uns, auf kleinere Klappstühle an der Tür zu setzen.

Vater begann mühsam, die notwendigen Unterlagen auszufüllen. Er hatte mir bereits erklärt, daß unser Name, Gatzoyiannis, für die meisten Amerikaner so gut wie unaussprechlich war, und unser rechtsgültiger Name war noch schlimmer, weil die Zollbeamten auf Ellis Island ihn derart verstümmelt hatten, daß der Zungenbrecher Ngagoyeanes entstanden war. Kein Wunder, daß mein Vater aus praktischen Gründen häufig als Nachnamen Gage benutzte, den Nassio ihm damals aus Spaß gegeben hatte, als sie noch Gemüse verkauften; den Namen hatte er einem vornehmen Kunden entliehen, einem Dr. Gage, dessen Merkmal es – wie bei meinem Vater – war, immer elegant gekleidet zu sein. Mir war in der Kirche aufgefallen, wie viele Freunde meinen Vater Gage nannten. Jetzt wünschte ich inbrünstig, nicht mit einem Nachnamen in die Schule gehen zu müssen, den weder Griechen noch Amerikaner buchstabieren oder aussprechen konnten, aber Vater war unnachgiebig – ich mußte unseren vollständigen rechtsgültigen Namen benutzen.

Der Direktor sprach mit leiser, fester Stimme zu meinem Vater und sagte offensichtlich etwas, das er nicht hören wollte. Vater schüttelte den Kopf, protestierte und gestikulierte, um etwas klarzustellen. Dann drehte er sich zu mir um und machte eine Handbewegung. Wie ein Schachtelmännchen sprang ich vom Sitz und sprudelte hervor: «Einszweidreivierfünfsechssiebenachtneunzehn.»

«Nicht jetzt, Nikola, nicht jetzt!» rief mein Vater irritiert. Dann diskutierte er weiter mit dem Direktor. Mehrmals deutete er auf mich, und jedesmal sprang ich in die Höhe und fing an zu rezitieren. Schließlich hörte mir der Mann geduldig bis «fünfzig» zu, dann nickte er und stand auf. In der Hoffnung, ihn mit meiner Gelehrsamkeit beeindruckt zu haben, folgte ich ihm, meinem Vater und Fotini den Korridor entlang. Als er uns in unser neues Klassenzimmer führte und ich mich umblickte, glaubte ich, ihn wirklich in Erstaunen versetzt zu haben. Alle Kinder im Klassenzimmer waren größer als wir beide. Einige schienen schon ältere Teenager wie meine Schwestern zu sein. Ich reckte mich und versuchte, älter zu erscheinen, als sie unseren Einzug beobachteten.

Der Direktor übergab uns unserer Lehrerin, Miss McGinley, einer matronenhaften Frau mit kastanienbraunem Haar und dunkelrotem Kostüm, deren freundliches Lächeln die Strenge ihrer äußeren Erscheinung ausglich. Sie schüttelte uns die Hände und sprach unsere Vornamen sorgfältig aus. Dann wies sie zwei hoch aufragende Schüler an, uns ihr Pult ganz vorn zu geben.

Wir setzten uns, etwas verlegen, weil wir die Kleinsten in der

Klasse waren, und sahen zu, wie unser Vater und der Direktor weggingen. An der Tür blieb mein Vater stehen, drehte sich um und sah gleichzeitig wütend und besorgt aus. Den Kopf schüttelnd drehte er sich abrupt um und ging ohne ein Wort.

Nachdem sich die Tür geschlossen hatte, lächelte uns Miss McGinley wieder an, klatschte in die Hände und rief dann einen großen, muskulösen Jungen namens Jerry an die Tafel. Er sah mindestens wie sechzehn aus. Deshalb beobachtete ich mit Erstaunen, wie er die Kreide in die Hand nahm und, sich vor Konzentration auf die Zunge beißend, zwei riesige ungelenke Buchstaben an die Tafel malte. Er drehte sich nach der Lehrerin um, die ein paar Worte des Lobes sagte, und plötzlich sprang der große Junge vor Begeisterung auf und ab. Er freute sich wie ein Zweijähriger über ihr Lob. Erschrocken drehte ich mich um und blickte in die Runde. Alle Schüler grinsten und nickten.

«Fotini», flüsterte ich. «Mit denen stimmt was nicht. Die sind nicht normal.»

«Natürlich nicht», antwortete sie mit überlegenem Ton. «Das sind doch Amerikaner!»

Nachdem mein Vater uns in der Greendale School abgeliefert hatte, ging er nach Hause zurück, sammelte Olga und Kanta ein und fuhr mit ihnen in die Stadt, um sie in der Tagesschule für Einwanderer in der Lamartine Street anzumelden. Unterwegs holte er noch unseren Schiffskameraden Prokopi Koulisis ab. Nur eine Woche zuvor hatte die Zeitung *Worcester Telegram* auf der ersten Seite einen Artikel über den Erfolg der Lamartine School gebracht, die sich der Flut von Einwanderern nach dem Krieg annahm. FLÜCHTLINGE LERNEN SCHNELL ENGLISCH lautete die Schlagzeile des Artikels, aus dem hervorging, daß die Klasse von mehr als siebzig Flüchtlingen aus mindestens dreizehn Ländern, von Jugendlichen bis zu Männern und Frauen mittleren Alters, besucht wurde, von denen keiner Englisch sprach, als sie sich einschreiben ließen.

Der Artikel gab an, daß die Schüler aus Rumänien, Polen, Litauen, Lettland, Italien, der Tschechoslowakei, Kanada, aus der Türkei, Frankreich, Finnland, aus dem Libanon und aus Armenien kamen. Griechenland war mit sieben Flüchtlingen vertreten. Die Zahl der Griechen erhöhte sich um drei, als mein Vater meine Schwestern und Prokopi Koulisis ins Sekretariat führte. Weil die Lamartine School keine Kinder unter dreizehn Jahren aufnahm und keine Lehrer der öffentlichen Schulen ausgebildet waren, um Englisch als Fremdsprache zu unterrichten, waren Fotini und ich zwischen die Spalten gefallen und in eine Klasse für geistig Zurückgebliebene gesteckt worden.

Vater meldete die drei an, und dann wurden sie ihrer Lehrerin, Miss McCarthy, vorgestellt, die Kanta als große, schöne und sehr sympathische Frau beeindruckte. Nach einem Blick auf ihre Klassenkameraden gingen die neuen Schüler wieder fort, um den regelmäßigen Unterricht am nächsten Morgen zu beginnen. Sie brachten Prokopi nach Hause und fuhren die Water Street entlang, ein Wirrwarr aus geschäftigen Delikatessenläden aller möglichen Nationalitäten, Restaurants, kleinen Geschäften und Lagerhäusern. Als Vater sich seiner alten Stammkneipe, dem Broadway Soda, näherte, sah er in einem der Fenster darüber ein glänzendes neues Schild:

Dr. Daniel M. Seidenberg, M. D.

«Das ist ein Arzt», sagte er zu Olga und deutete auf das Schild. «Vielleicht kann er dich mal anschauen, dieses Ding an deinem Hals untersuchen.»

«Warum?» rief sie erschrocken aus. «Es tut doch nicht weh. Es war schon immer da. Ich will zu keinem Doktor gehen!»

«Man soll den Hühnerstall nicht erst reparieren, wenn man den Fuchs schon sieht», erwiderte mein Vater mit Nachdruck. «Wir gehen einfach hinauf und fragen den Arzt, ob er dich ansehen kann. Es hat keinen Sinn, das Ding wachsen zu lassen, bis es vielleicht zukünftige Ehemänner abschreckt.»

In unserer ersten Pause im Schulhof verstärkte sich mein Verdacht, daß unsere Klassenkameraden nicht normal waren. Als wir in den Schulhof strömten, spielten alle Kinder aus unserem Klassenzimmer zusammen in der entferntesten Ecke. Sie rannten ungeschickt herum und reagierten auf jede Wende des Spiels mit übermäßiger Erregung. Wenn sie mit anderen Schülern zusammenstießen, wurden sie von diesen geneckt, indem sie ihre ungeschickten Bewegungen und verwirrten Gesichter nachahmten.

Fotini und ich standen am Rand und beobachteten, was vor sich ging. Als ich einen etwa gleichaltrigen dicken Jungen mit Igelhaarschnitt aus Versehen anstieß, überschüttete er uns mit Schmähungen.

Die meisten verstand ich nicht, aber der Refrain, den seine Kumpel aufnahmen, blieb mir im Gedächtnis haften. «*D. P. dummies! D. P. dummies!*» grölten sie. Dabei lachten sie und knufften einander in die Seite. Ich hätte mich unheimlich gern über den kräftigen Anführer hergemacht und ihm gezeigt, was ich im Flüchtlingslager gelernt hatte, aber zuerst mußte ich herausfinden, was er mich nannte. Deshalb starrte ich nur zurück.

Als es zur Mittagszeit schellte und Miss McGinley uns zum Mittagessen nach Hause entließ, führte ich Fotini im Trab den Hügel hinab. «Du hast gehört, was sie uns nachgerufen haben», sagte ich. «Ich möchte herausfinden, was es bedeutet.»

«Wie willst du das machen?» fragte sie. «Was haben sie uns eigentlich nachgerufen?»

«*D. P. dummies*», sagte ich. Diesen englischen Ausdruck hatte ich mir schon eingeprägt. «Ich werde in Vaters Wörterbuch nachschauen.»

Während Fotini die kalte Käsepastete, die uns Vater zum Mittagessen dagelassen hatte, aufschnitt, blätterte ich im *Divry's Greek-English Dictionary*, den er auf dem Küchentisch liegengelassen hatte und in dem er jeden Abend las, um seinen Wortschatz zu erweitern. Ich suchte im englischen Teil vergeblich nach «deepee», fand aber das Wort *dummy* und sah, daß die dritte Definition auf griechisch «ein dummer oder geistig zurückgebliebener Mensch» lautete.

Dies festigte meinen Verdacht, daß wir in eine Klasse mit Zurückgebliebenen gesteckt worden waren. Nur weil wir nicht englisch sprechen konnten, hatte man uns von Anfang an als geistig behindert klassifiziert. Meine virtuose Vorstellung, in der ich laut und deutlich gezählt hatte, hatte dem Direktor nicht imponiert. Nun war mir klar, warum unser Vater so wütend ausgesehen hatte, als er ging.

Während Fotini aß und etwas über die Unhöflichkeit der amerikanischen Kinder murmelte, brütete ich über dem griechisch-englischen Teil des Wörterbuchs und versuchte, ein paar Fragen an Miss McGinley zu formulieren. Ich mußte unbedingt etwas herausfinden. Es konnte nicht warten.

Während Fotini und ich zum Nachmittagsunterricht in die Schule zurückgingen, redete mein Vater Olga gut zu, die Stufen zu Dr. Seidenbergs Praxis hinaufzuklettern. Der Arzt, ein kleiner, liebenswürdiger junger Mann mit lockigem braunem Haar, gewann sofort das Vertrauen meines Vaters, weil er ihn mit schmeichelnder Ungezwungenheit wie seinesgleichen behandelte. Seit sie von den Türken besiegt worden sind, lassen sich die Griechen von Menschen, die eine gewisse Autorität darstellen, wie Ärzte, Rechtsanwälte und kleine Beamte, einschüchtern. Vater war von der gewinnenden Art dieses amerikanischen Arztes überwältigt und bereit, alles zu glauben, was er sagte. Olga war längst nicht so hingerissen.

«Sagen Sie ihr, sie soll ihr Kleid aufmachen, damit ich sie mit meinem Stethoskop abhören kann», sagte Dr. Seidenberg zu meinem Vater. Als die Bitte übersetzt wurde, verschränkte Olga die Arme fest vor der Brust und schüttelte den Kopf. Nicht einen Knopf würde sie öffnen, um auch nur das Schlüsselbein zu zeigen. Olga, die aus einem Dorf gekommen war, wo sogar das Haar bedeckt werden mußte, um in vorübergehenden Männern keine begehrlichen Gefühle zu wekken, hatte nicht die Absicht, irgendeinen Fremden ihr Kleid aufknöpfen zu lassen.

«Es wird nicht einfach sein, ihren Hals zu untersuchen, wenn sie ihren Kragen nicht öffnen will», sagte Dr. Seidenberg mit gutmütigem Lachen. «Aber wenn es für sie leichter ist, dann will ich's versuchen.»

Kaum waren wir nach der Mittagspause wieder im Klassenzimmer, schritt ich mit herausforderndem Blick zum Schreibtisch von Miss McGinley, was sie zu überraschen schien. Ich schaute auf einen Zettel in meiner Hand, machte dann eine ausholende Geste, die den ganzen Raum einschloß, wo die anderen, größeren Schüler saßen und mich neugierig beobachteten.

«Welche – Klasse – dies?» verlangte ich zu wissen. Zwischen jedem Wort machte ich eine Pause.

Sie lächelte unsicher und beschrieb mit der Hand Kreise in der Luft. «Keine Klasse. Alle Klassen», sagte sie.

So leicht kam sie mir nicht davon. Ich stieß mir mit dem Zeigefinger gegen die Brust und fixierte sie mit unerschütterlichem Blick. «Welche Klasse *ich*?» fragte ich eindringlich.

Sie stand auf, lächelte mir ermutigend zu und klopfte mir auf die Schulter. «Wir werden sehen», sagte sie und schob mich sanft zu meinem Pult zurück.

Um halb vier marschierte ich nach Hause, Fotini im Schlepptau. Ich war entschlossen, an meinem Vater die Wut und das Gefühl der Erniedrigung auszulassen, die sich im Laufe des Tages in mir aufgestaut hatten. Anstatt die amerikanischen Lehrer mit meinen akademischen Fähigkeiten zu blenden, war ich in eine Klasse für geistig zurückgebliebene Kinder gesteckt, während des Unterrichts in Verlegenheit gebracht und ignoriert worden, und auf dem Pausenhof hatte man sich über mich lustig gemacht. Ich hatte vor, meinem Vater ein Ultimatum zu stellen: Entweder man brachte mich in einer Klasse unter, die meinem Alter und meinen Kenntnissen entsprach, oder ich würde keinen Fuß mehr in diese Schule setzen.

Aber als ich durch die Tür trat und meinen Vater wie einen geschlagenen Mann am Tisch sitzen sah, den Kopf in die Hände gestützt, spürte ich gleich, daß etwas ganz und gar nicht stimmte. Kanta werkelte geräuschvoll in der Küche herum, die Augen vom Weinen gerötet. Aus dem Schlafzimmer konnte ich Olgas Schluchzen hören. Wie bei jedem, der bereits das Schlimmste, das er sich vorstellen kann, erlebt hat – in meinem Fall die Ermordung meiner Mutter –, zog augenblicklich eine Folge von schrecklichen Möglichkeiten – angefangen mit Glykerias Tod – an meinem geistigen Auge vorüber.

«Was ist los, was ist passiert?» forschte ich, alle Klagen über die Schule vergessend. «Ist jemand gestorben?»

«Nicht so laut!» sagte mein Vater und blickte auf die geschlossene Schlafzimmertür. «Niemand ist gestorben. Es ist nur, daß ich Olga zum Arzt gebracht habe, und er hat sich ihren Hals angesehen und glaubt, sie muß operiert werden. Aber sagt nichts zu ihr. Wir müssen sie bei guter Laune halten. Wir tun so, als ob es nur ein Kropf ist. Aber ich fürchte...» Seine Stimme verlor sich, und er wandte den Kopf ab, so daß ich seine Miene nicht sehen konnte.

«Was fürchtest du?» wollte ich wissen und dachte, es ist nicht fair, daß Väter Angst haben. Sie hatten furchtlos zu sein.

«Ich fürchte, Olga hat die schlimme Krankheit», sagte er und meinte die Krankheit, die so schrecklich ist, daß kein Grieche ihren Namen ausspricht, aus Angst, sie anzulocken – Krebs.

4 Die verlorene Tochter

Dr. Seidenberg schickte Olga zu zwei weiteren Ärzten, aber sie kamen alle zum gleichen Schluß: Die Geschwulst am Hals, ein harter Knoten von der Größe einer Olive, müßte herausgeschnitten und zwecks Analyse nach Boston geschickt werden. Ohne Versicherung und Ersparnisse war Vater kaum in der Lage, eine Operation zu bezahlen, aber für ihn galt uneingeschränkt, was die Ärzte sagten. Als Olga die zweite Woche zur Lamartine School ging, teilte er ihr mit, daß sie ins Krankenhaus müsse.

Von allen hatte es Olga am schwersten, sich in unserem neuen Land einzuleben. Im Dorf war sie als erstes Kind ihrer Mutter am nächsten gewesen und wurde mit mir, dem Jüngsten und langersehnten Sohn, am meisten verwöhnt. Olga hatte die besten Stoffe für ihre Kleider bekommen und von den jungen Männern, die ihr auf der Straße begegneten, die sehnsüchtigsten Blicke; denn als Älteste müßte sie vor ihren Schwestern verheiratet werden, und als Tochter des amerikanischen Tycoons wäre sie sicher eine glänzende Partie.

Unsere Mutter hatte Olga nie mit Kochen, Nähen und Putzen belastet, sondern sie im Garten und auf den Feldern arbeiten und auf uns Kleine aufpassen lassen. Olga hatte sich die Zeit mit Träumen vertrieben, sich den Bräutigam vorgestellt, den sie wählen wollte, und die Hochzeit, die die schönste von ganz Thesprotia sein würde. Beim Zusammenstellen ihrer Aussteuer hatte sie Mutter zur Raserei getrieben. Eisern blieb sie dabei: Sie würde keinen Dörfler heiraten, der mit den Händen arbeitete, nur ein Akademiker kam in Frage, ein Rechtsanwalt, Arzt oder Lehrer – alle von einer Spezies, die in unserer isolierten Bergregion so gut wie nicht existierte.

Jetzt war *Mana* tot, die wunderbare Aussteuer im Krieg vernichtet worden, und Olga fühlte sich für das Wohlergehen ihrer jüngeren Geschwister verantwortlich, denn unsere Mutter hatte ihr beim Abschied gesagt: «Ich hänge dir die anderen Kinder um den Hals.» Von uns allen hielt Olga am standhaftesten an den strengen Regeln unserer Mutter fest. Sie weigerte sich, zur Kirche zu gehen, überhaupt irgendwo hinzugehen; sie ließ sich die Haare nicht schneiden, trug nur schwarze Kleider und wollte nicht singen und nicht einmal lächeln. Und während sie nun allein in unserem neuen Heim saß und kochen und putzen mußte, was sie nie gelernt hatte, trauerte sie ständig um unsere Mutter und das Leben, das sie hinter sich gelassen hatte.

Als sie nur wenige Wochen nach unserer Ankunft hörte, daß sie ins Krankenhaus der Fremden gehen müsse, wo ein fremder Arzt ihr den Hals aufschneiden würde, verwandelte sich ihre Niedergeschlagenheit in Verzweiflung. Sie flehte Vater an, dafür zu sorgen, daß die Operation sie nicht entstellen und zum Heiraten untauglich machen würde. Am Sonntag nachmittag, als er ihr half, ein paar Sachen in eine Papiertüte zu packen, weinte Olga jämmerlich. Das schwarze Kleid wurde ganz naß von ihren Tränen. «Weine nicht, *Fula*», bat ich, den zärtlichen Ausdruck für «Schwester» benutzend. «Es wird alles gut.»

Vater führte sie die imposante Treppe zum Doctors' Hospital in der Lincoln Street hinauf – eine große Villa aus der Zeit um die Jahrhundertwende, die in ein kleines Krankenhaus umgewandelt worden war. Olga erinnert sich, daß sie sich beim Betreten des Hauses bekreuzigte und im stillen betete, daß sie unter dem Äther sterben möge, «um bei meiner Mutter sein zu können und um mir über nichts mehr Sorgen machen zu müssen». Sie wurde in ein Mansardenzimmer zu einer freundlich lächelnden Frau mittleren Alters gebracht, dann ließ mein Vater sie allein.

Am nächsten Morgen erhielt Olga ein Krankenhaushemd, das sie verschämt auf der engen Toilette überzog. Dann wurde sie für die Operation vorbereitet und in den Operationssaal geschoben, wo ihre drei Ärzte, Dr. Seidenberg, der Spezialist und der Chirurg, sich die Hände wuschen. Auf dem Operationstisch liegend, zupfte Olga am Ärmel des Chirurgen und versuchte, ihm klarzumachen, daß er sie fest einschläfern müsse, bevor er ihr den Hals aufschnitt. Sie fürchtete, er könnte zu früh beginnen. «Bitte, Doktor, schlafen», wiederholte sie immerzu. «Bitte, Doktor, schlafen.»

Als sie wieder zu sich kam, lag sie im Krankenhausbett, die Nachmittagssonne schien schräg durchs Fenster, und sie konnte Vaters Stimme hören. Aber als Olga die Augen öffnete, sah sie nur unsere Mutter, die sich mit mitleidigem Blick über sie beugte. Olga versuchte zu sprechen und brachte schließlich ein rauhes Flüstern heraus. «Bitte, *Mana*», hauchte sie, «bring mir Wasser von der Quelle von Siulis. Bitte, *Mana*, gib mir Wasser!»

Sekundenlang verlor sie wieder die Besinnung, und als sie wieder zu sich kam, hörte sie Vater, und dann sah sie ihn weinen. «Olga, meine Seele, ich bin's, dein Vater, mein armes Kind», weinte er.

Aber Olga bat ihre Mutter immer und immer wieder um Wasser: «*Nero, Mana. Nero!*»

Fotini und ich durften nur bis zum Wartezimmer im Erdgeschoß gehen. Als Vater herunterkam, vermuteten wir, weil er so blaß aussah und seine Augen so rot waren, daß es nicht gutgegangen war. Für die ersten beiden Tage stellte er für Olga eine Nachtschwester an. Obwohl Olga die ganze Nacht hindurch um *nero* bettelte, rieb die fremde Frau ihr nur die Lippen mit Eis ein, weil sie keine Flüssigkeit zu sich nehmen durfte.

Olga verbrachte neun Tage im Krankenhaus, den Hals in Gazebinden gehüllt. Sie entdeckte, daß ihre Stimme, bis auf ein Wispern, vollkommen weg war, und sie konnte keinen Bissen des Krankenhausessens hinunterbringen. Jeden Tag nach der Arbeit brachte Vater ihr griechische Suppen, die er zu Hause gekocht hatte und von den Krankenschwestern im Kühlschrank aufbewahrt und ihr zu den Mahlzeiten serviert wurden.

Den ganzen Tag lag Olga da, fühlte sich einsam und fragte sich, wie viele Stunden noch bis zum Besuch ihres Vaters vergingen. Wenn eine Schwester in ihre Nähe kam, packte sie sie am Handgelenk, um die Uhrzeit abzulesen, denn keiner von uns besaß den Luxus einer Armbanduhr, und Olga konnte nicht nach der Zeit fragen.

Olga verlebte ihr erstes Osterfest in Amerika im Krankenhausbett und dachte daran, wie ganz anders es Ostern im Dorf war, denn die Auferstehung Christi ist im griechischen Kalender das größte Fest. Selbst in der schlimmsten Hungersnot hatte es unsere Mutter immer geschafft, ein oder zwei Eier aufzutreiben, die sie rot wie das Blut Christi färbte. Und sie versuchte immer, ein paar Fleischstückchen zu bekommen – selbst die Innereien von Ziegen, die die Partisanen wegwarfen –, um uns an die Lammbraten, die würzigen Würste, das Honiggebäck und die geflochtenen Brote zu erinnern, mit denen Ostern in besseren Zeiten gefeiert wurde.

Auch in unserem Haus in der Greendale Avenue gab es ein freudloses Osterfest, denn Vater mußte arbeiten gehen, und kaum war er wieder zu Hause, eilte er ins Krankenhaus. Der amerikanische Feiertag fiel auf einen anderen Tag als das orthodoxe Osterfest. Ein Land, in dem Ostern nicht mit Kerzen, Kirchenglocken, roten Eiern und Feuerwerk gefeiert wurde, schien mir ein armes Land zu sein.

Einige Tage nach ihrer Operation, als keine Schwestern und Ärzte in der Nähe waren, stand Olga auf, um allein zur Toilette zu gehen. Der Raum war gerade groß genug, um darin stehen zu können, aber als sie den Spiegel über dem Waschbecken sah, beschloß sie, den Verband abzuwickeln und die Narbe zu begutachten. Als der letzte Verband fiel, konnte Olga nicht einmal schreien. Der Schnitt begann hinter dem rechten Ohr und verlief bis hinunter zur rechten Brust, mit einem Querschnitt um den ganzen Kieferknochen herum. Die Sehne auf der rechten Halsseite war weg, und wo ihr Hals einmal glatt und rund gewesen war, war die ganze rechte Seite jetzt nur noch eine klaffende Höhle.

Ihre Bettnachbarin drückte erschrocken auf den Rufknopf, als sie den dumpfen Aufschlag hörte. Olga war ohnmächtig zu Boden gesunken.

Als sie sah, wie entstellt sie war – unfähig, jemals eine Braut zu sein –, verlor Olga ihren Lebenswillen. Daß sie nicht sprechen konnte, schien ihr gleichgültig zu sein. Nachdem Vater sie nach Hause gebracht hatte, lag sie nur im Bett oder saß im Sessel, und die Tränen liefen ihr leise übers Gesicht, und alle meine Versuche, sie abzulenken oder aufzumuntern, blieben erfolglos. «Jeden Tag», erinnert sie sich, «betete ich, sterben zu können.»

Vater suchte Olgas Chirurgen auf, um das Ergebnis der Biopsie zu erfahren. Er fragte, ob die Geschwulst bösartig gewesen sei, ob Olga am Leben bliebe, und wenn ja, ob sie jemals heiraten und Kinder haben könnte.

«Machen Sie sich keine Sorgen, Mr. Gage», versicherte ihm der Chirurg fröhlich. «Wir haben alles nach Boston geschickt, und Ihrer Tochter geht es gut. Sie hatte nur einen Kropf. Sie kann heiraten und zwanzig Kinder haben.»

Erleichtert, daß seine Älteste der gefürchteten Krankheit entgangen war, eilte Vater nach Hause, um Olga die gute Nachricht zu überbringen.

Etwa zehn Jahre später begegnete Olga, die inzwischen englisch sprechen konnte, dem gleichen Arzt im Doctors' Hospital. Er begrüßte sie herzlich. «Was für ein Zufall!» sagte er. «Ich habe gerade eine Frau operiert, die genau das gleiche hatte wie Sie.»

«Ich hoffe, an ihrem Hals haben Sie bessere Arbeit als an meinem geleistet», antwortete Olga.

Der Chirurg wurde puterrot. «So sollten Sie nicht mit mir reden!» brüllte er. «Ich habe Ihr Leben gerettet! Sie hatten Krebs, und ohne mich wären Sie jetzt tot!»

«Quatsch!» sagte Olga – einer der ersten Ausdrücke, die sie gelernt hatte. «Wenn ich Krebs hatte, warum haben Sie dann meinem Vater gesagt, daß es nur ein Kropf war und daß ich zwanzig Kinder haben kann?» Der Arzt rauschte wortlos aus dem Zimmer.

1971, dreizehn Jahre nach dieser Begegnung, probierte Olga in einem Geschäft Kleider an und bemerkte, daß auf einmal die linke Seite ihres Halses geschwollen war. Sie brach in Tränen aus, ließ die Kleider auf dem Boden der Umkleidekabine liegen und eilte nach Hause. Sie beschloß, zu Dr. Seidenberg zu gehen, der bei ihrer ersten Operation dabeigewesen war, obwohl sie jetzt weit von Worcester entfernt wohnte. Er riet ihr, im Doctors' Hospital Tests durchführen zu lassen. Nach den Untersuchungen, die nahezu zehn Tage dauerten, tauchte derselbe Chirurg in ihrem Zimmer auf und verkündete, daß er die verbliebene Seite ihres Halses operieren müsse.

Olga, die überzeugt war, sterben zu müssen, wurde hysterisch. Sie rief Fotini und Vater an, die im Taxi kamen und sie gegen den Willen des Krankenhauspersonals mitnahmen. Sie brachten sie zu Spezialisten nach Boston, die die Ärzte in Worcester anriefen, um zu erfahren, welche Tests durchgeführt worden waren. War es dieser Test oder jener? Wieder und wieder war die Antwort nein. «Was haben Sie dann eigentlich so lang mit ihr gemacht?» brüllte der Arzt ins Telefon.

Es war kurz vor Weihnachten, als ein chinesischer Arzt im Massachusetts General Hospital eine Nadel in die Schwellung einführte und Blut entnahm. Dann sagte er: «Sie werden wunderschöne Weihnachten feiern, meine Liebe, zu Hause bei Ihrer Familie, denn Sie haben nichts weiter als einen einfachen Kropf. Wenn Sie für den Rest

Ihres Lebens jeden Morgen eine Schilddrüsentablette einnehmen, werden Sie dieses Problem nie wieder haben.»

Olga weinte fast vor Erleichterung, aber sie konnte nicht vergessen, daß sie ihr Leben lang Kleider tragen mußte, die speziell geändert wurden, um die Narben an ihrem Hals zu verdecken. 1949, als sie einundzwanzig war und kein Englisch konnte, war es meinem Vater – wie vielen Einwanderern – vor lauter Ehrfurcht vor den Ärzten nie eingefallen zu fragen, warum es nötig war, die Hälfte von Olgas Hals zu entfernen, wenn sie nur einen Kropf hatte – ein verbreitetes Leiden in unseren landumschlossenen Bergdörfern.

Fotini und ich gewöhnten uns langsam daran, mit geistig zurückgebliebenen und lernbehinderten Kindern an einem klassenlosen Unterricht teilzunehmen. Kurz nach unserer Ankunft fand Miss McGinley ein griechisch-amerikanisches Mädchen in der Schule, das mit uns reden sollte. Mit Hilfe des holprigen Griechisch des Mädchens erfuhren wir, daß wir bis zum Herbst in dieser Klasse bleiben sollten, dann aber in eine Klasse mit normalen Kindern kämen. In der Zwischenzeit sollten wir jeden Nachmittag mit der regulären zweiten Klasse Lesen lernen.

Das war ein schwacher Trost. Ich war immer noch in der Klasse für Zurückgebliebene und wurde täglich mit «*D. P. dummy*»-Rufen traktiert. Aber die Freundlichkeit unserer Klassenkameraden, die Fotini und mich als Maskottchen adoptierten und sich viel Mühe gaben, um uns bei Laune zu halten, war doch ermutigend. Ein Mädchen in unserer Klasse brachte uns sogar das Damespiel bei.

Am nettesten waren Paul, der einen übergroßen Kopf hatte, und Jerry, der wie ein normaler Teenager aussah, bis er zu gehen oder zu sprechen anfing. Miss McGinley machte es für die Schüler zum Klassenprojekt, uns das Alphabet und die Bedeutung von englischen Wörtern beizubringen, die sie vorspielen sollten. Sie rief zum Beispiel Jerry nach vorn und sagte mit langsamer, deutlicher Stimme: «Ich laufe zum Fenster.» Dann sprintete Jerry zum Fenster, während die ganze Klasse den Satz brüllte.

Die Freundlichkeit der Lehrer in der Greendale School überraschte mich, weil die Lehrer in Griechenland oft Tyrannen waren, und körperliche Züchtigung an der Tagesordnung. Weil meine Mutter es sich nicht leisten konnte, mir für jedes Schulfach ein anderes Heft zu kaufen, schlug mich der Dorflehrer, als ich sechs war, so heftig, daß mein Kopf gegen die Steinmauer prallte, was mir eine klaffende Kopfwunde einbrachte. Und als ich im Flüchtlingslager beim Aufsagen patzte, warf mir der Lehrer einen harten Tafelwischer an die Stirn.

Miss McGinley schlug mich nie, und sie brüllte auch nie. Wenn ich zu ihrem Pult ging, um etwas aufzusagen, legte sie den Arm um mich. Niemand hatte das seit dem Tod meiner Mutter getan, und Miss McGinleys Geste, ihr Lächeln und der Duft ihres Haares erfüllten mich mit so viel Sehnsucht nach mütterlicher Berührung, daß die neuen englischen Wörter meinem Gedächtnis entflohen.

Im Klassenzimmer genoß ich die Aufmerksamkeit meiner Lehrerin und meiner Mitschüler, aber auf dem Schulhof haßte ich es, wenn Paul und Jerry wollten, daß ich mitspielte, und die anderen Schüler herumstanden und «D. P. dummy» brüllten. Mein schlimmster Peiniger war Joey Doyle, ein kräftiger Junge, der ein Jahr jünger und einen halben Kopf größer war als ich. Er wohnte in unserem Block, und wenn wir zum Mittagessen nach Hause gingen, boxte mich Joey und murmelte: «D. P. dummy». Das Ganze wiederholte sich am Nachmittag nach Schulschluß. Joey und seine Kumpel liefen hinter mir her, bewarfen mich mit irgendwas, lachten und brüllten die übliche Beleidigung.

An einem Tag im Frühling, als wir den Hügel hinabgingen, prallte plötzlich etwas von meinem Kopf ab. Ein stechender Schmerz durchfuhr mich. Ich hörte Joeys Gelächter und verlor die Kontrolle. Ich wirbelte herum, und er hob die Fäuste.

Eigenlich wollte ich Berufsboxer werden, aber als wir parierten, uns umkreisten und ich die Muskeln an Joeys Armen abschätzte, ließ ich die Regeln des Marquis von Queensberry lieber außer acht. Statt dessen entschied ich mich für die Straßenkampfmethoden, die ich in Griechenland gelernt hatte. Als Joey nach mir schlug, packte ich ihn am Kragen, riß ihn zu Boden, grapschte nach seinen Haaren und begann, den Boden mit seinem Kopf zu bearbeiten und alle griechischen Flüche auszustoßen, die mir einfielen. Zum Glück war unter seinem Kopf Erde. Während seine Kumpane zuschauten und schrien, hämmerte ich, bis mein Zorn verrauchte. Dann ließ ich ihn los, und er erhob sich voller Dreck, Rotz und Blut und rannte schluchzend nach Hause.

Von dem Tag an gingen mir die Jungen aus der Nachbarschaft wie einem bissigen Hund aus dem Weg, und auf dem Schulhof brüllte niemand mehr «*D. P. dummy*» hinter mir her, aber meine einzigen Freunde waren immer noch die behinderten Kinder in meiner Klasse.

Während ich meine Probleme auf meine Weise löste, sah sich mein Vater eigenen überwältigenden Schwierigkeiten gegenüber. Nach einer sorgenfreien Existenz als Junggeselle, in der seine Zeit zwischen Arbeit und den Vergnügungen des griechischen Kaffeehauses aufgeteilt war, schien sich sein Glück über Nacht ins Gegenteil verwandelt zu haben. Er mußte sich wie Sisyphus vorgekommen sein, der den Felsbrocken den Berg hinaufwälzte, nur damit dieser anschließend wieder hinunterrollte. Die Ermordung seiner Frau, die Ankunft seiner Kinder, der Verlust seiner Arbeit, die entstellende Operation seiner Tochter – eine Katastrophe folgte der anderen. Die meisten Griechen hätten es auf den bösen Blick geschoben und den Priester gerufen, um die bösen Geister auszutreiben, aber Vater machte verbissen weiter und gab niemals seine Frustration zu, während seine Tage im Terminal Lunch immer schwieriger wurden.

Die Männer, mit denen er arbeitete, einschließlich Nassio Economou und Christos Stathis, die jetzt seine Arbeitgeber waren, glaubten – wie die meisten Griechen –, daß ein Vater nach der Zeugung seinen Kindern gegenüber nur insoweit verantwortlich war, als er sie ernährte, die Tugend der Töchter bewachte und die Mädchen mit Aussteuern versah. Mein Vater hatte sich bei seinen Besuchen in Griechenland nie um seine Kinder gekümmert, aber jetzt, als Alleinerziehender, war er so fürsorglich wie eine Glucke mit ihren Küken. Er brachte uns zum Zahnarzt und Arzt und begleitete meine Schwester sogar zum Friseur. Er wählte unsere Kleidung aus, kochte unser Essen, und er rief tagsüber mehrmals an, um sich zu vergewissern, daß es Olga gutging und Fotini und ich von der Schule gleich nach Hause gekommen waren.

Obwohl er in ruhigen Zeiten mit seinem eigenen Fünfcentstück vom öffentlichen Apparat aus telefonierte, beschwerte sich jedesmal einer der anderen Köche im Restaurant, ein Mann namens Yianni, über die Anrufe: «Mein Gott, Christo, hängst du schon wieder an der Strippe? Dauernd bist du am Telefon! Wir haben hier zu arbeiten!»

Manchmal erwiderte Vater mit Würde: «Meine Kinder sind neu im

Land. Sie kennen sich noch nicht aus. Ich muß mich um sie kümmern.» An anderen Tagen, wenn ihm der Gedanke kam, daß seine ehemaligen Partner Yianni vielleicht anstachelten, geriet er in Wut und brüllte: «Wie kommt ihr dazu, mir zu sagen, was ich zu tun habe? Wie kommt hier überhaupt jemand dazu, mich zur Rede zu stellen? Ich hatte längst mein eigenes Geschäft in Worcester, bevor einer von euch was hatte. Wenn ich nicht gewesen wäre, würdet ihr alle am Fließband arbeiten.»

Vater hatte sich immer für einen natürlichen Aristokraten gehalten, und seine stolze Art ärgerte seine Kollegen. Nassios laute und häufig ordinäre Possenreißerei waren ihm ein Greuel, während Vaters überlegene Miene die anderen, jüngeren Angestellten im Terminal Lunch provozierte. Einer von ihnen, ein Mann Anfang Zwanzig, konnte sich nicht beherrschen; er mußte sticheln und unseren Vater, wann immer sich die Gelegenheit bot, an seiner empfindlichsten Stelle treffen – die Töchter.

Für einen Griechen bedeutet die Familienehre alles. Ein Mann kann Millionen besitzen, aber wenn der Name seiner Familie beschmutzt wurde, selbst durch einen längst verstorbenen Vorfahren, wird er wie ein Aussätziger behandelt. Und die Ehre eines Mannes gründet auf einem äußerst zerbrechlichen Fundament, nämlich dem Verhalten der Frauen in seiner Familie. Eine schlampige Ehefrau oder eine eigensinnige Tochter können einen Mann und seine Nachkommen für alle Ewigkeit ruinieren. In Griechenland war es ganz alltäglich zu hören, daß ein Mann nach einer aus Leidenschaft begangenen Straftat freigesprochen wurde, wenn es um die Tugend seiner Frau oder Tochter ging.

Der junge Mann im Terminal Lunch wußte genau, wie er meinen Vater in Rage bringen konnte. «Ich höre, Sie haben vier Töchter, Mr. Gage», sagte er eines Tages, während er Salatblätter zerschnitt. «Vier unverheiratete Töchter, die alle Ehemänner brauchen», fuhr er mitleidig fort. «Was machen Sie bloß mit all diesen Töchtern, Mr. Gage, wo niemand zu Hause ist, der auf sie aufpaßt?»

«Kümmern Sie sich gefälligst nicht um meine Töchter», donnerte Vater und ging mit dem Tranchiermesser auf ihn los. «Ich brauche keine Ratschläge, wie ich meine Töchter zu erziehen habe! Ein Arschloch wie Sie würden sie ganz bestimmt nicht anschauen!»

Ein anderer Koch schob sich zwischen Vater und seinen Peiniger und entwand ihm das Messer, aber jeden Tag wurde die Situation im Terminal Lunch für meinen Vater unerträglicher. Wären seine Kinder nicht gewesen, hätte er seinen treulosen Expartnern längst gesagt, was sie mit ihrem 55-Dollar-die-Woche-Job machen könnten, aber er mußte wenigstens so lange durchhalten, bis er eine andere Möglichkeit fand, um unsere wachsenden Auslagen bezahlen zu können.

Olgas Krankenhaus- und unsere Zahnarztrechnungen vermehrten noch die Schulden, die er gemacht hatte, um uns nach Amerika zu holen. Vater faßte deshalb einen verzweifelten Entschluß: Er mußte eine seiner Töchter auf Arbeit schicken. Es gab nur eine Firma in Worcester, wo ein Mädchen aus Griechenland ohne Fertigkeiten, mit nur geringen Englischkenntnissen und ohne ihren Ruf zu gefährden einen Job bekommen konnte, und das war Angelo Cotsidas' Firma Table Talk Pies.

Cotsidas, mit dem Vater seit dessen Ankunft in Worcester befreundet war, hatte sich mit einem anderen jungen Griechen, Theodore Tonna, selbständig gemacht und 1933 die Großbäckerei Table Talk Pies gegründet, die Restaurants in Worcester mit Brötchen, Doghnuts, Apfeltaschen und Pies belieferte. Sie waren so erfolgreich, daß sie 1945 eine neue Fabrik gründeten, in der nur noch Pies, also eine Art gedeckte Obstkuchen, hergestellt wurden. Wie bei allen Immigrantengruppen, führte ein Grieche zum anderen, und als die Firma schließlich vierhundert Arbeiter beschäftigte – zweihundert in der Fabrik und zweihundert im Außendienst, die die Pies in alle sechs Neuenglandstaaten und den östlichen Teil von New York lieferten –, waren 95 Prozent der im Hause Tätigen Griechen. Deshalb kam unser Vater zu dem Schluß, daß Table Talk der einzige Ort war, wo eine seiner Töchter arbeiten konnte, ohne ihren guten Ruf aufs Spiel zu setzen. Die meisten Angestellten, einschließlich der Chefs, sprachen griechisch, und alle würden streng darauf achten, wie sich ein unverheiratetes griechisches Mädchen in ihrer Mitte benahm.

Inzwischen kannten sich Vater und Cotsidas fast dreißig Jahre. Vater wußte, er konnte sich auf Cotsidas' Freundschaft verlassen, obwohl der Besitzer von Table Talk jetzt Multimillionär und er ein unterbezahlter Schnellimbißkoch war, der seine Kinder kaum ernähren konnte. Cotsidas hieß ihn immer herzlich willkommen und half ihm im Laufe der Jahre mehrmals finanziell aus, weil er nicht vergaß, wie Vater ihn in ähnlicher Lage unterstützt hatte.

Vater beschloß also, Cotsidas um einen Job für seine Tochter zu bitten, aber er wußte, daß Olga nicht in der Verfassung war, zu arbeiten. Nach ihrer Operation konnte sie nicht einmal sprechen. Außerdem war sie strikt dagegen, daß Frauen in der Öffentlichkeit arbeiteten. Die einzige, die einen Job annehmen konnte, um finanziell auszuhelfen, war demnach die sechzehnjährige Kanta.

Als Vater ins Büro von Table Talk geführt wurde, begrüßte ihn Cotsidas mit der üblichen Herzlichkeit. «Natürlich, *patrioti*», sagte er, «ich geb deiner Tochter gern einen Job am Fließband, wenn sie sechzehn ist und arbeiten darf. Hast du die Papiere dabei?»

Als Cotsidas sich die Einwanderungspapiere ansah, entdeckte mein Vater erschrocken, daß Onkel Foto Kantas Geburtsdatum falsch angegeben hatte – also 1933 statt 1932 –, und so war sie jetzt offiziell erst fünfzehn.

«Da kann ich nichts machen, Christo», sagte Cotsidas. «Bring sie am sechzehnten November zurück, wenn sie offiziell sechzehn ist. Dann kann sie sofort anfangen.»

Mit einem Einkommen, das nicht besser wurde, arbeitete Vater weiter im Terminal Lunch und wurde jeden Tag wütender. Als die Schule im Juni zu Ende ging, saß ich zu Hause fest, ohne Freunde und mit nichts zu tun. Olgas Depression hatte sich verschlimmert. Kanta versuchte, sie zu trösten, und übernahm die meisten Hausarbeiten; Fotini hatte eine Freundin gefunden, die zwei Häuser weiter wohnte. Um nicht zu Hause bleiben und zusehen zu müssen, wie Olga weinte, wanderte ich in der Nachbarschaft umher, entdeckte meine Leidenschaft für's Kino und erforschte die Stadt.

An einem der ersten heißen Tage wanderte ich bis zum Kendrick Park. Außer einem Baseballfeld und Spielplatz gab es auch ein rundes Becken voller kreischender Kinder, die vor der Hitze ins Wasser flüchteten. Ich trug kurze Hosen, die ich aus Griechenland mitgebracht hatte, und so sprang ich auch hinein, achtete aber darauf, mich von der Mitte, wo es tief war, fernzuhalten.

Einige Tage später bemerkte ich rote Flecken an den Händen und ein unerträgliches Jucken. Bald verbreiteten sie sich auf den Armen bis zum Hals und zum Bauch und zu den Füßen hinunter. Meine Schwestern waren nicht überrascht, daß ich nach meinem gedankenlosen Sprung ins Becken, das mit den Bazillen ausländischer Kinder verseucht war, krank wurde.

Als sich der Ausschlag in weiße Pickel verwandelte, die näßten und meinen ganzen Körper mit Schorf bedeckten, rief mein Vater Dr. Seidenberg, obwohl er sich weitere Arztrechnungen kaum leisten konnte. Als der Doktor kam, waren nur noch mein Gesicht, mein Bauch und meine Oberschenkel ohne Grind. Er betrachtete mich grimmig von oben bis unten und erklärte dann meinem Vater, daß ein Dutzend Dinge die Sache ausgelöst haben konnten – von Allergien bis zu emotionalen Problemen, wie Sorgen und Kummer. Er könne wenig tun, sagte er, man müsse der Sache ihren Lauf lassen, aber er würde mir eine Salbe dalassen. Das wichtigste war, nicht zu kratzen, und um sicherzugehen, daß ich es nicht tat, umwickelte er meine Hände mit Mullbinden, bis ich Boxhandschuhe zu tragen schien. Dann ging er und ließ mich mit meinem qualvollen Juckreiz im Bett zurück.

Bis August hatte eine neue rosa Haut begonnen, die nässenden Krusten zu ersetzen. Olga bekam auch langsam ihre Stimme wieder, und dann – gegen Ende des Monats – passierte etwas so Wunderbares, daß es aussah, als würde sich unsere Lage nun endlich zum Besseren wenden.

Die ersten beiden Wochen im August, in denen die Griechen als Vorbereitung auf das Fest der Jungfrau Maria am 15. August fasten, waren besonders schmerzlich für uns, weil sich der erste Jahrestag der Ermordung unserer Mutter näherte. Das war der 28. August. Während wir unsere Mahlzeiten auf Obst und gekochtes Gemüse beschränkten, mußten wir unwillkürlich an die Qualen denken, die sie vor einem Jahr in den zwei Monaten zwischen unserer Flucht aus dem Dorf und ihrer Hinrichtung erduldet haben mußte. Und obwohl keiner von uns davon sprach, fragten wir uns alle, wo unsere Schwester Glykeria sein mochte: War sie am Leben auf einem Schlachtfeld oder tot und bei unserer Mutter?

Dann, am Morgen des 24. August, sah Olga zwischen Schlafen und Wachen unsere Mutter vor sich – im blauen Kleid, das sie getragen hatte, als sie starb, das Kopftuch über den Haaren. «Olga», sagte sie in der Vision, «Glykeria ist frei. Du kannst weiter trauern, wenn du willst, aber sage deinen Schwestern, deinem Bruder und deinem Vater, daß sie die schwarzen Sachen ablegen sollen, denn jetzt sollt ihr tanzen und singen und glücklich sein.»

Das Bild unserer Mutter verschwand, und Olga setzte sich im Bett auf. Sie hörte, wie sich Vater im Bad rasierte, und ging zu ihm, um ihm zu erzählen, was sie gesehen hatte. Er starrte auf sein Spiegelbild, das Rasiermesser in der Hand. Wie die meisten Griechen hatte Vater ein Traumbuch neben seinem Bett, und er wußte, daß schlechte Träume – Schlangen, Blut und Tod – Glück bedeuteten, während gute Träume – Reichtum, Festlichkeiten, Babys – besagten, daß etwas Schlechtes bevorstand. «Es muß bedeuten, daß Glykeria gestorben ist und daß sie jetzt zusammen sind», sagte er. «Wo immer sie ist – sie ist getötet worden.»

Olga brach in Tränen aus. Sie schluchzte so erbärmlich, daß sie nicht ans Telefon gehen konnte, als es klingelte. Verärgert warf Vater das Rasiermesser hin und nahm den Hörer ab. Als nächstes hörten wir einen Schrei: «Chrysoula – bring das Telegramm rüber, und ich werde dich küssen, auch wenn du eine verheiratete Frau bist!»

Wir drängten uns um ihn, und er berichtete: Glykeria war erst vor vierzehn Tagen, im allerletzten Kampf des Krieges auf dem Berg Witisi in Makedonien, der Front der kommunistischen Partisanen entkommen. Sie war in einem Gefangenenlager in der Nähe von Kastoria festgehalten worden, hatte die griechischen Armeeoffiziere aber irgendwie davon überzeugen können, daß sie zwangsrekrutiert wurde und keine Kommunistin war. Jetzt befand sie sich in Kastoria im Haus eines Kaufmanns aus Lia namens Christos Tatsis in Sicherheit. Er kannte unsere Familie nicht, aber er hatte in Worcester einen Cousin – Leo Tatsis, der Mann von Chrysoula, der hübschen jungen Frau, die am Tag unserer Ankunft in unserer Küche gekocht hatte.

Am selben Morgen, an dem Olga mit der Stimme unserer Mutter in den Ohren erwachte, kam ein Telegramm im Büro von Leo Tatsis' Lebensmittelhandel an, in dem angefragt wurde, ob er Christos Gatzoyiannis aus Worcester ausfindig machen könne, um ihm mitzuteilen, daß seine fünfzehnjährige Tochter am Leben und den Partisanen entkommen sei.

Von Freude überwältigt, aber auch traurig, gingen wir am Sonntag zur Kirche, wo Vater Rizos den Gedenkgottesdienst zum Todestag unserer Mutter abhielt. Anschließend reichten wir ein Blech mit *Kolliwa* herum. Wir hatten die *Kolliwa* – eine Mischung aus gekochtem Weizen, Rosinen, Mandeln, Gewürzen und Zucker – am Morgen zu Hause zubereitet. Nachdem das Ganze auf dem Blech verteilt und mit Puderzucker bestäubt war, verzierte Olga es, während ihr die

Tränen über die Wangen liefen. In der Mitte formte sie ein Kreuz aus kandierten Mandeln und nahm Granatapfelkerne für das Alpha und Omega auf beiden Seiten des Kreuzes, die den Anfang und das Ende symbolisieren. Zum Schluß legte sie ein blaues Band über das Blech, auf dem mit goldenen Buchstaben ELENI GATZOYIANNIS stand. In der Kirche würden alle ein bißchen von dem gekochten Weizen essen – als Symbol der Auferstehung laut Johannes, 12, 24: «Wahrlich, wahrlich ich sage euch: Es sei denn, daß das Weizenkorn in die Erde falle und ersterbe, so bleibt's allein; wo es aber erstirbt, so bringt es viele Früchte.»

Während ich zusah, wie die Gemeinde an uns vorüberzog – jeder eine Handvoll *Kolliwa* nehmend und «Möge man sich ewig ihrer erinnern» murmelnd –, war ich sicher, daß meine Mutter den Schmerz gelindert hatte, den wir an diesem Tag fühlen würden, indem sie die Befreiung des fehlenden Kindes bewirkt hatte.

Trotz unserer Freude bedeutete Glykerias Flucht für meinen Vater neue Verantwortung und neue Unkosten. Sie schrieb uns aus Kastoria, daß sie in einer ausgebeulten Uniform und ganz verlaust aus den Gräben gestiegen sei. Sie brauchte Kleidung, Essen, ärztliche Versorgung. Vater mußte die Papiere für ihre Einwanderung besorgen und ihre Überfahrt bezahlen. In der Zwischenzeit mußte er Geld schicken, damit sie nach Igumenitsa, wo meine Großeltern lebten, reisen und für ihren Unterhalt aufkommen konnte, bis alles für ihre Überfahrt nach Amerika bereit war.

Als sich Vaters Geld verflüchtigte, steckte er keine Münzen mehr in das Gurkenglas auf dem Küchentisch, weil wir es zu schnell leerten. Nun gab es keine Vierteldollar mehr, die man fürs Kino oder für Schokoladenriegel verschwenden konnte.

Jetzt, wo mein Ausschlag wieder verschwunden war, sehnte ich mich danach, in die kühle Dunkelheit des Greendale-Kinos zurückzukehren und mich selbst in den Dramen auf der Leinwand zu verlieren. Ich bat Vater um Geld, das brachte mir aber nur ein Fünfcentstück oder zwei in der Woche, nicht genug für eine Doppelvorstellung, geschweige denn drei, wie ich sie mir sonst immer geleistet hatte. Im verzweifelten Bemühen, meine Sucht nach Kino zu stillen, beschloß ich, die Finanzierung selbst in die Hand zu nehmen. Abends kam Vater nach Hause, hängte sein Jackett über den Stuhl im Schlafzimmer und ging dann in die Küche, um zu essen, wobei Olga und Kanta ihm Gesellschaft leisteten. Fotini und ich lagen im Schlafanzug auf seinem Bett und hörten Radio. Ich wartete, bis er bei Tisch saß, dann ging ich zu seiner Jacke, zog seine Brieftasche heraus, entnahm dieser einen Dollar oder ein paar Vierteldollarstücke und steckte die Brieftasche wieder zurück. Fotini beobachtete diesen Diebstahl mit ehrfürchtigem Entsetzen, verriet mich aber nicht.

Nach ein paar Wochen bemerkte Vater das Defizit in seiner Brieftasche und begann, Fragen zu stellen, aber wir alle behaupteten, von nichts zu wissen. Offensichtlich dauerte es nicht lang, bis er sich vorstellen konnte, wer der Übeltäter war, denn eines Abends, als ich auf Zehenspitzen zur Jacke schlich, lauschten er und die älteren Mädchen in der Küche und hörten meine Schritte. Ich sprang zurück unter die Bettdecke, als sie ins Zimmer stürzten. Vater prüfte sein Jackett und stellte fest, daß die Brieftasche fehlte, riß die Bettdecke zurück und legte das Beweisstück frei, das neben meiner Hand lag.

Dieser Nachweis meiner Schuld löste einen unserer üblichen Familienspektakel aus, wobei sich mein Vater zornig brüllend den Gürtel vom Leib riß und auf mich losging, während ich vom Bett hüpfte, aus dem Schlafzimmer rannte und über Tische und Stühle sprang, dabei Möbel verrückte und den Weg verstellte, um meiner gerechten Strafe zu entgehen, während meine Schwestern schrien: «Tu's nicht, *Patera!* Hau ihn nicht! Du bringst ihn ja um! Er ist doch noch ein Kind!»

Wenn er mich erwischte, was unweigerlich geschah, und triumphierend brüllte, kauerte ich am Boden, während die Gürtelschnalle an meinem zitternden Fleisch vorbeizischte, denn Vater brachte es nie über sich, mich wirklich zu schlagen. Er gab sich statt dessen damit zufrieden, entsetzliche Drohungen darüber auszustoßen, was mit mir passieren würde, wenn ich so etwas jemals wieder täte. Zwar entkam ich diesen Gefechten stets unbeschadet, doch gaben mir die Angst, die mir die Schreie meiner Schwestern und die Gestalt meines Vaters, die mit drohend schwingendem Gürtel über mir stand, einjagten, immer das Gefühl, nur knapp mit heiler Haut davongekommen zu sein.

Obwohl mein Vater mich nie wirklich schlug, zersetzten diese Kämpfe weiter meine Meinung von ihm. Als wir uns kennenlernten, hatte er mich mit seiner feinen Garderobe und seinem selbstbewußten Auftreten beeindruckt, aber innerhalb von vierundzwanzig Stunden mußte ich erfahren, daß er arbeitslos war, Schulden hatte und uns gegenüber selbstherrlich auftrat. Meine Gefühle für ihn hatten sich nicht verbessert, als er sich weigerte, sich mit dem Leidensweg meiner Mutter auseinanderzusetzen, und es zuließ, daß ich in eine Klasse für geistig Zurückgebliebene gesteckt wurde. Die Konfrontation wegen des gestohlenen Geldes bewirkte nur, daß ich ihn noch mehr ablehnte. Obwohl ich wußte, daß es falsch war, zu stehlen, meinte ich, daß er mich dazu zwang, weil er das Glas mit dem Kleingeld weggenommen hatte. Wir waren zu arm, um auch nur einen Vierteldollar fürs Kino auszugeben, und unsere Armut war seine Schuld, redete ich mir ein. Nach vierzig Jahren in diesem Land des Überflusses hätte er schließlich der Millionär sein müssen, für den ich ihn immer gehalten hatte.

5 Zwischen zwei Welten

Ich verbrachte diesen endlosen ersten Sommer in Amerika mit dem Gefühl, ein Gefangener zu sein, gefangen in meiner juckenden, eiternden Haut, in einer von Schwermut erfüllten Wohnung, und wünschte, ich hätte Griechenland nie verlassen. Auch als die Ekzeme verschwanden und meine Pusteln heilten, gab es keinen Grund, warum ich das Haus verlassen sollte, denn ich hatte ja weder Geld noch Freunde.

An einem der schlimmsten Hundstage im August hörte ich Plätschern, Schreien und Lachen draußen auf der Straße und schlich zur vorderen Veranda. Ich sah, daß Mr. Cummings von gegenüber seine und andere Kinder aus der Nachbarschaft, die alle Badeanzüge trugen, mit einem Gartenschlauch abspritzte. Er sah mich, winkte mich heran und brüllte: «Komm rüber. Es ist genug Wasser für alle da.»

Ich fühlte mich elend von der Hitze, und das Wasser sah verlockend aus, aber ich besaß keinen Badeanzug. Da zog ich einfach meine Hosen aus und rannte in der Unterhose über die Straße. Das fanden die anderen zum Schreien komisch, aber sie nahmen mich trotzdem in den Tumult auf, und wir rannten abwechselnd durch den Guß – auch Joey Doyle und seine Kumpane, die mir seit dem Frühjahr aus dem Weg gegangen waren.

Am selben Abend, als die Sonne unterging, klingelten Joey und seine Kumpel – Brian Hackett, Steve Zilavy und Marty Akerson – an der Hintertür. «Kommst du raus – Stickball spielen?» brummte Joey, als ich die Tür öffnete. Ich erkannte in der schroffen Einladung ein Freundschaftsangebot, und von da an gehörte ich zur Nachbarschaftsclique.

Im September erfuhren Fotini und ich, daß wir in die dritte Klasse kommen sollten. Für mich war das eine Enttäuschung, denn mit zehn Jahren hätte ich rechtmäßig in die fünfte Klasse gehört, und Fotini, mit elf Jahren, in die sechste. Es war jedoch ein gewisser Trost, daß wir körperlich nicht größer als unsere Klassenkameraden waren und daß einige meiner neuen Freunde aus der Nachbarschaft mit mir in Miss Katherine Foleys dritter Klasse sein würden.

Zu meiner Erleichterung durfte ich endlich bei den Schulhofspielen der normalen Jungen mitmachen. Ich lernte Völkerball, König des Berges und Krieg spielen und meisterte sogar die amerikanische Version des Fußballspiels so gut, daß ich bei der Aufstellung der Mannschaften als zweiter, gleich nach Marty Akerson, gewählt wurde. Aber meine alten Spielkameraden aus dem klassenlosen Unterricht, besonders Jerry und Paul, die mich als ihren Schützling betrachteten, sahen mit verletzter Bestürzung zu.

Eines Tages, als ich im Spiel gegen Steve Zilavys Team gerade eine Kehrtwendung machte, trottete Jerry herüber und schlug mir mit schwerer Hand auf die Schulter. «He, Nick», sagte er, «komm und spiel mit uns, okay?»

Ich spürte die Blicke meiner neuen Freunde auf mir und schüttelte seine Hand ab. Mit einer Stimme, die über den ganzen Schulhof dröhnte, brüllte ich: «Laß mich in Ruhe, *dummy*!»

Im gleichen Augenblick, in dem Jerry sich umdrehte und in die Ecke der Behinderten zurückschlurfte, haßte ich mich. Das ganze letzte Jahr über hatte er sich mir mit unendlicher Geduld und nach besten Kräften gewidmet, und jetzt behandelte ich ihn so, wie Joey Doyle mich behandelt hatte. Als Miss McGinley, meine frühere Lehrerin, zu mir herüberkam, ließ ich bereits den Kopf hängen.

«Das war gar nicht nett, Nick», sagte sie leise.

«Ich weiß. Es tut mir leid», murmelte ich.

Jerry und Paul forderten mich nie wieder auf, mit ihnen zu spielen, und ich, der ich nun endlich in den Rang eines normalen Jungen befördert worden war, bemühte mich auch nicht darum.

Ich hatte meine Schwierigkeiten mit der Sprache. Trotz meiner Entschlossenheit, meine Klassenkameraden in den Schatten zu stellen, passierte mir ein denkwürdiger Fauxpas, als ich zum ersten Mal nach vorn gerufen wurde, um laut vorzulesen. Das unbekannte Wort im Satz war *weapon* – Waffe. Ich versuchte, es dem Klang nach auszuloten – eine Technik, die im Griechischen immer funktionierte –, und las: «*We-pee-on*» – wir pinkeln drauf. Die meisten in der Klasse vermieden es taktvoll, loszukichern, aber Brian Hackett, ein magerer dunkler Junge, der schlechteste Schüler und größte Witzbold in unserer Clique, brach in schallendes Gelächter aus. Auf den Gesichtern der Kinder war deutlich zu lesen, daß ich etwas gesagt hatte, das irgendwie obszön war. Da Brian direkt vor mir saß, klappte ich das Buch zu und schlug es ihm kräftig über den Kopf. «Warum lachst du?» fragte ich wütend, während er aufschrie und sich das Ohr rieb. «Brian, du solltest dich nicht über Nicholas lustig machen. Er lernt doch noch», tadelte ihn Miss Foley, mich in Schutz nehmend, aber inzwischen brüllten alle vor Lachen. Von da an las ich aus Angst, wieder auf einen amerikanischen Ausdruck mit peinlichen Zwischentönen zu treffen, nur noch ungern vor.

Am 16. November wurde Kanta siebzehn. Nach den Einwanderungspapieren war sie jetzt offiziell sechzehn und alt genug, um eine Arbeit aufzunehmen. Noch am selben Tag ging Vater zur Lamartine School, um sie abzumelden, und dann direkt in die Table-Talk-Fabrik von Angelo Cotsidas. Mrs. McCarthy ließ sie ungern gehen, denn Kanta war eine ihrer besten Schülerinnen. Sie erklärte, daß Kanta laut Gesetz bis zum achtzehnten Lebensjahr die Commerce High School besuchen müsse, um in Abendkursen Englisch zu lernen. Bevor sie die Schule verließen, mußte mein Vater schriftlich bestätigen, daß er, als ihr Vormund, den Besuch dieses Unterrichts garantiere.

Kanta gefiel es von Anfang an bei Table Talk, obwohl sie sechs Tage in der Woche bis zu elf Stunden pro Tag für fünfundneunzig Cent die Stunde arbeitete. Ihr gefielen die weißen Uniformen und die Haarnetze, die Kameradschaft unter den Arbeiterinnen. Cotsidas stellte sie zuerst an die langsamste Maschine, wo leere Kuchenformen aufs Fließband gesetzt wurden. Eine andere Frau fügte den Kuchenboden hinzu, eine weitere die Füllung, wieder eine andere die obere Kruste und so weiter. Hier war es wie bei den Vereinten Nationen, dachte Kanta – Irinnen, Albanerinnen, Polinnen, Litauerinnen, aber die meisten waren Griechinnen, und alle hatten ein wachsames Auge auf die Jüngste.

Den Arbeiterinnen war eine zehnminütige Kaffeepause vormittags und nachmittags und eine halbe Stunde fürs Mittagessen erlaubt, das

Kanta von zu Hause mitbrachte. In diesen Pausen musterten sie die älteren Griechinnen und sagten: «Du bist so hübsch, warum trägst du nicht ein bißchen Lippenstift auf?» – «Du siehst so blaß aus, du brauchst ein bißchen Rouge auf den Backen.»

Das waren gewagte Ratschläge. Kanta dachte mit Schaudern daran, wie ihr Vater reagieren würde, wenn er sie mit Make-up erwischte. Trotzdem probierte sie nach einigen Wochen den farblosen Lippenstift einer Kollegin aus, der auf der Haut langsam nachdunkelte. Wenn es Zeit war, nach Hause zu gehen, rubbelte sie unbarmherzig auf ihren Lippen herum, um den Lippenstift zu entfernen. Aber Vater fragte oft: «Warum sind deine Lippen so rot?» Dann sagte Kanta: «Es ist nur die Kälte.» Aber die Fingernägel knallrot lackieren wie die anderen Mädchen – so weit konnte sie nun doch nicht gehen. Sie benutzte farblosen Nagellack. Und wenn Vater sich argwöhnisch erkundigte, warum ihre Nägel so glänzten, antwortete sie schnell: «Das kommt von dem vielen Öl im Kuchenteig.»

Von Anfang an verdiente Kanta zwischen 60 und 70 Dollar die Woche, im Vergleich zu Vaters 55 Dollar für uns ein Vermögen. Jeden Donnerstag abend übergab sie Vater ihren Lohn, und er behielt alles, bis auf das Fahrgeld für den Bus und fünfzig Cent, damit sie sich jeden Morgen und Nachmittag eine Milch kaufen konnte. Aber Kanta hortete das Milchgeld. Sie hatte Besseres damit vor.

Eines Tages – Kanta arbeitete bereits einige Zeit bei Table Talk – brachte einer von Vaters Freunden seine Nichte zur Arbeit. Er sah Kanta, in ihrer Uniform, mit dem Haarnetz und den kirschroten Lippen eine moderne Fabrikarbeiterin wie aus dem Bilderbuch.

«Du malst dir den Mund mit Lippenstift an!» donnerte der Mann, der Vasili Stathis hieß. «Das werde ich gleich deinem Vater sagen!»

Den ganzen Tag über, der eine Ewigkeit zu dauern schien, hatte Kanta ein furchtbar schlechtes Gewissen. Sie ging mit der Absicht nach Hause, alles zu gestehen, bevor ihr Ankläger eintraf. Als Vater nach Hause kam, stellte sie sich entschlossen vor ihn hin und sagte mit zitternder Stimme: «Ich muß dir etwas sagen, *Patera*.»

Er wurde blaß. «Man hat dich gefeuert!»

«Nein, nein – nichts dergleichen», sagte sie schnell. «Es ist nur – heute habe ich zum ersten Mal in meinem Leben etwas ausprobiert. Ich habe Lippenstift aufgelegt, und Vasili Stathis kam rein und hat mich gesehen.»

Vater sank auf einen Stuhl, seufzte und grübelte über diese neue Komplikation der Elternschaft nach. «Warum willst du dir denn die Lippen anmalen, wo du doch so hübsch bist?» fragte er schließlich.

«Aber *Baba*, alle anderen Mädchen im Betrieb machen es», bettelte sie, «und ich wollte nicht wie ein Dorftrampel aussehen. Sie machen sich über mich lustig.»

Vater überlegte noch ein wenig. «Also gut», sagte er endlich zu ihrer Verwunderung. «Wenn alle anderen griechischen Frauen im Betrieb es tun, dann darfst du es auch, aber versprich mir, daß du dir nie was auf die Backen schmierst, und nie außerhalb der Fabrik.»

Kantas klassische Schönheit wurde nicht an die männlichen Arbeitnehmer von Table Talk verschwendet. Besonders ein junger Mann, ein Grieche, der allerdings in Amerika geboren war, was ihn als potentiellen Bräutigam ungeeignet machte, schaute Kanta immer sehnsüchtig an. Wenn sie vorüberging, sprach er sie mit ihrem richtigen Namen auf griechisch an: «Guten Tag, Alexandra.»

«Reden Sie nicht mit mir, oder ich sag's meinem Vater – der kommt und bringt Sie um», gab sie zurück, wie es von einem wohlerzogenen Mädchen erwartet wurde. Im Grund ihres Herzens fand sie den jungen Mann aber ganz attraktiv.

Glykerias bevorstehende Ankunft in Amerika und Kantas einträglicher neuer Job schienen Vorzeichen zu sein, daß das Schicksal sich endlich zu unseren Gunsten wendete. Ein dritter Glücksfall ereignete sich eines Morgens, als Vater an der West Boylston Street auf seinen Bus wartete und hörte, wie jemand seinen Namen rief.

Ein schnittiger Oldsmobile fuhr an die Seite, und im Innern sah Vater John Kotsilimbas-Davis sitzen, ein Immigrant, der 1910 – im selben Jahr wie mein Vater – in Worcester angekommen war und in der Fabrik Arbeit gefunden hatte. Aber John und sein Bruder Charley hatten schließlich ihr Geld zusammengetan, um ein Unternehmen namens Putnam und Thurston zu kaufen, das sie zu einem der besten Restaurants von Worcester machten. Es war ein elegantes Lokal im Herzen der Stadt, mit Lederbänken, kristallenen Kronleuchtern, nachgedunkelten Ölgemälden und einer Weinliste in goldverziertem Einband.

Bei «Puts» – wie es von den Stammkunden genannt wurde – speisten die besten Familien von Worcester mit Namen wie Stoddard, Booth und Jeppson am Sonntag nach dem Gottesdienst oder wenn ihre Söhne zu Besuch kamen, die Eliteschulen wie Grotono oder Exeter besuchten.

Die Gebrüder Kotsilimbas-Davis hatten es weit gebracht, seit sie ihr Dorf verlassen hatten: Beide wurden für eine Amtszeit zu Präsidenten der griechischen Gemeinde gewählt, sie trugen Brillantringe am kleinen Finger, und sie schickten ihre Söhne auf die Harvard-Universität. Mein Vater fühlte sich geschmeichelt, als John Kotsilimbas neben ihm hielt und ihm zurief: «Wo gehst du hin, Christo? Steig ein, ich fahr dich hin!»

Wie sich herausstellte, kam John gerade von einer Beerdigung, und er zeigte am Wohlergehen meines Vaters großes Interesse.

«Ich höre, du arbeitest für deine alten Partner im Terminal Lunch», begann er. «Bezahlen sie dich gut?»

«Fünfundfünfzig die Woche», stieß mein Vater hervor. «Ich bin das Doppelte wert. Aber jetzt, wo meine Kinder da sind, muß ich Kompromisse schließen.»

«Behandeln sie dich gut dort?» erkundigte sich John besorgt. Mit seiner vorspringenden Nase und den tiefliegenden, intelligenten Augen sah er aus wie ein kahl werdender Fuchs.

«Die würden mich wie Scheiße behandeln, wenn ich es zuließe!» explodierte mein Vater mit der üblichen naiven Ehrlichkeit. Sein verletztes Selbstwertgefühl ließ ihn alle Vorsicht vergessen. «Beleidigungen, Kummer jeden Tag! Die wissen nicht, was sie an mir haben!»

«Da hast du recht!» sagte John mitfühlend. «Ich sag dir was – arbeite bei mir als Koch! Du weißt, wir sind die Besten in der Stadt. Ich zahl dir, was sie dir bezahlen – im Moment kann ich nicht mehr bezahlen, aber wir werden mal sehen, wie es läuft. Von mir wirst du jedenfalls besser behandelt, das verspreche ich dir.»

So gelang es John Kotsilimbas-Davis, unseren Vater abzuwerben, ohne sein Gehalt erhöhen zu müssen.

Ein zufriedenes Grinsen breitete sich über Vaters Gesicht aus, als er sich vorstellte, wie wütend Christos Stathis und Nassio Economou sein würden, wenn er ihnen mitteilte, daß er sie verließ, um für das beste Restaurant der Stadt zu kochen. Und erst recht würde es die früheren Partner wurmen, wenn sie erfuhren, daß er für einen Eleaner – aus der Provinz Elis im Peloponnes – arbeiten würde, denn in den ersten Jahrzehnten dieses Jahrhunderts waren unter den Griechen in

Worcester die Epiroten wie mein Vater und Nassio und die Eleaner wie Kotsilimbas-Davis erbitterte Feinde.

Als in unserem neuen Land Weihnachten näherrückte, merkte ich, daß es für die Amerikaner ein viel größeres Fest war als für die Griechen. In der Greendale School dekorierten wir die Fenster unseres Klassenzimmers und studierten besondere Lieder ein. Die Geschäfte erstrahlten im Glanz ihrer Dekorationen und vieler glitzernder Versuchungen in den Schaufenstern. Selbst in unserer griechisch-orthodoxen Kirche, wo ich in die Ränge der Ministranten aufgenommen worden war, blaue Satinroben trug und jeden dritten Sonntag, wenn ich an der Reihe war, das Weihrauchgefäß hielt, beobachtete ich, wie mit Kindern geprobt wurde, die für den Gottesdienst am Heiligen Abend Engel, Schafhirten und die Heilige Familie darstellen sollten.

Einige meiner Kameraden aus der dritten Klasse erzählten mir von einem dicken Mann namens Santa Claus, der am Weihnachtsabend durch den Kamin gerutscht kommt, um an brave Jungen und Mädchen Geschenke zu verteilen, aber ich merkte schon, daß das eine Art Volksmärchen war, und lachte spöttisch. In Griechenland gab es die *kallikantsaroi*, böse Kobolde mit roten Augen, die haarig wie Affen waren und zu Weihnachten aus dem Erdboden krochen, um die Menschen mit ihren Streichen zu plagen, bis die Segnung des Wassers am Dreikönigsfest sie wieder unter die Erde trieb. Man beschuldigte sie, die Milch sauer werden zu lassen, Spiegel zu zerbrechen und das Vieh zu erschrecken. Die Dorfbewohner ließen während der gesamten zwölf Tage zwischen Weihnachten und dem Dreikönigsfest das Feuer brennen, um zu verhindern, daß die kleinen Dämonen durch den Kamin kamen – im Gegensatz zur amerikanischen Sitte, wo Milch und Plätzchen hingestellt wurden, um Santa Claus, den Weihnachtsmann, willkommen zu heißen. Es war leichter, an Kobolde zu glauben, die den Mädchen die Haare zerzausten, als an einen dicken Menschenfreund, der in einer einzigen Nacht Spielsachen für alle amerikanischen Kinder hinterläßt. Gnadenlos verspottete ich meine Klassenkameraden wegen ihrer Leichtgläubigkeit.

Vaters einzige weihnachtliche Geste bestand darin, daß er ein paar elektrische Plastikkerzen in die Fenster stellte. «In Amerika ist das üblich», sagte er. «Wir wollen doch nicht, daß die Nachbarn denken, wir seien keine Christen.»

Allmählich wurde ich von der Aufregung in der Schule angesteckt, und am Weihnachtsabend lag ich lange wach, denn ich konnte es kaum erwarten, mein neues Fahrrad zu sehen. Nachdem ich im Sommer sehnsüchtig zugeschaut hatte, wie die Jungen aus der Nachbarschaft mit ihren Fahrrädern den Berg hinabsausten, und mir einer von ihnen sein glänzendrotes geliehen hatte, mit dem ich dann mit rasender Geschwindigkeit an einen Baum knallte, hatte mir Vater ein eigenes Fahrrad versprochen. Am nächsten Morgen standen Fotini und ich früh auf und rannten in die Küche, wo wir auf dem Tisch zwei in Geschenkpapier verpackte Schachteln vorfanden. Mein Herz sank, als ich sah, daß die eine, auf der mein Name stand, viel zu klein war, um ein Fahrrad enthalten zu können. Ich riß sie auf und sah voller Entsetzen einen wollenen Anzug in einem dunklen Braun.

«Wo ist mein Fahrrad?» schrie ich und drehte mich zu meinem Vater um. «Du hast mir ein Fahrrad versprochen!»

«Du brauchst einen Anzug, du brauchst kein Fahrrad!» gab Vater zurück. «Jetzt, wo du Ministrant bist und Winter ist, ist der Anzug mit den Lederflicken nicht mehr gut genug. Du hast gehört, was dein Pate gesagt hat – wie ein Cowboy siehst du darin aus. Der Winter ist sowieso nicht die richtige Zeit für ein Fahrrad.»

Ich konnte nicht glauben, daß er mich so verraten hatte – daß er sein Versprechen nicht gehalten hatte, nachdem ich allen Jungen in der Nachbarschaft von meinem neuen Fahrrad erzählt hatte. Ich rannte ins Schlafzimmer, schlug die Tür hinter mir zu und versuchte, nicht zu weinen. Durch die geschlossene Tür konnte ich Fotini vor Freude quieksen hören, als sie eine große Puppe mit blonden Haaren und einem rosa Kleid auspackte; Kanta hatte sie ihr von dem gesparten Milchgeld bei Woolworth gekauft. Mit elf Jahren war Fotini eigentlich ein bißchen zu groß für Puppen, aber sie hatte noch nie eine besessen und sprach gurrend mit ihr, als ob sie ein richtiges Baby wäre.

Nach einer Weile hörte ich, wie mein Vater die Schlafzimmertür öffnete. Ich lag im Bett und starrte an die Decke. Mein Weihnachtsgeschenk lag in einem Haufen auf dem Boden. Ich weigerte mich, seine Gegenwart wahrzunehmen.

«Steh auf und zieh deinen neuen Anzug an!» bellte er. «Es kommen bald Leute, und ich will, daß du anständig aussiehst.» Beschwichtigend fügte er hinzu: «In der Küche stehen *kulurakia* und *kurambiedes*. Deine Schwestern haben die ganze Woche lang gebacken.»

Ich wußte, daß alle Bekannten vorbeikommen würden, um meinem Vater zum Namenstag «viele Jahre» zu wünschen, denn Weihnachten ist das Fest aller, die Christos heißen. Ich wußte auch, daß es mein liebstes Feiertagsgebäck geben würde, denn die Düfte von Honig, Zimt und Butterplätzchen hatten die Küche seit Tagen erfüllt. Aber ich war nicht in der Stimmung, Leuten zuzuhören, die meinem Vater gute Gesundheit und ein langes Leben wünschten. Wegen ihm war ich der einzige Junge in der Greendale Avenue ohne Fahrrad, und jetzt mußte ich mir überlegen, wie ich meinen Freunden gegenübertreten konnte.

Schließlich lockten mich die Süßigkeiten aus dem Schlafzimmer. Den ganzen Nachmittag und Abend traf ein Strom von Besuchern ein. Sie machten viel Wesens um meinen neuen Anzug, zerzausten mir die Haare (was ich haßte), steckten mir manchmal einen Vierteldollar zu und sagten: «Viele Jahre für deinen Vater.»

Alle Gespräche drehten sich um Glykerias baldige Ankunft – die Papiere waren abgefertigt, und im Februar sollte sie abreisen. Sie hatte uns ein Foto geschickt, das von einem der nationalistischen Soldaten im Gefangenenlager aufgenommen worden war, nachdem sie die Soldaten überzeugt hatte, daß sie auf der Seite der Regierung stand, und sich einverstanden erklärt hatte, Einzelheiten über die Stellungen der Partisanen preiszugeben. Auf der gestellten Fotografie kniete Glykeria auf der Erde, ihr rundes Kindergesicht in merkwürdigem Kontrast zur ausgebeulten Männeruniform, die sie trug, und zeigte mit dem Finger vermutlich in die Richtung, wo sich die kommunistischen Stellungen befanden. Zwei weitere *andartinas* knieten neben ihr, dahinter standen Soldaten. Auf die Rückseite der Aufnahme hatte sie ein paar Sätze gekritzelt und mit den traditionellen sentimentalen Abschiedsworten an die abwesenden Lieben geendet: «12. Aug. 49. Dies sind Soldaten mit dem Leutnant und mir. Ihr seht eine Person ohne Seele, einen Körper ohne Blut.»

Das winzige Foto wurde von Hand zu Hand gereicht und von allen Besuchern eingehend betrachtet. «Sie ist ja noch ein Kind», murmelten sie. «Stellt euch vor, was sie durchgemacht haben muß, so ein junges Mädchen!» Mit einem Blick auf uns jüngere Kinder setzte jemand geheimnisvoll hinzu: «Wir müssen beten, daß sie nicht geschädigt worden ist.»

Die verschleierte Vermutung, daß Glykeria von den Partisanen vergewaltigt worden sein könnte, schien meinen Vater nervös zu machen, denn er entgegnete mit lauter Stimme: «Ihre Rettung ist ein Wunder! Wir betreiben keine Haarspaltereien mit Gottes Wundern. Wir werden sie mit offenen Armen empfangen, egal, was sie erduldet hat.»

Am folgenden Nachmittag kam der Besuch, den ich so fürchtete. Es klingelte an der Tür, ich öffnete, und draußen standen Joey Doyle, Brian Hackett, Marty Akerson und Steve Zilavy.

«Zeig mal dein Fahrrad», sagte Marty. Eine erwartungsvolle Pause trat ein.

«Ich hab meinem Vater gesagt, daß ich kein Fahrrad will», sagte ich. «Ich hab mir was Neues zum Anziehen gewünscht.» Ich trug bereits den neuen Anzug, um zu beweisen, daß ich tatsächlich etwas bekommen hatte.

Sie brüllten sofort los: «Du bist verrückt!» – «Du hast dir *was* gewünscht?» – «Du wolltest lieber was zum Anziehen und kein Fahrrad?»

«Ich brauch kein Fahrrad», sagte ich mit überlegenem Lächeln. «Wir kriegen was Besseres.»

«Was denn?» schrien alle.

«Ein Auto!» log ich. «Mein Vater kauft ein Auto.»

«Na und?» sagte Marty, der Gerissenste der vier. «Ein Auto darfst du ja noch lange nicht fahren.»

«Er fährt mich überall hin, wohin ich will. Ich brauch kein Fahrrad», sagte ich, meinen Standpunkt behauptend.

«Oh – kann ich manchmal mitkommen?» fragte Brian, der Leichtgläubigste der Gruppe, dessen Vater kein Auto besaß.

Langsam begannen sie, mir zu glauben, und bald glaubte ich es selbst.

«Eigentlich toll», sagte Joey. «Ein Auto ist ja wirklich besser als ein Fahrrad. Hast du Lust zum Fußballspielen?»

Ich hätte mich an die Weisheit der griechischen Seeleute halten sollen, die zwischen Weihnachten und Dreikönig im Hafen bleiben, damit die *kallikantsaroi* ihnen nichts anhaben können. Gerade, als ich von Steve Zilavy einen Ball abfing, rutschte ich nämlich auf dem Pflaster aus und riß mir einen riesigen Triangel ins Knie meines nagelneuen Anzugs.

Dieses Mal hatte ich wenig Aussicht, daß Vater meine Schandtat übersehen würde. Es gab keine Möglichkeit, den Schaden zu reparieren, weil er der einzige in der Familie war, der nähen konnte.

Nachdem ich mich schnell umgezogen hatte, dachte ich, ich könnte vielleich Ersatzhosen finden und – mit dem Vierteldollar beginnend, den ich zu Weihnachten bekommen hatte – in Raten abzahlen. Eine Durchforstung aller Geschäfte in der unmittelbaren Umgebung brachte jedoch nicht ein einziges Paar Hosen zum Vorschein, das wenigstens annähernd diesen merkwürdigen Braunton aufwies.

Um den Schaden zu verbergen, begann ich, immer wenn ich mich gut anziehen mußte, meinen Regenmantel drinnen und draußen zu tragen. Als Antwort auf die Fragen meines Vaters behauptete ich dann, mir sei kalt. Sobald ich sonntags in die Kirche kam, rannte ich in die Sakristei und schlüpfte aus meinem Regenmantel und in die Roben, die mir bis übers Knie reichten. Mit diesem Trick schaffte ich es, den Schaden vor meiner Familie geheimzuhalten, aber an jedem Sonntag und Feiertag stand ich schreckliche Angst aus, erwischt zu werden.

Glücklicherweise bemerkten mein Vater und Olga nichts, weil sie von der nahenden Ankunft Glykerias, die Anfang Februar 1950 mit dem Dampfer *La Guardia* von Piräus abfuhr, abgelenkt waren. Vater lieh sich 500 Dollar von Angelos Cotsidas, um Glykerias Überfahrt zu bezahlen. Als er Cotsidas um den Gefallen bat, zog dieser fünf Hundertdollarscheine aus einem Bündel, blätterte sie hin und sagte: «Nimm's, alter Freund, und mach dir keine Gedanken wegen des Zurückzahlens. Es reicht, wenn ich weiß, daß deine Tochter gerettet ist.»

Mit der ihm eigenen Würde schüttelte Vater den Kopf. «Noch in diesem Jahr hast du dein Geld zurück, Angelo», sagte er. «Christos Gatzoyiannis nimmt keine Almosen an.»

Dieses Geld und Kantas Gehalt machten es möglich, daß wir Möbel kaufen konnten, um die leere «gute Stube» zu füllen. Kanta und Olga gingen mit Vater in Glaser's Möbelgeschäft, wo sie eine massige Couchgarnitur mit blauem und weinrotem Samtbezug kauften. Dazu gab es einen passenden blauen Glastisch. Sie fügten Deckchen und Sesselschoner, vergoldete Statuetten und Blumenarrangements aus Plastik, Drucke von griechischen Heiligen und Prälaten hinzu und hängten die gerahmte Mitgliedsbescheinigung der

AHEPA – der amerikanisch-hellenischen Gesellschaft zur Bildungsförderung – hoch an die Wand. Sie hängten geblümte Vorhänge und
Spitzengardinen auf, und dann traten sie zurück, um den Effekt all
dieser Muster und prächtigen Stoffe zu bewundern.

Kurz vor Glykerias Ankunft ging Kanta, die von ihren Kolleginnen erfahren hatte, wie die amerikanischen Frauen zu ihrer Locken-
fülle kamen, zu einem Friseur in der Main Street, um sich eine
Dauerwelle machen zu lassen. Als ihr Haar auf Dutzende von winzigen Elektroden gewickelt wurde, die mit Drähten an einer gefährlich
aussehenden Maschine angeschlossen waren, und als sie roch, wie es
schmauchte, bekam sie Zweifel, aber sie sagte sich grimmig: «Ich
wollte es so, jetzt muß ich's auch durchstehen.» Nach einer Stunde
Brutzeln und einer weiteren halben Stunde, in der die Friseuse an ihr
herumwerkelte, trat sie mit einem Helm aus eng ondulierten Wellen
aus der Tür. Sie hielt den Kopf in die Höhe gereckt und fühlte sich
endlich wie eine richtige Amerikanerin.

Wir wußten, daß mit Glykerias Ankunft noch mehr Besucher als
zu Weihnachten zu erwarten waren, die alle hören wollten, wie es
dem Mädchen in der Partisanenarmee ergangen war und ob die
Armee sie verändert hatte. Wir Kinder wurden immer nervöser, je
näher der Tag rückte, denn nur Glykeria wußte, was in den beiden
Monaten zwischen unserer Flucht aus dem Dorf und der Hinrichtung unserer Mutter geschehen war. Wir wollten alles über *Manas*
letzte Tage erfahren, hatten aber Angst davor, es zu hören.

Vater sagte, es wäre gut, wenn wir für Glykerias Ankunft eine
riesige Menge Süßigkeiten vorbereiteten, und zwar von der Sorte, die
mit dem Löffel gegessen werden. Olga, die zuerst vom Kochen keine
Ahnung gehabt hatte, hatte inzwischen von Eugenia Economou
gelernt, wie man diese Süßigkeiten und auch Plätzchen und anderes
Gebäck herstellte. Meine Patin gab ihr die Anleitungen übers Telefon, während Olga, den Hörer zwischen Schulter und Kopf ge-
klemmt, in der Küche hantierte. Von Eugenia hatte Olga gelernt, wie
man kandierte Kirschen und Trauben und die Brezeln, die *kulurakia*,
machte. Nun fühlte sie sich vollkommen in der Lage, die Tüten voll
Quitten zu kandieren, die Vater in Jimmy Tzouras' Obstladen bestellt hatte. Vater wollte die Operation jedoch unbedingt selbst überwachen, um sicherzugehen, daß die teuren *kedonia* genau richtig
wurden. Er wies Olga an, die Quitten zu putzen und in Scheiben zu

schneiden und dann zu warten, bis er von der Arbeit nach Hause kam.

Am Abend, nach dem Essen, stellte Vater die Früchte in einem riesigen Kessel mit Wasser und Zucker auf den Herd und brachte alles langsam zum Kochen. Es würde Stunden dauern, bis die Quitten gar wären, und weil er und Olga so erschöpft waren, beschloß er, den Wecker auf ein Uhr zu stellen; dann wollte er das Gas ausschalten.

Der Topf mit den kochenden Quitten war so groß, daß er die Flammen erstickte, und während wir alle schliefen, strömte leise Gas aus. Plötzlich hörte Olga Vaters Stimme, die brüllte: «Kinder! Aufwachen! Lebt ihr noch?» Sie öffnete die Augen, konnte aber den Kopf nicht heben. Ein ungeheures Gewicht schien sie aufs Bett zu drücken. Olga bemerkte, daß Vaters kahler Schädel blaufleckig war, als ob er Tinte über sich geschüttet hätte.

Vater war aus irgendeinem Grund erwacht und hatte es geschafft, das Fenster zu öffnen. Er brachte es fertig, Olga und mich zu wecken, aber weder Fotini noch Kanta konnten aufstehen. «Das Kind möchte aufwachen und kann nicht», schrie er und rang die Hände über Fotini. Er schleppte sie zur Hintertür. Dann holte er Kanta, die auf die Beine kam, aber sofort wieder zusammensackte.

Endlich schaffte er es, uns alle hinters Haus auf das grüne Grasquadrat zu zerren, wo ein einzelner Apfelbaum wuchs. An den Baum gelehnt, war uns allen furchtbar übel – aber zur Erleichterung meines Vaters waren wir alle noch am Leben. Er wußte nicht, was ihn rechtzeitig geweckt hatte, aber er vermutete, daß es eines dieser Wunder war, zu denen auch Glykerias Flucht gehörte und die bedeuteten, daß unsere Mutter noch immer über uns wachte.

Ein paar Tage später, am 17. Februar, legte der Dampfer *La Guardia* im Hafen von New York an. Vater war dort, um sein letztes Kind zu begrüßen. Wegen unserer angespannten Finanzlage mietete er dieses Mal keinen Wagen, sondern nahm den Zug nach New York und verschwendete auch kein Geld für zusätzliche Fahrkarten. Wir Kinder warteten zu Hause, während sich das Haus mit Verwandten und Freunden füllte.

Auf der Pier umarmte Glykeria glücklich ihren Vater, aber im Zug fing sie an zu weinen, und sie weinte die ganze Strecke bis nach Worcester, während sie die rußigen, unfreundlichen Häuser Amerikas vorbeisausen sah und sie mit den weiß gekalkten Häusern, den blumengefüllten Höfen und Cafés in Griechenland verglich, wo man draußen sitzen konnte. Es war ein düsterer Februartag, und schmutziger Schnee lag überall. «Wie kann ich an so einem Ort glücklich sein, *Patera*?» fragte sie.

Aber als sie die Stufen in der Greendale Avenue erklomm, um meine Schwestern und mich zu umarmen, und die Willkommensschreie der Verwandten hörte, die das Haus füllten, und als sie die rot-blauen Samtmöbel, das grüne Tischtuch, den blauen Beistelltisch, die Spitzenvorhänge und die Tapete mit dem Rosenmuster sah, erklärte sie, es sei das schönste Haus, das sie je gesehen habe.

Beim Anblick unserer Schwester, die wir für tot gehalten hatten, brachen wir alle in Tränen aus. Aber Vater bat um Ruhe und sagte: «Keine Tränen! Jetzt habe ich alle meine Kinder hier – am Leben und zusammen. Endlich können wir glücklich sein, singen und tanzen und unsere schwarzen Kleider ablegen.»

In dieser Nacht schliefen alle Mädchen gemeinsam in einem Bett, wie sie es auf dem Fußboden unseres Hauses im Dorf getan hatten. Sie flüsterten und lachten stundenlang, aber keines von uns fragte Glykeria nach unserer Mutter; es war immer noch zu früh. Am nächsten Tag kamen noch mehr Besucher, und das Feiern und Lachen wollte kein Ende nehmen. Mit den Griechen kamen auch ein Reporter und ein Fotograf von der Tageszeitung *Evening Gazette*, um eine Story über das junge Flüchtlingsmädchen zu bringen, das man gezwungen hatte, mit den kommunistischen Partisanen zu kämpfen, und geflohen war, um zu ihrer Familie nach Massachusetts zu reisen.

Vater redete allein mit dem Reporter, während Glykeria schüchtern und die Hände im Schoß gefaltet neben ihm saß. Dann wurde sie im selben grünen Satinkleid fotografiert, in dem sie angekommen war, eine griechische Puppe im Arm – ein klephtischer Krieger mit weißem Rock, rotem Fes, schwarzer bestickter Weste und Schuhen mit Pompons –, ein Souvenir, das sie in Athen gekauft hatte.

«Sie hatte es schwer», sagte Vater zu den Reportern. «Hier in ihrem neuen Zuhause wird sie lernen, wieder jung und glücklich zu sein.»

Wie unser Vater lächelten wir alle dem Zeitungsfotografen zu, und wir lächelten Glykeria zu, aber im Innern hatten wir Angst. Wir fürchteten, Dinge zu erfahren, die wir nicht ertragen könnten.

6 Schmerzliche Erinnerung

Glykeria ist ein uralter Name, der vom griechischen Wort für «süß» abgeleitet ist. Von Anfang an schien es für meine lebhafte, eigensinnige und furchtlose dritte Schwester eine Mißbenennung zu sein. Bei Leichenzügen im Dorf war Glykeria, eine flachsköpfige Göre, stets in der ersten Reihe zu finden, erpicht darauf, zu sehen, wie die Leiche beerdigt oder die Knochen drei Jahre danach wieder ausgegraben wurden, während Kanta sich schon beim Klang der Totenglokken elend fühlte. Glykeria stellte die Geduld unserer Mutter so lang auf die Probe, bis diese sie verlor. Wenn *Mana* das kleine Mädchen dann strafen wollte, rannte es durchs Dorf und rief alle Heiligen an, Zeugen ihres Todes zu sein. Sie kommandierte uns kleineren Kinder herum wie ein Tyrann und zögerte nicht, mit Gott selbst zu zanken, wenn sie meinte, Er habe einen Fehler gemacht.

Jetzt, wo die Besucher unser Haus füllten, um das Neueste aus Griechenland zu hören, nahm Glykeria den Ehrenplatz auf der rotblauen Samtcouch ein, strahlte in ihrem grünen Satinkleid und schlug die Zuhörerschaft mit ihren Abenteuererzählungen in Bann. Die Geschichte, wie sie im letzten Kampf des Krieges den kommunistischen Frontlinien entflohen war, konnten wir gar nicht oft genug hören.

Nach *Manas* Hinrichtung wurde Glykeria von den Partisanen in unserem Dorf schikaniert. Sie wurde jeden Tag verhört und zum Sündenbock gemacht. Sie ließen sie für die Flucht ihrer Schwestern und ihres Bruders bezahlen: Sie bürdeten ihr zusätzliche Arbeiten auf – sie mußte Nachschub und Verwundete über die Berge tragen helfen. Als sich die Partisanen schließlich nach Albanien zurückzogen und dabei die Einwohner unseres Dorfes mitnahmen, ließ eine Frau, die bei den Kommunisten besonders beliebt war, ihre ganze Habe von Glykeria auf dem Rücken schleppen.

Als die Dorfbewohner nach einem schrecklichen Marsch und Transport per Armeelastwagen und mit überladenen Kohlenkähnen endlich Shkodër in Nordalbanien erreicht hatten, wurden sie in zweistöckigen Baracken untergebracht, die vorher Ställe waren, und man befahl ihnen, den Pferdemist aus den Boxen zu schaufeln, in denen sie hausen sollten. Ohne Decke, um sich zu wärmen, teilte Glykeria eine Box mit fünfzehn anderen Dörflern. Sechs Monate lang überlebten sie mit einer täglichen Ration von einem Löffel Bohnen und einem Stück steinhartem Brot. Sie wusch ihr verlaustes Kleid im See und suchte wilde Kräuter zum Essen und Feuerholz zum Verbrennen.

An einem eisigen Tag im März 1949 wurde Glykeria mit anderen schreienden Mädchen auf einen Lastwagen gezerrt, um eine *andartina*, eine Partisanin, zu werden, obwohl sie die einzige war, die noch keine sechzehn Jahre alt war. Die zwangsrekrutierten Frauen wurden mit dem Zug nach Süden gebracht, der Front in Nordmakedonien entgegen. Dort mußte Glykeria in Sandalen aus Schweinsledersohlen, die mit Schnur an den nackten Füßen befestigt waren, durch den Schnee marschieren. Die makedonischen Bauersfrauen sahen sie mitleidig an und murmelten in ihrem musikalischen Dialekt «armes Ding», als sie, die Kleinste der Rekruten, vorüberging.

Im Ausbildungslager, mit einer viel zu weiten Männeruniform und Nagelschuhen ausstaffiert, erwies sich Glykeria von Anfang an als hoffnungslos. Wenn sie Wache halten sollte, schlief sie ein, und als sie hörte, daß eine Freundin aus der Heimat, die mit ihr zwangsrekrutiert worden war, von einer Maschinengewehrsalve entzweigerissen wurde, warf Glykeria das Gewehr hin und weigerte sich, es wieder in die Hand zu nehmen.

Schließlich beschlossen die Partisanen, die Kleine als Telefonistin einzusetzen, damit sie in der relativen Sicherheit eines unterirdischen Bunkers arbeiten konnte. Mit drei anderen Soldatinnen vermittelte sie Gespräche bei Tag und verlegte nachts Telefonkabel tief im Erdboden, die mit eingegrabenen Landminen gesichert wurden.

Am 10. August 1949, als die nationalistische Artillerie einen Überraschungsangriff auf die kommunistischen Partisanen startete und von fünf verschiedenen Stellungen aus angriff, bediente Glykeria die Telefone im unterirdischen Bunker zusammen mit einer anderen Frau. Durch die Kopfhörer konnte sie die Granaten und Bomben der Artillerie hören und wußte, daß die Regierungstruppen vordrangen. Plötzlich knackte es in den Telefonen der Partisanen-Kampflinie, die seit einer Stunde geschwiegen hatten. Eine fremde männliche Stimme fragte: «Wer ist da?»

«Wie lautet die Parole?» erwiderte Glykeria automatisch, wie sie es gelernt hatte.

Kurze Pause. «Keine Ahnung», sagte die Stimme.

Glykeria merkte, daß sie mit einem Soldaten der nationalistischen Armee sprach. Sie konnte sich genau vorstellen, wo er stand, weil sie die Kabel selbst verlegt hatte. Mit einem Seitenblick auf die andere, die mit ihren eigenen Apparaten zu tun hatte, flüsterte Glykeria in den Hörer: «Hören Sie gut zu.» Dann beschrieb sie genau, wo der Befehlsstand der Partisanenoffiziere lag und wo sich die gut getarnten Unterstände befanden.

Als die Granaten der angreifenden Soldaten zielsicher einzuschlagen begannen, kam ein Partisan in den Bunker gestürzt und befahl den Telefonistinnen, sich zurückzuziehen. Die schweren, kofferähnlichen Telefone hatten sie mitzuschleppen. Draußen war es dunkel, der Himmel bis auf das Aufleuchten der Granaten in der Ferne schwarz. Um sich herum hörten sie das Sirren der Kugeln, die an ihren Köpfen vorbeipfiffen. Als die beiden Mädchen eine Stelle erreicht hatten, von der aus sie zurückblicken konnten, merkten sie, daß ihnen die Regierungstruppen schon dicht auf den Fersen waren. Glykeria packte den Arm des anderen Mädchens, das Marika hieß, und sagte: «Komm, wir ergeben uns!»

Marika starrte sie an. Dann riß sie das Gewehr von der Schulter. «Willst du damit sagen, daß wir unsere Genossen verraten sollen?» fragte sie und zielte auf Glykerias Brust. Als eine Granate Marika knapp verfehlte, drehte sie sich um und verschwand in der Dunkelheit.

Glykeria ließ die Telefone fallen und versteckte sich stundenlang in einer Schlucht. Als sie endlich die Stimmen der nationalistischen Soldaten hörte, sprang sie einem Offizier vor die Füße und schrie: «Herr Leutnant, ich ergebe mich! Die Kommunisten haben meine Mutter umgebracht! Mein Vater ist in Amerika. Ich bin auf eurer Seite!»

Glykeria war eine von vielen Partisanen, Männern und Frauen, die sich in jener Nacht ergaben und zur nationalistischen Seite bekannten. Sie wurden in ein Gefangenenlager getrieben, und viele Frauen wurden geschlagen, weil die Soldaten ihnen nicht glaubten, daß sie keine Kommunistinnen waren. Glykeria wurde von einem Oberst Constantinides gerettet, einem imposanten Mann auf einem großen Schimmel. Vermutlich, weil sie jünger und blonder als die anderen war und ihr helles Haar, die roten Wangen und die hohe Stirn ihn an die Gesichter seiner Heimatprovinz Epirus erinnerten, fiel sie ihm unter den vielen Gefangenen auf.

Als der Oberst Glykeria nach ihrem Heimatdorf fragte, erfuhr sie, daß er unseren Großvater, Kitso Haidis, kannte und sogar in seinem Haus in Lia geschlafen hatte. Oberst Constantinides sagte, er würde sie ins Gefangenenlager in der nahe gelegenen Stadt Kastoria bringen lassen, wo sie menschlicher als die kommunistischen Gefangenen behandelt werden würde. Schließlich bewirkte er, daß sie in die Obhut von Christos Tatsis entlassen wurde, einem hochgewachsenen, grauhaarigen Ladenbesitzer in Kastoria, der wie wir aus Lia stammte. Nach einem zwei Wochen dauernden Kampf mit den Behörden um Glykerias Freilassung, holte Tatsis unsere Schwester von der Polizeistation ab. Er hatte einen Schirm dabei, um sie vor dem Regen zu schützen. Aber sie schämte sich so wegen ihres Aussehens in ihrer schmutzigen Uniform und den übergroßen Stiefeln, mit ihren verfilzten wirren Haaren und dem verlausten Körper, daß sie zu ihrem Beschützer sagte: «Bitte, Herr Tatsis, darf ich hinter Ihnen gehen, damit niemand merkt, daß Sie mich kennen?»

Am selben Tag schickte Christos Tatsis ein Telegramm an seinen Cousin Leo Tatsis in Worcester und bat ihn, Christos Gatzoyiannis ausfindig zu machen und ihm zu sagen, daß seine Tochter am Leben und in Sicherheit war. Der gutherzige Ladenbesitzer ließ Glykeria bei sich wohnen, kaufte ihr neue Kleider und gab ihr zu essen.

Nachdem Glykeria zwei Wochen lang von der Familie Tatsis umsorgt worden war, erhielt sie einen Brief und Geld von Vater. Sie wurde in ein kleines Flugzeug nach Ioannina gesteckt und schrie vor Angst, bis sie dort war. Unser Großvater holte sie ab und brachte sie zu den Flüchtlingsbaracken in Igumenitsa. Dort versuchten er und unsere Großmutter sie mit allen Mitteln zu überreden, bei ihnen zu bleiben, um im Alter für sie zu sorgen.

Eines Tages kam der alte Mann von der Post die Straße herunter. Er hielt etwas hinter dem Rücken versteckt und weinte. «Du hast um die Papiere gebeten, und nun sind sie da», sagte er. «Jetzt haben wir keine Enkelkinder mehr, niemand ist übrig.»

«Vielleicht komme ich irgendwann einmal wieder, Großvater», sagte Glykeria und wußte gleichzeitig, daß sie nie zurückkehren würde. Und als er sie zum Schiff nach Piräus brachte und sie ihn dort am Pier stehen sah, weinte sie nicht. Sie fuhr ja nach Amerika.

Trotz der blutrünstigen Episoden hörten wir gerne zu, wenn Glykeria von ihren Abenteuern als junge Partisanin erzählte. Es gab natürlich ein glückliches Ende, und sie malte ihre Odyssee genauso aus wie unsere Großmutter, wenn sie uns am Kamin Volkssagen und Gespenstergeschichten erzählte. Glykeria erwähnte nie, ob die Partisanen sie belästigt hatten, und keiner von uns wagte, sie danach zu fragen. Sie würde es uns schon sagen, wenn sie soweit wäre.

Nach den tagelangen Besuchen saßen wir dann doch eines Abends allein um den Küchentisch herum. Der Uhrzeiger rückte auf zehn. Als sicher war, daß niemand mehr kommen würde, sagte Olga zu Glykeria: «Heute abend haben wir dich ganz für uns. Jetzt mußt du uns von *Manas* Leidenszeit berichten.»

Ich hielt es nicht aus, einfach nur dazusitzen und zuzuhören, wie Glykeria über die Qualen meiner Mutter redete, und flüchtete ins Schlafzimmer, wie damals, als Olga beschrieb, wie sie *Manas* zerschundenen Körper fanden. Aber ich mußte das Schlimmste erfahren, denn was ich mir in meiner Phantasie vorstellte, war so schrecklich, daß die Wahrheit vielleicht eher eine Erleichterung wäre. Das sagte ich mir und stellte mich so nah an die Tür, daß ich alles Erträgliche hören konnte. Wenn Glykeria von den Folterungen zu erzählen begann, zog ich mich ans andere Ende des Zimmers zurück. Mein Vater war auch nicht erpicht darauf, die Einzelheiten über *Manas* Qualen zu erfahren, aber er konnte es nicht länger von sich schieben. Er goß sich einen Ouzo ein und setzte sich resolut an den Tisch.

Glykeria hatte keine Einwände und scheute nicht davor zurück, die letzten Stunden unserer Mutter zu beschreiben, obwohl ich sehen konnte, wie schwer es für sie war, diese Augenblicke noch einmal zu durchleben. Die Farbe wich ihr aus dem Gesicht, und ab und zu schwieg sie, als ob sie neue Kräfte sammeln müßte, um weiterzureden. Glykeria war nicht im Dorf gewesen, als wir unsere Flucht planten, denn im Frühjahr hatte man beschlossen, sie zur Weizenernte jenseits der Berge zu schicken. Die Partisanen hatten aus jedem Haus eine Frau angefordert. *Mana* hatte Glykeria geschickt, weil sie kräftiger und gesünder war als Olga und Kanta und mit vierzehn noch so jung war, daß es unwahrscheinlich schien, daß sie in den Männern, die die Arbeiterinnen bewachten, sexuelle Wünsche weckte. Viele Wochen vergingen, und Glykeria kehrte nicht zurück.

Am Tag vor unserer geplanten Flucht kamen die Partisanen und forderten eine zweite Frau aus unserem Haus, um beim Dreschen zu helfen. *Mana* beschloß schließlich, selbst zu gehen. Sie hoffte, Glykeria hinter den Bergen zu treffen, damit sie zusammen aus den Weizenfeldern fliehen und die nationalistischen Linien in den fernen Ausläufern des Gebirges erreichen könnten. Uns befahl sie, den ursprünglichen Plan durchzuführen und das Dorf mit unserer Tante, Großmutter und anderen Leuten zu verlassen.

Nachdem sie sich zum letzten Mal von uns verabschiedet hatte, mußte *Mana* mit einer Gruppe Frauen aus dem Dorf zu den fernen Feldern marschieren, wo Glykeria mit anderen Mädchen arbeitete. Aber sie hatten nur eine gemeinsame Nacht, als sie auf dem Fußboden eines verlassenen Hauses schliefen und Mutter ihr unsere Fluchtpläne zuflüsterte. Mutter und Tochter wurden am folgenden Tag getrennt und zum Weizenschneiden in verschiedene Gebiete geschickt.

Mutter wußte, daß sie nicht allein fortlaufen konnte, weil man sich an Glykeria rächen würde. Und Glykeria, die sich in glühender Hitze auf einem anderen Berg abmühte, konnte nicht wissen, daß unsere Mutter kurz nach unserer Flucht festgenommen, zum Dorf zurückgebracht und ins Gefängnis geworfen wurde. Sie wurde geschlagen, verhört und gefoltert, um mehr über unseren Plan zu verraten. Während unsere Schwester in der Julihitze immer noch für die Partisanen drosch, wurde Mutter in einer korrupten Gerichtsverhandlung vor dem ganzen Dorf zum Tode verurteilt und ins Gefängnis zurückgeschleppt. Das Gefängnis war der Keller unseres eigenen Hauses, das zum Hauptquartier der Partisanen umfunktioniert worden war. Dort wurde sie weiter gefoltert, um Taten einzugestehen, die sie nie begangen hatte. Ihrem Todesurteil folgte ein solcher Aufschrei der Entrüstung im Dorf, daß die Partisanenoffiziere es für notwendig hielten, unsere Mutter als Volksfeindin anzuprangern, um ihre Hinrichtung zu rechtfertigen.

Am Morgen des 28. August wurden Glykeria und die anderen Frauen aus Lia aus ihrem Arbeitstrupp entlassen und ins Dorf zurückgeschickt. Glykeria, die seit drei Monaten Weizen geerntet und Festungen gebaut hatte, ohne auch nur einmal die Kleidung wechseln oder in einem Bett schlafen zu können, machte sich mit einem sechzehnjährigen Mädchen aus Lia namens Xanthi Nikou auf den zweistündigen Weg über die Berge. Als sie über die Spitze oberhalb Lias kamen, überquerten sie ein grünes Plateau, wo eine Truppe der Partisanen ein großes quadratisches Loch aushob, aber die Mädchen wären nie auf den Gedanken gekommen, es könnte sich um das Massengrab der Opfer einer Hinrichtung handeln, die für denselben Nachmittag geplant war.

Die Mädchen kamen zu einer Stelle, von wo aus sie das Dorf überblickten, und Glykeria wurde von einer unerklärlichen Angst gepackt, als sie ein halbes Dutzend Partisanen vor unserem Haus postiert sah. Sie und Xanthi rannten den steilen Pfad hinunter. An der Quelle trafen sie eine Nachbarin, die ihnen unter Tränen mitteilte, daß Glykerias Mutter und Xanthis Vater zu dem Dutzend Dorfbewohner gehörten, die zum Tode verurteilt worden waren und jetzt im Keller unseres Hauses eingekerkert waren.

Die beiden jungen Mädchen liefen zum Tor unseres Hofes und forderten schreiend von den Wachen, ihre Eltern zu sehen. Bald zogen ihre Schreie die beiden älteren Schwestern von Xanthi an. Die vier Mädchen machten einen solchen Aufstand, daß die Nachbarn an die Fenster kamen. Der Anführer der Partisanen, ein Mann namens Katis, «der Richter», befahl den Wachen, sie einzulassen – alles, nur damit die Mädchen Ruhe gaben.

Die vier verschreckten Mädchen wurden in die große Kammer geführt, wo Katis mit gerunzelter Stirn auf sie wartete. Er gab den Wachen ein Zeichen, und kurz danach wurden Vasili Nikou und unsere Mutter in den Raum geführt. Unfähig, allein zu gehen, wurden sie von zwei Partisanen gestützt. Die Gefangenen waren benommen und verwirrt und überzeugt, aus dem dunklen, überfüllten Keller geholt worden zu sein, um getötet zu werden. Als die Wachen sie losließen, glitten sie mit dem Rücken zur Wand zu Boden, die Beine vorgestreckt.

Als Glykeria sah, was aus unserer Mutter geworden war, fing sie an zu schreien. *Mana* erkannte sie nicht, sie blinzelte ins Sonnenlicht. Ihre Lippen waren geschwollen und aufgesprungen, die Augen blau geschlagen. Ihre Haare, die sonst immer ordentlich geflochten und unter einem Kopftuch verborgen waren, hingen jetzt lose und wirr herab, und ihr Kleid war zerrissen. Am schlimmsten, sagte Glykeria, sahen ihre Beine aus: schwarz und geschwollen und grotesk verformt durch die Folter, die man *falanga* nannte. *Mana* schien nichts zu erkennen, bis sie in der Zimmerecke die vertraute Ikonostase entdeckte, vor der sie sich früher jeden Morgen und Abend bekreuzigt hatte. «Mein armes Haus!» murmelte sie. «Was ist aus dir geworden?»

Katis befahl den Wachen ärgerlich, eine Schallplatte auf unserem Grammophon, einst hochgeschätzter Besitz der Familie, aufzulegen und sie in voller Lautstärke abzuspielen, um die Schreie der Mädchen zu übertönen. Glykeria kniete sich vor unsere Mutter auf den Boden und streckte die Arme nach ihr aus. «*Mana*, was haben sie mit dir gemacht?» weinte sie.

Endlich erkannte unsere Mutter die Tochter, für die sie jeden Tag gebetet hatte. «Mein Kind», sagte sie langsam, um sich verständlich zu machen. «Mach dir um mich keine Sorgen, meine Seele. Schau dich an! Du bist ja dünn wie ein Strich.»

Glykeria drückte das Gesicht an die Brust ihrer Mutter und weinte. «Ich hab dich so vermißt!» schluchzte sie. «Was haben sie mit den anderen gemacht?»

«Die Kinder sind fort», sagte *Mana*. «Sie sind in Sicherheit, und es ist mir gleichgültig, was jetzt mit mir passiert. Du darfst nicht weinen. Ich möchte dich nicht so weinend in Erinnerung behalten.»

Mutter und Tochter hielten sich ganz fest. Jede versuchte, die andere nicht mit ihren Tränen zu erschrecken. Glykeria fragte immer wieder, wie sie ihr helfen könne.

«Ruh dich zuerst aus», sagte *Mana*. «Dann sieh nach, ob es im Garten Tomaten gibt, und bring mir eine. Geh zu Eugenia Petsis – sie hat unsere Tiere – und schau, ob sie dir etwas Milch mitgeben kann.» Sie berührte Glykerias Wange und fügte hinzu: «Falls etwas passiert – ich hab ein paar Okka Mais und Weizen für dich im Haus gelassen.»

Glykeria wollte protestieren, aber *Mana* sagte mit fester Stimme: «Du mußt am Leben bleiben.»

Schließlich sagten die Partisanen, die Besuchszeit sei zu Ende.

«Geh jetzt, Kind», sagte unsere Mutter mit schwankender Stimme.
«Geh und ruhe dich aus und dann komm zurück. Ich möchte dich wiedersehen.»

Auf Glykerias Schulter gestützt, erhob sie sich mühsam und blickte sie an. «Meine Tochter», sagte sie, «mögest du so lange wie die Berge für mich leben.»

Glykeria starrte das abgezehrte, zerschlagene Gesicht unserer Mutter an. Sie ergriff ihre Hand und preßte sie an die Wange. Sie küßten sich. Dann wandte sie sich ab und ging hinaus. Als sie sich noch einmal umdrehte, sah sie *Mana*, die auf der Schwelle stand und sich haltsuchend an den Türpfosten klammerte und ihr nachblickte, als ob sie sich ihr Bild fest einprägen wollte. Als unsere Mutter zum Abschied die Hand hob, rief Glykeria ihr zu: «Mach dir keine Sorgen! Ich komme bald zurück!»

Sie traf die Nachbarin an, die ihr Tomaten und Milch gab und darauf bestand, daß sie selbst etwas aß. «Bevor du zu deiner Mutter zurückgehst, mußt du ein bißchen schlafen», sagte die alte Frau. «So wie du aussiehst, darf sie dich nicht sehen.»

Im kühlen Dunkel des leeren Hauses unserer Großeltern, wo wir bis zu unserer Flucht gelebt hatten, legte sich Glykeria nieder und schlief ein. Es war zwei Uhr nachmittags, als sie wieder im Gefängnis erschien. Sie hatte das Essen für unsere Mutter dabei, aber sie sah sofort, daß etwas nicht stimmte: Alle Türen, auch die zum Keller, standen weit offen. Die Wachen rekelten sich draußen im Gras.

«Wo ist meine Mutter?» schrie Glykeria. «Wo sind die Gefangenen?» Die Wachen beruhigten sie. Sie sagten, sie seien nach Mikralexi in ein anderes Gefängnis verlegt worden, wo es ihnen bessergehen würde.

Glykeria, die nicht wußte, was sie tun sollte, ging den Pfad etwas weiter hinauf, bis zu der kühlen grünen Stelle am Mühlenteich, wo ihre Mutter und Schwestern immer die Wäsche gewaschen hatten. Sie saß dort den ganzen Nachmittag mit dem unberührten Essen im Schatten und weinte. Gegen Abend kam Giorgina Venetis, eine andere Nachbarin, den Pfad herab und sah sie dort sitzen. Giorgina war blaß und zitterte.

«Was ist los, Kind?» fragte sie.

«Sie haben meine Mutter und die anderen nach Mikralexi geschafft, und ich habe ihr nicht mal Lebewohl sagen können», schluchzte Glykeria.

Giorgina Venetis wandte den Blick ab, murmelte ein paar tröstende Worte und eilte weiter. Sie hatte unserer Schwester nicht gesagt, was sie so entsetzt hatte, daß sie den Pfad von der Schlucht wie gehetzt hinuntergelaufen war. Giorgina, die sich in der Nähe des Hinrichtungsortes aufgehalten hatte, hörte den Schrei einer Frau, der alle Qualen der Welt in sich barg: «Meine Kinder!» Ihm folgte eine Salve von Schüssen. Dann Stille.

Nach der Begegnung mit Giorgina kehrte Glykeria langsam zum leeren Haus unserer Großeltern zurück und verbrachte die Nacht auf einem Strohsack, das braune Kleid unserer Mutter Trost suchend an sich gepreßt.

Am nächsten Morgen wurde sie von einem Partisanen mittleren Alters geweckt. Mit schmutzigem Bart, die Augen schuldbewußt zusammengekniffen, stand er da. «Du darfst es mir nicht verübeln, daß ich dir diese Nachricht bringe», sagte er. «Gestern nachmittag haben wir deine Mutter hingerichtet. Ich habe selbst einen der Schüsse abgegeben. Wir hatten keine Wahl – wir hatten unsere Befehle. Deine eigenen Leute aus dem Dorf haben sie verraten.»

Glykeria hielt sich die Ohren zu und fiel auf die Knie. «*Mana! Mana!*» schrie sie.

Der Partisan trat einen Schritt näher. «Du mußt jetzt mitkommen, rauf zur Polizei, und ein paar Fragen beantworten», sagte er. «Ich soll dich holen.»

Damit begann eine einsame, kummervolle Zeit für Glykeria. Niemand im Dorf wollte mit ihr reden, und selbst unsere früheren Freunde und Nachbarn gingen mit abgewandtem Blick an ihr vorüber. Jeden Tag wurde sie zum Hauptquartier der Partisanen gebracht und verhört. Man wollte wissen, wo die *Amerikana* ihr Vermögen versteckt hatte, über das gemunkelt wurde, und jeden Tag schickte man sie los, um unter mörderischen Anstrengungen Verwundete und Nachschub auf Maultieren über die Berge von einem Dorf ins andere zu schleppen. Nach jeder Tour schickte man sie von neuem mit den Worten los: «Jetzt mußt du für deine Schwestern gehen, da sie nicht hier sind.» Manchmal war sie auf dem Rückweg so müde, daß sie einschlief und vom Maultier fiel.

Drei Männer, Anhänger der Kommunisten im Dorf, kamen an ihre

Tür und nahmen das Wenige an Mehl und Mais, das unsere Mutter zurückgelassen hatte, weg. Sie holten sogar den Mais, der auf den Feldern wuchs.

Glykeria ging zur Kirche in unserer Nachbarschaft und verfluchte die Heiligen, weil sie den Tod unserer Mutter nicht verhindert hatten. Dann ging sie nach Hause und bereitete sich darauf vor, zu verhungern. Aber die alte Frau, die *Mana* versprochen hatte, auf unsere beiden Ziegen aufzupassen, gab ihr heimlich genug zu essen, um bis zu dem Tag am Leben zu bleiben, an dem die Kommunisten alle Zivilisten aus dem Dorf nach Albanien trieben und nichts als streunende Hunde, Leichen und Aasgeier, die darüber kreisten, zurückließen. Das war einen Monat nach der Hinrichtung.

Bis Glykeria mit ihrer Geschichte zum Ende kam, schluchzten alle meine Schwestern, und auch das Gesicht meines Vaters war tränennaß. Olga und Kanta heulten und verfluchten die Partisanen aufs schrecklichste. Ich stand an der Schlafzimmertür und starrte meinen Vater wie versteinert an. Ich war überzeugt, daß nur er an allem Entsetzlichen, das meiner Mutter widerfuhr, schuld war. Er hatte versucht, den qualvollen Einzelheiten ihrer letzten Tage aus dem Weg zu gehen, und jetzt mußte er sich mit den Folgen seiner Selbstsucht und der Tatsache, uns nicht rechtzeitig aus Griechenland geholt zu haben, auseinandersetzen.

«Diese Schlächter, diese kommunistischen Schweine», kreischte Olga. «Ihre Knochen sollen verfaulen, und die Aasgeier sollen ihnen die Augen aushacken und die Leber rausreißen! Sie sollen langsam sterben, damit sie spüren, was unsere Mutter erdulden mußte!»

«Hör auf!» brüllte Vater plötzlich, und alle Augen waren auf ihn gerichtet. «Verschwendet eure Flüche nicht auf die Kommunisten. Verflucht mich! Es war *meine* Schuld! *Ich* bin schuldig!»

Wir starrten ihn verblüfft an, als er sich selbst mit den heftigsten Selbstbezichtigungen zu überhäufen begann.

«Es war der größte Fehler meines Lebens», fuhr er fort, «nicht auf meine Mutter gehört zu haben, als ich heiratete. ‹Nimm deine Frau mit, sie gehört an deine Seite›, sagte sie. Aber die Eltern eurer Mutter wollten sie nicht gehen lassen. Eure Großmutter sagte, wenn Eleni das Dorf verließe, würde sie sich noch am selben Tag umbringen. Und eure Mutter – sie war sanft und lieb, ein Engel! Sie hörte auf sie und blieb. Und ich hab es zugelassen! Ich hätte darauf bestehen müssen, daß sie mitkommt! Jetzt ist sie tot, und ich hab die liebste Frau und meine Kinder haben die beste Mutter verloren – alles umsonst! Ich hab ihr befohlen, zu bleiben und auf das Haus und die Felder aufzupassen, und sie gehorchte mir. Und es kostete sie das Leben. *Ich* hab sie umgebracht!»

Er weinte ganz offen, die Hände vors Gesicht geschlagen. Meine Schwestern standen auf, um ihn zu trösten. «Du hast sie nicht erschossen, *Patera*», murmelte Kanta. «Du konntest nicht wissen, was geschehen würde.»

«Niemand wußte es, niemand konnte es ahnen», setzte Olga hinzu. «Es war nicht deine Schuld. Die verdammten Kommunisten waren es!»

Während meine Schwestern ihn zu trösten versuchten, schloß ich die Schlafzimmertür, damit ich ihn nicht ansehen mußte. Ich fühlte mich ganz elend vor Kummer um meine Mutter und vor Wut auf meinen Vater. Ich machte ihn immer noch für *Manas* Tod verantwortlich, jetzt mehr denn je, aber sein leidenschaftliches *Schuldgeständnis* nahm mir den Wind aus den Segeln. Seit unseren ersten desillusionierenden Tagen in Amerika hatte ich auf eine Gelegenheit gewartet, meinem Zorn Luft zu machen, meine Vorwürfe anzubringen, aber indem er sich selbst beschuldigte, hatte er die Feindseligkeit, die ja auch meine Schwestern gegen ihn hegten, entschärft und sogar ihr Mitgefühl erregt. Ich fühlte mich betrogen und noch frustrierter als zuvor. Aber fürs erste legte ich meinen Zorn auf Eis.

Im Sommer 1950, als es am heißesten war, bekam ich wieder qualvolle Ekzeme, obwohl ich, wie ich beteuerte, nicht einmal in die Nähe des Schwimmbeckens gekommen war. Wieder war ich mit Bandagen an den Händen ans Bett gefesselt. Am ganzen Körper brachen Eiterbeulen aus. Während ich so außer Gefecht gesetzt war, erschien eines schwülen Abends ein Vertreter an der Tür, der Enzyklopädien verkaufte. Diese beige-braunen Bände mit goldenem Aufdruck enthielten alles Wissen der Welt über jedes Thema, erklärte er meinem Vater und entfaltete Werbebroschüren aus seiner schwarzen Aktentasche. Mit einer Enzyklopädie, sagte er, würde meines Vaters Sohn mit Sicherheit aufs College gehen und ein gebildeter und erfolgreicher Mann werden.

Vater hatte schon immer viel von Bildung gehalten, obwohl er selbst kaum zur Schule gegangen war. Bis zum Ende seines Lebens las er jeden Abend in der Bibel und in seinem englisch-griechischen Wörterbuch, um seinen Wortschatz zu erweitern. Jetzt lauschte er dem zungenfertigen Vertreter und dachte daran, wie ich oft vom Kino nach Hause kam und ihm Fragen stellte, die er nicht beantworten konnte: Wer ist Captain Blood? Wann starb Louis Pasteur? Was ist die grüne Hornisse? Die Antworten auf diese und jede andere Frage, die das menschliche Hirn ersinnen könne, wären in der Enzyklopädie zu finden, versicherte ihm der Vertreter – die ganze gesammelte Weisheit der Welt in sechsunddreißig Bänden. Der Preis der Bücher, die eines nach dem anderen jeden Monat mit der Post kämen, klang nicht zu hoch: fünf Dollar im Monat. Natürlich erwähnte der Verkäufer kein einziges Mal, daß alles zusammen die beachtliche Summe von 180 Dollar kostete.

Hätte mein Vater in diesem Moment gerechnet, dann wäre ihm klargeworden, daß ein Mann, der 55 Dollar in der Woche verdient und fünf Kinder hat, sich einen solchen Luxus kaum leisten kann, aber mit seiner Redegewandtheit kam der Vertreter, der meinen Vater, einen Einwanderer, wie seinesgleichen und einen Freund behandelte, zum Ziel. Vater unterschrieb auf der gepunkteten Linie und gab dem Mann fünf Dollar. So kam ich schließlich in den Besitz einer vollständigen Reihe der *New Funk and Wagnalls Encyclopedia* und verbrachte meine langen Sommertage als Rekonvaleszent und die beiden folgenden Jahre damit, sämtliche Bände, von «aabenraa» bis «zyzyn», durchzulesen. Die Naivität und Leichtgläubigkeit meines Vaters, verbunden mit seiner aufrichtigen Ehrfurcht vor dem Wissen, vermachten mir das Fundament einer Bildung, die der Grundstein von allem war, was später kam.

Obwohl Vater Glykeria vorgeschlagen hatte, ein Jahr freizunehmen, um sich von den Strapazen zu erholen, beschloß sie im Herbst, sich Kanta bei Table Talk Pies anzuschließen. Abends wollte sie zur Schule gehen, um Englisch zu lernen. Fotini und ich kamen in die vierte Klasse und hatten jetzt eine magere, strenge, altjüngferliche Irin als Lehrerin. Da nun alle aus dem Haus waren, mußte Olga den ganzen Tag allein verbringen. Sie ging auch nicht mehr zur Lamartine School, da sie solche Anpassungsschwierigkeiten hatte, daß Vater sie abmeldete.

Olgas Depression, die sich mit ihrer entstellenden Operation verstärkt, sich aber mit Glykerias Ankunft gebessert hatte, kehrte schlimmer denn je zurück. Besucher kamen nun nicht mehr jeden Abend vorbei, um Neues aus Griechenland zu erfahren. Es gab keine Freundinnen, mit denen Olga hätte schwatzen können, so wie sie es mit den anderen Frauen im Dorf beim Schlagen der Wäsche auf den Felsen am Mühlenteich getan hatte. Ihre einzige Vertraute in Amerika war ihre Patin Eugenia, die Olga per Telefon das Kochen beigebracht hatte und bei der sie sich ausweinen konnte, wenn sie um ihre Mutter trauerte. «Deine Mutter starb, um dich zu retten, Kind. Sie hat ihren Frieden», sagte Eugenia immer, wenn Olga das furchtbare Schicksal verwünschte, das es ihrer Mutter nicht gegönnt hatte, das Land ihrer Träume zu sehen. «*Ich* bin nach Amerika gekommen», setzte sie grimmig hinzu, «und glaube mir, es wäre besser gewesen, wenn ich daheim geblieben wäre. Mein Mann hat nur zu gut gelernt, ohne mich zu leben.»

Dann, ganz plötzlich, ohne Vorwarnung, blieb eines Tages Eugenias Herz stehen, während sie im hinteren Teil des Restaurants Geschirr spülte. Als Olga ihre Patin gelb und hager im Sarg liegen sah, weinte sie, als ob ihre Mutter noch einmal gestorben wäre. Olga gab sich einer Verzweiflung hin, die sie zu ersticken drohte.

Sie weinte den ganzen Tag und rief nach ihrer Mutter. Die Nachbarn über uns, Rena und Halbert Ball und Mrs. Kadis im dritten Stock, hörten sie und versuchten sie zu trösten, aber sie sprachen eine andere Sprache, und sie konnte ihnen nicht sagen, warum sie trauerte. Manchmal schien Mutters Gegenwart für Olga so wirklich, daß sie glaubte, den Verstand zu verlieren. Eines Tages, als sie aus dem vorderen Stubenfenster schaute, riß ein Windstoß an den Zweigen der Bäume. Plötzlich schien Olga wieder in unserem Haus im Dorf zu sein und die Zweige des Maulbeerbaums zu beobachten, die sich bewegten, und Mutter kam mit Gemüse im Arm den Pfad herauf, das sie im Garten geerntet hatte.

Es war nicht das erste Mal, daß Olga um ihren Verstand fürchtete. Einmal, bevor wir nach Amerika kamen, war die Verzweiflung so groß gewesen, daß sie vorübergehend blind wurde. Das war damals, als wir Kinder und unser Großvater das Flüchtlingslager verlassen hatten und auf dem Weg nach Athen waren, um uns einzuschiffen. Wir übernachteten in einem Hotel auf Korfu. Olga, die zu deprimiert war, um zu essen, blieb im Zimmer. Dort saß sie und dachte daran, wie unsere Mutter am letzten Tag gesagt hatte: «Ich hänge dir die anderen Kinder um den Hals.» Jetzt brachte uns Olga in ein fremdes Land und konnte nicht einmal auf die Großeltern zählen, um ihr zu helfen. «Was mache ich eigentlich – warum fahre ich dorthin?» fragte sie sich. «Wie kann ich sie in Amerika beschützen?» Sie war ein Mädchen, das für seine Geschwister plötzlich die Rolle eines Elternteils übernehmen mußte, und die Verantwortung war zu groß für sie. Plötzlich wurde das Hotelzimmer schwarz. Sie konnte nichts mehr sehen. Olga fing an zu schreien und tastete sich den Wänden entlang zur Tür. Sie riß sie auf und rannte in den Korridor. Aber so plötzlich wie ihr Sehvermögen ausgesetzt hatte, war auch die Blindheit verschwunden, und sie konnte die Leute sehen, die ihr zu Hilfe eilten.

Jetzt, da Olga in den fünf Zimmern unserer Wohnung sich selbst überlassen war, kehrten die beängstigenden Symptome zurück. Sie sah keinen Sinn darin, weiterzuleben. Ihr Hals war verunstaltet, die Schönheit weg, die einzige Vertraute war tot. Sie saß am Fenster, das zur Straße ging, und sehnte sich nach Besuch. Jedesmal, wenn ein Auto in die ruhige Straße einbog, hoffte sie, daß es ein Freund war – der alte Jimmy Tzouras oder ein anderer von Vaters Kumpeln, irgend jemand, mit dem man reden konnte. Wenn das Auto dann vorbeifuhr, brach Olga in Tränen aus.

Eines Tages kam ein Freund unseres Vaters zu Besuch. Nicholas Bokas stieg die Treppe hinauf, und als er seine Hand hob, um zu klopfen, konnte er Olga drinnen weinen und nach ihrer Mutter rufen hören. Als sie die Tür öffnete, sah ihr Gesicht ganz verhärmt und aufgedunsen aus, und die Augen lagen so tief in ihren Höhlen, daß der alte Mann erschrak. Er ging unverzüglich in die Küche von Putnam und Thurston, wo Vater arbeitete, und sagte ernst zu ihm: «Christo, wenn du wegen deiner ältesten Tochter nichts unternimmst, wirst du sie verlieren. So, wie sie heute aussah, kann ich mir nicht vorstellen, daß sie lange genug lebt, um die Hochzeitskrone zu tragen.»

Vater hörte immer auf den Rat der letzten Person, die mit ihm geredet hatte, und nahm alles für bare Münze, bis jemand kam und ihm etwas anderes sagte. Bokas' Worte erschütterten ihn, und er versprach, noch am selben Abend mit Olga zu sprechen und zu versuchen, sie aus dieser Melancholie zu reißen. Als Vater hatte er keine Erfahrung, und er konnte nicht verstehen, was im Kopf einer jungen Frau von zweiundzwanzig Jahren vorging, oder die Warnsignale einer echten Depression erkennen.

Eine Predigt würde Olga nicht helfen, warnte Nicholas Bokas. Die Lösung war, dem Mädchen einen Job zu beschaffen, auch wenn es nur ein paar Stunden in der Woche waren und ganz egal, ob sie es für schicklich hielt oder nicht. Sie mußte raus und unter Menschen. Bokas fügte hinzu, daß er genau das Richtige für sie wisse: eine kleine Korsettfabrik, die einer seiner Freunde, ein Syrer, in der Shrewsbury Street besaß. Es war leichte Arbeit, sie wäre unter Frauen, und es würde sie auf andere Gedanken bringen.

Die Arbeit in der Korsettfabrik lenkte Olga tatsächlich ein wenig ab. Sie saß an einer Maschine, die die Strapse an den Saum der Korsetts annähte. Die Arbeit war einfach, aber keine der anderen Frauen war aus Griechenland, und so konnte sie sich niemandem anvertrauen. Trotzdem war es besser, als weinend zu Hause zu sitzen, und sie verdiente immerhin 47 Dollar für fünf Tage Arbeit.

Kurz nachdem sie in der Korsettfabrik angefangen hatte, winkte ihr Arbeitgeber sie eines Tages heran und deutete aufs Telefon. Sie nahm den Hörer ab und hörte Vaters Stimme. Es mußte etwas Schlimmes geschehen sein!

«Was ist, *Patera*?» rief Olga. «Ist den Kleinen was passiert? Hat Nikola wieder was angestellt?»

«Nein, nein, mein Augenstern», antwortete Vater. «Nichts dergleichen. Mach dir keine Sorgen. Ich wollte dir nur sagen, daß ich dich verlobt habe.»

«Was hast du?»

«Dich verlobt! Ich hab einen Ehemann für dich gefunden!»

Den Hörer in der Hand sank Olga auf einen Stuhl. Ihr schwirrte der Kopf. In den zwei Jahren, die sie nun in Amerika lebte, hatte sie kaum das Haus verlassen und mit keinem Mann gesprochen, der jünger als ihr Vater war.

«Aber wer?» brachte sie schließlich heraus.

«Dino Bartzokis. Ein Cousin von Tasso Bartzokis, unser Nachbar in Lia.»

«Dino Bartzokis?» wiederholte sie. «Lebt der nicht irgendwo in Griechenland?»

«Ja, meine Seele», antwortete Vater. «Er lebt in Kastoria. Er arbeitet dort in einer Bäckerei. Ich hab heute einen Brief von Christos Tatsis erhalten (der Mann, der Glykeria nach ihrer Flucht vor den *andartes* bei sich aufnahm), und er sagte, Dino Bartzokis sei ein feiner junger Mann mit Vorfahren aus Epirus, der nach Amerika kommen möchte und für eine meiner Töchter einen ausgezeichneten Ehemann abgeben würde. So hab ich ihm einfach zurückgeschrieben, daß ich diesen Mann als Ehemann für meine älteste Tochter – dich – akzeptiere.»

«*Patera*, können wir nicht darüber reden?» erwiderte Olga schwach. «Warte doch, bis ich nach Hause komme!»

«Was gibt's da noch lange zu reden?» sagte Vater unbekümmert. «Ich habe mich entschieden. Ich habe den Brief schon abgeschickt. Der Handel ist perfekt.»

Wie benommen setzte sich Olga wieder an ihre Maschine, zu aufgewühlt, um ein Ende des Korsetts vom anderen unterscheiden zu können. Ohne Vorwarnung hatte sich ihr Schicksal entschieden. Den Rest ihres Lebens würde sie nun mit einem Mann verbringen, den sie nicht kannte. An einem einzigen Morgen hatte ihr Vater ein Problem aus der Welt geschafft, das Olga und ihre Mutter jahrelang beschäftigt hatte.

Am 21. September 1951 kam Dino Bartzokis mit der *Argentina* in New York an. Olga und er heirateten am 21. Oktober.

7 Generationskonflikte

Im Jahr 1767 erwarb der Richter Timothy Paine, ein treuer Untertan von König Georg III., dreihundert Morgen von Worcester, die später North End genannt wurden. 1774 errichete er dort seinen großartigen Landsitz, «The Oaks», an der großen Straße, der Great Road, wie man sie nannte, nach Boston. Aber die Einwohner der Stadt waren dem konservativen Richter ganz und gar nicht wohlgesinnt, so daß die Arbeit an seinem Besitz erst 1778 fertiggestellt werden konnte.

Am 31. März 1952 zog meine Familie, die sich um Dino Bartzokis erweitert hatte, in eine größere Wohnung im dritten Stock eines häßlichen grauen Klotzes. Dieses dreigeschossige Mietshaus stand nicht weit von Paines Landsitz entfernt. Die Straße hieß inzwischen Lincoln Street und war eine vielbefahrene Verkehrsader, die ins Zentrum von Worcester führte. Die einst vornehme Gegend war zu einem schmutzigen Industriegebiet verkommen, obwohl «The Oaks» immer noch hinter dem Lattenzaun und der runden Auffahrt in verfallender Pracht existierte.

Unser früheres Zuhause in der Greendale Avenue lag in einem Wohngebiet, in dem Facharbeiter, vor allem Skandinavier, lebten. Das neue Haus befand sich in einer ärmeren Gegend, wo irische und polnische Arbeiter wohnten. Viele davon waren in den Fabriken, auf den Kohlenhalden und in den Sägewerken der Crescent Street, hinter der Lincoln Street, beschäftigt. Die taschentuchgroßen Gärten der Mietshäuser waren mit Asche statt mit Gras bedeckt. Die Wände waren mit Kritzeleien beschmiert und zerbrochene Fenster mit Pappe abgedichtet. Der Verkehr rauschte Tag und Nacht an unserer

Haustür vorbei, ein nicht enden wollendes Getöse, übertönt von den kreischenden Sirenen der Krankenwagen, die sich zum Doctors' Hospital gegenüber schlängelten.

Unser neues Heim befand sich zwar in einer schlechteren Gegend als das alte, und drei Treppen waren zu erklimmen, aber es hatte vier Schlafzimmer statt der früheren zwei und einen winzigen fensterlosen Raum neben der Küche, wo Fotini schlief und ihr Alleinsein genoß, wenn die Sommerhitze uns nicht alle zum Schlafen auf den Balkon oder die Veranda über der Straße trieb.

Fotini und ich wurden in der Harlow Street School, einem großen viktorianischen Backsteingebäude, das mit Kohlen beheizt wurde, angemeldet. Es stand in der Lincoln Street, vier Häuserblocks weiter und einen Block nach links am Rand eines Abhangs, mit Blick auf die Sägewerke und Kohlenhalden. Vor der Schule erhob sich die wuchtige gelbe Masse der katholischen Kirche St. Bernard, das Nervenzentrum des Stadtteils, mit ihrem hoch aufragenden Glockenturm.

Bevor wir unseren Schulweg antraten, hielt Vater uns eine Rede über die Gefahren der Nachbarschaft. «Es gibt viele Herumtreiber hier in der Gegend – geschiedene Frauen und Säufer», sagte er. «Paßt auf, mit wem ihr euch anfreundet. Wie ich immer sage, niemand bleibt sauber, wenn er mit Schlamm spielt.» Er warnte Fotini, sich vor allem nicht mit Amerikanerinnen zu befreunden, sondern nur mit griechischen Mädchen, die in «erstklassigen» Familien wie unserer aufwuchsen.

Ich verabschiedete mich traurig von meinen Kumpeln aus der Greendale Avenue, die es bedauerten, daß der Boxchampion der Nachbarschaft entwurzelt wurde. «Ich werde zwei- oder dreimal in der Woche mit dem Bus nach Greendale fahren und den ganzen Samstag hier verbringen», versprach ich. Dasselbe sagte ich zu meiner Lehrerin, Mrs. Brosnihan, die mich an sich drückte und erwiderte: «Nein, das wirst du nicht tun, Nick. In kürzester Zeit wirst du dort genauso glücklich sein und genauso viele Freunde haben wie hier.»

Unser neuer Lehrer in der fünften Klasse war ein großer hagerer Mann, der mich an Abraham Lincoln, wie er von Raymond Massey dargestellt wurde, erinnerte. Eines Tages beobachtete mich der stellvertretende Direktor auf dem Schulhof und steckte mich ins Junioren-Basketballteam. Nachdem ich beim ersten Spiel entdeckt hatte, daß ich als einziger Flaum an den Beinen hatte, wollte ich nur noch in

Bluejeans antreten. Und trotz der Jeans und meiner kleinen Statur schaffte ich es sogar, im letzten Spiel der Saison ein paar Bälle in den Korb zu schießen.

Die meisten meiner neuen Freunde gingen zum Katechismusunterricht, und an Tagen, an denen ich nicht zur griechischen Schule in die Stadt gehen mußte, schloß ich mich ihnen an. Die prächtige Ausschmückung und das Ritual der katholischen Kirche erinnerten mich an unsere Dorfkirche in Griechenland, die auch das Zentrum der Gemeinde war. Manchmal – ohne daß mein Vater es wußte – ging ich an Feiertagen sogar mit meinen Freunden zur Messe. Dann schritt ich zum Altar, um vom katholischen Priester die Hostie auf die Zunge gelegt zu bekommen, und am selben Tag empfing ich auch noch die Kommunion in St. Spyridon – den großen mit Wein gefüllten Kelch und das Brot, das Vater Rizos austeilte. Anschließend ging ich nach Hause und fühlte mich doppelt heilig.

In der neuen Schule gab es zwei Arten von Jungen: die wohlerzogenen, ernsten Schüler und die jungen Rowdys, von denen die meisten mindestens einmal sitzengeblieben waren. Am Anfang fühlte ich mich eher zur ersten Gruppe hingezogen, deren Mitglieder aus katholischen Arbeiterfamilien kamen und nördlich unseres Hauses wohnten. Jeden Abend vor dem Essen saßen sie mit ihren Familien ums Radio herum und hörten das katholische Programm, und ich saß dabei, sagte mein Ave Maria und bekreuzigte mich verkehrt herum auf die katholische Weise – von links nach rechts. Meine Freunde nahmen ihre Religion ernst, und wir diskutierten lange über Themen wie Tod- und läßliche Sünden und ob die Hostie wirklich in das Fleisch und Blut Christi verwandelt wurde.

Ich beneidete die katholischen Familien um ihren Zusammenhalt. Meine eigene Familie fiel jeden Tag mehr auseinander: Kanta und Glykeria arbeiteten bei Table Talk, Vater und Dino waren bis spät in die Nacht bei Putnam and Thurston beschäftigt, Fotini verbrachte viel Zeit mit ihren neuen Freundinnen, und Olga, die inzwischen ein Kind erwartete, ging in ihrer Schwangerschaft vollkommen auf.

Obwohl sich Dino Mühe mit uns Jüngsten gab, waren Fotini und ich ihm ständig im Weg, und seine finanzielle Erfolglosigkeit trug auch nicht zur Milderung seines aufbrausenden Temperaments bei. Nicht nur, daß sein Lohn für eine Vierzigstundenwoche nur 28 Dollar betrug, nein, Charley und John Kotsilimbas-Davis behielten auch noch achtzig Cent für die Sozialversicherung ein. Als er um eine Lohnerhöhung bat, zogen sie ihm einen weiteren Dollar pro Tag ab – angeblich für das Essen, das er in der Mittagspause zu sich nahm –, aber Dino protestierte so gewaltig, daß sie kapitulierten und ihn seine 27 Dollar 20 die Woche mit nach Hause nehmen ließen. Wie könnte er jemals reich werden, mit einem Baby unterwegs und nur 27 Dollar 20 netto? tobte Dino. In Olgas Nähe beherrschte er sich jedoch.

Olga, von Ehe und Schwangerschaft ganz verklärt, war stolz auf ihren anschwellenden Bauch. An Tagen, an denen Dino nach der Mittagshetze drei Stunden frei hatte, spazierte sie in die Stadt hinunter, um ihn im Restaurant abzuholen. Im kühlen grünen Park hinter dem Rathaus saßen sie dann zusammen auf einer Bank, hielten sich an den Händen und schauten den Leuten zu, die vorübergingen, bis er die nächste Schicht antreten mußte.

Olga gefiel es sehr, wie der Verkehrspolizist sie am Lincoln Square, wo alle Straßen zusammenliefen, mit einem Nicken begrüßte und dann den Verkehr in allen Richtungen stoppte, während sie über die Kreuzung watschelte. Er rief ihr zu, sie solle sich nicht beeilen, sondern sich so viel Zeit nehmen, wie sie brauche. In ihrer Schwangerschaft kam sich Olga wichtig, ja geweiht vor, fast wie eine moderne Madonna, und es war nur recht und billig, daß ganz Worcester anhielt und ihr Anerkennung zollte, wenn sie auf dem Weg war, um ihren Ehemann zu treffen.

In diesen ersten Tagen des Eingewöhnens im neuen Heim und in der neuen Schule schafften es Fotini und ich an einem Sonntagnachmittag, daß Dino der Kragen platzte. Jimmy Tzouras war auf Besuch da, und er, Vater und Olga saßen am Küchentisch und lauschten einem von Dinos langen, komplizierten Monologen, die er mit der Geschwindigkeit eines Maschinengewehrs herunterrasselte. Plötzlich bemerkte Dino, daß die Zuhörer durch die Töne des Radios aus dem Schlafzimmer von seinen beredten Worten abgelenkt wurden. Fotini und ich lauschten der Bühnenbearbeitung eines erfolgreichen Films.

«Stellt das Ding leiser!» brüllte Dino aus der Küche.

«Nein, kommt nicht in Frage!» giftete Fotini zurück. «Du hast für dieses Radio schließlich nicht bezahlt.»

Dino stürzte ins Schlafzimmer, hob das Plastikradio – unser einziges – in die Höhe und schleuderte es auf den Boden.

Fotini, ich und die Zuschauer aus der Küche starrten erschüttert auf die Trümmer aus Röhren und Plastikscherben. Dino machte auf dem Absatz kehrt und stürmte, die Tür hinter sich zuschlagend, aus der Wohnung.

Olga, die noch ruhiger und fürsorglicher wurde, wenn Dino in Wut geriet, schaffte es schließlich, ihn wieder aus seiner düsteren Stimmung herauszulocken, aber Fotini und ich gingen ihm noch tagelang aus dem Weg. Wenn er auftauchte, flitzten wir in unsere Zimmer und haßten ihn heimlich, weil er uns das einzige Freizeitvergnügen, das wir in dieser fremden, schmutzigen Gegend hatten, verdorben hatte.

Eines Tages kam Dino strahlend vor guter Laune mit einem riesigen Karton nach Hause. Mit theatralischen Gesten öffnete er ihn und hob einen kleinen Schwarzweißfernseher heraus. Fotini und ich verziehen ihm mit Begeisterung, als er das Gerät im Wohnzimmer aufstellte, wo wir uns wie richtige amerikanische Kids *I Love Lucy* anschauen konnten.

Der kleine Fernsehapparat war eine weitere amerikanische Verführung, die uns von den Sitten und Gebräuchen unseres Geburtslandes fortlockte. Wie wir so vor dem flackernden Licht des Bildschirms saßen, muß Vater uns manchmal beobachtet haben, und der Gedanke muß ihm gekommen sein, daß wir seinem Einfluß entgleiten und zu Ausländern ohne Wurzeln oder Selbstachtung werden könnten. Von allen seinen Kindern blieb nur Olga zu Hause und hielt die Traditionen unseres Dorfes hoch. Fotini und ich schienen schon halb amerikanisch zu sein, und Kanta und Glykeria wurden durch ihre Arbeit in der Bäckerei rasch zu modernen berufstätigen Frauen.

Vater kämpfte hart, um meine Schwestern vor den Übergriffen der lockeren Moral zu schützen, und verbot es Kanta sogar, zur Weihnachtsfeier zu gehen, die die Besitzer von Table Talk jedes Jahr für ihre Angestellten ausrichteten. «Es ist mir egal, ob es was kostet oder nicht!» schnauzte er sie an. «Deswegen ist es noch lange nicht in Ordnung, daß irgend so ein Wüstling dich anfaßt!»

Als Ismene Matsos, eine Griechin mittleren Alters, die mit Kanta arbeitete, von seinem Verbot hörte, hatte sie Mitleid mit ihr und sprach mit Vater. «Laß das Mädchen gehen, Christo», redete sie ihm zu. «Mein Mann und ich werden sie abholen und hinfahren und dann auch wieder nach Hause bringen, und die ganze Zeit werde ich wie eine Mutter auf sie aufpassen. Ich garantiere dir, ich werde nichts zulassen, was ihrem Ruf schaden könnte.»

Schließlich beugte sich Vater widerstrebend Ismenes Fürbitte. Schrecklich aufgeregt kaufte Kanta für diesen Anlaß ein neues schwarzes Kleid mit weißem Kragen. Ein paar Mädchen vom Betrieb boten sich an, ihr die Haare einzudrehen, damit sie mit einem Kopf voller Locken zur Party gehen könne. Am bewußten Abend war Kanta lange bevor Ismene und ihr Mann vorfuhren, fertig. Im Auto saßen auch Ismenes Schwester Aphrodite Ghikas, ebenfalls Table-Talk-Arbeiterin, und deren Mann Christos.

Im festlich dekorierten Ballsaal des Hotels Aurora saß Kanta still mit den beiden griechischen Paaren, die sie mitgenommen hatten, am Tisch. Alle männlichen Table-Talk-Angestellten – die Griechen und die Italiener, Rumänen, Skandinavier und ganz normalen Amerikaner – kannten Kantas oft wiederholte Warnung: «Sprechen Sie nicht mit mir, sonst bringt mein Vater Sie um!» Also holte sie niemand zum Tanzen.

Als Aphrodite wieder einmal mit ihrem Mann von der Tanzfläche kam, flüsterte sie ihm zu: «Bitte doch das arme Kind mal um einen Tanz, Christo! Sonst tut es ja niemand.»

Gehorsam führte Christos Ghikas Kanta zur Tanzfläche. Aber kaum hatte sie die ersten zögernden Schritte gemacht, da brach an der Tür ein großer Tumult aus. Die Gespräche auf der Tanzfläche verstummten, als sich alle umdrehten, um zu sehen, was vor sich ging. Kanta blickte über die Schulter und sah Vater am Eingang zum Ballsaal stehen. Er funkelte sie wild an und schien sie mit seinem gewaltigen Zorn vernichten zu wollen. Kanta wurde klar, daß er ihr heimlich bis zum Hotel gefolgt war und den ganzen Abend im Restaurant neben dem Ballsaal gesessen hatte, um sie zu beobachten. Als er sah, daß sie aufstand, um in den Armen eines Mannes zu tanzen, wurden seine schlimmsten Befürchtungen wahr. Wütend stapfte er in den Saal und blieb, sich theatralisch mit beiden Händen im Türrahmen abstützend, stehen. Der ganze Saal wandte sich ihm zu, um diese Szene – empörter Vater maßregelt ungeratene Tochter – zu beobachten. Vater blieb stumm. Er war's zufrieden, daß der Schrecken, den seine Miene verbreitete, seine Tochter so einschüchterte, daß sie sich anständig benahm.

Das Theater, das ihr Vater machte, und die Erkenntnis, daß er sie den ganzen Abend beobachtete hatte, machten Kanta so wütend, daß sie zu zittern begann und spürte, wie ihr das Blut in den Kopf schoß. «Es ist wohl besser, wir setzen uns wieder», murmelte sie dem verwirrten Ghikas zu. Als er Kanta zum Tisch zurückführte, beugte sie sich zu der Frau, die sie als Anstandsdame begleitet hatte, und flüsterte ihr zu: «Ismene, ich glaube, du gehst besser zu meinem Vater und sprichst mit ihm. Wenn ich gehe, bring ich ihn um!»

Ismene tat, worum sie gebeten wurde, und mit einem letzten wilden Blick des Triumphes auf die ernüchterte Menge ließ sich Vater schließlich ins Restaurant zurückführen.

Für den Rest des Abends saß Kanta mit glühenden Wangen da und flehte alle Heiligen an, ihren Vater tot umfallen zu lassen. Als Ismene und ihr Mann sie nach Hause fuhren, ging sie zornig und wortlos zu Bett. Am nächsten Tag in der Fabrik wurde sie natürlich von den Männern geneckt: «Nimm dich vor *der* in acht – ihr Vater steht gleich hinter ihr!» – «Hat er dich wirklich allein zur Arbeit gehen lassen?»

Nach diesem Debakel versuchte Kanta nie mehr, einer Veranstaltung von Table Talk beizuwohnen, obwohl die Besitzer in jedem Sommer eine Strandparty und jedes Jahr zu Weihnachten einen Tanz veranstalteten. Sie fand, der Ärger lohne sich einfach nicht, und gestand ihrem Vater wenigstens diesen einen Sieg zu.

Während Kanta und Glykeria bei Table Talk arbeiteten, erforschte ich, der ich meines Nachbarschaftskinos in Greendale beraubt worden war, in meiner Freizeit entfernte Ecken von Worcester auf der Suche nach Filmvorführungen; ich war inzwischen geradezu kinosüchtig geworden. Ich ging zu Fuß, fuhr per Anhalter oder im Bus zu den Filmpalästen in der Innenstadt, wie Loew's Poli in der Main Street, wo Gipsengel und weiße Marmorsäulen die weinroten Samtvorhänge und gewölbten Decken mit aufgemalten Wolken trugen. In versteckteren Winkeln der Stadt fand ich Oasen wie das Elm Street Theater, wo man Wiederholungen erwischen konnte, oder das Family Theater in der Front Street, ein staubiges, mottenzerfressenes Kino, das sich auf Wiederaufführungen spezialisierte und wo Fotini und ich treu die Samstagsnachmittagsvorstellungen besuchten.

An einem Samstag, Anfang des Sommers, wollte ich von meinem Vater das Eintrittsgeld für den neuen Film *Ivanhoe* im Loew's Poli erschnorren. Ich wußte, daß er sich am Zahltag, die Taschen mit seinem eigenen Lohnumschlag und den Wochenlöhnen von Kanta und Glykeria vollgestopft – insgesamt mehr als 200 Dollar –, verschwenderisch fühlte. Weil er sich auf seinen üblichen Samstagabend im griechischen Kaffeehaus freute, würde er großzügig sein, vermutete ich und behielt recht.

«Amüsier dich gut! Kauf dir noch ein Eis!» sagte er und löste einen ganzen Dollar von einer faustgroßen Rolle. «Es ist ein schöner Abend. Wir können zusammen in die Stadt gehen», setzte er hinzu. «Vasili sagt, das Auto ist fertig. Dann kann ich dich nach dem Kino nach Hause fahren.»

Unser Studebaker – Vater hatte vor Olgas Hochzeit tatsächlich ein Auto gekauft – brauchte ein neues Getriebe und wurde vom griechischen Automechaniker in der Green Street repariert, aber Vater schien es nicht zu stören, den Weg in die Stadt zu Fuß zu nehmen. Ich wartete geduldig, während er seinen neuen Hut und Mantel abbürstete, ein frisches Taschentuch zusammenfaltete, seine Fliege zurechtzupfte, ein letztes Mal über die Schuhspitzen wischte und den Schirm holte, den er bei gutem wie bei schlechtem Wetter wie einen Spazierstock trug. Wir marschierten die Lincoln Street hinunter, wobei mein Vater wie immer im Takt eines imaginären Blasorchesters ausschritt. Ich wußte, daß diese Abende im Kaffeehaus ihm so viel bedeuteten wie mir das Kino, und nie kleidete er sich so sorgfältig wie an seinen wöchentlichen Ausgehabenden.

Ich verließ meinen Vater an der unmarkierten Tür des Hellenic Club in der Front Street 112. Kein Schild zog den Blick auf sich, denn Fremde waren nicht willkommen. Es war ein Club für Landsleute.

Nach der Kinovorstellung – ich war noch ganz entgeistert, daß Robert Taylor Joan Fontaines Reize vorzog, statt denen von Elizabeth Taylor zu verfallen – wanderte ich durch Worcesters Innenstadt zurück zu der vertrauten Tür zwischen Crown Lunch und Howard Clothes, kletterte die klapprige Treppe hinauf und trat durch die Tür des Hellenic Club.

Seit die erste Welle griechischer Einwanderer Anfang des Jahrhunderts eingetroffen war, hatten die Kaffeehäuser von Worcester für die griechischen Junggesellen, die im Exil lebten, als eine Heimat fern der Heimat gedient. Weil sie sich in verwahrlosten Mietshäusern Wohnungen teilten, zu zehnt in einen Raum gepfercht, und oft umzogen, benutzten sie ihr bevorzugtes Kaffeehaus auch gleich als Postadresse.

Dort konnte man die griechischsprachigen Zeitungen lesen und am Knopf des Radios drehen, das auf dem großen Kühlschrank stand, und versuchen, einen der griechischen Sender zwischen Boston und New York zu erwischen.

Spiro Tsefrekas, ein dünner, blasser, weißhaariger Immigrant aus der peloponnesischen Provinz Elis, war Besitzer des Kaffeehauses des Hellenic Club, solange man denken konnte, und er kümmerte sich mit väterlicher Fürsorge um seine Stammkunden. Mit Hilfe zweier Köche produzierte er jeden Tag für etwa fünfzig Cent ein gutes, einfaches griechisches Mahl. Das konnte sein: ein Teller Linsensuppe (*fakes*), weiße Bohnensuppe (*fasulada*) oder Eintopf (*jiachni*), dazu Käse und ein runder Laib Brot. Jeden Samstagabend benutzte Tsefrekas die geräumigen Öfen des Restaurants im unteren Stockwerk, um achtzig Pfund Lammbraten und Kartoffeln zuzubereiten. Diese große Mahlzeit kostete seine Kundschaft fünfundneunzig Cent, und für fünfzehn Cent mehr bekam man eine Schüssel mit dem selbstgemachten Joghurt des *Kafenion*. Ein weiteres Zehncentstück brachte eine Tasse griechischen Kaffee auf den Tisch. Der Kaffee wurde je nach Wunsch auf mehr als dreißig verschiedene Arten, von schwarz bis extra süß, zubereitet.

Tsefrekas hielt sein Kaffeehaus so lange offen, wie Gäste da waren. Wenn das Kartenspiel um drei Uhr früh noch voll im Gange war, überreichte er den Spielern die Schlüssel und ging nach Hause, um ein bißchen zu schlafen, bevor er am Morgen zurückkehren mußte, um die Öfen einzuschalten und die hundert Töpfe Joghurt anzusetzen, die den ganzen Tag über auf dem gußeisernen Ofen reiften. Der Hellenic Club war 363 Tage im Jahr geöffnet. Nur am Karfreitag und Ostersamstag hängte Tsefrekas die Karten an die Lampenschnüre über jedem Tisch, um anzuzeigen, daß geschlossen war. Dann mußte er seine Kunden aus der Tür schieben und sie auffordern, in die Kirche zu gehen, um an der Totenbahre Christi zu trauern und nicht vor Ostersonntag zurückzukommen. Das allerdings war der Tag im Jahr, an dem in den *Kafenions* am meisten Betrieb war (ausgenommen Silvester – dann ist es für jeden griechischen Patrioten Bürgerpflicht, sein Glück für das kommende Jahr mit den Karten zu versuchen).

Frauen wurden im Kaffeehaus nicht geduldet, nicht einmal die Frau und die beiden Töchter des Besitzers, aber seine drei Söhne, alle in meinem Alter oder ein bißchen darüber, wuselten wie überaktive Ameisen zwischen den Tischen umher. Wenn eine Frau oder Tochter einen Spieler nach Hause holen wollte, bevor seine Taschen leer waren, stand sie draußen im Flur vor dem Hauptraum und klopfte mit einer Münze an das Dampfrohr, bis sie von jemandem bemerkt wurde, der dann durch den Rauch brüllte: «He, Stavro, deine Alte ist da – versteck deinen Gewinn!»

Neben der Hausmannskost, den Wetten, die in der illegalen «Neger-Lotterie» abgeschlossen wurden, den Späßen und dem Geschichtenerzählen und Streiten über Politik, war das Kartenspiel die Hauptattraktion des Hellenic Club. Darin unterschied sich der Club von dem anderen griechischen Kaffeehaus in Worcester, dem Kritikos (Kritikos war der Spitzname des Besitzers). Dieses *Kafenion*, das sich in der Mechanic Street befand, galt als das Kaffeehaus der spießbürgerlichen Griechen und frivolen Spieler. Das Gebäude war durch dünne Trennwände in ein normales Restaurant, eine Spielhalle und ein Büro auf der Rückseite unterteilt, wo ein vielseitig begabter Bursche Griechen bei Einwanderungs- und Einbürgerungsproblemen beriet und außerdem noch als Reisebüroangestellter und Immobilienmakler fungierte.

Im Gegensatz zu Kritikos verdiente Tsefrekas sein Geld allein mit den Spieltischen, denn das Essen warf keinen Gewinn ab. Und er verdiente gut für seine siebenköpfige Familie, obwohl das Spielen illegal war und er die Sittenpolizei bestechen mußte; diese kam ab und zu vorbei, um ihren Anteil zu kassieren. (Alkohol war auch verboten, weil er keine Schankkonzession besaß. Tsefrekas, ein Kenner der menschlichen Natur, achtete streng darauf, Whisky in Kaffeetassen nur solchen Kunden zu servieren, die ihre Alkoholverträglichkeit bewiesen hatten. Sich betrinken ist unter Griechen nicht üblich, und wenn hin und wieder ein Störenfried zu tief ins Glas schaute und das Messer zog oder einen Stuhl auf dem Kopf des Gegners zerschmetterte, wurde er mit fester Hand aus dem Haus geworfen und durfte das Lokal nie wieder betreten.)

Tsefrekas verlangte fünf Prozent des Einsatzes. Einfach nur dasitzen und Kiebitzen oder Kaffee trinken und tratschen kostete nichts. Er und seine Söhne gingen im Raum umher und überwachten die Einsätze. Die Spieler schrieben die Punktezahl mit Griffeln auf Schiefertafeln. Wenn ein Spiel fertig war, riefen sie Tsefrekas oder einen seiner Söhne heran, damit sie ihren Beitrag einsammelten und die Tafel mit einem feuchten Tuch wischten.

Außerdem achtete Tsefrekas darauf, daß die großen Spieler immer mit frischen Karten versorgt wurden. Bis zu achtzig Päckchen wurden pro Woche verbraucht; die abgenutzten Karten von den Pokertischen gab Tsefrekas an die «*koltsina*-Leute» weiter – die alten Männer, die an Zweiertischen saßen und nur darum spielten, wer die nächste Runde Kaffee bezahlte.

Poker war das Spiel der echten Spieler, *koltsina* und *tawli* (Backgammon) waren die Spiele für ältere Männer, die ins Kaffeehaus gingen, um sich die Zeit zu vertreiben. Die «feinen Herren» im Kaffeehaus zeigten eher eine Neigung zu Spielen mit mittleren Gewinnchancen, wie Rommé und Binokel, wo man an einem Abend zwanzig Dollar gewinnen oder verlieren konnte, aber wichtiger als der Gewinn waren Geschicklichkeit und beim Kartenspiel Fairneß.

Binokel war Vaters liebstes Spiel; er zählte sich zu den gut gekleideten Leuten mit den anständigen Manieren, die mit bescheidenen Einsätzen spielten. Dazu gehörten John Kotsilimbas-Davis, sein Chef bei Putnam and Thurston, und Peter Bell, der Rechtsanwalt, der ihn bei der Korrespondenz mit Dino beraten hatte. Bell sah aus wie ein Richter, hatte einen feinen Schopf silbergrauen Haares, das zu seinem silbernen Brillengestell paßte, und eine tiefe, honigsüße Stimme, die einem BBC-Ansager zur Ehre gereicht hätte. Ich fand, diese eleganten, Binokel spielenden Herren in ihren bequem aufgeknöpften Seidenwesten, die teuren Jacketts über die Stuhllehnen drapiert und die guten Zigarren zwischen den Zähnen, waren ein herrlicher Anblick.

Die weniger feinen Spieler, die bereit waren, Hunderte von Dollar in einer Nacht zu verlieren oder zu gewinnen, hielten sich mehr an die Pokerspiele an den runden, klauenfüßigen Eichentischen, an denen bis zu zehn Spieler Platz fanden. Diese Männer erfüllten mich immer mit einer Mischung aus Ehrfurcht und Angst. Der Eindrucksvollste von ihnen war Stanley Adamowicz, ein blonder polnischer Polizist, der jede Nacht in voller Montur – die Uniformjacke überm Stuhl, die Pistole an der Seite – Poker spielte. Andere Nicht-Griechen, darunter Armenier, Syrer, Albaner und Rumänen, waren ebenfalls an den Pokertischen anzutreffen, aber die meisten Stammkunden des Hellenic Club kamen aus unserer nordgriechischen Provinz Epirus oder aus Elis im Peloponnes, außerdem waren da noch ein paar Kreter und Makedonier.

An jenem Samstagabend – nach *Ivanhoe* – betrat ich also den Hellenic Club und atmete das Parfüm dieses männlichen Heiligtums ein: beißender Qualm, intensiv duftender Schafkäse und Oliven, Bayrum-Aftershave, Schweiß und der allgegenwärtige Geruch nach Leinöl, das Tsefrekas' Söhne jeden Monat auf den nackten Eichenböden verteilten, um die Zigarettenasche, den Staub und die Spucke, die die Spucknäpfe verfehlte, zu absorbieren. Eine gelbe Rauchwolke schwebte über den Hängelampen und den sich langsam drehenden Ventilatoren. Sie wurde von den silbernen Schnörkeln gespeist, die sich von den Spielern emporkringelten. Die Wände, früher blaugrün, hatten sich in ein Tabakgelb verwandelt, und die Decke aus Preßzinn, viereinhalb Meter über dem Boden, war von der gleichen gelbsüchtigen Farbe. Vor den hohen Fenstern, die auf die Spring Street blickten, hingen fleckige bräunliche Vorhänge, damit die Morgendämmerung die Spieler nicht ablenkte.

Das Gemurmel, das den Raum erfüllte, war so tonlos wie der Singsang des Priesters vor dem Altar am Sonntagmorgen. Hier wurde ernsthaft gespielt, und die Geber intonierten leise ihre Litanei, während die Karten aus ihren Händen schwebten, um sich rund um die großen Tische niederzulassen. Überall war das leise Tick-Tick der *kombolojia* zu hören, die durch die nervösen Finger der Spieler ruckten, während diese über ihren Karten brüteten. In der abgestandenen Luft des langen schmalen Raumes hatten es nur Tsefrekas und seine Söhne eilig, die überall gleichzeitig zu sein schienen, Gebühren einzogen, Schiefertafeln wischten, Zigaretten und Zigarren verkauften, Bestellungen annahmen und schaumige Tassen Kaffee auf schwankenden, runden Metalltabletts balancierten.

Ich hielt nach meinem Vater Ausschau und erwartete ihn eigentlich mit Peter Bell an dem viereckigen Binokeltisch. Dann entdeckte ich ihn an einem der großen runden Pokertische und hatte ein unangenehmes Gefühl. Die Lampe über dem Tisch beleuchtete seinen kahlen Schädel, die Fliege hatte sich gelöst. Er studierte die Karten. Er paßte nicht zu den ungepflegten, schwitzenden Falschspielern und Fabrikarbeitern. Viele kauten Tabak und spien gekonnt in die Spucknäpfe.

Ich ging hinüber und stellte mich hinter ihn. Ich bemerkte einen eindrucksvollen Haufen Geld vor ihm auf dem Tisch. Harry Petralias, ein ehemaliger Ringer, blickte hoch und sagte wie immer zu mir: «He, Junge! Willst du meine Muskeln sehen?» Dabei krümmte er einen seiner Mammutarme.

«*Ande, rixe* – los, spiel!» knurrte Stanley Adamowicz. Ich staunte immer, wie ein polnischer Polizist solch ein perfektes Poker-Griechisch lernen konnte. «Was wird hier überhaupt gespielt – Bridge?» fuhr er fort. «Hör auf, deinen Bizeps zu verrenken – deinen Einsatz!»

Es wurde mit sieben Karten gespielt, und der Geber war Yiannis tis Grias, «der Yiannis der alten Dame», ein spindeldürrer junger Mann, der diesen Spitznamen erhalten hatte, weil er seine Mutter mißhandelte. Leise gab er an, welche Karten er austeilte: «Zehn, zwei, sieben, Straight, zwei gleiche Vieren», sagte er, während er eine zweite Vier auf das Blatt meines Vaters fallen ließ.

Ich stand da und sah zu, wie mein Vater eine hohe Summe einsetzte und schließlich fast siebzig Dollar gewann. Er blickte selbstzufrieden zu mir hoch, und ich murmelte: «Das Kino ist aus.»

«Schon?» sagte Vater und zog seine goldene Taschenuhr aus der Westentasche. «Sehr kurzer Film!» Er lächelte. «Ich kann jetzt nicht gehen, jetzt, wo die Karten sich in mich verliebt haben. Gibt's hier in der Gegend nicht noch ein Kino?»

«Im Elm Street Theater läuft eine Wiederholung von ‹Die besten Jahre unseres Lebens›», gab ich zu.

«Perfekt! Du verdienst einen zweiten Film», sagte er und langte in seine Tasche. Er zog Kantas Lohnumschlag heraus und entnahm ihm einen Dollar. «Amüsier dich gut!» sagte er. «Komm zurück, wenn es vorbei ist. Du kannst dir auch Popcorn kaufen.»

Er wandte sich an den Spieler zu seiner Linken, Spiro Garoulis, der so permanent zur Einrichtung des Hellenic Club gehörte wie die gußeisernen Heizkörper. Spiro und die anderen Spieler warteten ungeduldig, als mein Vater mir den Dollar reichte. «Was soll ich machen? Er ist mein einziger Sohn», bemerkte er und grinste die zuschauenden Spieler an, deren Haut so fahl war wie die Asche ihrer Zigaretten. «Ich verwöhn ihn zu sehr, aber er ist ein Waisenkind, hat seine wunderbare Mutter verloren.»

Ich stand da und beobachtete, wie mein Vater ein weiteres Spiel gewann. Mit nichts weiter als zwei gleichen Zweien hatte er den ganzen Tisch geblufft. «Schade, daß du nicht in meinem Revier warst, als ich Obst und Gemüse verkaufte», neckte er Stanley Adamowicz, der sich sichtlich über Vaters Freude ärgerte. «Ich wär nie auf faulen Bananen und wurmigen Äpfeln sitzen geblieben, wenn ich dich als Kunden gehabt hätte.»

Vater sackte den Gewinn ein und winkte einem von Tsefrekas' Söhnen. Als er die Aufmerksamkeit des Jungen erregt hatte, schleuderte er mit theatralischer Geste eine Handvoll Münzen über den Boden. *«Karase tin parea!»* rief er aus. «Eine Runde für alle! Ich kann mein Glück nur genießen, wenn ich es teile.»

Ich konnte sehen, daß Vaters Abend noch lange nicht vorbei war, so nahm ich den Dollar und seinen Rat an und steuerte dem Elm Street Theater entgegen. Als ich nach elf Uhr nachts zum Hellenic Club zurückkehrte, fand ich ihn in ganz anderer Verfassung vor. Es lag kein Geldhaufen mehr vor ihm. Er spielte gar nicht mehr, er sah nur zu.

«Wo warst du so lang?» knurrte er, als er mich sah. «Ich schwamm nur so im Geld, aber du hast so lang herumgebummelt, bis ich eine Pechsträhne hatte. Kino ist sowieso eine Geldverschwendung. Bringt den jungen Leuten nur schlechte Manieren bei.»

«Mecker nicht an dem Jungen rum, Christo», sagte Harry Petralias, aufgeräumt wie immer. «Du hast morgen Gelegenheit, dein Geld zurückzugewinnen.»

«Ihr seht mich hier morgen nicht», brummte mein Vater. «Ich bin Familienvater mit Verpflichtungen, nicht wie ihr Halunken – vergammelt eure Tage mit Spielen, als ob ihr nie sterben müßtet.» Er wandte sich mir zu. «Los, komm», murmelte er. «Hier stinkt's nach ungewaschenem Fleisch und Habgier.»

Draußen auf der Straße erinnerte ich ihn: «Müssen wir nicht das Auto abholen?»

«Die Garage ist zu», entgegnete er bissig.

«Dann nehmen wir eben den Bus», sagte ich bittend. «Ich bin zu müde, um zu Fuß zu gehen.»

«Den Bus nehmen?» explodierte er. «Glaubst du vielleicht, ich bin aus Geld gemacht? Früher sind die Kinder überallhin zu Fuß gegangen und haben ihre Eltern auf dem Maultier reiten lassen. Die Jugend von heute ist viel zu verweichlicht. Die frische Luft wird dir guttun.»

Während wir uns durch die mitternächtliche Stille der Straßen nach Hause schleppten, schwang mein Vater seinen Schirm nicht mehr wie ein Schwert. Ich wußte, er hatte nicht einmal die dreißig Cent für den Bus übrig. Ich war wütend, daß er die Löhne meiner Schwestern und seinen dazu verspielt hatte – das ganze Geld, von dem wir eine Woche lang leben mußten –, und es machte mich noch wütender, daß er versuchte, mir die Schuld anzuhängen. Für den Rest des Heimwegs sprach ich nicht mit ihm und hatte kein Mitleid mit seinen erlahmenden Schritten. Um zu beweisen, daß ich nicht verweichlicht war, schritt ich so schnell aus, daß er atemlos wurde und auf den drei Treppen bis zu unserer Tür mehrmals stehenbleiben mußte.

Am nächsten Morgen, nachdem die Mädchen um Kleingeld für ein paar Kerzen in der Kirche gebeten hatten, hörte ich durch die Schlafzimmertür, wie Kanta ihn anschrie. «Soll das heißen, daß nichts von unserem Lohn übriggeblieben ist?» brüllte sie. «Du hast alles in einem Pokerspiel verloren?»

«Ich war mal mit vierhundert Dollar vorneweg», protestierte er. «Ich hatte unglaubliches Glück! Ich wollte deinen Lohn nehmen und ihn verdreifachen. Ich hätte dir eine Aussteuer kaufen können und das schönste Brautkleid von ganz Worcester dazu! Ich hab ja alles nur für dich getan, und statt dankbar zu sein, brüllst du deinen Vater an, der sechs Tage in der Woche bei brütender Hitze in der Küche schuftet und von Männern beleidigt wird, die eigentlich für ihn arbeiten sollten!»

Er versuchte also immer noch, uns von seiner eigenen Verantwortungslosigkeit abzulenken und die Schuld für den Geldverlust auf andere abzuschieben. Ich war schuld, weil ich zu lang im Kino herumgetrödelt hatte, Kanta war schuld, weil sie Vaters großzügige Absicht, Geld für sie zu gewinnen, nicht schätzte, und seine Arbeitgeber hatten Schuld auf sich geladen, weil sie ihn beleidigten und ihm seinen rechtmäßgien Platz nicht zugestanden. Der einzige, der keine Schuld hatte, war Christos Gatzoyiannis.

Ich trug all diese Gedanken und meinen wachsenden Groll mit mir herum, während wir eine Woche lang Bohnen aßen und überallhin zu Fuß gingen, weil wir uns den Bus nicht leisten konnten. Wie ich feststellte, hinderten unsere Leiden meinen Vater aber nicht daran, am nächsten Wochenende, sobald es neuen Lohn gab, wieder ins Kaffeehaus zu gehen.

Während Vater arbeitete und im Kaffeehaus Karten spielte, kundschaftete ich die geheimen Winkel unserer neuen Nachbarschaft aus. Obwohl ich mich in unserer Klasse mehr mit den fleißigeren und anständigeren Jungen abgab, fühlte ich mich, wenn der Sommer kam und die Schule schloß, eher zu den rüpelhaften Elementen unserer Gegend hingezogen. Das waren Jungen, die in den heruntergekommenen dreistöckigen Mietshäusern Richtung Lincoln Square wohnten – in Zimmern, in denen sich das Linoleum wölbte, wo über den Möbeln Leintücher hingen, um die zerschlissenen Polster zu verdekken, und sich schmutziges Geschirr in der Spüle stapelte. Es war nicht allein die Atmosphäre, die diese Jungen umgab und nach Gefahr und Gewieftheit roch, die mich anzog, sondern auch die Tatsache, daß viele von ihnen sitzengeblieben und daher, wie ich, älter als die übrigen Fünftkläßler waren.

Jackie Walsh, der älteste der Gang, schien überhaupt nicht zur Schule zu gehen. Er behauptete ganz lässig: «Man braucht nicht zur Schule zu gehen, um erfolgreich zu sein. Schau dir Jimmy Durante an – meinst du vielleicht, der hat mehr als sechs Jahre Schule hinter sich?»

Walsh, klein und dünn, war im Gegensatz zu den anderen, die zwölf oder dreizehn waren, schon fast sechzehn. Er war ein Aufschneider und Kettenraucher. Die Zigarettenschachtel steckte im Ärmel seines T-Shirts, und die braunen Haare waren mit Brillantine zu einem Entenschwanz zurückgekleistert. Faszinierend unanständig redete er über Mädchen und in schauerlicher Ausführlichkeit über Sex.

Die andere treibende Kraft der Gang war Al Berry, der zwar erst zwölf, aber stets bereit war, es mit jedem aufzunehmen. Berry war schnell und leicht wie ein Frettchen, voller Energie, und umkreiste uns ständig lachend, weil wir uns für seinen Geschmack viel zu langsam bewegten. Richard Joubert war aalglatt und sah gut aus. Am wohlsten fühlte ich mich mit Jerry Kahn, weil auch er, als Jude in dieser katholischen Gegend, ein Außenseiter war. Wir kultivierten beide eine chamäleonartige Anpassungsfähigkeit, mit deren Hilfe wir uns ins Spektrum unserer Klassenkameraden einfügten – wir paßten zu den Muster- und Lieblingsschülern genauso wie zu den Missetätern und Rowdys.

Von der hinteren Veranda unserer Wohnung aus konnte ich die

Gang erspähen, die in der warmen Sommerabenddämmerung in der Henchman Street herumlungerte. Henchman Street, nach Hauptmann Daniel Henchman, der sich in den Kämpfen der ersten Siedler von Worcester gegen die Indianer hervortat, benannt, war eine ruhige Seitenstraße der Lincoln Street mit wenig Verkehr, der sich größtenteils bei Ritz's Market abspielte, einem Lebensmittelgeschäft im Erdgeschoß eines dreistöckigen Mietshauses Ecke Henchman und Moen Street.

Im Ritz's Market gab es gutes Eis am Stiel, Baseball-Karten, Eiscreme-Sandwiches und meine Lieblingsschokoladenriegel. Gleich daneben stand eine verschnörkelte gußeiserne Straßenlaterne aus der viktorianischen Zeit. Ein Arm, an dessen Ende eine Lampe hing, die wie eine Blütenknospe geformt war, ragte etwa viereinhalb Meter über dem Gehweg aus dem Laternenpfahl. Diese Laterne inspirierte die Jungen aus der Nachbarschaft zu einem halsbrecherischen akrobatischen Kunststück – natürlich, um den Mädchen zu imponieren, die vorbeigingen, um sich am frühen Abend im Ritz's Market einen süßen Nachtisch zu holen.

Der Trick, von den leichteren und wendigeren Mitgliedern der Gang perfektioniert, lag darin, daß man sich am Laternenpfahl hochhangelte, sich auf die Querstange setzte, plötzlich zurückfallen ließ, so daß man an den Kniekehlen hing, und dann – die absolute Schau – die Zigarettenschachtel aus dem Ärmel des T-Shirts wickelte, sich eine Zigarette anzündete und in dieser Position, wo ein Abrutschen den sicheren Tod bedeutet hätte, lässig rauchte.

Zum ersten Mal sah ich dieses Kunststück von Al Berry vorgeführt, der mit der Geschwindigkeit eines Affen den Laternenpfahl erklomm. Ich staunte fassunglos. Aber so, wie Al es machte, sah es ganz einfach aus, und die Mädchen schrien vor Bewunderung und Entsetzen.

Früher oder später in jenem Sommer meisterten diesen Trick fast alle, sobald die Mädchen, die ihnen gefielen, auf der Bildfläche erschienen. Natürlich träumte auch ich davon, dieses Kunststück zu beherrschen. Ich konnte mir die ganze Sache gut vorstellen. Den Aufstieg würde ich zeitlich so einrichten, daß er mit dem Eintreffen eines langbeinigen Mädchens aus meiner Klasse namens Nancy Flynn zusammenfiel.

Nancy wohnte nur wenige Meter vom Laden entfernt, in der

Henchman Street 2½, einem alten Mietshaus, das von der Straße etwas abgerückt stand, wodurch vor dem Haus noch ein Baum und eine Schaukel Platz hatten. Sie war eine frühreife Zwölfjährige und trug oft kurze Shorts, die ihre wohlgeformten Beine ins rechte Licht rückten. Obwohl Nancy aus einer streng katholischen Familie stammte und nicht «lose» war, entflammten mich ihre aufgeworfenen Lippen, die sich wie eine halb geöffnete Blüte teilten, und ihre knospenden, festen Brüste. Wenn Nancy sähe, wie ich mit den Kniekehlen am Laternenpfahl hing, dann wäre sie mein fürs Leben, da war ich ganz sicher.

Viele Mädchen gingen auf der Henchman Street zum Laden. Jackie Walsh, aufgrund seines Alters und seiner sexuellen Erfahrung unser Anführer, mochte eine aufgeschossene Sechzehnjährige, die für ihre Vorliebe, in die Autos vorüberfahrender Jungen zu steigen, bekannt war. «Nun schaut euch bloß mal an, wie sie an dem Eis leckt!» murmelte Jackie, als sie vorbeitänzelte. «Das würde mir auch gefallen.»

Ich war nicht ganz sicher, wovon er redete, aber irgendwie hatte es was mit Sex zu tun. Ich bemühte mich immer, mir nicht anmerken zu lassen, wie wenig ich von der weiblichen Anatomie und Biologie wußte. «Nancy Flynn würde ich auch gern ein Eis kaufen», setzte ich mit wissendem Blick hinzu.

Ganz allein übte ich meinen Aufstieg an einem Laternenpfahl um die Ecke in der Crescent Street. Die Straße war ziemlich verwaist, nachdem die Arbeiter von den Sägewerken und Kohlenhalden abends heimgekehrt waren. Zu meiner Überraschung dauerte es Wochen, bis ich allein das Hochhangeln bis zum Querarm meisterte; bei Al Berry sah es so einfach aus. Eine weitere Woche saß ich auf der Stange und malte mir aus, wie ich in den Kniekehlen hing. Als ich es endlich schaffte, die Augen zu schließen und verkehrt herum an der Stange zu hängen, fühlte ich mich für mein Debüt in der Henchman Street bereit. Zigaretten im T-Shirt-Ärmel kamen nicht in Frage. Bei dem geringsten Verdacht, daß ich rauchte, würden mich meine Schwestern sofort bei meinem Vater verpetzen. Es genügte wohl, wenn ich hoch über den Köpfen der bewundernden Menge lässig schaukelte.

Während ich Laternenpfahl-Hängen übte, lernte ich bei der Henchman-Street-Bande auch Poker spielen. Wir versammelten uns mal bei dem einen, mal bei dem anderen. Im Gegensatz zu meinen Freunden in der Lincoln Street hatten diese Freunde tagsüber kaum unter der

Widrigkeit, einen Erwachsenen zu Hause zu haben, zu leiden; so konnten wir uns entspannen und tun, was uns gefiel: rauchen, spielen, Bier trinken (falls wir Geld dafür hatten) und über Mädchen und Sex phantasieren. Viele Anspielungen in diesen Gesprächen gingen über meinen Verstand, vor allem die häufigen Hinweise von Jackie Walsh und Al Berry auf Besuche in der «Unterführung». Ich vermutete, daß sie dort mit den Mädchen etwas Unaussprechliches taten. Sie redeten verschleiert über viele Dinge, die ich nicht verstehen sollte.

An heißen Tagen gingen wir zum Bell Pond, einem Teich in der Belmont Street, ganz in der Nähe. Dieser «Glockenteich» hatte wegen seiner Form ursprünglich den Namen Blasenteich getragen, bis die Stadtväter von Worcester beschlossen, ihm einen etwas eleganteren Namen zu geben. Ich ging deshalb gern mit meinen neuen Freunden dorthin, weil sie auch nicht schwimmen konnten. Wir tobten nur herum, spritzten uns gegenseitig voll und beäugten die Mädchen in den Badeanzügen.

Der Sommer näherte sich seinem Ende. Die Dämmerung kam jeden Tag früher, und ich wußte, daß die Schule bald wieder begann. Nancy Flynn würde ihre kurzen Shorts gegen Faltenröcke eintauschen, und ich hätte meine Chance verpaßt, ihr Herz mit meiner Tollkühnheit zu erobern. Ich war bereit, mein Leben aufs Spiel zu setzen, um von ihr bewundert zu werden, und während wir jeden Abend in der Nähe von Ritz's Market herumstrichen, übte ich mit meinen Kumpeln sorgfältig die Rollen ein, die sie zu spielen hatten. Sobald einer von ihnen Nancy aus dem Haus und auf uns zukommen sähe, sollte er mir ein Signal geben, und ich würde den Pfahl emporklettern. Bis sie uns erreicht hätte, säße ich hoch über ihrem Kopf, bereit, in den hängenden Teil des Tricks überzugehen.

Eines Abends wartete ich nervös. Ich fürchtete, es könnte zu dunkel werden, bevor sie der Appetit auf ein Eis aus der Schaukel riß. Früher am Abend hatte ich sie mit einem untadelig coolen und lässigen «Hey, Nancy!» begrüßt, während ich an ihr vorbeistolzierte, und jetzt wurden mir die Hände feucht. Im Kopf probte ich den Ablauf und dachte an das harte, kühle Gefühl des Eisens unter meinen Beinen.

«Sie kommt! Los, fang an!» zischte Jackie Walsh, und ich langte nach dem rostigen Laternenpfahl. Ich hörte Schritte. Ich stellte mir vor, wie sie in der Dämmerung immer näher kam, wie die weißen Shorts und ihre Bluse in dem purpurfarbenen Zwielicht leuchteten, und ich bekam übermenschliche Kräfte. In Rekordzeit rutschte ich den glitschigen Pfahl hinauf, warf meine Beine triumphierend über die Querstange und zog mich mit dem Rücken zum Gehweg unter mir in sitzende Stellung.

Genau in dem Moment, in dem Nancy den Fuß des Laternenpfahls erreicht hätte, würde ich mich zurückfallen lassen. Für einen atemberaubenden Augenblick würde es aussehen, als ob ich fiele, und sie würde vor Schreck aufschreien, so wie die Zuschauer im Zirkus stöhnen, wenn der Trapezkünstler im Bruchteil einer Sekunde, bevor er sich rettet, in den Tod zu stürzen scheint. Dann würde ich mich fangen, unbekümmert an der Stange hängen und sie, hoch über ihrem Kopf, siegesbewußt angrinsen. Ich konnte mir Nancy schon vorstellen, wie sie dastand – mit vor Schreck geöffnetem Mund, die Hand auf dem Herzen, von meinem Mut überwältigt.

«He, Nick, schau mal, wer da ist!» rief einer meiner Freunde mit merkwürdig warnendem Unterton. Nancy stand direkt unter mir. Ich holte tief Luft und ließ mich zurückfallen. Ich fing mich wie geplant, so daß ich über dem Pflaster wie der Klöppel einer Glocke hin- und herschwang. Es ertönte ein äußerst befriedigender Schrei, dann noch einer. Beim zweiten Schrei vermutete ich, daß etwas schiefgelaufen war.

In den Kniekehlen hängend, betrachtete ich die Zuschauer unter mir, wobei die Sicht von dieser umgekehrten Stellung aus nicht allzu gut war. Dann wurde die Sicht klarer, und ich sah – schreiend, die Hand vorm Mund – nicht Nancys schlanke, schimmerndweiße Gestalt, sondern die mollige, schwarz gekleidete Figur von Glykeria, die aus dem Haus geschlüpft war, um sich einen verbotenen Eiscreme-Sandwich zu kaufen.

«Verfluchter Teufel, du bringst dich ja um!» schrie Glykeria auf griechisch zu mir hoch. «Komm da runter! Gott schütze ihn! Er wird sterben! Wenn du runterfällst und dir das Genick brichst, bringt dich dein Vater um!»

Ich packte den Laternenpfahl und glitt wie ein Feuerwehrmann hinunter. Verwirrt hielt ich nach Nancy Ausschau und fragte mich, wie mein Plan so danebengehen konnte. Schließlich entdeckte ich sie in der beleuchteten Tür von Ritz's Market. Sie kicherte über das Theater, das meine Schwester machte, die dastand, die Hände in die Hüften gestemmt, und jeden Heiligen im griechischen Kalender anrief, um mich für meine Sünden zu verfluchen.

Noch demütigender war es für mich, als Glykeria mich von der schadenfrohen Schar meiner Kameraden fortzog und mich den ganzen Weg nach Hause auf griechisch beschimpfte. Vater kam gerade herein, und sie gab ihm eine lebhafte Beschreibung dessen, was sie eben an der Straßenecke erlebt hatte und wie meine Gangster-Freunde mich angestachelt hatten.

«Hab ich dich deshalb aus Griechenland geholt?» brüllte mein Vater. «Ist deine Mutter gestorben, um dich rauszubringen, hat sie gekämpft, um dich während der Hungersnot und im Krieg am Leben zu erhalten, damit du dich an einen Laternenpfahl hängst und umbringst?»

Als ich hörte, daß er den Namen meiner Mutter beschwor, um mich zu verurteilen, lief ich vor Zorn rot an. Schließlich war er es gewesen, der sie nicht rechtzeitig gerettet hatte. Aber ich wußte, ich war jetzt nicht in der Lage, ihn anzugreifen, deshalb versuchte ich, mich zu beherrschen, und brachte statt dessen den schwachen Einwand vor: «Die anderen Jungs machen es doch auch alle.»

«Diese Halunken, mit denen du dich abgibst – ich weiß Bescheid», schimpfte er. «Die drücken sich nicht nur an den Straßenecken herum, sie rauchen und trinken und stehlen und rennen hinter den Nutten her.» Er sprach mit solcher Überzeugung, daß ich vermutete, er wußte mehr von unseren Aktivitäten, als ich geglaubt hatte.

«In einem Alter, in dem die meisten Männer in Rente gehen, arbeite ich wie ein Sklave, und deine Schwestern schuften neun Stunden pro Tag am Fließband, damit du mit diesen Lumpen an den Straßenecken herumlungern kannst», fuhr er fort. «In Griechenland verrichten Jungen in deinem Alter Männerarbeit. Wie alt war ich, als meine Mutter mich bei einem Böttcher in die Lehre gab?»

«Acht Jahre», murmelte ich und stöhnte innerlich über die Aussicht, diese Geschichte von neuem zu hören.

«Genau – acht Jahre! Ich war so klein, daß ich die Reifen nicht mit den Händen biegen konnte, und er schlug mich. Darum haben sie mich zu einem Kesselflicker in die Lehre gegeben. Der hat mich mit Lumpen an den Füßen und Sand darunter in die großen Töpfe gesetzt, und ich mußte tanzen, um sie zu polieren. Ich reiste mit ihm nach Kreta, nach Asien, nach Konstantinopel, schlief auf der Erde, polierte Töpfe. Und wieviel habe ich bekommen? Ein englisches Pfund im Monat, und ich habe alles zu meiner Mutter nach Hause gebracht, um meine vaterlosen Brüder und Schwestern zu ernähren. Glaubst du, ich hätte Zeit gehabt, mich von Laternen herunterhängen zu lassen, als ich so alt war wie du?»

«Nein», murmelte ich und hoffte, daß mein zerknirschter Gesichtsausdruck bewirkte, daß er es kurz machte. Dann fügte ich leichtsinnigerweise hinzu: «Aber hier gibt's im Sommer nichts anderes zu tun.»

«Verdammt richtig – nichts als Unsinn!» brüllte mein Vater wütender als zuvor, aber zumindest von den Geschichten seiner unterprivilegierten Kindheit abgelenkt. «Ich hätte dich, gleich nachdem die Schule aus war, zum Arbeiten zu Tzouras bringen sollen. Obstkisten ausladen würde dir vielleicht ein bißchen Verstand beibringen. Du hast Glück, daß die Schule nächste Woche wieder beginnt, sonst würde ich dich gleich morgen früh hinbringen. Von jetzt ab gehst du in die Schule und bist jeden Abend um fünf zum Essen zu Hause, und anschließend gehst du nicht mehr raus. Und wenn ich dich erwische, wie du wieder mit diesen Verbrechern an der Straßenecke herumlungerst, rede ich mit Stanley Adamowicz im Kaffeehaus, und dann soll sich die Polizei mal drum kümmern und schauen, was die nach der Schule so machen. Und glaub nicht, er würde das nicht für mich tun!»

Die Vorstellung, für den Rest meines Lebens um fünf Uhr abends nach Hause zu kommen, war fast so schlimm, wie im Gefängnis zu landen, aber ich begriff, daß es im Augenblick keinen Sinn hatte, gegen seinen Entschluß Einspruch zu erheben, jetzt, wo Glykeria danebenstand und liebend gern ihre Geschichten über meine akrobatischen Kunststücke ausschmücken würde. Mit finsterer Miene ging ich zu Bett und überlegte mir, wie ich Vaters Meinung über diese unmögliche Ausgangssperre ändern konnte. Eine Woche nachdem Fotini und ich in die sechste Klasse gekommen waren, machte uns unsere stattliche Direktorin, Miss McKenna, mit dem amerikanischen Volkstanz, dem Square Dancing, bekannt. Jeden Nachmittag brachte sie einen Plattenspieler in die Cafeteria. Wir mußten die Tische auf die Seite schieben und uns in vier Paaren aufstellen. Miss McKenna machte uns die Schritte trotz ihres Umfangs mit großer Behendigkeit und Begeisterung vor. Von diesen Tänzen war ich sehr angetan, denn sie eröffneten mir die Möglichkeit, ohne den Streß, den geschlossenes Tanzen für mich darstellte, mit dem anderen Geschlecht in Berührung zu kommen, und die komplizierten Schritte erinnerten mich an die griechischen Tänze unserer Heimatprovinz.

Eines Tages, als Nancy Flynn an mir vorbeiwalzte, sagte sie geziert: «Ich hab dich lange nicht mehr in der Henchman Street gesehen. Wir vermissen dich alle.»

Mein Puls beschleunigte sich bei dem Gedanken, daß sie meine Abwesenheit bemerkt hatte, aber ich antwortete mit einem Schulterzucken: «Hatte viel zu tun in letzter Zeit.» Nun wollte ich erst recht eine Möglichkeit finden, der verhaßten Ausgangssperre meines Vaters zu entkommen.

Am selben Nachmittag wagte ich einen Ausflug zur Henchman Street hinunter und hoffte, vor fünf Uhr Nancy zu begegnen. Sie war nicht da, aber mein Kumpel Richard Joubert traf mit einem neuen Luftgewehr ein, das er gerade zu seinem dreizehnten Geburtstag bekommen hatte. Wir legten alle unsere Fünf- und Zehncentstücke zusammen, um eine Schachtel Munition zu kaufen, und dann steuerte ein halbes Dutzend von uns der Crescent Street entgegen, dem Industriegebiet mit Depots, Lagerhallen und Fabriken, um auf einem leeren Platz ein Übungsschießen zu veranstalten.

Als wir – ein Rudel Dreizehn- und Vierzehnjährige, die hinter Joubert und seinem Gewehr wie die Ratten hinter dem Rattenfänger hertrotteten – die Crescent Street hinunter und an Wood's Sägewerk vorbeimarschierten, beobachteten uns vier Arbeiter, die auf einem Bretterhaufen standen.

«Was wollt ihr denn schießen?» neckte einer der Arbeiter von so hoch oben, daß wir ihn kaum verstehen konnten. «Elefanten? Was anderes trefft ihr mit so 'ner Knallbüchse bestimmt nicht!»

Wir lachten, aber Joubert, wütend über den Angriff auf seine Treffsicherheit, zielte auf die Arbeiter und ließ drei Schrotkörner sausen. Es war nur als Warnung gedacht, aber irgendein perverser Dämon leitete eines der Kügelchen direkt an den Schädel des Spötters. Er jaulte auf und schlug sich mit der Hand gegen die Stirn.

Mit großem Gebrüll kletterten er und seine Freunde vom Bretterhaufen und liefen über den Holzlagerplatz – vier riesige Arbeiter hinter einem halben Dutzend entsetzter Jungen her. Wir rannten wie die Kaninchen die Crescent Street hinauf. Am Ende der Straße angekommen, schwärmten wir nach allen Seiten aus und verteilten uns zwischen den Lagerhäusern und Schlackenhaufen.

Zu verängstigt, um klar denken zu können, rannte ich immer weiter geradeaus, direkt auf einen Kohlenstaubhaufen zu, der mir wie ein Miniaturberg im Weg stand. Ich fing an, die Sperre zu erklimmen, ohne zu merken, wie weich der Haufen war, und versank sofort. Das schwarze Pulver ging mir wie Treibsand bis über die Knie.

Zwei Arbeiter näherten sich mir, da ich so schön festsaß, während die anderen beiden den Rest der Missetäter verfolgten und am Horizont verschwanden. Die Männer fingen an, auf mich einzuschlagen. Laut fluchend schlugen sie mich mit der flachen Hand. Da sich meine Beine nicht bewegten, konnte ich nur versuchen, meinen Kopf und mein Gesicht mit den Armen zu schützen. Ich jammerte: «Nicht ich! Ich war's nicht! Nicht ich!» Jedesmal wenn einer der Männer zuschlug, beteuerte ich meine Unschuld und kam wie ein Punchingball hoch, nur um wieder niedergeschlagen zu werden.

Nachdem die beiden es geschafft hatten, mir die Lippen aufzureißen und die Nase blutig zu schlagen, meine Augen zu schließen und meinem Kopf eine klaffende Wunde beizubringen, meinten sie, mich genug gestraft zu haben – ich war ja ohnehin nicht der Kerl mit der Flinte. Sie ließen mich im Dreck stehen, während mir Blut und Tränen übers Gesicht liefen, und gingen zum Sägewerk zurück. Über die Schultern brüllten sie mir zu, was passieren würde, wenn einer von uns «gottverdammten Kerlen» wieder in der Nachbarschaft auftauchte.

Als sie fort waren, zog ich meine Beine aus dem Kohlenhaufen. Ich ging auf Umwegen nach Hause und hatte mehr Angst vor der Reaktion meiner Familie als wegen meiner Wunden. Während ich die Treppe hinaufstieg, versuchte ich den Kohlenstaub abzuwischen, aber er hatte sich mit Blut und Tränen zu einer gräßlichen Schlammschicht vermischt.

Durch meine geschwollenen Augenlider hindurch sah ich, wie Olga erbleichte. Dann faßte sie sich und fing an zu schreien. Sie kreischte und verwünschte mich und versuchte, sich um meine Wunden zu kümmern, aber ich ließ sie nicht an mich heran. Märtyrerhaft schweigend ging ich ins Bad, wusch mich, so gut ich konnte, und zog meinen Schlafanzug an. Ich erkannte mich fast nicht im Spiegel. Ich versuchte, die lilafarbenen Blutergüsse, blauen Augen und offenen roten Wunden mit Hilfe von Vaters Puder zu verstecken, und bestäubte mich großzügig, aber das machte alles nur noch schlimmer.

Als ich aus dem Bad kam, fing Olga wieder von vorne an: Wie es doch viel besser wäre, wenn ich einfach draußen bei meinen Freunden, diesen Verbrechern, geblieben wäre und mich hätte umbringen lassen, weil Vater mich sowieso fertigmachen würde; wie ich der ganzen Familie durch mein Benehmen Schande mache und sie sich wegen mir nie mehr mit erhobenem Kopf in der Kirche sehen lassen könne...

Ich schlug die Schlafzimmertür zu, ging ins Bett und versuchte, nicht daran zu denken, was Vater tun würde, wenn er nach Hause kam. Schließlich hörte ich ihn auf der Treppe und dann Olgas schrille Hetzreden, sobald er durch die Tür gekommen war. Wie immer verdammte sie abwechselnd meine Missetaten und flehte ihn an, mich zu schonen. «Sein Gesicht sieht von den Schlägen aus wie rohes Fleisch!» kreischte sie. «Kann keine anständigen Jungen finden, mit denen er sich abgibt. Bring ihn nicht um, *Patera*! Er hat schon genug Blut verloren! Dieser Taugenichts! Kein bißchen Hirn im Kopf! Warum kann er einer Schlägerei nicht ein einziges Mal aus dem Weg gehen? Schlag ihn nicht mit dem Gürtel! Er ist doch noch ein kleiner Junge!»

Olga wurde still, als Vater in das dunkle Schlafzimmer trat, wo ich mit geschlossenen Augen lag. Ich hörte, wie er zu mir herüberkam und mich genau betrachtete. Ich konnte seinen Atem auf meinem Gesicht spüren. Schließlich hielt ich es nicht länger aus und öffnete die Augen. Er sah mich traurig an.

«Warum hast du nicht auf mich gehört, als ich dich vor den Halunken in dieser Gegend gewarnt habe?» sagte er leise. «Egal, was ich sage – wenn du auch nur eine Stunde nach der Schule rausgehst, kommst du mit diesem Teufelspack in Schwierigkeiten. Also, von jetzt an gehst du überhaupt nicht mehr hinaus. Du kommst gleich nach der Schule nach Hause. Von jetzt an gilt für dich: Haus – Schule – Haus. Kein Herumbummeln mehr, keine Rowdy-Freunde mehr. Verstehst du mich?»

Ich wünschte mir die üblichen Drohungen mit dem Gürtel. Dieses neue Urteil klang wie lebenslange Einzelhaft.

«Es war nicht meine Schuld», murmelte ich verdrießlich.

«Ich will nichts von Schuld hören», brüllte er und wurde plötzlich wild. «Ich will dich hier zu Hause haben, jeden Tag Viertel nach drei, und wenn du nicht hier bist, hat mich deine Schwester im Restaurant anzurufen. Verstanden? Antworte mir!»

«Ja», sagte ich kleinlaut. Meine Freiheit schien mit diesem Wort auf ein Nichts zusammenzuschrumpfen.

Nach dieser Szene kam ich direkt von der Schule nach Hause. Olga ließ mich wie eine Gefängniswärterin ein. Meine Wut auf meinen Vater wuchs von Tag zu Tag. Andere Kinder durften spielen und Freunde haben, während ich wie ein Gefangener behandelt wurde, und weshalb?

Ich verbrachte viel Zeit damit, mir auszumalen, wie mein Vater an einem Herzinfarkt sterben würde, oder ich rechnete mir aus, wie lange es dauern würde, bis er an Altersschwäche starb. Ich war dreizehn und er neunundfünfzig, also würde es höchstens noch fünf oder sechs Jahre dauern. Mit neunzehn wäre ich ihn sicher los.

Diese Hoffnung hielt mich eine Weile aufrecht, aber nach einigen Wochen Haus – Schule – Haus merkte ich, daß ich nicht einfach nur herumsitzen und warten konnte, bis er starb. Ich konnte keine einzige Woche mehr warten, meine Freunde wiederzusehen. So beschloß ich, es auf eine Auseinandersetzung ankommen zu lassen.

Ich suchte mir einen Dienstag aus, weil das Vaters freier Tag war, den er immer im Kaffeehaus verbrachte. Statt nach der Schule heimzukommen, blieb ich bis lange nach Sonnenuntergang weg. Als ich nach Hause kam, war Olga außer sich. An jedem anderen Tag hätte sie Vater im Restaurant angerufen, sagte sie, aber jetzt sitze er im Kaffeehaus und dort gebe es kein Telefon. (Einer der vielen Vorzüge nach Ansicht der Stammgäste.)

Olga versuchte, wach zu bleiben und Bericht zu erstatten, wenn mein Vater heimkehrte, aber um Mitternacht war sie zu erschöpft. Am nächsten Morgen erwartete er mich in der Küche.

«Ich hab dir gesagt, du sollst gleich nach der Schule nach Hause kommen, und gestern abend warst du ungehorsam», verkündete er wie ein Richter.

Ich war darauf vorbereitet und ging sofort in die Offensive. «Ich kann hier nicht wie ein Gefangener leben!» sagte ich. «Ich muß rausgehen und mit meinen Freunden zusammensein können, genau wie du. Kaum hast du frei, gehst du ins Kaffeehaus – einen Tag, zwei Tage in der Woche. Ich muß auch mal mit meinen Freunden ausspannen können! Wenigstens verspiele ich dabei unser Geld nicht. Ich sag dir was», sprach ich von Mann zu Mann, «wenn du aufhörst, ins Kaffeehaus zu gehen, komme ich jeden Tag von der Schule direkt nach Hause.»

Er lief rot an, und ich sah, daß ich ihn getroffen hatte.

«Was weißt *du* denn schon – ein Kind, dem alles leichtgemacht wird?» donnerte er. «Ein Mann, der siebzig Stunden in der Woche arbeitet und fünf Kinder zu ernähren und zu versorgen hat – Kinder, die ihn zum Wahnsinn treiben –, verdient der etwa nicht, einmal in der Woche auszuspannen? Ich betrinke mich nicht, ich renn nicht mit Frauen rum, ich laß euch nicht im Stich oder lebe von der Wohlfahrt, und du wirfst *mir* vor, daß ich ab und zu mit meinen Freunden Karten spiele?»

«Ich habe dir nichts vorgeworfen», sagte ich ruhig. «Ich wollte nur erklären, daß jeder Freunde und Zeit braucht, um abschalten zu können – ich genau wie du.»

«Ich brauche kein Kaffeehaus. Ich geh nur hin und wieder, um mir die Zeit zu vertreiben», knurrte er. Aber so einfach kam er mir nicht davon.

«Du hast dein ganzes Leben im Kaffeehaus vergeudet!» sagte ich selbstgerecht. «Und dein ganzes Geld dazu! Du warst mal ein reicher Mann – das sagen alle. Wo ist alles hingekommen? 1945, als du uns zwischen den Kriegen hättest herausholen können, hattest du kein Geld. Jetzt müssen wir in so einer Gegend wohnen, und du machst *mir* Vorwürfe, wenn ich mit den Jungen, die hier leben, herumhänge! Wenn du dein Geld nicht im Kaffeehaus rausgeschmissen hättest, könnten wir in der besten Gegend von Worcester wohnen. Und wenn du uns geholt hättest, bevor die Partisanen kamen, so wie *Mana* dich gebeten hatte, wäre sie vielleicht –»

«Genug! Kein Wort mehr!» schrie er. Er merkte, wohin meine Anschuldigungen führten, und konnte es nicht ertragen, daß ich es aussprach. «Du wirfst mir solchen Unflat an den Kopf – mir, deinem Vater?» tobte er, das Gesicht gefährlich gerötet. «Na gut! Geh, wohin du willst, wann du willst! Ruinier dir dein Leben mit Halunken und Dieben! Ich will nichts mehr mit dir zu tun haben.»

Er griff nach Hut und Schirm und rauschte aus der Tür. Die ganze

Treppe hinunter konnte ich ihn brummen hören: «So redet der mit seinem eigenen Vater. Unverschämter Kerl!»

Ich saß wie versteinert da. Ein berauschendes Triumphgefühl setzte ein. Ich war frei! Er war zusammengeklappt, und ich konnte so lange draußen bleiben, wie ich wollte. Ich hatte nie geglaubt, daß es so leicht sein würde, ihn zum Kapitulieren zu bringen. Instinktiv hatte ich an seinen wunden Stellen gerührt – sein Schuldgefühl wegen des Spielens und sein Versäumnis, uns rechtzeitig aus Griechenland herauszuholen – und damit seine tyrannische Gewalt über mich durchbrochen. Niemals wieder würde er mich mit Drohungen und herumsausenden Gürtelschnallen einschüchtern.

Er hatte mir das Wort abgeschnitten, bevor ich gesagt hatte, was ich sagen wollte, aber ich beschloß, vorläufig Ruhe zu geben, da ich das angestrebte Zugeständnis erreicht hatte: Die Ausgangssperre war aufgehoben. Irgendwann – bald – würde ich jedoch dafür sorgen, daß er sich den Fragen stellte, die den Tod meiner Mutter und seine Schuld daran betrafen. Er sollte mir laut eingestehen, daß er für ihr Schicksal verantwortlich war! Ich hielt mich jetzt für stark genug, ihn dazu zu bringen.

Ich rannte zur Schule und wartete den ganzen Tag ungeduldig auf das Ende des Unterrichts, damit ich zu meinen Freunden in die Henchman Street laufen konnte. Nach der Schule traf ich Jackie Walsh, der mit Al Berry vor Ritz's Market herumlungerte. «Schau mal, wer da auf einmal wieder auftaucht», begrüßte er mich. «Ich dachte schon, du wärst gestorben, so wie die Gorillas dich vermöbelt haben.»

«Das war gar nichts», sagte ich großspurig. «Mein Alter ist übergeschnappt und hat mich eingesperrt, aber er läßt mich jetzt in Ruhe.»

«Dann kannst du ja mitkommen», warf Al Berry ein. «Wir wollten per Anhalter nach White City fahren. 'n paar Skooter zusammenkrachen lassen, in der Geisterbahn grabschen, mal sehen, wie weit wir vom Riesenrad spucken können.» White City war seit der Eröffnung am Ufer des Quinsigamond-Sees im Jahr 1905 ein Anziehungspunkt gelangweilter Jugendlicher. Es gab dort Zeltplätze für Naturfreunde, Platzkonzerte und Ruderregatten, die auch heute noch stattfinden. Der über 32 000 Quadratmeter große Freizeitpark mit seinen berühmten zehntausend elektrischen Lichtern war eines der Wunder von Neuengland. Eine Schmalspureisenbahn transportierte die Leute auf einer Schienenstrecke von fast dreieinhalb Kilometern vom Washington Square hinter dem Rathaus bis nach White City, und an Wochenenden war der Zug so voll, daß die eisernen Räder durchdrehten und der Schaffner Sand auf die Schienen werfen mußte, damit es losgehen konnte.

In seiner Blütezeit war White City ein verzauberter Ort gewesen, wo Liebespaare sich auf dem Riesenrad und im Liebestunnel amüsierten, auf dem See romantische Ruderpartien unternahmen und in den Restaurants am Ufer, wo bis zu tausend Menschen Platz fanden, bei Kerzenschein dinierten. Waldluft blähte die Sonnenschirme und Chiffonschals der Damen, die frisch im See gefangenen Hecht verspeisten.

Anfangs von den Planern als «großartigster und beliebtester Freizeitpark von ganz Neuengland – Sommeramüsements und harmloses Vergnügen» angekündigt, verlor White City an Glanz, als immer mehr Leute Autos besaßen, die sie an einem Tag bis zum Cape Cod brachten, und als die Prohibition begann. Würstchenbuden und Flüsterkneipen schossen aus dem Erdboden, wo früher Zeltplätze für junge Burschen gewesen waren, «die den Körper in Form bringen und den Geist mit guten Gedanken über das Wunderbare der Natur füllen wollten», wie es das *Worcester Telegram* ausdrückte.

Als Jackie Walsh und Al Berry einen Ausflug nach White City vorschlugen, waren sie allerdings weniger an den Wundern der Natur als an magenumdrehenden Karussells, den Wurf- und Schießbuden, an Bier in Strömen und der Aussicht auf weibliche Wesen ohne Begleitung interessiert. Aber solche Vergnügungen kosteten Geld, und meine Taschen waren noch leerer als sonst.

«Ich kann nicht mit, ich hab nur vierzig Cent», gestand ich unglücklich.

Al sah Jackie an, der nickte und sagte: «Schau, wir laden dich heute ein. Schließlich hast du für uns die Prügel von diesen Schlägern eingesteckt.»

«Die zahlen noch früh genug dafür, da mach dir mal keine Sorgen», warf Al ein. Er hielt plötzlich den Mund und warf Jackie einen Blick zu.

Jackie reagierte nicht. «Los, komm», sagte er. «Gehen wir zur Unterführung.»

Ich wurde rot vor Freude, daß ich nun erfahren sollte, was sie in der

Unterführung machten, die unter den Eisenbahnschienen nahe der Lincoln Street verlief. Seit langem hatte ich mir alle möglichen verworfenen Taten ausgemalt.

Was ich jedoch nicht erwartet hatte, war, daß Jackie unter einen der Eisenträger langte, die die Schienen stützten, einen großen Stein entfernte und eine Kassette voll Geld aus dem Versteck holte. Er entnahm ihr einen Zwanzigdollarschein und reichte ihn mir.

«Mensch, wo hast du denn das Geld her?» entfuhr es mir, als er die Kassette in ihr Loch zurückstellte und den Stein wieder anbrachte.

«Von da und dort», antwortete er ruhig. «Die kleinen Geschäfte und Kneipen hier in der Gegend lassen nachts immer etwas Knete in der Kasse. Wir betrachten es als Herausforderung.» Er wandte sich um und sah mich fest an. «Niemand weiß was von der Kassette außer mir und Al – und jetzt du», sagte er. «Also, wenn irgendwas rauskommt, wenn auch nur was drüber geflüstert wird – da kannst dir sicher denken, wem's leid tun wird.»

Ich nickte und schluckte.

«Wir sind beide schon auf Bewährung», sagte Al. «Wir können's uns nicht leisten, noch mal aufzufliegen.»

«Was ist Bewährung?» stotterte ich. Sie blickten sich an und lachten.

«Bewährung ist, was dir der Richter beim ersten Mal gibt, statt dich in den Knast zu stecken. Vor allem, wenn du unter sechzehn bist», antwortete Jackie.

«Es bedeutet nur, daß wir uns einmal die Woche bei so 'nem scharfen Bullen melden und ihm wieder mal sagen müssen, wie leid es uns tut, daß wir so böse Buben sind», erklärte Al. «Es ist zum Kotzen. Wenn die uns erwischen – wenn wir zum Beispiel im Sägewerk einbrechen, dann stecken die uns in den Knast.»

«Aber *du* bist nicht auf Bewährung», stellte Jackie fest. «Und du bist erst dreizehn. Niemand steckt dich in den Knast, egal, was du machst, auch wenn dich nachts jemand im Sägewerk erwischt.»

«Du meinst beim Einbrechen?» stammelte ich.

«Wir finden einfach, die schulden uns was», warf Al ein. «Vor allem dir, weil diese Gorillas ja schließlich dir die Hucke vollgehauen haben. Mach dir mal keine Sorgen – es geht alles klar, 'ne todsichere Sache.»

«Ehrlich», murmelte ich und versuchte, mir nicht anmerken zu lassen, wie mulmig mir bei dem Gedanken war, das Sägewerk wieder zu betreten.

«Die zwanzig sind nur Kleingeld – du wirst schon sehen», setzte Jackie hinzu. «Also, auf nach Whity City, mal sehen, was da los ist.» Während ich den beiden Jungen die Belmont Street hinauf in Richtung Shrewsbury Street folgte, versuchte ich, meine frühere Begeisterung zurückzugewinnen. Wie glücklich war ich vor einem Augenblick gewesen, frei zu sein, hingehen zu können, wohin ich wollte, und zu jeder mir passenden Zeit nach Hause zu kommen! Aber die zwanzig Dollar in meiner Tasche wogen schwer, und ich ahnte bereits, daß dies ein Geschenk war, das mit hohen Zinsen zurückzuzahlen wäre.

8 Kalter Krieg

Das Leben als emanzipierter Dreizehnjähriger verlief nicht so gut, wie ich es erwartet hatte. Zu Hause behandelten mich meine Schwestern wie einen jugendlichen Verbrecher. Seit dem Tag, an dem ich meinen Vater derart beschämt hatte, daß er sich zur Zurücknahme meiner Ausgangssperre gezwungen sah, herrschte zwischen uns kalter Krieg. Direkte Befehle, die er, wie er wußte, nicht durchsetzen konnte, riskierte er nicht. Er begnügte sich statt dessen mit schrecklichen Vorankündigungen dessen, was passieren würde, wenn ich meine leichtsinnigen Gewohnheiten beibehielt, wie z. B. im Regen hinauszugehen («Der Junge ist morgen mittag mit galoppierender Schwindsucht im Krankenhaus») und weit nach Mitternacht heimzukehren («Eines Tages bringt man ihn mit den Füßen voran auf einer Polizeitrage nach Hause – bei dem Volk, mit dem er sich abgibt»). In bester griechischer Chortradition nickten meine Schwestern in klagender Übereinstimmung. Sie schnalzten mit der Zunge und wiederholten seine grimmigen Voraussagen mit einem ansteigenden Arpeggio des Mißfallens.

Ich verkniff es mir, auf seine Warnungen zu antworten, und äußerte höchstens mal eine gemurmelte Unverschämtheit. Diese war sorgfältig abgewogen, um ihn nicht zu sehr herauszufordern, denn ich fürchtete, bei einem neuen verbalen Showdown die Beherrschung zu verlieren und ihn mit dem ganzen Zorn und Haß, die sich in mir aufgestaut hatten, zu attackieren. Das wollte ich erst dann tun, wenn ich bereit war, den völligen Bruch mit ihm zu riskieren. Deshalb beschränkte ich mich auf sarkastisches Gemurmel und vernichtende Blicke.

Seit mich Al Berry und Jackie Walsh als Strohmann für ihren Coup im Sägewerk vorgesehen hatten, ließ ich mich nur noch ungern in der Henchman Street sehen – aus Angst, der Tag meines kriminellen Debüts würde festgelegt. Das hinderte mich, Nancy Flynn mit Nachdruck den Hof zu machen. Um im Herbst 1952 mein verstörtes Gemüt zu beruhigen, suchte ich meinen üblichen Zufluchtsort – das Kino – auf und benutzte dabei das Wechselgeld von der heißen Zwanzigdollarnote, die mir Walsh und Berry vor unserem Ausflug nach Whity City zugesteckt hatten.

Ich ging ins Plymouth Theater in der Main Street, um *Der Sieger* zu sehen, einen Film, mit dem ich mich voll identifizieren konnte. Ich sah John Wayne, als ehemaligen Boxer aus Amerika, der versuchte, sich in Irland ein neues Leben aufzubauen, und hinter jeder Ecke auf neue Hindernisse stieß. Ich wußte, was es bedeutete, sich als Außenseiter zu fühlen. Mein Leben war seit meinem Jahr als Boxchampion der Greendale Avenue, das mir jetzt wie ein idyllisches Zwischenspiel vorkam, viel komplizierter geworden.

Als ob sich ein geheimer Wunsch erfüllte, traf ich beim Verlassen des Kinos auf Steve Zilavy, einen meiner Freunde aus der alten Nachbarschaft. Er war noch genauso schlaksig und schüchtern wie früher, und ich wunderte mich, wie sehr ich mich freute, ihn wiederzusehen. «Hey, Steve!» brüllte ich. «Hier bin ich!»

«Hey, Nick», antwortete er. «Wie geht's? Wieso hast du uns nie besucht, wie du's versprochen hattest?»

«Vielleicht schau ich nächstens mal vorbei», sagte ich und meinte es auch. «Wie geht's allen so?»

«Okay», sagte er. «Sie reden immer noch von dir. Es war prima, als du noch in der Gegend warst.»

«Das stimmt», sagte ich nachdenklich. «Wer ist jetzt Champion? Marty?»

«Nee – Don Muscovin.»

«Dieser Knirps?» brach es aus mir hervor. «Der war doch so schwach –, der durfte doch gar nicht kämpfen, nur Ringrichter sein!» Ich konnte es nicht glauben. Don Muscovin mußte in unserer Gegend den meisten Spott einstecken – in seinem rührenden Eifer, immer mitmachen zu wollen, war er ein allgemeines Ärgernis gewesen. Es war einfach unmöglich, daß dieser Schwächling meinen Platz als Boxstar von Greendale eingenommen hatte.

«Don ist kein Knirps mehr», sagte Steve. «Er hat ein paar gute Schläge drauf.»

«Gute Schläge! Muscovin? Du machst wohl Witze», höhnte ich. «Doch, wie ich's dir sag – er hat dieses Jahr noch keinen Kampf verloren», antwortete Steve. «Er hat Hackfleisch aus Joey, mir und sogar Marty gemacht. Er hat's mit allen aufgenommen und sie geschlagen.»

«Mich schlägt er nicht», prahlte ich. «Mich habt ihr vergessen, aber ihr werdet noch an mich denken! Wie wär's mit nächstem Samstag? Ich komm mit dem Bus, und ihr könnt alle zuschauen, wie ich ihn zu Brei schlage.»

Steve war nicht beeindruckt. «Vielleicht kommst du erst mal vorbei und schaust ihm beim Boxen zu», warnte er.

«Ich brauch ihm nicht zuzuschauen», sagte ich. «Du arrangierst es.»

«Sicher, Nick», stimmte er endlich zu. «Die freuen sich bestimmt alle, dich wiederzusehen.»

«Vergiß nicht – Samstag», sagte ich. «Ich werde dasein. Sorg dafür, daß Muscovin auch da ist.»

An dem Wochenende nahm ich den 30er Bus zurück in meine alte Nachbarschaft und fühlte mich wie Achilles, der ausritt, um Hektor auf dem Schlachtfeld von Troja zu begegnen. Die alten dreistöckigen Mietshäuser in den verschlafenen, von Bäumen gesäumten Straßen von Greendale sahen im Vergleich zur düsteren Umgebung der Lincoln Street wie Heimat aus, und die Jungen, die sich im Garten neben Don Muscovins Haus versammelt hatten, sahen auch noch aus wie früher – alle, bis auf Don. Der war enorm gewachsen und jetzt groß genug, um jedem Großmaul Sand ins Gesicht kicken zu können. Mit meiner Größe von einssiebenundfünfzig und meinen fünfundneunzig Pfund war ich ein Schwächling dagegen.

«He, Grieche, du hast dich überhaupt nicht verändert!» begrüßte mich Don freundlich. «Prima, dich zu sehen!»

«Du hast dich aber verändert!» murmelte ich und rechnete mir aus, daß ich ihn trotz seiner Größe immer noch mit meiner schnellen Beinarbeit und meinem starken rechten Haken schlagen könnte. Die ganze alte Clique war zum Zuschauen gekommen, auch ein paar Mädchen aus der Nachbarschaft, die gleichfalls gereift zu sein schienen.

Joey Doyle fungierte als Zeitnehmer, Marty Akerson war Ringrichter, und drei andere Jungen spielten Schiedsrichter. Wie immer bestand der Kampf aus drei Runden von je drei Minuten. In der ersten Runde entdeckte ich, daß meine raffinierte Beinarbeit und mein rechter Haken mir nicht viel nützten, weil Dons Arme jetzt um so vieles länger waren als meine und ich deshalb nicht nah genug herankam, um einen Schlag zu landen. Jedesmal wenn ich mich heranarbeitete, traf mich seine Faust, die trotz des Handschuhs hart wie ein Amboß war. Nach der ersten Runde ging mir die Luft aus, und ich hatte zwei blaue Augen.

«Bist du okay, Nick? Willst du lieber aufhören?» fragte Don, und seine Fürsorglichkeit war so aufrichtig, daß ich ihn am liebsten ermordet hätte. Ich mußte immerzu daran denken, wie er sich ständig wie ein Hündchen an unsere Fersen geheftet hatte.

«Mir geht's gut», japste ich und knirschte mit den Zähnen. «Muß nur Luft holen.»

In der zweiten Runde platzte meine Lippe auf, und in der dritten schlug er mir die Nase blutig. Das schlimmste an dem ganzen Debakel war, daß alle so freundlich und besorgt waren. Sie fragten mich andauernd, ob ich aufhören wollte, aber ich kämpfte verbissen weiter bis zum Ende. Die Schiedsrichter brauchten ihr Urteil nicht zu sprechen. Wir wußten alle, daß Don Muscovin, der frühere Paria, sich dem Herausforderer gestellt hatte und Champion geblieben war.

Die Jungen der Clique baten mich, öfter nach Greendale zu kommen, und ich versprach es auch, aber als ich die Worte durch meine aufgeschlagenen und geschwollenen Lippen preßte, wußte ich bereits, daß meine Füße den Ort meiner Demütigung nie wieder betreten würden. Ich behauptete, die Wunden täten nicht weh, schüttelte allen die Hand, nahm das schmutzige Taschentuch, das mir Steve Zilavy lieh, um es an meine blutende Nase zu halten, und hinkte zur Bushaltestelle – überzeugt, daß die glücklichen, sorglosen Tage meiner Jugend zu Ende waren.

Die Fahrt zurück in die Lincoln Street war lang und folgenschwer, denn in diesem Bus überdachte ich meinen ganzen Lebensplan. Es war klar, daß mein Körper mich im Stich gelassen hatte: Mein Wachstum verlangsamte sich, während die amerikanischen Jugendlichen dank überlegener Ernährung und genetischer Programmierung immer noch größer und stärker wurden. Es schien mir jetzt unwahrscheinlich, daß ich meinen Traum von Siegesruhm und Wohlstand für meine Familie im Boxring verwirklichen konnte. Ich mußte einen neuen Weg zum Erfolg entdecken und andere Vorbilder als Jimmy Cagney, Rocky Marciano und John Garfield wählen.

Außerdem wurde mir zunehmend bewußt, daß mir das Leben nicht gehörte, um es zu vergeuden. Meine Mutter war gestorben, damit ich nach Amerika kommen konnte. Davor hatte sie neun Jahre gekämpft, um mich vor dem Verhungern, vor Landminen und Artilleriefeuer zu retten. Jetzt, in Amerika, wurden alle meine Fehltritte und Erfolge von meinen Schwestern und der gesamten griechischen Gemeinde von Worcester mit geradezu fanatischer Teilnahme vermerkt und meinen Verwandten in Griechenland groß aufgebauscht berichtet. Ich wurde das Gefühl nicht los, daß ich es meiner Mutter schuldete, das Leben, das so teuer erkauft worden war, nicht einfach wegzuwerfen. Ich hatte nicht das Recht auf Selbstzerstörung – auch nicht mit dem schneidigen Elan eines Jimmy Cagney, der von einem Gastank, kurz vor der Explosion, herunterschrie: «He, Ma! Ich bin der Größte!»

Während der Bus über den Gold Star Boulevard dem Lincoln Square entgegenrumpelte, wurde mir endlich klar, daß ich die Welt mit dem Verstand erobern mußte, wenn es mit brutaler Gewalt nicht ging. Ganz gewiß war meine angeborene griechische Genialität derjenigen meiner amerikanischen Klassenkameraden nicht unterlegen – egal, welche Vitamine sie mit ihrer Nahrung aufgenommen hatten. Ich blickte auf die weiße Kalksteinpracht des Worcester Memorial Auditorium mit dem riesigen dorischen Säulengang, ein ganz naher Verwandter des Parthenon, den ich zurückgelassen hatte, und plötzlich trat eine inspirierende Gestalt auf die Bühne meiner Phantasie – ein Mann, umgeben von einer Aura der Integrität und Ehre: Paul Muni!

Wie ich von meinen Besuchen im Kino wußte, hatte Paul Muni seine Karriere in *Scarface* als blutiger Anfänger begonnen – ein junger Gangster, der sich wie alle anderen auf die Macht von Faust und Waffe verließ. Aber als er älter wurde, machte er eine aufsehenerregende Wandlung durch: Er tauschte die Kriminalität gegen ein Leben des Intellekts ein und entwickelte Willens- und Charakterstärke und selbstlose Menschlichkeit. Er verkörperte Emile Zola, den heroischen Journalisten und Autor, der der Gesellschaft die Stirn bot, um für die Unterdrückten Gerechtigkeit zu fordern; Louis Pasteur, der sein Leben riskierte, um die Welt vor Krankheit zu retten; auch Benito Juarez, den indianischen Revolutionär und Fürsprecher der Armen, der Mexiko vom französischen Kolonialismus befreite. Die ganze Welt bewunderte Paul Munis scharfen Verstand und edlen Charakter in diesen Filmen. Selbst zähe Burschen wie John Garfield in *Juarez* waren mit Ehrfurcht erfüllt. Ein weiteres Plus – dachte ich – war, daß die Männer, die er darstellte, sich eines längeren Lebens und mehr persönlicher Befriedigung erfreuten als die Gangster und Boxchampions der Leinwand.

Am Lincoln Square stieg ich mit zerschlagenem und blutenden Gesicht aus, das ein glückseliger Ausdruck der Überzeugung verklärte. Ich würde Paul Muni werden und mit meinem scharfen Verstand und eisernen Willen Ruhm erlangen.

Als erste Hürde mußte ich mich als Vorhut im Sägewerk-Coup ausklinken. Statt nach Hause zu gehen und meine Schwestern mit meinem vom Kampf gezeichneten Aussehen zu schockieren, ging ich direkt in die Henchman Street. Als ich an der Ecke bei Ritz's Market ankam – in meinem blutigen Hemd, mit blaugeschlagenen Augen und purpurfarbenen Blutergüssen gespenstisch anzusehen –, waren Jackie Walsh und Al Berry erfreulich beeindruckt.

«Heiliger Bimbam, wer hat denn das fertiggebracht?» fragte Jackie voll Bewunderung. «Hat dich dein Alter vermöbelt?»

«Ne – das waren wieder die Kerle vom Sägewerk.» Ich zuckte mit den Schultern. «Die haben mich gestern nacht erwischt, als ich im Hof rumgeschaut hab – die haben's mir ordentlich gegeben.»

«Die haben dich bei *was* erwischt?» riefen sie einstimmig aus.

«Ich hab die Gegend ausgekundschaftet, wie ihr gesagt habt», antwortete ich und sah verletzt aus.

«Du meinst, die haben dich erwischt, wie du den Laden abgecheckt hast?» unterbrach Al.

Ich zuckte bedauernd die Schultern. «Tut mir leid, Jungs. Sie haben mich erwischt und zusammengeschlagen und dann zur Polente gebracht.»

«Was haben sie dich gefragt? Was hast du ihnen gesagt?» forschte Jackie drohend.

«Gar nichts, ich hab euch nicht verpfiffen – bin doch kein Kanarienvogel», gab ich in meiner besten Marlon-Brando-Imitation zurück. «Sie haben mich ausgequetscht wegen Läden, die ausgeraubt worden sind, einige sogar oben in der Malden Street.»

«So weit waren wir nie», protestierte Al.

«Halt die Klappe, Idiot», schnauzte Jackie. Dann wandte er sich an mich.

«Ich hab getan, als ob ich nix Englisch sprechen», witzelte ich und hoffte, überzeugend zu klingen.

«Richtig so, Grieche!» sagte Al, und Jackie sah erleichtert aus.

«Sie haben mich gehen lassen», fuhr ich fort, «aber als ich heute früh aufstand, sah ich so einen Kerl im Hauseingang gegenüber stehen und unser Haus beobachten.»

«Und dann kommst du hierher, du Vollidiot?» explodierte Jackie.

«Ich bin zur Hintertür raus», protestierte ich. «Wofür hältst du mich eigentlich?»

«Geh denselben Weg zurück und bleib, wo du bist», befahl Jackie. «Laß dich für 'ne Weile nicht blicken. Jetzt nützt du uns sowieso nichts mehr.»

Und so kam es, daß Paul Muni und ich meine knospende Karriere als Dieb zu einem vorzeitigen Ende brachten. Jackie Walsh und Al Berry machten sich dagegen zu lockenderen Abenteuern auf. Obwohl ich den Kontakt mit Jackie verlor, las ich ihm Lauf der Jahre in der Zeitung von Worcester immer wieder über Als Heldentaten: Verurteilungen wegen ungedeckter Schecks, Erregung öffentlichen Ärgernisses und Kleindiebstahls.

Als frisch geweihter Gladiator des Intellekts marschierte ich mit doppeltem Eifer auf das akademische Schlachtfeld und war in der zweiten Hälfte der sechsten Klasse so gut, daß ich in die fortgeschrittene Literaturgruppe von Miss Diggins' Klasse kam.

Die sechste Klasse war ein kritisches Jahr im öffentlichen Schulsystem von Worcester, denn in dieser Zeit wurden die akademisch herausragenden Schüler für die speziellen Mittelschulen (die Prep Schools) ausgewählt, die auf das College vorbereiten. Aus diesen Schulen kamen die Schüler, die die Elite-Oberschulen – Classical und North High School – füllten, während die weniger begabten Schüler auf die weniger angesehenen Einheitsschulen verwiesen wurden.

Am Nachmittag des 9. Juni 1953, als meine Schwestern und ich auf unserem vorderen Balkon saßen, um uns in der atemberaubenden

Hitze etwas Abkühlung zu verschaffen, tobte ein Wirbelsturm über Worcester, der vierundneunzig Menschen tötete und fast zweitausend verletzte. Es war einer der schlimmsten Tornados in der Geschichte der Vereinigten Staaten. Unsere alte Nachbarschaft Greendale gehörte zu den am schwersten betroffenen Gebieten, aber von unserem Balkon in der Lincoln Street aus hörten wir nur eine große Explosion wie einen Donnerschlag aus dem Norden. Bald sahen wir Hunderte von blutenden Fußgängern zum Krankenhaus gegenüber strömen – manche trugen Tote –, während die Sirenen heulten. Olga, überzeugt, daß Krieg ausgebrochen sei, wurde hysterisch, und alle meine Schwestern weinten, als Polizeiautos, Krankenwagen und Zivilfahrzeuge Menschen am Notfall-Eingang ausluden.

Als Vater nach Hause kam – er war die ganze Strecke vom Restaurant zu Fuß gegangen – und erklärte, was passiert war, realisierten wir, wieviel Glück wir gehabt hatten, verschont geblieben zu sein. Eine Stunde früher hatte ich einen Bus zum Golfplatz verpaßt, wo ich manchmal als Golfjunge arbeitete. Hätte ich den Bus erwischt, wäre ich im Zentrum des Unglücks gewesen. Daß ich diesen Bus verpaßt hatte, schien mir wieder ein Beweis dafür zu sein, daß ich vom Geist meiner Mutter beschützt und bewacht wurde.

Am nächsten Sonntag zündeten wir zum Dank, daß wir davongekommen waren, Kerzen an, aber der Anblick der Verletzten brachte lebhafte Erinnerungen an die hinter uns liegenden Schrecken des Krieges zurück. In vielen Nächten nach dem Wirbelsturm schliefen wir unruhig und erwachten schreiend aus Alpträumen.

Während der Schulferien stellte Jimmy Tzouras Fotini vorübergehend bei Standard Fruit ein, während sich sein Buchhalter operieren lassen mußte. Fotini beantwortete das Telefon und führte Buch über Rechnungen und Lieferungen, und in regelmäßigen Abständen brachten sie und Tzouras dem Buchhalter die Bücher zum Prüfen ins Krankenhaus. Fotini erwies sich als äußerst geschäftstüchtig und hatte einen Blick für gute Investitionen. Als sie eines Tages mit Tzouras die Chandler Street hinauffuhr, erspähte sie ein dreistöckiges Haus, das zu verkaufen war. Sie erkundigte sich und erfuhr, daß das große Haus, das in einem guten Wohnviertel lag, nur 14 000 Dollar kostete, weil es in einem etwas heruntergekommenen Zustand war. Fotini meinte, wir sollten es kaufen.

Seit ich in die Machenschaften der Henchman-Street-Gang verwickelt wurde, hatte Vater davon gesprochen, in eine bessere Gegend zu ziehen. Mit den vier Gehältern, die hereinkamen, hatte er endlich einige Ersparnisse, und jedes der drei älteren Mädchen konnte das Haus als eine Investition für die Zukunft mitfinanzieren. (In Griechenland umfaßt die Aussteuer einer Braut oft auch ein Haus für die Neuvermählten, und zwar mit der Übereinkunft, daß die Immobilien – im Falle einer Scheidung oder sonstigen Katastrophe – Eigentum der Braut bleibt.)

Wir drängten uns alle in den Studebaker, um das Haus in der Chandler Street Nummer 369 zu begutachten, und kamen zu dem Ergebnis, daß Fotini eine kluge Wahl getroffen hatte. Kanta, Glykeria, Olga und Vater steuerten jeweils tausend Dollar bei, und für die restlichen zehntausend nahmen wir ein Hypothekendarlehen auf.

Ich hatte gemischte Gefühle, wenn ich an den Abschied von der Lincoln Street dachte. Es wäre natürlich eine Erleichterung, Jackie Walsh, Al Berry und der Henchman-Street-Gang zu entrinnen, es bedeutete aber auch, daß ich mich an eine neue Schule (die sechste für mich in genauso vielen Jahren) und neue Klassenkameraden gewöhnen mußte – keine leichte Aufgabe für einen, der auf der Schwelle zur Adoleszenz stand, auch ohne die zusätzlichen Nachteile, klein und Ausländer zu sein.

Während Fotini den Sommer über für Jimmy Tzouras arbeitete, setzte mich Vater beim Renovieren der leeren Wohnung im Erdgeschoß unseres neuen Hauses ein, die vier Schlafzimmer hatte und wo wir alle, bis auf Olga und Dino, leben würden. Olga und Dino sollten die kleinere Wohnung mit drei Schlafzimmern im obersten Geschoß bekommen. Der zweite Stock würde weiter an die bereits dort wohnende fünfköpfige Familie vermietet werden, bis Kanta einen Mann gefunden hätte und die Wohnung selbst brauchte.

Meine Aufgabe war es, unser Quartier neu zu streichen und zu tapezieren, während Stavros Michopoulos, ein frisch eingetroffener griechischer Immigrant, die notwendigen Zimmerarbeiten ausführte: Herrichten der Fußböden, Decken und Fensterrahmen. Vater sagte, er würde mir zwanzig Dollar pro Zimmer fürs Tapezieren und Streichen zahlen. Es schien mir ein gutes Geschäft zu sein, bis ich erfuhr, daß ich unzählige Schichten alter Tapete mit nichts weiter als heißem Wasser und einem Messer aufzuweichen und abzukratzen hatte.

Trotzdem fing ich an, auf meine Arbeit stolz zu sein, als ich lernte, die Tapete mit professioneller Genauigkeit anzubringen und so sauber zu streichen, daß ich kein Abdeckband für die Fenster brauchte, um saubere Ränder zu bekommen.

Vater, der nun zum ersten Mal amerikanischer Hausbesitzer war, kam häufig vorbei, um unseren Fortschritt zu prüfen, und begrüßte die Mieter über uns mit der Würde eines Großkapitalisten – *noblesse oblige*. Ich spürte, daß er sich freute, mich so schwer arbeiten zu sehen, anstatt Banken zu überfallen und von Straßenlaternen zu hängen, aber sein Lob war unweigerlich mit Kritik vermischt. «Schöne Arbeit», sagte er fachmännisch, «aber du hast dort eine Stelle übersehen, und an diesem Fenster hättest du besser kratzen sollen. Hier hat es getropft. Wie oft muß ich dir noch sagen, daß du den Pinsel erst abstreichen sollst?»

Ich reagierte nie darauf, sondern nahm meine Farbe, ging in die entfernteste Ecke des Raumes und ließ ihn durch mein Schweigen die kalte Feindseligkeit, die ich empfand, spüren. Er stand eine Weile verblüfft da und beobachtete mich. Dann ging er zu Michopoulos und schwatzte mit ihm.

Trotz der Hitze und Dämpfe und langen Arbeitsstunden gab es mir eine gewisse Befriedigung, zu sehen, wie sich das Haus durch meine Geschicklichkeit verwandelte. In diesem Sommer veränderten sich mein Körper und meine Stimme auf alarmierende Weise, und beunruhigende hormonelle Strömungen überfluteten mich, besonders wenn die Teenager-Tochter der Familie von nebenan in kurzen Shorts vorüberging. Aber der Rhythmus der Arbeit und die Entdeckung, daß ich die Leistung eines Erwachsenen vollbringen konnte, verliehen mir neues Selbstvertrauen, außer an den Tagen, wenn Vater vorbeikam, um meine Mühen zu bemängeln.

Unsere neue Schule, Chandler Junior High, war ein ausgedehntes, brandneues Gebäude, das sich auf einer Ebene erstreckte. Ein Dutzend Grundschulen schickte die Schüler hierher. Ich wurde in die Prep-School verwiesen, während Fotini in die Abteilung für weniger begabte Schüler kam, wo sie zusätzlich zu akademischen Fächern Unterricht im Kochen, Nähen, Kinderpflege, Musik und Kunst erhielt.

Meine neuen Klassenkameraden waren ganz anders als die, die ich bisher kennengelernt hatte. Sie waren teuer und konservativ gekleidet, die Mädchen sittsam in Faltenröcken, Slippern, Blusen mit runden Kragen und jungfräulichen Anstecknadeln, die Jungen flott mit Igelhaarschnitten, hellen Baumwollhosen mit Gürtelschnallen der Elite-Colleges und geknöpften Hemdkragen. Solche Sachen besaß ich nicht, beschloß aber, meinen eigenen Stil zu kreieren, indem ich mich wie die Gangster im Kino kleidete – Tony Curtis, John Derek, Humphrey Bogart. Ich staffierte mich mit glänzendweißen Hemden, Hosen mit messerscharfen Bügelfalten und einer Entenschwanzfrisur aus und fand, ich sähe bedrohlich, aber faszinierend aus.

Es war eine beunruhigende Erfahrung, in einer Schule, die so groß war, daß ich unmöglich mit allen meinen Klassenkameraden Bekanntschaft schließen konnte, in jeder Stunde das Klassenzimmer zu wechseln. Wie jeder Neuling verhielt ich mich still und beobachtete genau, um die Dynamik der neuen Schule kennenzulernen. Ich erfuhr bald, daß ich in der neuen Prep-Abteilung von sehr cleveren Kids umgeben war, die vielleicht sogar noch cleverer waren als ich.

Eine Woche nach meiner Ankunft stand ich vor einem Rätsel, als die Lehrerin, die unsere Hausaufgaben überwachte, verkündete, es sei Zeit, daß jeder von uns einem Club beitrete. Jeden Freitag würden wir von der fünften Stunde befreit, um an den Treffen des Clubs unserer Wahl teilzunehmen und unserem liebsten Hobby zu frönen. Das sagte mir überhaupt nichts, denn die pure Idee eines «Hobbys» war für jemanden aus einem griechischen Dorf unverständlich. Als die Lehrerin aufzählte, wofür wir uns entscheiden könnten, war ich noch verblüffter: Fotografieren, Schach, Kochen, Diskutieren, Latein, Astronomie... Einiges könnte ja nützlich sein, überlegte ich, aber das meiste klang wie totale Zeitverschwendung, und ich hatte nicht die Absicht, meine Energien zu vergeuden.

Ich stellte jedoch fest, daß ich einen Club wählen mußte, ob ich wollte oder nicht. Das einzige «Interesse», das damals meinen Geist in Anspruch nahm, waren Mädchen, und so ging ich an dem bewußten Freitag in der fünften Stunde hinter Judy Olander aus dem Raum, die mit ihrer frühreifen Figur, ihren schwingenden aschblonden Locken, ihren tanzenden blauen Augen, dem entschlossenen Kinn und ihrer überschwenglichen Lebenslust vom ersten Tag an meine Blicke auf sich gezogen hatte. Judy, die Tochter des Pfarrers der angesehenen lutherischen Kirche, war das beliebteste Mädchen in der siebten Klasse, und was immer sie wählte, würde auch mein Club sein.

Ihr dicht auf den Fersen, ging ich an gekennzeichneten Türen vorbei – Fotografieren, Chor, Cheerleading, Französisch, Kochen. Nichts davon zog Judys Blicke an. Plötzlich blieb sie stehen, und gemeinsam traten wir durch die Tür, auf der «Zeitung» stand. Zu meiner Verblüffung war schon eine ganze Reihe von Schülern da – unter ihnen die intelligentesten der Prep-Abteilung –, aber wenn Judy an der Schülerzeitung mitarbeiten wollte, dann wollte ich es auch, egal, wie groß die Konkurrenz war. So werden schicksalsschwere Entscheidungen fürs Leben oft gedankenlos getroffen, vor allem, wenn die eigenen Ziele von einem tobenden Strom jugendlicher Hormone diktiert werden. Seit diesem Tag habe ich Judy häufig im stillen gedankt, daß sie sich nicht statt der Schülerzeitung fürs Nähen interessiert hatte.

Das Gewühl im Klassenzimmer wurde von der beratenden Lehrerin zur Ordnung gerufen, einer Frau mit stattlichem Körperumfang, stählernem Blick und nasalem Bostoner Akzent, die unmißverständlich zu verstehen gab, daß sie keinen Unsinn duldete.

«Was wollt ihr Quatschköpfe hier alle?» bellte Miss Hurd. «Party-Feiern? Dies ist der Zeitungsclub! Und was haben wir vor? Wir wollen eine Zeitung herausbringen! Und *ihr* werdet die ganze Arbeit machen, nicht ich. Wenn also jemand im Zimmer ist, der nicht gerne arbeitet – ich schlage vor, der geht gleich jetzt und über den Flur in den Chor, weil ihr hier nämlich ordentlich ackern müßt. Und um zu sehen, ob ihr gut genug lesen und schreiben könnt, um an einer Zeitung mitzuarbeiten, werden wir sofort einen Aufsatz schreiben, und ich werde jeden ausscheiden, der sich meiner Meinung nach besser für den Briefmarkenclub eignet.»

Bald fesselte mich Miss Hurd mehr als Judy Olander. Ich mochte den beißenden Humor der Lehrerin, und sie schien meine Wertschätzung zu erwidern. Sie brachte uns jeden Schritt bei, der zur Herausgabe des *Chandler Echo* nötig war – vom Verfassen der Artikel bis zum Tippen der Vervielfältigungsmatrizen und Zusammenstellen jedes Exemplars.

Miss Hurd paukte ständig Grammatik mit uns und ließ uns Sätze graphisch darstellen, bis ich endlich die innere Logik und den Aufbau der englischen Sprache begriff, obwohl Präpositionen – schlüpfrige kleine Dinger, die in meinem Kopf immerzu durcheinandergerieten – mich noch immer zu Fall brachten und meine ausländischen Wurzeln offenbarten. Aber nach einem Semester in ihrer Klasse trug meine Wortwahl nicht mehr zur allgemeinen Belustigung meiner Schulkameraden bei, obwohl mein griechischer Akzent zusammen mit den breiten Bostoner Vokalen und fehlenden R mir mein Leben lang anhaften würden.

Bis zur siebten Klasse war ich ausgezeichnet im Rechnen und hegte die vage Absicht, Ingenieur zu werden, falls ich jemals ein College besuchen würde. Aber Miss Hurd schaffte es, daß ich mich in die Literatur verliebte. Ich war fasziniert, wie sie uns eine Geschichte vorlesen konnte, sie dann wie einen Fächer öffnete und ihre verschiedenen Facetten, Farben und Bedeutungen darlegte. Ich hatte geglaubt, daß Erzählungen einfach die Wiedergabe von Abenteuern waren, aber durch Miss Hurd erkannte ich, daß sie auch Gefühle ausdrücken konnten: Schmerz, Frustration, Wut und Verlust.

Miss Hurd vermachte mir auch die Liebe für mein griechisches Erbe. Ich hatte Griechenland als ein kleines, armes, durch den Krieg verheertes Land betrachtet, das für den Rest der Welt von geringer Bedeutung war, aber Miss Hurd schien absichtlich Geschichten und Lektionen auszuwählen, die den literarischen Reichtum der Griechen hervorhoben. Sie lehrte mich, daß mein Land der Prüfstein der westlichen Zivilisation war, und jedesmal wenn sie auf Aischylos oder Plato oder Sophokles verwies, zwinkerte sie mir zu und sagte: «Reklame für dein Volk, Nick!» Vom Außenseiter und Flüchtlingskind wurde ich zum Angehörigen einer edlen Rasse von Künstlern, Philosophen, Dichtern und Gründern der Demokratie. Bald konnte ich es kaum erwarten, zur Schule und zum Englischunterricht von Miss Hurd und an den Freitagnachmittagen in den Zeitungsclub zu gehen.

Kurz bevor Fotini und ich die siebte Klasse abschlossen, nahm unsere Familie an einem Ereignis teil, das für uns und die gesamte griechische Gemeinde von Worcester einen Meilenstein darstellte: die Weihung der neuen St.-Spyridon-Kirche, Ecke Russell und Elm Street, gegenüber vom Elm Park, am 30. Mai 1954.

Seit das Ende des Zweiten Weltkriegs eine neue Welle von Einwanderern aus Griechenland gebracht hatte – die Frauen und Kinder der «Junggesellen» sowie ganze Familien –, wurde es den griechischen Restaurantbesitzern, Obsthändlern und Fabrikarbeitern von Worcester zum ersten Mal bewußt, daß sie ihr Leben nicht im luxuriösen Ruhestand in ihren Heimatdörfern beschließen würden. Sie waren für immer in Amerika.

Die Weihung unserer neuen Kirche in der Russell Street, in der Nähe des vornehmsten Teils der Stadt, war eine Verkündigung an die Welt, daß die Griechen von Worcester sich endlich assimiliert hatten. Als Ersatz für den dunklen, zu klein gewordenen Bau in der Orange Street bauten sie eine glitzernde Kirche aus gelben Ziegeln, die als eines der schönsten Beispiele neobyzantinischer Architektur in Amerika galt. Das Hauptschiff hatte die Form eines gleicharmigen Kreuzes mit einer riesigen weißen Kuppel in der Mitte. Auch einen Glockenturm gab es – sechsundzwanzig Meter hoch. Im Innern glänzte die Kirche in weißem Carrara-Marmor, der aus Italien importiert worden war, mit unschätzbaren Mosaiken und Ikonen, einem riesigen Kronleuchter aus böhmischem Kristall, einem Retabel aus weißem Marmor, mit Lampen, die von den Schnäbeln bronzener Tauben gehalten wurden und immerwährend die langen, feierlichen Gesichter der Heiligen beleuchteten, und einunddreißig Buntglasfenstern, die von den wohlhabenden Familien der Gemeinde zum Gedenken ihrer Toten gestiftet worden waren.

Die großzügigsten Spender für die neue Kirche waren die Besitzer von Table Talk Pies, Angelo Cotsidas und Theodore Tonna. Nicht nur, daß sie teilweise persönlich für die Innenausstattung aufkamen, sie waren auch die Kräfte, die hinter der Vollendung der Kirche standen. Tonna war Vorstand im Baufondsausschuß, und Cotsidas war für die reich verzierten goldschwarzen Weihe-Gedenkbücher verantwortlich, die er für tausend Dollar die Seite verkaufte und damit alle Schulden beglich. Diese Alben enthielten die Geschichte der Kirche, Bilder und Gratulationsschreiben von Würdenträgern wie Präsident Dwight D. Eisenhower und Christian A. Herter, Gouverneur von Massachusetts, und Führern der orthodoxen Kirche.

Gemeindemitglieder, die für eine Albumseite bezahlten, füllten den ihnen zugewiesenen Platz auf vielerlei Art. Einige Seiten waren mit dem Foto eines Lieblingskindes oder eines geliebten Sohnes illustriert, der im Dienst seines Landes gestorben war; daneben standen Glückwünsche zur Weihung. Für seine Seite hatte sich unser Dauerbesucher Jimmy Tzouras mit zurückgezogenen Schultern, den rundlichen Kropftaubenkörper mit Anstrengung aufgerichtet, vor dem gemalten Hintergrund einer Terrasse und eines Parks fotografieren lassen. «Schau dir bloß mal Tzouras an, aufgebläht wie der Frosch in der Fabel, der vor Wichtigtuerei platzt», murmelte Vater, in einem Album blätternd. «Man könnte meinen, ihm gehört Standard Oil und nicht Standard Fruit. Macht sich ja lächerlich.»

Wir wußten, daß Vater liebend gern sein eigenes Abbild zwischen den Porträts der Stützen der Gemeinde gesehen hätte, deren meiste Mitglieder nach ihm nach Amerika gekommen waren und ursprünglich zu ihm als einem der ersten und wohlhabendsten Griechen in Worcester aufgeblickt hatten. Aber jetzt, wo die anderen sich in ihrem besten Staat in Positur setzten und fotografieren ließen, um im gleichen Band mit Präsident Eisenhower und dem Erzbischof für alle Ewigkeit festgehalten zu werden, konnte Vater nicht einmal die 250 Dollar – fast einen Monatslohn – für eine Viertelseite aufbringen.

Es hatte drei Jahre gedauert, um dem Kirchengebäude den letzten Schliff zu geben, und Vater Rizos, unser geduldiger und menschlicher Priester, hatte sich bis an den Rand eines Nervenzusammenbruchs verausgabt. Aber jetzt konnte die Einweihung endlich stattfinden. Drei Tage dauerten die Zeremonien und Festivitäten an. Es sollte Diners mit Tanz und Bälle geben, an denen wir nicht teilnahmen, weil wir es uns nicht leisten konnten, aber ich war als Hauptministrant bei allen Gottesdiensten dabei. Ich war aufgeregt und nervös, als ich neben griechischen Prälaten aus der ganzen Welt – in ihren prächtigen Roben herrlich anzusehen – auf der gleichen *solea* stand. In meinen weißen, goldumrandeten Gewändern sah ich ja selber herrlich aus, wie ich so das Weihrauchgefäß schwenkte und die Jüngeren mit ihren Kerzen beaufsichtigte, das Brot für das *antidoron* holte und ein riesiges, schweres goldenes Kreuz am Anfang der großen Prozession trug.

Das Wesentliche bei einer Kirchweihe, erklärte uns Vater Rizos, war die Weihung des Altars. Das geschah, indem im Innern des Altars die Reliquien von drei Heiligen eingeschlossen wurden. Anschließend wurde der Altar mit heiligem Chrisam gesalbt, einer Mischung aus Olivenöl und Balsam. Genau wie die frühesten Christen, die sich in den Katakomben versteckten, das Abendmahl auf den Gräbern der Märtyrer, die wegen ihres Glaubens gestorben waren, bereiteten, so würden auch wir das Fleisch und Blut Christi jeden Sonntag auf den Knochen der christlichen Märtyrer bereiten.

Ich liebte den Prunk und das Ritual der Kirche, die so wichtig gewesen waren, als wir noch in Griechenland lebten. Sie gaben mir das Gefühl, zu einer starken, florierenden und wichtigen Gemeinde zu gehören. Die Jahre des Außenseiterdaseins – zuerst wegen der royalistischen Gesinnung meines Großvaters als Nichtkommunist im Dorf, dann als Flüchtling in Amerika – schienen endlich hinter mir zu liegen, während ich das Weihrauchfaß schwenkte und Erzbischof Michael, Kirchenoberhaupt in Amerika, intonierte: «Erhöre unsere Gebete, vergib uns unsere Sünden und berge uns im Schatten Deiner Flügel.»

Vater hatte seit Monaten jedem Nichtgriechen gegenüber mit der neuen Kirche geprahlt: «Wissen Sie, sie haben Fotos für eine Enzyklopädie gemacht – sehr wichtige Kirche, sehr schön.» Aber als wir das bereits volle Mittelschiff betraten und sahen, daß die ganze Front für die Würdenträger und VIPs – wie die Mitglieder des Bauausschusses –, die zuerst vortreten und den Ring des Erzbischofs küssen würden, mit Seilen abgetrennt worden war, konnte ich sehen, wie wütend Vater wurde. Er betrachtete die erste Bank als rechtmäßig seine und schritt jeden Sonntag mit Eigentümergebaren nach vorn. Jetzt mußte er sich damit zufriedengeben, in der vordersten Bank hinter den Samtschnüren zu sitzen, während seine Kartenspieler-Kumpel mit frommer Miene gleich hinter den schwarzgewandeten Prälaten saßen.

Wieder einmal spürte ich eine zunehmende Abneigung gegen ihn. Nach vierundvierzig Jahren in Worcester hatte er es nicht geschafft, sich in der griechischen Gemeinde einen Ehrenplatz zu sichern, und sein Name erschien nirgendwo in den Alben. Wenigstens war ich als Ministrant und Mitglied der Sonntagsschule zweimal abgebildet, aber mein Vater hätte genauso gut überhaupt nicht existieren können. Hätte er nicht sein ganzes Geld verschleudert, überlegte ich, würden die Dinge ganz anders liegen. Wie Christus, der Pantokrator, die Seelen von der riesigen Kuppel herunter abwägte, urteilte ich über meinen Vater von meinem Aussichtspunkt auf der *solea* aus und fand ihn unwürdig.

Der Erzbischof hob das goldene Gefäß, das die Reliquien der Märtyrer enthielt, und führte langsam die große Prozession aus der Kirche an. Voran schritten die Hierarchen, ihnen folgten der Rangordnung nach die Kleriker, dann ich und die anderen Ministranten, die die goldenen Kreuze und Ikonen trugen, dann die Gemeinde in der Reihenfolge ihrer Bedeutung. Hintereinander gingen alle hinaus und marschierten dreimal um das Gebäude herum. Dann klopfte der Bischof, der Christus repräsentierte, an die großen Portale wie an die Tür zum Paradies und verlangte Einlaß.

Wieder in der Kirche, legte der Bischof die heiligen Reliquien in ein kleines goldenes Kästchen, goß den heiligen Chrisam darüber, um die Gegenwart Christi darzustellen, und sagte: «Ewig sei das Andenken der Erbauer dieser heiligen Kirche.» In diesem Augenblick setzten sich all die philanthropischen Herren in den ersten Reihen noch ein bißchen aufrechter, und mein Vater sank noch ein bißchen tiefer an seinem Platz in sich zusammen.

Nachdem der Bischof den Altar feierlich gereinigt hatte, betete er für die neue Kirche: «Laß Deine Augen Tag und Nacht darüber offen und laß Deine Ohren auf das Gebet derer hören, die eintreten...» Wir stellten uns alle noch aufrechter hin, vereint in unserem gemeinsamen Stolz, aber als ich meinen Vater betrachtete, sah er noch unglücklicher aus als sonst. Schließlich wurde mir klar, was ihn bedrückte: Die Stunde des Banketts, das am Abend gegeben wurde – der Höhepunkt des Wochenendes –, wo sich die angesehenen Kirchenmitglieder im Restaurant von Putnam and Thurston versammeln würden, rückte näher. Für meinen Vater wäre es die letzte Demütigung. Während seine alten Freunde auf dem Podium sitzen, Reden schwingen und sich gegenseitig gratulieren würden, stände er in seiner weißen Uniform schwitzend und kochend in der Küche und müßte sie wie ein Leibeigener bedienen.

Ich konnte sehen, daß auch Kanta in ihrem modischen blauen Kostüm und dem passenden Hut dem Bischof nicht zuhörte. Ihre Augen überflogen die Gesichter der Gemeinde. Es schien, daß ihr – wie meinem Vater – sorgenvolle Gedanken durch den Kopf gingen.

Kanta war jetzt zweiundzwanzig Jahre alt und näherte sich einem Alter, in dem man sie als *jerondokori* oder alte Jungfer bezeichnen würde. Sie mußte sich bald einen Mann suchen, bevor sie zum Heiraten zu alt wurde; aber als sie sich in der heiligen Stätte umblickte, die mit der gesamten griechischen Gemeinde von Worcester gefüllt war, wurde ihr klar, daß in dieser Masse kein einziger war, der sowohl ihren Vater als auch sie zufriedenstellen würde.

Außerhalb unserer Gemeinde wurde Amerika vom ersten Rumoren der sexuellen Revolution aufgerüttelt. Ein Jahr davor hatte der Kinsey-Report über die weibliche Sexualität ergeben, daß 50 Prozent der Frauen in Amerika vor ihrer Eheschließung sexuelle Beziehungen hatten und daß 25 Prozent ihrem Ehemann nach der Heirat untreu waren. Die Zeitschrift *Playboy*, die offene Leinwandsexualität von Marilyn Monroe und die lärmende Erotik des neuen Rock 'n' Roll gehörten inzwischen zum amerikanischen Alltag, während es in unserer griechischen Gemeinde undenkbar war, sich mit einem Mitglied des anderen Geschlechts zu einem Rendezvous zu verabreden; dagegen waren arrangierte Ehen alltäglich, und eine Frau, die Hosen trug oder auf europäische Art mit einem Mann tanzte, der nicht ihr Angetrauter war, wurde für schamlos erklärt und verdammt.

Unsere in sich geschlossene Immigrantengemeinde behielt ihre fast mittelalterlichen Verhaltensmaßregeln aus vielen Gründen bei. Die Einwanderer, die sich in Worcester niederließen, stammten fast alle aus den abgelegenen Bergdörfern der Murngana-Region, die durch ihre geographische Lage so isoliert ist, daß viele Gebräuche seit den Anfängen des Christentums unverändert geblieben waren. Die Menschen aus den Murngana-Bergen hatten wenig Gelegenheit, Leute aus der Außenwelt zu heiraten oder überhaupt kennenzulernen, und waren wie die isolierten Hillbillies geworden, die sich in die Appalachen zurückgezogen hatten und im zwanzigsten Jahrhundert immer noch shakespearisches Englisch sprachen.

Die Einwanderer, die sich seit der Jahrhundertwende in Worcester niedergelassen hatten, waren auf direktem Wege aus solchen Dörfern gekommen, ohne durch Zwischenaufenthalte mit der modernen Zivilisation in Berührung gekommen zu sein. Nach ihrer Ankunft blieben die mittelalterlichen Gebräuche unumstößlich bestehen. Während sich in Griechenland, in Städten wie Athen und Saloniki und sogar in Provinzhauptstädten wie Ioannina, die Gebräuche veränderten und rasch entwickelten, wurden sie in unserer Immigrantenwelt wie Familienerbstücke gehegt.

Die Sitten, die die griechische Gemeinde in Worcester so fanatisch bewahrte, erlaubten kein Abweichen von den Verhaltensregeln – vor allem keine Ehe mit einer Person, die aus irgendeinem anderen Teil Griechenlands stammte, denn die Murngana-Dörfler hielten sich für die Sittenwächter, während jemand aus dem Peloponnes ja eine unmoralische Erziehung gehabt haben konnte. Kanta mußte einen Mann aus unseren eigenen Dörfern heiraten. Einen in Amerika geborenen Griechen zu heiraten, kam überhaupt nicht in Frage. Als einer unserer Gatzoyiannis-Cousins tatsächlich ein tugendhaftes griechisches Mädchen geheiratet hatte, das in Amerika geboren war, warf das die Gemeinde vor Schock völlig aus der Bahn.

Kanta blickte sich in der Kirche um und sah, daß alle jungen und attraktiven Männer für meinen Vater inakzeptabel wären, da sie nicht aus unseren Dörfern stammten, und die meisten Männer, die aus unserem Gebiet kamen, waren etwa im gleichen Alter wie Vater. Kanta hatte immer geschworen, daß sie sich mit keinem älteren Mann verloben lassen würde, der ja doch nur eine Krankenschwester fürs Alter suchte. Sie wußte, daß sie attraktiv, intelligent und vernünftig war, aber sie fürchtete, daß sie mit der Auswahl an Männern, die sie vor sich sah, als alte Jungfer enden würde.

Als der Erzbischof seinen Segen für die neu geweihte Kirche intonierte, hatte Kanta eine glänzende Idee. Sie wußte, daß jeder, der aus Amerika zurückkehrte, in Griechenland, das immer noch verzweifelt arm war, unter Hunderten von geeigneten Partnern wählen konnte. Jeder Mann in Griechenland mit der Aussicht, sein Brot in einem Land verdienen zu müssen, das zehn Jahre lang durch Krieg und Revolution verwüstet worden ist, würde die Gelegenheit, nach Amerika ausreisen zu können, sofort beim Schopfe packen. Kanta überlegte – sie konnte in Worcester bleiben und einen alten Mann heiraten oder in unsere Berge zurückkehren und sich den besten Bräutigam von Epirus aussuchen. Ihr Vater würde ihre Wahl akzeptieren müssen, weil er aus unseren eigenen Dörfern käme.

Was sie vor allem von einem Ehemann erwartete, waren Geduld und Ausgeglichenheit. Unser Großvater war berüchtigt für seine Boshaftigkeit und schamlose Untreue. Unser Vater, der bis aufs Kartenspielen zwar von untadeligem moralischem Charakter war, war ein unnachgiebiger, altmodischer und bedrückend strenger Mensch. Und Dino, der Ehemann, den Olga anbetete, war nach Kantas Auffassung nervös und launisch. Während sie zusah, wie der Bischof die Altarausstattung anbrachte – die Ikonen, die Evangelien, die Kerzenhalter und das Behältnis für die heiligen Sakramente –, versprach sie sich selbst, einen gutaussehenden Mann mit nie erlahmender Geduld und Ruhe zu suchen, einer, der sie nicht unterdrükken, sondern sie wegen ihrer Intelligenz schätzen würde, auch wenn sie nicht gebildet war.

Sie bekreuzigte sich und hauchte ein stilles Gebet an St. Spyridon, den einfachen Hirten, dessen auf wundersame Weise präservierter Körper seit 1600 Jahren in seiner Kirche auf der Insel Korfu lag und dem man nachsagte, daß er auf seinen Wegen in der Nacht, in denen er Wunder vollbrachte, jedes Jahr ein Paar Schuhe ablief. (Ein Paar dieser abgetragenen Schuhe gehörte zu den Schätzen unserer neuen Kirche, die seinem Namen gewidmet war.) Als der Erzbischof die Gemeinde mit einer Handbewegung aufforderte, sich für den Segen zu erheben, blickte ihn Kanta mit einem verzückten Lächeln an und dachte, daß St. Spyridon, der ihr diese Idee in den Kopf gesetzt hatte, vielleicht schon sein erstes Wunder in dieser Kirche vollbracht hatte.

Vater wies Kantas Plan zurück, bevor sie ausgesprochen hatte. Keine seiner Töchter würde allein in der Welt herumkutschieren, brüllte er. Aber Kanta konnte sehr überzeugend sein. Sie habe bereits genug für die Schiffskarte gespart, erklärte sie. Und nach fünf Jahren sei es eine Schande, daß an *Manas* Grab noch kein Gedenkgottesdienst abgehalten worden sei. Unser Großvater könne sie am Schiff abholen und überallhin begleiten. Vater wisse doch, daß sie zu vernünftig sei, um irgendwas zu tun, was den Familiennamen in Verruf brächte.

Schließlich präsentierte sie ihren Trumpf: «Weißt du, der Laden in Ioannina, der dir zur Hälfte gehört – den solltest du verkaufen! Bei den griechischen Mieterschutzgesetzen bekommst du nur zehn Dollar im Monat, wenn du aber verkaufst, kriegst du zurück, was du investiert hast, und verdienst noch was dabei. Ich kann dort einen Käufer finden, und der Erlös wird meine Reise und eine eventuelle Hochzeitsfeier in Griechenland abdecken, und dann komme ich zurück und hab noch Geld übrig.»

Der Gedanke, für Kanta einen passenden Mann zu finden und gleichzeitig einen Gewinn zu erzielen, ohne für eine Aussteuer bezahlen zu müssen, war so phantastisch, daß Vater einige Minuten lang still über die Sache nachgrübelte. Wenn sie einen Mann kennenlernte und ihn in Griechenland heiratete, würden keine Kosten für eine große Hochzeit, den Empfang und die Hochzeitsreise anfallen. Ihr Großvater würde ihre Tugend mit der puritanischen Strenge des notorischen Schürzenjägers, dem man die Moral einer Verwandten anvertraut hat, schützen. Und falls Kanta, was Gott verhüten möge, eine unglückliche Wahl träfe, könnte niemand den Vater dafür verantwortlich machen. Aber sie war schließlich ein vernünftiges und kluges Mädchen und würde den Laden in Ioannina zu einem vorteilhaften Preis verkaufen.

Schließlich streckte Vater die Arme nach Kanta aus. «Meine Tochter!» verkündete er. «Ich bin zu dem Entschluß gelangt, daß die Zeit für dich gekommen ist, zu heiraten. Du hast meinen Segen. Ich werde deinem Großvater schreiben und ihm sagen, er soll dich im Hafen von Piräus abholen.»

Von diesem Augenblick an war Kanta nach der Arbeit vollauf mit Einkaufen beschäftigt, um für ihre triumphale Rückkehr nach Griechenland (und vielleicht auch für ihre Heirat) die passende Garderobe zusammenzustellen. In der Zwischenzeit verbrachten Fotini und ich unsere letzten Tage in der siebten Klasse, bis man uns für die Sommerferien entließ.

Noch bevor die Schule aus war, rief mich Vater eines Abends in die Küche, um ernsthaft über meine Zukunft zu diskutieren. Er lobte die guten Noten, die ich nach Hause gebracht hatte, und fuhr dann gleich fort, darauf hinzuweisen, daß ich die Familienfinanzen strapazierte, ohne selbst etwas zum Einkommen beizutragen. Er dagegen hätte bereits im Alter von acht Jahren zu arbeiten begonnen.

Bei diesem vertrauten Thema stöhnte ich innerlich auf. Wenn er sein Geld gespart hätte, statt es zu vergeuden, dann müßte keiner von uns arbeiten, dachte ich, während er weiterpredigte.

«Ich habe dich lange genug dahintreiben lassen», sagte Vater in dem selbstgerechten Ton, der mich so ärgerte. «Aber jetzt wird es Zeit, daß du endlich mitziehst und zum Familieneinkommen beiträgst. Hab ich dir jemals gesagt, wie viele Jahre ich meine Brüder und Schwestern und unsere Mutter ernährt habe?» Ich rollte die Augen, und er sagte bissig: «Schau mich nicht so an – du lernst von meinem Beispiel! Und wenn du die Absicht haben solltest, aufs College zu gehen – was ich mir für dich erhoffe, damit du in dieser Welt ein Mann von Bedeutung werden kannst –, dann fängst du besser jetzt mit dem Sparen an.»

«Meine Freunde arbeiten nicht», murmelte ich.

«Ihre Eltern haben nicht fünf verwaiste Kinder aufzuziehen», gab er zurück. «Du solltest dankbar sein, daß ich gute Verbindungen habe und dir einen guten Job vermitteln kann. Jeder Grieche in Worcester schuldet mir einen Gefallen, weil ich ihnen allen geholfen habe, auf die Beine zu kommen, als sie hier ankamen.»

«Warum arbeiten dann nicht *ihre* Kinder für *dich*?» stieß ich hervor.

Vater blickte unendlich sorgenvoll himmelwärts. «Immer dieses Gift, das dir von der Zunge tropft», seufzte er. «Genau wie dein Großvater – und schau ihn an, hat er vielleicht Freunde im Alter? Jeder haßt ihn! Ich dagegen kann jeden Griechen in Worcester meinen Freund nennen.»

«Für welchen Freund muß ich arbeiten gehen?» sagte ich, des Themas müde.

«Ted Kiritsy», antwortete er. «Du weißt, daß Ted's Markt alle Bonzen auf der Westseite beliefert. Natürlich kann sich seine Ware nicht mit der, die ich mal verkauft habe, vergleichen – solches Obst findet man nicht mehr. Aber Ted ist einverstanden, dich halbtags einzustellen und dir das Geschäft beizubringen. Du kannst seinem Sohn helfen. Ich will, daß du tüchtig bist. Mach mir keine Schande! Ted stellt dich nur aus Gefälligkeit ein.»

Und so nahm ich meinen ersten Job auf, der Geld einbrachte – den fürstlichen Lohn von sechzig Cent die Stunde. Da ich keine andere Wahl hatte, als zu arbeiten, beschloß ich, es meinem Vater zu zeigen und ein besserer Arbeiter zu sein, als er es je war. Aber ich hatte kaum angefangen, da wurde schon klar, daß meine Talente nicht im Obst- und Gemüsehandel lagen.

Kiritsy war ein schmächtiger, kahl werdender, dunkelhäutiger Grieche aus dem nördlichen Epirus, dem permanent eine Zigarette auf der Unterlippe klebte. Er war gutmütig, aber ohne Durchsetzungsvermögen. Die wahre Macht im Geschäft hatte seine Frau Helen, die, genauso klein, dünn und dunkel, an der Registrierkasse Wache hielt und den Ladenbetrieb mit stählernem Blick beobachtete.

An Ted war ein Künstler verlorengegangen. Mit Begeisterung wählte er die vollkommensten Früchte aus und arrangierte sie – eine wahre Augenweide – Pyramiden und Füllhörner in Schmuckfarben, die von Wandspiegeln reflektiert wurden. In kreativer Ekstase stellte er jeden Morgen das Obst zusammen: das dunkle Purpur der Auberginen, hervorgehoben vom Smaragdgrün des welligen Römersalats; die roten Delicious-Äpfel, glänzend wie Rubine, neben den gelbgrünen Pflaumen, die vor Saft schier platzten. Kiritsy und seine Frau konnten eines nicht ertragen – wenn die Kunden die Ware berührten und ihr dabei vielleicht Druckstellen verpaßten oder die vollkommene Symmetrie der Auslage zerstörten.

Meine Aufgabe war es, jedem Kunden mit einer offenen Tüte in der Hand entgegenzutreten und zu fragen: «Kann ich Ihnen behilflich sein?» Wenn der Kunde darauf bestand, das Obst zu betatschen, sollten wir Hilfskräfte höflich, aber bestimmt sagen: «Es tut mir leid, aber nur die Angestellten dürfen die Ware berühren.» Wir waren angewiesen, herauszufinden, was der Kunde wollte, und das dann so schnell in der Tüte abzuwiegen, daß er nicht weglaufen und die Tomaten kneifen konnte.

Von Anfang an fand Mrs. Kiritsy, daß es mir sowohl an der nötigen Schnelligkeit, als auch Strenge gegenüber den Kunden mangelte. Eines Morgens stolperte ich sogar über den Bordstein, während ich Obst zu einem Auto schleppte, und schüttete die ganze Bestellung aus.

Tag für Tag wiederholte ich den Spruch mit den Angestellten, und die aufgebrachten Kunden knurrten jedesmal: «Das ist ja lächerlich. Ich wähle immer meine eigenen Tomaten aus! Wo ist Ted? Er kennt mich.»

Ich warf dann Mrs. Kiritsy an der Registrierkasse einen flehenden Blick zu, aber sie starrte aus dem Fenster, um jedes Risiko, einen Kunden zu beleidigen, zu vermeiden. Bis ich dann mit den braunen Papiertüten beladen an der Kasse ankam, stand ihr deutlich im Gesicht geschrieben, daß ich es wieder einmal nicht geschafft hatte, den Standard von Ted's Markt aufrechtzuerhalten.

Kiritsy tat es leid, daß ich als Obst- und Gemüseverkäufer versagte, so ging er jeden Abend hinters Haus und füllte eine Tüte mit beschädigten und überreifen Früchten und drückte sie mir – für meinen Vater und meine Schwestern – in die Hand. Ich lehnte seine Wohltätigkeit jedesmal ab, aber er bestand darauf: «Dein Vater war mir ein guter Freund, als ich hier ankam. Nimm die Sachen bitte mit – tu's für mich!»

Auf der langen Wanderung nach Hause, während ich die Park Avenue überquerte und an der alten Harrington-Richardson-Waffenfabrik vorbeiging, wo mein Vater einmal ein fantastischer Büchsenmacher war (wie er behauptete), dann die Chandler Street hinauf

– und am Sportfeld vorbeitrottete, wo andere, sorgenfreiere Jungen Stickball spielten, wurde die übelriechende Tüte mit dem angefaulten Obst mit jedem Schritt schwerer. Dabei verfluchte ich meinen Vater, weil er Ted Kiritsys Nächstenliebe entfacht hatte und mich jeden Tag zwang, zu einem Job zurückzukehren, bei dem ich so unglücklich war.

Da ich arbeiten mußte, konnte ich nicht zum Bahnhof gehen, um mich von Kanta zu verabschieden, die am 8. Juli 1954 mit dem Dampfer *Nea Hellas* von New York abreiste. Sie hatte die Koffer mit leuchtenden Blumenkleidern und Schneiderkostümen (viele mit passenden Hüten), eleganten Schuhen, Abendstolen und -mänteln und mit Geschenken für die Verwandten – Kleiderstoffe, Kopftücher und Nylonstrümpfe – vollgepackt. Zu allerletzt hatte sie noch sorgfältig das wunderschöne Hochzeitskleid aus cremefarbener Spitze mit langer Schleppe und langen Ärmeln, das Mieder mit Perlen und Pailletten verziert, verpackt, das sie für hundert Dollar gekauft hatte. Sie hatte auch einen Schleier gekauft, denn Kanta wußte, daß sie so etwas in Griechenland nicht finden würde. Dabei war sie den freundlichen Fragen der Verkäuferinnen ausgewichen, weil sie nicht zugeben wollte, daß sie ein Hochzeitskleid kaufte, bevor sie überhaupt den Bräutigam kannte.

Es regte mich auf, sie abreisen zu sehen. Seit Olgas Hochzeit war Kanta die einzige meiner älteren Schwestern gewesen, die sich für mein Leben interessierte, und manchmal schob sie mir Geld aus ihrer Lohntüte zu. Olga ging völlig in ihrem Leben mit ihrem Mann und Baby auf, und jetzt war sie erneut schwanger. Kanta, vermutete ich, wü: de Monate später mit einem Ehemann aus Griechenland zurückkehren und dann genauso dämlich und mit verzücktem Blick umhergehen wie Olga und mich nie mehr beachten.

Es bekümmerte mich auch, daß Kanta ohne mich unser Dorf und das Grab unserer Mutter besuchen würde. Ich träumte oft, daß ich wieder auf den vertrauten Bergpfaden wanderte, den Weg hinauf zu unserem Haus, wo *Mana* wartete. Ich erwachte jedesmal voller Freude, bis mir klar wurde, daß ich immer noch in Amerika war. Ich hatte die Warnung meiner Mutter nie vergessen, daß sie uns verfluchen würde, wenn wir zurückkehrten, ich wollte aber trotzdem gerne mitgehen.

Es war schlimm genug, für Ted zu arbeiten, aber es wurde noch schlimmer, als Stavros Economou, der zwanzigjährige Sohn von Nassio, dem ehemaligen Partner meines Vaters, am Bordstein vorfuhr, um mir das neue rote Buick-Skylark-Kabriolett mit der Panoramascheibe und den Weißwandreifen zu zeigen, das sein Vater ihm gerade gekauft hatte. Als Stavros und ich noch in Griechenland waren, hatte ihm Nassio aufziehbare Flugzeuge und Spielzeugautos geschickt, während ich von Vater immer nur Kleidung und eine Schultasche bekommen hatte. Nassio hatte das Terminal Lunch 1950 verkauft und ein sehr erfolgreiches Restaurant an der Hauptstraße, die Worcester mit Boston verband, eröffnet. Jetzt konnte er es sich leisten, seinem Sohn dieses sportliche kleine rote Kabriolett zu kaufen, während mein Vater mich zwang, für ein paar Pennys die Verachtung von Mrs. Kiritsy zu erdulden. Als sich Stavros auf seine Hupe lehnte, um meine Aufmerksamkeit zu erregen, mußte ich unwillkürlich daran denken, daß die Dinge jetzt ganz anders lägen, wenn Nassio den Obstwagen nicht verkauft und sein Versprechen, Vater zum Partner im Terminal Lunch zu machen, gehalten hätte.

Für dieses Auto hätte ich meine Seele verkauft. In einem Jahr wäre ich alt genug, um meinen Führerschein zu machen, und die Sehnsucht, zu fahren, packte mich wie ein Fieber. Ein Auto zu besitzen, überstieg meine wildesten Vorstellungen, aber ich hoffte, wenigstens genug zu verdienen, um für die Fahrstunden bezahlen zu können. Der Führerschein würde die Welt von meiner Reife und Männlichkeit überzeugen. Mit einem Auto wie dem von Stavros würde ich jedes Mädchen in Worcester bekommen!

Da Ted Kiritsy mich nur halbtags gebrauchen konnte, verdiente ich etwa 15 Dollar die Woche. Ich mußte die Hälfte abgeben, und es kam nur qualvoll langsam etwas zusammen. Dann sagte Mrs. Kiritsy eines Tages im August: «Nikola, alle unsere Kunden gehen auf Urlaub. Wir brauchen nicht so viel Hilfe hier, deshalb müssen wir dich entlassen.»

Sie reichte mir meine letzte Lohntüte, unterließ es aber, meine allgemeine Untauglichkeit zu erwähnen. Ich konnte sehen, daß Ted ein schlechtes Gewissen hatte, weil er an diesem Abend eine besonders große Tüte voll beschädigter Früchte zusammenpackte. Ich versuchte noch heftiger als sonst, sie abzulehnen, aber er ließ nicht locker, und als er mir zum Abschied die Hand schüttelte, schmuggelte er mir einen Fünf-Dollar-Schein zu. Ted zwinkerte wild, damit ich das Geschenk nicht vor seiner Frau erwähnte, und sagte: «Grüß deinen Vater herzlich von mir, Nick. Er war immer freundlich zu mir. Er hätte Besseres verdient, der Arme.»

Niedergedrückt vom Gewicht des Obstes und meiner Schande, ging ich nach Hause und schwor mir, nie wieder einen Job anzunehmen, für den ich mich nicht eignete oder wo ich nicht geschätzt wurde.

Als ich nach Hause kam, stellte ich fest, daß Ted meinen Vater bereits angerufen hatte, der auch noch Salz in die Wunden streuen mußte: «Ich hab dir gesagt, wie schwer es draußen in der Welt ist. Nur die Zähen kommen voran. Als ich zehn Jahre alt war, hatte ich so dicke Schwielen an den Händen, daß ich die Töpfe ohne Handschuhe aus dem Feuer nehmen konnte.»

Ohne meinen Vater mit einem Wort zu bedenken, studierte ich die Zeitungsannoncen und fand eine neue Stelle in einer Schuhfabrik hinter der Main Street, wo ich Schuhe in Schachteln zu packen hatte. Ich verdiente mehr als bei Ted – achtzig Cent die Stunde, und es gefiel mir besser, weil die Chefs mit mir zufrieden waren. Das einzige Problem war, daß ich gelogen und gesagt hatte, ich sei sechzehn. An jedem Zahltag bat mich die Sekretärin der Firma, meinen Sozialversicherungsausweis oder meine Geburtsurkunde mitzubringen, aber ich sagte ihr, daß alle meine Papiere im Rathaus meines Dorfes verbrannt seien, als die Deutschen einfielen. Dann bat sie um meinen Paß, den ich prompt anbrachte, weil ich als Minderjähriger in Olgas Obhut aufgeführt wurde und für mich kein Geburtsdatum angegeben war.

Schließlich rief die Sekretärin bei uns zu Hause an und erfuhr von Olga, daß ich im Juli 1939 geboren wurde. Damit hatte ich zu Beginn der achten Klasse bereits zwei Rausschmisse zu verzeichnen. Zumindest hatte ich es geschafft, im Verlauf des Sommers fast 70 Dollar zu sparen. Vater ließ es mich jedoch nie vergessen, daß ich als Arbeiter versagt hatte, und ich versuchte, ihm aus dem Weg zu gehen, um mir seine Predigten über die Notwendigkeit von Ausdauer und Disziplin zu ersparen.

Bis ich im Herbst wieder zur Schule ging, hatten wir einen frustrierend nichtssagenden Brief von Kanta erhalten. Sie war gut angekommen, schrieb sie, war von unserem Großvater abgeholt worden und verbrachte zwei Wochen mit ihm in Athen, wo sie Verwandte besuchten. Griechenland war noch elender und ärmer, als sie erwartet hatte, sagte sie. Wo immer sie in der Hauptstadt hinging, verursachte sie einen Aufruhr mit ihrem amerikanischen Aussehen und ihren Kleidern. Ihr schwirrte der Kopf von all der Aufmerksamkeit, die ihr zuteil wurde, und sie wußte nicht, was sie tun sollte. «Ich sage allen dasselbe – zuerst muß ich ins Dorf gehen und den Gedenkgottesdienst abhalten lassen, und dann, danach, wenn ich sie wiedersehen möchte, kehre ich zurück», schrieb sie. «Ich hoffe, alles erledigen zu können, um Weihnachten wieder zurückzusein.»

Dieser Brief deprimierte mich. Wenn ich daran dachte, wie schwer es mir fiel, mit meinem Vater in den gleichen Räumen zu leben, dann war das allerletzte, was ich mir wünschte, noch eine männliche Autorität, die mich herumkommandierte.

Zu Beginn des neuen Schuljahres erhielten wir ein Telegramm von Kanta: «Ich habe Evangelos Stratis mein Versprechen gegeben. Hochzeit am 19. September.»

Der Name Evangelos Stratis sagte mir nichts, aber für meinen Vater und meine Schwestern war er ein Grund zum Feiern. Vor dem Krieg war Olga mit ihm im Dorf zur Schule gegangen, und sie bezeichnete ihn als «netten Jungen, kein besonders guter Schüler, aber das macht nichts, weil er ein Stratis ist».

In unserem Dorf wurde jeder nach dem Ruf seiner Sippe beurteilt, und von allen Mitgliedern einer Sippe erwartete man, daß sie die gleichen Eigenschaften hatten. Der Stratis-Clan gehörte zu den besten von Lia, und zwei unserer Gatzoyiannis-Cousinen hatten Stratis-Cousins geheiratet.

Kanta, die sich gegen den Willen ihres geizigen Großvaters ein Hotelzimmer in Athen suchte, um nicht ständig von der ganzen Verwandtschaft belagert zu werden, wurde auf der Straße oft angesprochen. Der Anblick des schlanken, modisch gekleideten amerikanischen Mädchens, das neben dem weißhaarigen alten Bauern mit seinem Schnurrbart, der bäuerlichen Kleidung und dem knorrigen Wanderstab einherschritt, veranlaßte viele Fremde, unseren *Papu* zu fragen: «Sehr hübsches Mädchen – Amerikanerin? Ist sie verheiratet? Ich habe einen sehr gutaussehenden Sohn/Neffen/Bruder, den sie kennenlernen sollte.»

Mit Großvater fuhr sie zwölf Stunden im Bus nach Ioannina, der Hauptstadt von Epirus. Dort schaffte sie es, dem Mieter des Ladens für unsere Hälfte 1500 Dollar abzuschwatzen, weil im Laden ein unverheirateter Neffe arbeitete, der Kanta, wie er hoffte, gefallen könnte, und sie ließ ihn in dem Glauben, bis der Kaufvertrag unterschrieben war.

Sobald Kanta in unserem Dorf eintraf, verdoppelte sich die normale Einwohnerschaft von Lia fast mit dem Zustrom junger Männer, die, in der Hoffnung, die amerikanische Erbin würde einen von ihnen wählen, aus ganz Griechenland in ihre Vaterhäuser zurückkehrten. «Es war wie in der Lotterie», sagte Kanta. «Sie kamen alle, um ihr Glück zu versuchen.»

Sie entschied sich schließlich deshalb für Evangelos, weil er vier Stunden lang an einem alten Grammophon herumbastelte und die Geduld nicht verlor, bis er es repariert hatte. «Das ist der Mann für mich», sagte sie sich. «Und wenn er auch zu dünn und kein guter Tänzer ist – unter dem Schnurrbart ist er doch ein gutaussehender Bursche.»

Kanta bat sich von Evangelos eine Probewoche aus, bevor sie sich offiziell verlobten. Die Woche verlief besser, als Kanta gehofft hatte, und so setzte sie das Hochzeitsdatum fest. Zwei Wochen später, am 19. September, wurden sie in Filiates getraut. Die Flitterwochen verbrachten sie auf der bezaubernden Insel Korfu, und anschließend reisten sie nach Athen, wo sie zu ihrem Kummer erfuhren, daß Evangelos noch mindestens drei Monate auf seine Einwanderungspapiere warten mußte.

Sobald Kanta wieder in Amerika war, ging sie ans Fließband bei Table Talk zurück. Anfang Februar 1955 traf Evangelos in New York ein, wo Vater ihn abholte. Bei der Begrüßung küßte er mich auf beide Wangen – eine Geste, die mich überraschte und mir peinlich war, denn nach der langen Abwesenheit hatte ich vergessen, daß sich in Griechenland auch Männer mit einem Kuß begrüßten. Mein Vater und ich verschwendeten jedenfalls keine Küsse aneinander.

Trotzdem entdeckte ich bald, daß ich Evangelos mochte. Er war ruhig, höflich, bemüht zu gefallen und im Umgang mit Maschinen äußerst geschickt. Kanta hatte ihm eine Stelle bei Table Talk verschafft.

Angelo, wie ihn bald jeder nannte, erwies sich als eine sympathische und gutmütige Ergänzung unseres Haushalts, und Vater freute sich dermaßen über die Achtung, die ihm sein neuer Schwie-

gersohn erwies, daß er Kanta ständig zu ihrer klugen Wahl beglückwünschte. Angelo selbst war derart hingerissen von seinem Glück
und so verliebt in sein neues Land, daß er nie auf den Gedanken kam,
daß der Wohlstand, den er in Griechenland so lange entbehrt hatte,
auch in Amerika nicht leicht zu erreichen war.

9 Versöhnung

Während Kanta und Angelo ihr Nest auspolsterten, betätigte ich mich bei allen bunten Abenden in der Schule als vielgefragter Conférencier. Ich tat mich mit einem eineiigen Zwillingspaar – Stu und Phil Rosenberg – zusammen, und gemeinsam dachten wir uns Sketche mit schauderhaft abgedroschenen Witzen aus.

Das Team «Rosenberg, Rosenberg und Gage» erwies sich als derart erfolgreich, daß unser Studienberater beschloß, für unsere Eltern eine abendfüllende Varieté-Show auf die Beine zu stellen. Mit den Eintrittsgeldern sollten Sportveranstaltungen der Schule finanziert werden. Ich war natürlich der Conférencier, und die Rosenberg-Zwillinge und ich führten einen gräßlichen Sketch nach der Fernsehshow *Medic* auf, in dem ich den Dr. Steiner spielte. Aber der Höhepunkt des Abends war meine Wiedergabe von «Casey at the Bat», wobei ich zu einer von Jerry Colonna besungenen Schallplatte die Lippen bewegte. Mit meinem rotgestreiften Jackett und Strohhut stand ich da und schwang den Baseballschläger.

Alle Eltern waren gekommen, sogar mein Vater, und ich war den ganzen Abend aufgeregt. Was würde er wohl dazu sagen, daß sein Sohn vor amerikanischen Zuschauern Slapsticks vorführte? Nach der Show paßte mich Miss Hurd in einer Ecke ab und erzählte mir begeistert, ich sei die große Sensation gewesen, alle hätten sich vor Lachen gebogen. Sie folgte mir, als ich meinen Vater suchte und ihn schließlich ziemlich weit hinten im Saal – wie immer in seinem besten Dreiteiler mit Fliege, teurem Hut und Spazierstock mit Goldknauf – entdeckte. Er musterte mich von der Seite, taxierte das Bühnen-Make-up.

«Wie hat's dir gefallen?» fragte ich ihn nervös auf griechisch. «Also – ich saß so weit hinten, daß ich kaum was verstehen konnte», antwortete er ebenfalls auf griechisch. «Die Kleidung hat mir nicht gefallen – du hast wie ein Clown ausgesehen. Aber alle haben sich scheint's gut amüsiert. Bei dir haben sie am meisten geklatscht.»

Das bedeutete, daß er zwar kein Wort verstanden hatte, aber von der Reaktion des amerikanischen Publikums beeindruckt war. Ich hatte erwartet, ihn mit meinem Talent als Entertainer in Erstaunen zu versetzen, aber nun wurde mir klar, daß ich kaum mehr erhoffen konnte, als diese verblüffte Billigung meines Auftritts.

Ich spürte Miss Hurds Anwesenheit hinter mir und stellte ihm meine Lieblingslehrerin vor. Sie beglückwünschte ihn herzlich, einen solchen Sohn produziert zu haben, und er reagierte, wie es Griechen tun, wenn sie einer Autoritätsperson begegnen, mit höflicher Ehrerbietung, sich verbeugend, während er ihr die Hand schüttelte.

«Ja, mein Sohn, ein sehr kluger Junge», sagte er. «Ich sage ihm immer, nichts ist so wichtig wie Schulbildung. Ein Mann, der mit seinen Händen arbeitet, ist nicht mehr wert als ein Tier. Ich bin selbst ein Arbeiter – mein größter Fehler, mir keine Bildung verschafft zu haben. Ich sage ihm jeden Tag – verschaff dir Bildung! Hier in diesem Land kann ein gebildeter Mann überall hingehen, alles machen. Gott segne Amerika!» Miss Hurd schien von seiner Rede entzückt zu sein, und ich seufzte erleichtert auf, daß Vater mich wegen des unmännlichen Make-ups und weil ich mich in der Öffentlichkeit zum Narren machte, nicht heruntergeputzt hatte. Ich kann mir denken, wie es ihm vorgekommen sein muß, aber offensichtlich sagte er sich, wenn das zur Bildung gehörte, dann hätte er nichts dagegen einzuwenden.

Mein Erfolg als Entertainer bewirkte einen schwindelerregenden Aufstieg zur Spitze der Beliebtheitsskala der achten Klasse und verschaffte mir eine ganze Reihe von Party-Einladungen. Ich ging begeistert hin, wunderte mich aber über das, was ich sah. Ein Glück, daß mein Vater nicht wußte, was bei diesen amerikanischen Teenager-Feten vor sich ging! Normalerweise waren die Eltern unsichtbar, stellten nur ab und zu etwas zu essen hin. In der Zwischenzeit tanzten eng umschlungene Paare zu langsamer Schallplattenmusik.

Irgendwann gingen bei jeder Party die Lichter aus, und alle tanzenden Paare vollzogen so viel des Geschlechtsakts, wie sie aufrecht stehend zuwege brachten.

Für einen Griechen war das alles unglaublich. Wenn ein unverheiratetes Paar in Griechenland auch nur für wenige Minuten allein gelassen wird, nehmen die Eltern automatisch an, daß das Schlimmste passiert und das Mädchen keine Jungfrau mehr ist. Daß amerikanische Eltern ihre Töchter in ihren eigenen Hobbyräumen oder Wohnzimmern bei schummriger Beleuchtung lüsternen jungen Männern überließen und dann auch noch Essen servierten und verschwanden, war für mich unbegreiflich. Noch verderbter war meiner Meinung nach der Vater, der ins Zimmer platzte, um Aufnahmen von der Party seiner Tochter zu machen. «Diese Amerikaner lassen es nicht nur gut gelaunt zu, daß ihre Töchter befummelt werden», dachte ich, «nein, die Eltern fotografieren das Ganze auch noch, um das Ereignis für die Nachwelt festzuhalten.» Nichtsdestoweniger ging ich eifrig zu allen Partys, zu denen ich eingeladen wurde, und sonnte mich im Hochgefühl meiner neuen Popularität.

In der Zwischenzeit wählte Miss Hurd Gedichte, Artikel und Essays von mir für die Schülerzeitung aus, und ich hatte sie im Verdacht, mich für das folgende Jahr als Redakteur heranziehen zu wollen. An einem Frühlingstag in der achten Klasse sagte sie im Englischunterricht: «Wir haben darüber gesprochen, wie Autoren das beste Material ihrem eigenen Leben entnehmen. Ich möchte, daß jeder von euch einen Aufsatz schreibt, der auf eigenen Erfahrungen beruht.» Sie schwieg und blickte mich an. «Nicholas, ich möchte, daß du darüber schreibst, was du während des Krieges in Griechenland erlebt hast.»

Das war das letzte, worüber ich schreiben wollte, und so verschob ich, wie üblich, die ganze Arbeit bis kurz vor dem Montag, an dem sie fällig war. Ich ging in mein Zimmer, schloß die Tür und setzte mich mit Bleistift und Schreibblock im Schoß neben den Nachttisch. Es war einer der ersten schönen Tage im Mai, und der Chor aus Vogelstimmen draußen vorm Fenster und der Duft des frisch gemähten Rasens unseres Nachbarn lenkten mich noch mehr von dieser bedrückenden Aufgabe ab.

Schließlich nahm ich den Stift in die Hand und schrieb den ersten Satz: «Das Eintreffen des Frühlings hat für die einzelnen Menschen viele verschiedene Bedeutungen – das Ende des Winters, das erste Rotkehlchen, eine Zeit, in der ein junger Mann plötzlich an Liebe denkt. Für mich hat der Frühling eine ganz andere Bedeutung, weil es die Jahreszeit ist, in der ich meiner Mutter zum letzten Mal Lebewohl sagte.»

Danach schrieb ich einfach weiter, eine Zeile nach der anderen. Ich erzählte, wie die kommunistischen Partisanen, die die nationalistischen Truppen bekämpften, im September 1947 unser Dorf besetzten und wie die Männer alle davongelaufen waren, bevor die Partisanen kamen, um der Zwangsrekrutierung zu entgehen. Ich erzählte, wie die Partisanen uns zuerst das Essen und dann das Haus wegnahmen, um ihr Hauptquartier darin aufzuschlagen, und wie sie Olga mitnehmen wollten, um eine Partisanin aus ihr zu machen, daß Mutter aber ihren Fuß mit einem heißen Schürhaken verbrannte, so daß sie nicht gehen konnte. Sie nahmen statt dessen Kanta mit, schickten sie aber wieder zurück, weil sie während der Ausbildung immer in Ohnmacht fiel. In der Zwischenzeit taten meine Mutter und meine Schwestern alles, was die Partisanen verlangten: In Arbeitstrupps mußten sie Landminen legen, Bunker bauen, Tote begraben, die Verwundeten über die Berge tragen, säen und für ihre Armee die Ernte einbringen. Schließlich schrieb ich noch, daß die Partisanen eine Versammlung einberiefen und verlangten, daß alle Kinder zwischen drei und vierzehn Jahren von ihren Müttern übergeben würden, damit sie in Lager hinter dem Eisernen Vorhang geschickt werden könnten, wo man sie zu kommunistischen Soldaten der Zukunft machen würde. Die meisten Mütter lehnten dies ab, obwohl die Partisanen einen Tisch voller Essen vor die hungernden Dorfbewohner stellten und versprachen, alle Kinder, die übergeben würden, sofort zu füttern.

Der Wendepunkt, schrieb ich, kam eines Tages, als ich im Bohnenfeld unserer Familie, unsichtbar zwischen den Bohnenreihen, lag und zwei Partisanen vorbeiritten, die davon sprachen, daß sie alle Kinder gewaltsam mitnehmen würden. Ich rannte zu meiner Mutter, um es ihr zu sagen, damit die Reihe von Ereignissen in Bewegung setzend, die mit unserer Flucht und ihrem Prozeß, ihrer Folter und Hinrichtung endeten.

Ich erzählte, wie *Mana* die nächtliche Flucht aus Lia heraus und dann die Berge hinunter zu den nationalistischen Linien plante, und wie sie einen der wenigen übrigen Männer im Dorf bezahlte, damit er uns zwischen den Landminen hindurchführte. Ich beschrieb, wie die Partisanen an unserem letzten Tag eine weitere Frau aus unserem Haus forderten, um beim Dreschen des Weizens auf weit entfernten Feldern zu helfen, und wie meine Mutter den Entschluß faßte, selbst zu gehen, und uns befahl, wie geplant zu flüchten. Sie wollte versuchen, allein zu fliehen, und dann zu uns stoßen und meine Schwester Glykeria, die man bereits auf die Weizenfelder geschickt hatte, mitbringen.

Ich schrieb die Dinge nicht auf, die meine Mutter an jenem letzten Tag zu mir gesagt hatte, als sie mich an der Hand bis zu der Stelle mitnahm, wo sich die Frauen versammelten. Ich erzählte nicht, daß sie mich auf den Schoß nahm und mir sagte, ich müsse sehr tapfer sein, daß wir Kinder, wenn wir Amerika erreichten, nie mehr nach Griechenland zurückkehren dürften. Auch nicht, daß sie mir ihre Kette mit dem groben silbernen Kreuz zum Schutz um den Hals gelegt hatte. Ich beschrieb nicht, wie sie mich zum letzten Mal küßte und dann hinter den Frauen herlief, die in eine Schlucht hinuntergeführt wurden, oder wie sie sich alle paar Minuten umdrehte, um zu mir zurückzublicken. All diese Dinge, die sich in unseren letzten Augenblicken ereigneten, waren zu kostbar, um sie in einem Schulaufsatz niederzuschreiben.

Wir flohen in der Nacht wie geplant, schrieb ich, und bis die Posten der Partisanen uns zu verfolgen begannen, waren wir schon fast im verminten Niemandsland. Als die Sonne aufging, waren wir in Sichtweite der nationalistischen Linien, und wir machten eine weiße Fahne aus Olgas Unterrock und kletterten zu ihnen den Hügel hinauf. Sie brachten uns – im ersten Motorfahrzeug, das wir je gesehen hatten – ins Flüchtlingslager, wo wir später auch von der Hinrichtung unserer Mutter erfuhren. «Ich kann immer noch die Schreie meiner Schwestern hören», schrieb ich, «als mein Großvater uns sagte, daß meine Mutter und meine Tante für das, was sie Verrat – Vergeltung für unsere gelungene Flucht – nannten, erschossen worden waren.

Ich hatte sehr viel Glück, daß ich nach Amerika kommen konnte», schloß ich, «und ich weiß, daß meine Mutter auch glücklich wäre. Es war ihr größter Wunsch. Und trotzdem, immer wenn in Massachusetts der Frühling kommt und alle anderen froh sind, daß der Winter vorbei ist, werde ich traurig, weil ich an den Tag denken muß, an dem ich meine Mutter zum letztenmal sah.»

Während ich schreibend diese Zeit zurückrief, öffneten sich die Schleusen der Erinnerung und erfüllten mich mit schmerzlichem Kummer. Ich beschloß, nie wieder von diesen Ereignissen zu sprechen. Es war fast so, als ob ich die Schmerzen noch einmal durchlebte. Ich las meinen Aufsatz nicht noch einmal durch, sondern überreichte ihn so, wie er war, und hoffte, ihn nie wiederzusehen. Unglücklicherweise sagte mir Miss Hurd eine Woche später, daß sie ihn der Klasse gern vorlesen würde, wenn ich nichts dagegen hätte. Ich murmelte, daß es okay sei, aber als sie meine Worte laut vorlas, brach mir vor Nervosität der kalte Schweiß aus, und ich versuchte, nicht zuzuhören, sondern zu tun, als ob es die Prosa eines Fremden sei.

Während die Lehrerin las, blickte mich keiner meiner Klassenkameraden an, und nachdem sie zum Schluß gekommen war, sprach niemand ein Wort. Nur Miss Hurd sagte: «Eine sehr schöne Arbeit, Nicholas.» Später auf dem Flur sagten einige der Mädchen leise: «Es tut mir leid, was deiner Mutter passiert ist, Nick.» Einer der Jungen aus meiner Klasse sprudelte heraus: «Das war wirklich gut, Nick! Also – nicht gut, das war wirklich schrecklich! Na, du weißt schon, was ich meine.» Am selben Tag noch kam der stellvertretende Direktor zu mir und sagte mit einer Stimme, die zu laut schien: «Ich hab deinen Aufsatz gelesen, Nicholas. Mein Gott, Junge! Was auf der Welt alles passiert! Ich hatte ja keine Ahnung!»

Als die achte Klasse zu Ende war, tat es mir leid, mein neu erworbenes gesellschaftliches Prestige für den Sommer hinter mir zu lassen, für Fotini jedoch stellte der letzte Schultag das Ende eines wahren Leidensweges durch das öffentliche Schulsystem Amerikas dar. Sobald Kanta aus Griechenland zurückgekehrt war, weigerte sich Fotini, weiter zur Schule zu gehen, aber nach einigen Wochen rief eine ihrer Lehrerinnen – Miss Doran –, sie zu Hause an und bat sie um ein Gespräch. Im Büro von Miss Doran breitete Fotini ihren ganzen Kummer aus – die Lehrer, die sich über sie lustig machten, die Peinlichkeit, drei Jahre älter als der Rest zu sein, die Demütigung durch den Vater, der ihr nachspionierte, die vollkommene Unbegreiflichkeit der Bruchrechnungen und der Musik. Sie brach in Tränen aus und sagte, sie sei alt genug, um die Schule legal verlassen zu können – und damit Schluß.

Miss Doran redete ihr freundlich zu, die achte Klasse abzuschließen. «Es macht einen besseren Eindruck, Tina», sagte sie. «Mach dir keine Sorgen um die Noten oder die Hausaufgaben – ich werde mich darum kümmern und mit allen Lehrern reden. Aber komm zur Schule, bis das Jahr vorbei ist. Tu's für mich.»

Widerwillig erklärte sich Fotini einverstanden, das achte Schuljahr zu beenden, aber sie beteiligte sich nicht mehr am Unterricht und machte auch keine Hausaufgaben. Und am Ende des Jahres verschwand sie aus den Korridoren der Schule und aus dem Gedächtnis ihrer Mitschüler. In Griechenland war sie eine hervorragende Schülerin gewesen, aber daß sie, die aus einer sehr strengen Gesellschaft kam, plötzlich in eine Klasse mit drei Jahre jüngeren Mitschülern gesteckt und der Unterricht zudem in einer fremden Sprache abgehalten wurde – all das machte Fotinis ursprüngliche Bildungsbegeisterung zunichte.

Kanta hatte kein Verständnis dafür, da sie alles für ein High-School-Diplom gegeben hätte. «Du mußt *irgendwas* machen», belehrte sie Fotini. «Du bist sechzehn Jahre alt, und du mußt einen Beruf lernen. Du fummelst immer mit deinen Haaren herum – warum sparst du nicht etwas Geld und gehst zur Friseurschule? Wenn du erst Friseuse geworden bist, wirst du keine Mühe haben, Kunden anzulocken, so hübsch wie du bist.»

Es stimmte, daß Fotini, die der jungen Elizabeth Taylor ähnelte, die hübscheste von meinen Schwestern war. Jungen näherten sich ihr immer wieder, nur um abrupt abgewiesen zu werden. In jenem Sommer – 1955 – nahm Fotini tagsüber einen Job bei Table Talk an, und abends ging sie zur Ollis Beauty School in der Main Street. Dort sah sie zum ersten Mal Mädchen in ihrem eigenen Alter, die Zigaretten rauchten und Make-up trugen, und sie war schockiert. Ein gutaussehender italienischer Junge in der Friseurschule bewunderte Fotini nicht nur wegen ihrer Schönheit, sondern auch wegen ihrer stillen, bescheidenen Art. Jeden Abend bat er sie, mit ihm auszugehen oder in der Pause eine Tasse Kaffee mit ihm zu trinken, aber Fotini war sicher, wenn sie jemals mit dem jungen Mann an ihrer Seite aus der Schule träte, würde ihr Vater ihr nachspionieren. Sie antwortete jedesmal: «Ich möchte gern, aber du kennst meinen Vater nicht – der würde mich und dich umbringen, wenn ich jemals mit dir Kaffee trinken würde.»

Während Fotini bei Table Talk arbeitete und abends zur Friseurschule ging, suchte ich mir einen Sommerjob, indem ich alle griechischen Imbißbuden abklapperte. Schließlich stellte mich ein albanischer Grieche ein, um hinter der Theke seines Imbisses in der Pleasant Street für achtzig Cent die Stunde zu arbeiten. Meine neu erworbenen Darstellungskünste trugen dort zu meinem Erfolg bei, denn während ich Hot dogs und Hamburger grillte, entwickelte ich große Schlagfertigkeit mit den Kunden und kreierte oft Spezial-Sandwiches für sie. Ich nannte meine Kreationen nach den Kunden, und bald fragten sie nach mir, wenn sie hereinkamen. Als der Boss sah, wie beliebt ich war, erhöhte er meine Arbeitszeit auf fünfzig Stunden in der Woche, und bald brachte ich einen Lohn von 40 Dollar nach Hause.

Meine harte Arbeit in der Imbißstube war Teil eines umfassenden Plans. Im Juli würde ich sechzehn Jahre alt werden und könnte dann meine Fahrprüfung machen. Ich hoffte, mit dem Geld meine Fahrstunden zu finanzieren, damit ich noch im Sommer meinen Führerschein erwerben könnte.

Ich bestand die Prüfung an einem drückendheißen Augusttag, obwohl der Prüfer mich beinahe durchfallen ließ, weil ich vergaß, mich vor dem Ausscheren umzublicken. Ich schien das Glück jedoch endlich auf meiner Seite zu haben und konnte es kaum erwarten, die gesamte Schülerschaft am ersten Tag im September in Erstaunen zu versetzen.

Dafür müßte mir natürlich auch ein Auto zur Verfügung stehen, und ich wußte, daß es hoffnungslos war, von meinem Vater zu erwarten, daß er mir seines lieh. Ich fragte ihn trotzdem und bekam die gleiche Antwort, die jeder bekam, der ihn um sein Auto bat. «Wie das Sprichwort sagt – ‹Drei Dinge soll ein Mann nie ausleihen›», dozierte er, ««seine Frau, sein Gewehr und seinen Esel!› Und dieses Auto ist mein Esel.»

Mir blieb also nur eine Alternative: Dinos alter, schrottreifer Pontiac. Ich versprach, ihn regelmäßig jede Woche zu waschen und zu polieren, wenn Dino mich am ersten Tag zur Schule fahren lassen würde. Zuvor bestand mein Schwager aber darauf, mehrmals mit mir zu fahren, um zu sehen, ob ich qualifiziert sei. Schließlich sagte er, er würde ihn mir am ersten Tag leihen, wenn ich ihn nach der Schule zu einem bestimmten Parkplatz fahren würde, wo er ihn normalerweise abstellte.

Meine Ankunft in der Schule war so sensationell, wie ich es mir erhofft hatte. Alle meine Klassenkameraden versammelten sich um den uralten Pontiac und bewunderten ihn mit großen Augen. In der Mittagspause fuhr ich eine ausgewählte Gruppe von Freunden in der Stadt herum und dann zum Coney Island Diner zum Würstchenessen. Wenn ich vorher beliebt war, so war ich jetzt der King. Sicher war es nur eine Frage der Zeit, bevor ich bei einem Mädchen Erfolg hatte, beglückwünschte ich mich. Ich dachte dabei an kein bestimmtes Mädchen, sondern plante, eine Gruppe vielversprechender Kandidatinnen mit anderen Freunden zusammen einzuladen, so daß sie sich wohler fühlten, und mich dann auf das Mädchen zu konzentrieren, das am zugänglichsten schien.

Die erste Ausgabe unserer Schülerzeitung *Chandler Echo* im Herbst erschien mit einem Cartoon auf der ersten Seite: Viele Mitglieder der Lehrer- und Schülerschaft sahen sich zu ihrer Verwunderung eingehüllt in eine Auspuffwolke, die sich über das ganze Bild zog. «Aufgepaßt!» stand darunter. «Nick Gage hat seinen Führerschein!»

Eine Woche nach diesem Triumph, an einem Dienstag – Dinos freier Tag –, fragte ich ihn, ob ich das Auto wieder zur Schule fahren dürfe. Als Gegenleistung würde ich es bis in alle Ewigkeiten waschen. Dienstag war der Tag, an dem er mit seiner Familie Besuche machte, deshalb überließ er mir das Auto nur widerwillig und unter der Bedingung, es gleich nach Schulschluß um vierzehn Uhr dreißig zurückzubringen.

Ich versprach es bereitwillig, aber als die Schule aus war und ich meine ausgewählten Höflinge für eine kurze Fahrt herumkutschierte, wurde mir klar, daß es nicht leicht sein würde, meine Jungfräulichkeit zu verlieren, wenn ich Dinos Auto immer nur alle vierzehn Tage und nur für kurze Zeit bekam. Da hatte ich einen Geistesblitz: Auf dem Heimweg hielt ich vor Woolworth und ließ den Zündschlüssel nachmachen.

Vor dem Laden stieß ich auf einen griechischen Freund, den ich aus der Kirche kannte – Perry Eliopoulos. «Mensch, Gage, du hast einen fahrbaren Untersatz?» staunte er. «Das ist ja perfekt! Wir fahren bei den High-Schools rum und nehmen ein paar Mädchen mit – die sind alle ganz locker! Fahr du nur und überlaß mir das Reden!»

Wir fuhren langsam an allen High-Schools vorbei – North, Commerce, Classical –, und Perry redete in der Tat, aber seine Anmache war so aggressiv und vulgär, daß keines der Mädchen sich auch nur zu einer Antwort herabließ, geschweige denn einstieg und mit sich machen ließ, was wir im Sinn hatten. Schließlich fuhr ich Perry niedergeschlagen nach Hause und dann weiter zur Chandler Street. Dino stand schon in der Einfahrt und drohte mir wütend mit der Faust.

«Ich sagte, sei spätestens um halb drei zurück, und jetzt ist es halb sechs», brüllte er, rot im Gesicht.

«Du hast mir das Auto geliehen, aber nicht deine Uhr», gab ich zurück. «Woher soll ich wissen, wie spät es ist?»

«Du hast meiner Familie den ganzen Tag verdorben», tobte er. Eine Ader pulsierte auf seiner Stirn. «Das ist der Dank, daß ich dir mein Auto geliehen habe! Na, du kannst warten, bis du schwarz wirst – mein Auto kriegst du so schnell nicht wieder!»

Das dachte *er*! Ich hatte ja jetzt einen Zweitschlüssel, und ich kannte auch Dinos Zeitplan, den er ausnahmslos einhielt. Seine Schicht bei Putnam and Thurston dauerte von vierzehn Uhr dreißig bis Mitternacht. Wenn er zur Arbeit ging, parkte er das Auto in der Orange Street, ziemlich weit vom Restaurant entfernt, wo er nichts zu bezahlen brauchte. Nach achtzehn Uhr, wenn die Parkuhren keine Münzen mehr verlangten und es im Restaurant etwas ruhiger wurde, holte Dino das Auto etwas näher heran.

Da ich um halb drei aus der Schule kam, hatte ich genug Zeit, um zum Parkplatz in der Orange Street hinüberzugehen, Dinos Auto mit Hilfe des Zweitschlüssels wegzufahren, Freunde abzuholen, die aus irgendeinem Grund länger in der Schule geblieben waren, sie für ein paar Stunden herumzufahren und das Auto rechtzeitig zum Parkplatz zurückzubringen, bevor Dino es holte. Dino merkte nichts, weil ich stets das verbrauchte Benzin nachfüllte und das Auto genau so stehenließ, wie ich es vorgefunden hatte.

Es gab jetzt nur noch wenige Auserwählte, die mich auf diesen Spritztouren begleiten durften, und als ich mir Dinos Auto zum dritten Mal heimlich «auslieh», lud ich meinen Freund Chuck Goldthwaite und zwei beliebte Mädchen aus der neunten Klasse –

Paula Farrell und Franny Munton – ein. «Wir machen 'ne Tour, und dann laß ich euch an der Schule wieder raus», sagte ich großzügig. Zuerst hielten wir in der Newport Creamery und aßen ein Eis, und dann fuhr ich durch die Alleen mit den herrschaftlichen Häusern, wo die reichsten Familien von Worcester wohnten, um die Salisbury Street und Notre Dame Academy herum.

Schließlich, auf dem Rückweg in Richtung Schule, fuhr ich den Zenith Drive hinauf und bog an der May-Street-Kreuzung rechts ab, ohne auf das Stop-Schild zu achten. Als ich um die Kurve raste, fuhr ein großer Kombiwagen über die Kreuzung, und ich krachte mit solcher Gewalt in seinen linken hinteren Kotflügel, daß sich der Kombi um die eigene Achse drehte.

Während meine Passagiere aufkreischten, riß ich unser Auto auf die Fahrbahn zurück und raste mit Vollgas die May Street hinauf. Dabei betete ich, der andere Fahrer möge mich nicht so genau gesehen haben und daß Dinos Wagen nichts Sichtbares abbekommen hatte.

«Hey, Nick!» brüllte Chuck. «Wo fährst du denn hin? Du mußt doch anhalten!»

«Halt die Klappe!» stieß ich zwischen zusammengebissenen Zähnen hervor, während ich auf die Kreuzung May und Chandler Street zuraste – ich wollte unbedingt außer Sicht meines Opfers gelangen. Die Mädchen schrien dieses Mal nicht, sondern heulten nur entsetzt auf, als ich auf die Kreuzung zufuhr. Sie zitterten vor Angst. Ich bog so scharf nach rechts ab, daß ich über den Bordstein, quer über den Bürgersteig und die Böschung hinauffuhr und schließlich in jemandes Vorgarten zum Stehen kam.

«Wir steigen hier aus! Das ist nah genug», sagten meine Freunde hastig und stolperten aus den Türen. «Wir gehen zu Fuß zur Schule. Danke für die Fahrt, Nick!» Sie hatten es eilig, den Fängen dieses Wahnsinnigen zu entkommen.

«Okay», murmelte ich und versuchte, das heftige Zittern meines Körpers zu unterdrücken und so auszusehen, als ob ich auf halbem Weg den Hügel hinauf parken wollte. «Bis später! Hört mal», fügte ich hinzu, «ich hab ihn kaum berührt. Es war nichts, nur ein leichter Stoß. Es lohnt sich nicht, darüber zu reden, okay?»

«Okay!» stimmten sie zu und eilten davon, erleichtert, noch am Leben zu sein.

Gründlich geläutert fuhr ich vorsichtig zur Orange Street zurück und parkte das Auto, wo ich es gefunden hatte. Dann stieg ich, zu allen Heiligen betend, aus, und sah mir das Auto von vorn an. Es war schlimmer, als ich befürchtet hatte. Dinos vordere Stoßstange war völlig eingedrückt, die Scheinwerfer zerbrochen. Ich war in ernsthaften Schwierigkeiten! Was mich am meisten ängstigte, war die Frage, was Dino und mein Vater tun würden. Ich wußte noch nicht, daß mein Pech größer war, als ich mir vorstellen konnte: Der Mann, den ich angefahren und im Stich gelassen hatte, war Rechtsanwalt, und sein Auto hatte sich derart gedreht, daß er sich Dinos Nummernschild gut anschauen konnte. Die Nummer meldete er sofort der Polizei.

Das war eindeutig das Schlimmste, was ich je getan hatte, schlimmer, als von Laternenpfählen zu hängen oder mich mit Kleinkriminellen anzufreunden. Ich versuchte zu überlegen, wie ich die Strafe, die mich erwartete, umgehen könnte, aber mein Verstand war wie betäubt. So tat ich, was ich in Krisenmomenten immer tat: Ich ging ins Kino.

Als das Kino aus war, ging ich mit zögernden Schritten zur Chandler Street zurück und näherte mich vorsichtig unserem Haus. Es sah alles ruhig aus; keine Spur von Dino. Auch Vaters Auto war nicht da. Ganz leise stieg ich die Hintertreppe hinauf. Als ich die Fliegengittertür aufstieß, drehten sich die drei Menschen, die in der Küche warteten, nach mir um: meine Schwestern Glykeria und Olga am Küchentisch, und ein uniformierter Polizist, der aufstand und aus meiner Perspektive zweieinhalb Meter groß war.

Meine Schwestern fingen natürlich sofort wie zwei Todesfeen auf griechisch zu kreischen an. «Verfluchter Kerl – was hast du uns da wieder eingebrockt?» schrien sie im Chor.

Der Gesetzeshüter übernahm das Wort und redete wie in der Fernsehserie *Dragnet*. «Bist du Nicholas?»

«Ja», sagte ich demütig.

«Hast du heute das Auto deines Schwagers ohne seine Einwilligung genommen?»

«Ja.»

«Hast du dann an der Ecke Zenith Drive und May Street ein anderes Auto angefahren und anschließend Fahrerflucht begangen?»

«Ja.» (Sehr leise.)

«Komm bitte mit. Ich muß dich mitnehmen und registrieren.»
Wie aufs Stichwort tauchte mein Vater atemlos an der Hintertür
auf. Er war in Worcester herumgefahren und hatte mich überall
gesucht. Seine Reaktion auf meine Übeltat würde meinen Unglücks-
tag vollkommen machen.

Ich drehte mich um, um mich dem Ansturm seines Zorns zu
stellen – auf seinem Gesicht lag ein glückseliges Lächeln, das mich
und den Polizeibeamten gleichermaßen beschien. Es beruhigte mich
jedoch nicht, denn ich erkannte das mediterrane Lächeln, das Gefühle tarnt, die zu schrecklich sind, um sie offen zu zeigen. In der
Ilias beschrieb Homer die Furcht, die sich in der trojanischen Armee ausbreitete, als Ajax «unter seinen bedrohlichen Brauen lächelnd» anrückte. Als ich meinen Vater so sah, wußte ich genau, wie
den Trojanern zumute gewesen war.

«Ich nehme Ihren Sohn mit; ich muß ihn aufschreiben», sagte der
Polizist zu meinem Vater.

«Ist das wirklich nötig, Sir?» fragte mein Vater. «Er ist ein guter
Junge – macht nie Ärger. Daß er festgenommen wird wie ein Verbrecher, verdirbt seinen guten Ruf...»

«Ich sag Ihnen was», sagte der Polizist etwas freundlicher. «Ich
geh jetzt zum Essen. Wenn Sie und Ihr Sohn in der Zwischenzeit
zur Wache gehen und er sich freiwillig meldet, macht das später vor
Gericht einen viel besseren Eindruck.»

«Sie sind ein sehr gütiger Mensch», sagte Vater. «Ich werde das
nicht vergessen. Vielleicht darf ich Sie noch um einen anderen Gefallen bitten. Kennen Sie den Namen und die Nummer des Mannes
im anderen Auto? Wir müssen ihn anrufen und uns entschuldigen.»

«In Ordnung», sagte der Beamte und zog einen Zettel aus der
Tasche. «Aber von mir haben Sie das nicht.»

Der Polizist verließ die Wohnung, und Vater ging zum Telefon
und rief Peter Bell an, den kleinen Rechtsanwalt, an den sich alle
Griechen wandten, wenn sie juristische Hilfe benötigten. Sie vereinbarten, sich auf der Wache zu treffen. Dann schob er mich aus der
Tür, während meine Schwestern uns gute Ratschläge hinterherrie-
fen.

Ich stieg in den neuen grünen Plymouth meines Vaters, fühlte
mich wie ein Verdammter und wartete, daß der väterliche Zorn über
mich hereinbrach, aber er fuhr nur schweigend, über dem Lenkrad

vor sich hin starrend, tief in Gedanken versunken. Dann sah er mich an, und dieses unheimliche Lächeln tauchte wieder auf seinem Gesicht auf.

«Mach dir keine Sorgen, mein Kind, Peter Bell wird alles richten. Er kennt jeden in Worcester», sagte er. «Es geht alles klar. Ich werde den Mann im anderen Auto anrufen und mit ihm reden, ihm die Sache verständlich machen. Er hat wahrscheinlich selber Kinder. Ich werde von Mann zu Mann mit ihm sprechen.»

Es war merkwürdig; ich wurde nicht klug aus ihm. Ich dachte, wahrscheinlich will er mich nur beruhigen, damit ich auf der Wache gelassen bin.

Auf der Polizei wurden meine Personalien festgehalten, meine Fingerabdrücke abgenommen, ich wurde fotografiert. Dann ließen sie uns mit dem Anwalt allein. Peter Bell schüttelte mir die Hand. Er begrüßte mich wie einen trauernden Hinterbliebenen und flüsterte meinem Vater etwas zu, der zu allem, was er sagte, ernst nickte.

Bell erklärte, wenn wir Dino dazu bringen könnten, zu behaupten, daß zwischen uns eine stillschweigende Vereinbarung bestanden hätte, wonach ich sein Auto benutzen durfte, dann würde dieser Teil meiner Straftat so ausgelegt, daß ich das Auto ohne Erlaubnis genommen hätte, und es wäre kein Diebstahl – ein Vergehen statt eines Verbrechens.

«Überhaupt kein Problem», versicherte mein Vater. «Dino wird behaupten, was ich ihm sage.»

Ich konnte mir lebhaft vorstellen, wie Dino einen seiner berühmten Wutanfälle bekommen hatte, als die Polizei bei Putnam and Thurston erschienen war und sein Auto sehen wollte und ihn dann auf die Polizeiwache bat. Dino hatte den Beamten gesagt, solange sie nicht bereit wären, seinen Lohn zu bezahlen, würde er nirgends hingehen. Schließlich redeten die Polizisten mit Charley Davis, dem Besitzer des Restaurants, der sich einverstanden erklärte, Dino nach der Hauptgeschäftszeit zur Polizei zu schicken. Als Dino den Schaden an seinem Auto sah, wurde ihm ziemlich schnell klar, wer ihn verursacht hatte. Das sagte er der Polizei, die dann in unserem Haus auf mich wartete.

Nachdem sie mich aufgeschrieben hatten und ich nun ein Sechzehnjähriger mit einem Strafregister war, fuhr mich mein Vater in der gleichen beunruhigenden Stille nach Hause, die mich auf der Hinfahrt schon so aus der Fassung gebracht hatte. Als wir durch die Tür traten, machte er den Fragen und Verwünschungen meiner Schwestern mit einem furchterregend gebrüllten: «Laßt den Jungen in Frieden!» ein Ende. Dann setzten wir uns alle an den Eßtisch neben das Telefon und lauschten, während er die Nummer meines Anklägers wählte.

Seit dem Unfall, der, wie mir schien, in Zeitlupentempo abgelaufen war, waren meine Sinne übernatürlich geschärft, und nun konnte ich nicht nur die ernste Stimme meines Vaters, sondern auch ganz deutlich das hören, was der Mann am anderen Ende sagte.

«Mr. John, Sir, ich bin Christy Gage, Nicks Vater», begann er. «Ich rufe an, um zu sagen, daß uns sehr, sehr leid tut, was geschehen ist. Der Junge ist in Panik geraten, hat einen großen Fehler gemacht. Er ist ein guter Junge – macht nie Schwierigkeiten. Ein guter Schüler. Ein ernster Junge. Unser Anwalt sagt, wenn Sie nicht auf einer Anklage bestehen, dann rettet es ihm das Leben und ruiniert nicht seine Zukunft und seinen guten Ruf.»

«Sind Sie verrückt?» explodierte der Mann am anderen Ende, jedes Wort wie ein Hammerschlag. «Ihr Junge hat mich auf der Straße stehenlassen – ich hätte verbluten können! Er hätte mich umbringen können! Der ist gemeingefährlich, und ich werde alles tun, um ihn für eine verdammt lange Zeit hinter Schloß und Riegel zu bringen.»

Das Gesicht meines Vaters lief rot an, und die höfliche Fassade bröckelte. «Was für ein Mann sind Sie?» brüllte er. «Wollen Sie das Leben meines Jungen ruinieren? Sie müssen krank sein, wenn Sie so was machen. Er ist doch erst sechzehn Jahre alt.»

Er schmiß den Hörer auf die Gabel und drehte sich geschlagen zu uns um.

Statt Verzweiflung empfand ich Freude. Zum ersten Mal hatte ich miterlebt, wie mich mein Vater verteidigte. Aber dann wurde mir klar, daß die Worte, die er benutzte, gewählt worden waren, um den Mann am anderen Ende zu beeinflussen, damit er auf den Ruf unserer Familie Rücksicht nahm.

Für die Vernehmung wurde ein Termin angesetzt, und Peter Bell, mein Vater und ich versammelten uns vor Gericht. Ich selber kam mir vor wie ein Stargast in einer *Perry-Mason*-Episode. Mein Vater hatte mich immer noch nicht für meinen kriminellen Ausbruch bestraft, und ich war schon ganz erschöpft vor lauter Rüsten gegen den ersten Schlag.

Peter Bell bekannte sich in meinem Namen für schuldig, ein Auto ohne Erlaubnis genommen zu haben, rücksichtslos gefahren zu sein und Fahrerflucht begangen zu haben. Dann sprach er zu meiner Verteidigung: «Euer Ehren, dieser unglückliche Unfall ist auf jugendliche Unreife, nicht Böswilligkeit zurückzuführen. Dieser junge Mann brach wegen seiner Unerfahrenheit in Panik aus. Er kam vor sechs Jahren als griechischer Flüchtling in dieses Land und ist bis zu dieser Tragödie ein guter Junge gewesen: Ministrant, ein ausgezeichneter Schüler, ohne Tadel. Er ist bisher nie in Schwierigkeiten gewesen und kommt aus einer sehr verantwortungsbewußten Familie. Sein verwitweter Vater arbeitet seit 1910 in Worcester und hat alle Mühen auf sich genommen, um seine fünf Kinder zu ernähren, ein vorbildlicher Bürger. Ich bitte Sie, die Umstände des Jungen, seine Jugend und seinen guten Charakter zu berücksichtigen.»

Der Richter sah mich grimmig an. Ich trug meinen blauen Sonntagsanzug und eine Krawatte und hoffte, daß meine kleine Statur und mein jugendliches Aussehen ihn zu meinen Gunsten beeinflussen würden. «Ist der Vater des Jungen hier?» fragte er, und mein Vater trat nach vorn, den Hut in der Hand, und blickte ehrfurchtsvoll auf den Magistraten in schwarzer Robe.

«Ich bin hier, Herr Richter», sagte er.

«Haben Sie zu den Handlungen Ihres Sohnes etwas zu sagen, bevor ich das Strafurteil fälle?» fragte der Richter.

«Herr Richter, mein Junge ist ein guter Junge!» begann mein Vater. «Er kommt aus dem schlimmsten Bürgerkrieg – ist fast verhungert, ohne Schuhe geflohen, Gewehre und Landminen überall, wurde ins Flüchtlingslager geschickt, hat seine arme Mutter verloren – von den kommunistischen Schweinen ermordet. Er kommt hierher nach Amerika, man steckt ihn in der Schule zu den Dummen, weil er die Sprache nicht kennt. Es war schwer für ihn in den ersten Jahren, Herr Richter. Aber dieser Junge – er lernt Englisch, bekommt gute Noten, großer Erfolg in der Schule, arbeitet hart in seinem Job, geht jeden Sonntag in die Kirche. Es ist meine Schuld... ich habe die Kinder nicht rechtzeitig herausgeholt, um meine Frau zu retten. Mein Junge hat seinen Vater erst spät kennengelernt. Ich hab's versucht, aber ich war vorher kein Vater. Ich kenne meinen Jungen, Sir, und ich weiß, daß er nichts Böses tun wollte. Er hat einfach vergessen, was richtig ist, als er das Auto angefahren hat. Aber er hat eine Menge durchgemacht, und es tut ihm sehr, sehr leid. Bitte verzeihen Sie meinem Sohn, Herr Richter. Ich verspreche, er wird so etwas nie wieder tun. Er lernt immer noch, wie es in Amerika ist, und wenn er ins Gefängnis muß – das würde ihm das Leben verpfuschen.»

Der Richter schwieg einige Augenblicke. Nachdenklich blickte er mich an. Ich konnte sehen, daß die Rede meines Vaters ihn bewegt hatte. Auch mich hatte die leidenschaftliche Verteidigung meines Vaters erschüttert. Es war noch nie vorgekommen, daß er zu mir gehalten hatte, und daß er so emotional über meine anfänglichen Schwierigkeiten gesprochen hatte, überraschte und berührte mich. Trotzdem hegte ich immer noch den Verdacht, daß er nur das Gericht beeindrucken wollte und ich am Ende doch noch seinen Zorn zu spüren bekäme. Ich war in Gedanken derart damit beschäftigt, herauszufinden, was in ihm vorging, daß ich den Richter kaum hörte, als er zu sprechen begann.

«Steh auf, Nicholas», sagte er. «Du weißt, daß dies eine sehr ernste Angelegenheit ist. Was du getan hast, war nicht nur eine jugendliche Unüberlegtheit, es war eine Straftat, die zu schwerwiegenden Verletzungen, vielleicht sogar zum Tod hätte führen können. Verstehst du das?»

«Ja, Sir.»

«Du mußt die Verantwortung für dein Tun selbst übernehmen. Wenn du in diesem Land eine Straftat begehst, mußt du dafür büßen. Niemand sonst, auch nicht dein Vater, kann das für dich tun.»

Mir gefiel die Richtung nicht, die er einschlug, und ich runzelte die Stirn unter seinem strengen Blick.

«Ich billige dir eine Bewährungsfrist zu», fuhr er fort, «unter der Bedingung, daß du persönlich arbeitest, um den Schaden an beiden Autos voll zu ersetzen, der sich, wie mir gesagt wurde, auf 234 Dollar für das Auto des Klägers und 120 Dollar für das Auto deines Schwagers beläuft. Dein Vater arbeitet schwer, um dich und deine Schwestern zu unterstützen, und verdient diese zusätzliche Belastung nicht. Er muß mir schriftlich versprechen, daß du das Geld selbst verdienst und er dir keines gibt.» Er wandte sich an meinen Vater. «Geben Sie mir darauf Ihr Wort, Mr. Christy?»

«O ja, Herr Richter, Sir», antwortete mein Vater rasch.

«Dann gilt es als vereinbart, Nicholas, daß deine Bewährungsfrist so lange dauert, bis all diese Beträge bezahlt sind, und daß dir dein Führerschein für die Dauer dieser Frist entzogen wird. Du wirst dich wöchentlich bei einem Bewährungshelfer melden, und der Schadenersatz wird an das Gericht geleistet, so wie du das Geld verdienst. Verstehst du?»

«Ja, Euer Ehren», murmelte ich, während Wut über die Schwere des Urteils in mir aufstieg.

Obwohl Vater und Peter Bell erleichtert schienen, war ich der Meinung, daß das Urteil härter ausgefallen war, als ich es verdient hatte. Alle jugendlichen Verbrecher, Brandstifter und Diebe, die vor mir an die Reihe gekommen waren, waren mit Bewährung davongekommen, aber ich mußte auch noch arbeiten, um den Schaden zu bezahlen. Bis meine Bewährungsfrist abgelaufen wäre und ich meinen Führerschein zurück hätte, wäre ich wahrscheinlich zu alt zum Fahren *und* zum Mädchen-Verführen.

Nichtsdestoweniger war Peter Bell sehr mit sich zufrieden. Mein Vater, der zweifellos ans Honorar dachte, sah weniger fröhlich aus.

«Gut ist», sagte Bell zu uns, «daß Nick noch minderjährig ist, so erscheint sein Name nicht in der Zeitung, und wenn er die Auflagen erfüllt hat, wird seine Akte gelöscht.»

Mein Vater dankte ihm für alles, was er getan hatte, obwohl er meiner Meinung nach keine Glückwünsche verdiente. Meine Niedergeschlagenheit verstärkte sich, als ich auf Vaters Plymouth zuging und ich an die seit langem ausstehende väterliche Strafe dachte. Aber im Auto sagte er nur: «Es tut mir leid, daß ich dir nicht mit Geld aushelfen kann, aber du hast ja gehört, was der Richter sagte. Ich hab ihm mein Wort gegeben.»

«Ich werde es selbst verdienen», sagte ich, jedes Wort förmlich ausspuckend. Es kam mir wie lebenslänglich vor, aber ich war entschlossen durchzuhalten.

Zu Hause warteten meine älteren Schwestern wie die drei Parzen auf das Urteil. Als Vater es ihnen erklärte, fingen sie alle gleichzeitig an zu zetern: Es sei nicht genug, es hätte schlimmer sein müssen ... es sei Zeit, mir eine Lehre zu verpassen ... wenn man mich einsperrte, würde vielleicht noch ein anständiger Mensch und kein Gangster aus mir werden, der Schande über die Familie bringt.

«Laßt den Jungen in Ruhe – er hat genug gelitten!» brüllte mein

Vater, und ich starrte ihn erstaunt an. Aber nichts konnte meine Schwestern aufhalten, nachdem sie, von ihrer Rhetorik berauscht, sich gegenseitig zu immer schlimmeren Verdammungen anstachelten. «Man kann sie einfach nicht abstellen!» sagte Vater gereizt. «Komm, Nikola, sehen wir zu, daß wir hier wegkommen!»

Er eilte mit mir aus der Tür, und meine Schwestern schrien noch lauter hinter uns her. Wir stiegen in sein Auto, und er fuhr los. Als er mich gegen meine Schwestern verteidigt hatte, begriff ich endlich, daß er nicht die Absicht hatte, zornig auf mich loszugehen.

Die Straße begann, durch eine bewaldete, unbewohnte Gegend anzusteigen, und ich merkte, daß Vater den Flugplatz ansteuerte. Worcesters winziger Flughafen, der zu dieser Stunde verlassen war, lag auf einem hohen, ausgedehnten Hügel nordwestlich der Stadt, umgeben von Waldgebieten und drei Reservoirs. Mein Vater parkte auf dem leeren Platz neben der Rollbahn. Von dort konnte man in alle Richtungen hinunterblicken und sah keine Spur der geschäftigen Industriemetropole, nur Seen und sanft ansteigende Hügel. Er stieg aus, und ich folgte ihm. Schweigend gingen wir zum Rand der Anhöhe, standen da und betrachteten nachdenklich die Welt, die sich zu unseren Füßen ausbreitete. Dann wandte er sich mir zu und machte eine Handbewegung, als ob er ein Geschenk mit mir teilen wollte.

«Ich komm oft hier rauf, nur wegen der Aussicht auf die Hügel dort unten», sagte er. «Es erinnert mich an den Blick von unserem Haus im Dorf. Natürlich ist es nicht so steil oder so schön hier, aber es kommt Griechenland am nächsten.»

Seine Worte rührten an eine empfindliche Stelle. Etwas stieg mir im Hals hoch, und eine Frage brach aus mir hervor, merkwürdig eingeschnürt durch meine widerstreitenden Gefühle.

«Warum hast du uns zurückgelassen?» platzte ich heraus und bereute meine Worte sofort. Ich hatte vorgehabt, ihn irgendwann einmal, im perfekten Augenblick, in der Öffentlichkeit anzugreifen, wo auch andere meine Anklagen hören und seine Schmach miterleben würden, aber die Worte flatterten ungebeten aus mir heraus.

Schwere Stille senkte sich über uns. Er starrte in die Ferne. Dann zog er ein Taschentuch hervor und schneuzte sich. Mit merkwürdig erstickter Stimme begann er zu sprechen: «Weißt du, am Anfang, als wir gerade geheiratet hatten, wollte deine Mutter nicht mitgehen», sagte er. «Sie wollte ihre Eltern nicht verlassen. Ihre Mutter sagte, sie würde sich umbringen. Ich ließ sie zurück – es gehört sich so, daß die Tochter sich um ihre Eltern kümmert. Dann kamen die Kinder. Ich kaufte deiner Mutter die besten Felder, baute das größte Haus.»

«Aber sie wollte nach Amerika fahren», beharrte ich; ich nahm ihm diese Entschuldigung nicht ab. «Jeden Tag hat sie uns Geschichten erzählt – wie wunderbar Amerika sei, was für ein schönes Leben wir dort haben würden.»

«Die Depression kam», fuhr er hartnäckig fort. Er sah mich nicht an. «Hunderte von Griechen verließen Worcester. In Amerika wurde es sehr ungemütlich. Ich büßte meinen Lastwagen ein... Ich konnte euch genug Geld schicken, damit ihr im Dorf gut leben konntet; hier hätte es nicht gereicht. Ich hatte immer vor, euch zu holen, wenn alles besser wäre. Und dann begann der Krieg.»

«Aber warum hast du uns nicht gleich nach dem Krieg geholt, in der Friedenszeit, wie es die anderen Männer getan haben?» forschte ich, bemüht, mich von meiner Stimme nicht verraten zu lassen, wie sie es in letzter Zeit so oft getan hatte. «Wenn du uns damals geholt hättest, wie *Mana* dich gebeten hatte, würde sie jetzt noch leben. Ich kann mich noch an den Brief erinnern, den sie dir schrieb, in dem sie dich anflehte, und ich kann mich an den Brief erinnern, den du zurückschriebst: Bleib im Haus, paß auf die Sachen auf, sie hätte nichts von den Partisanen zu fürchten, die kämpften nur um ihre Rechte. Dir waren nur deine Sachen wichtig, wir nicht!»

Vater nahm seine Brille ab, und ich konnte die Tränen sehen, die auf seinem Gesicht glänzten. «Ich war dumm, ein Narr», sagte er und blickte auf den Horizont. «Ich glaubte, was ich in der Zeitung las. Sie haben nie von den Morden geschrieben, daß die Kinder aus den Armen ihrer Mütter gerissen wurden. Es hieß, die Partisanen kämpften für die Demokratie. Ich glaubte es. Ich hätte nie gedacht, daß Griechen ihre eigenen Landsleute umbringen könnten. Als ich noch dort lebte, waren es immer Griechen gemeinsam gegen die Türken, gegen die Slawen und Italiener...»

Er schwieg und verbrachte einige Augenblicke damit, sehr sorgfältig seine Brille zu putzen. Dann setzte er sie wieder auf und drehte sich zu mir.

«Du sollst wissen, daß ich deine Mutter sehr geliebt habe», sagte er. «Es vergeht kein Tag, keine Stunde, in der ich nicht an sie denke und daran, wie ich sie im Stich gelassen habe. Ich hab euch alle im Stich gelassen, und ich kann nur sagen, daß ich es nicht mit Absicht tat.»

Er drehte sich um, um zu sehen, wie das letzte Glühen im westlichen Himmel schwand. Ich wartete. Als er wieder sprach, schien er mit sich selbst zu reden. «Es ist merkwürdig, wie man – wenn man so von Tag zu Tag lebt – Dinge tut, die einem erst bedeutungslos vorkommen», sagte er. «Man spielt ein bißchen Karten und verliert, also verschiebt man das Verschicken der Papiere auf den nächsten Monat. Man träumt davon, ins Dorf zurückzukehren und den reichen Mann zu spielen. Und dann, eines Morgens, wacht man auf und entdeckt, daß das, was man getan hat, etwas Schreckliches ist und daß deine Frau tot ist und deine Kinder dich hassen. Natürlich, wenn man gewußt hätte, daß es so endet, hätte man von Anfang an anders gehandelt.»

Er erwähnte meine eigenen Missetaten mit keinem Wort, aber mir war klar, wie sehr seine Worte auch auf mich zutrafen. Als ich mir Dinos Auto auslieh, wollte ich nur meinen Freunden imponieren, aber ich war beinahe im Gefängnis gelandet, die Zukunft verpfuscht. Aber Vater hielt mir keine Standpauke. Er sprach von seinen eigenen Vergehen.

«Jeden Tag mache ich mir Vorwürfe, gebe mir die Schuld am Tod eurer Mutter», fuhr er fort, «aber das bringt sie nicht zurück. Jemand, der es gut meint, aber nicht an die Konsequenzen seines Handelns denkt, kann so schuldig sein wie der schlechteste Mensch.»

Ich starrte ihn an, wußte nichts zu sagen. Ich hatte immer geglaubt, daß nichts die Vernachlässigung seiner Familie rechtfertigen könnte, aber jetzt war ich nicht sicher, ob ich an seiner Stelle anders gehandelt hätte. Die Waffen, die ich seit Jahren gesammelt hatte, um ihn anzugreifen und ihn dazu zu bringen, seine Verbrechen zuzugeben, schienen jetzt wertlos zu sein. Ich hatte keine Lust mehr, mit ihm zu kämpfen.

Er stand noch eine Weile da, blickte hinunter auf seine Wahlheimat und dachte zweifellos an das Dorf, das er zurückgelassen hatte, und die Frau, die dort begraben lag. Als er sich nach mir umdrehte, konnte ich auf seinem Gesicht lesen, wie sehr ich ihn an meine Mutter erinnerte.

«Fahren wir nach Hause», sagte er, aber als wir vor dem Auto standen, ging er zur Beifahrerseite.

«Du fährst», sagte er.

«Ich?» rief ich aus. «Hast du nicht gehört, was der Richter gesagt hat? Daß mein Führerschein eingezogen ist?»

«Erst nachdem du ein offizielles Schreiben bekommen hast», antwortete er.

«Das ist mir egal. Solange ich lebe, will ich kein Auto mehr fahren», sagte ich.

Er lächelte. «Aber in diesem Land kannst du nicht ohne Auto leben», sagte er. «Du mußt wieder fahren, und jetzt ist die beste Zeit, um herauszufinden, ob du's kannst. Also, steig ein!»

Ich konnte nicht glauben, daß er mich tatsächlich ermutigte, das Auto zu fahren, das er wie einen Säugling verhätschelte.

«Aber du läßt doch niemanden dein Auto fahren», erinnerte ich ihn.

«Dieses Mal hab ich mich anders entschieden», sagte er. «Ich will, daß du es fährst.»

10 Der Kreis wird größer

Nach unserer abendlichen Fahrt zum Flughafen wandelten sich meine Gefühle für meinen Vater grundlegend. Niemals wieder empfand ich den wilden Haß gegen ihn, den ich seit so langer Zeit – vielleicht um mich selbst vor dem Schmerz zu bewahren, der dem Tod meiner Mutter folgte – genährt hatte.

Obwohl ich meinen Vater nicht völlig von der Schuld, uns im Stich gelassen zu haben, freisprechen konnte, begriff ich jetzt, daß sein Versagen auf menschliche Schwäche und nicht Absicht zurückzuführen war und daß ich ähnliche Schwächen haben könnte. Weil ich gehört hatte, wie er seine Fehler zugab, und ich durch eigene Erfahrung gelernt hatte, wie leicht es ist, tragische Fehler zu begehen, fing ich an, ihn zu verstehen. Und weil ich unter dem rauhen, patriarchalischen Verhalten seine Liebe für mich entdeckte, begann ich, auch für ihn Zuneigung zu empfinden.

Als ich nach meinem Unfall und der Gerichtsverhandlung wieder in der Schule erschien, war ich darauf gefaßt, inzwischen in Ungnade gefallen zu sein, aber zu meiner Verwunderung wußte niemand etwas von meiner Missetat. Die drei Schüler, die mit mir im Auto gesessen hatten, hatten niemandem davon erzählt. Sie hatten wohl das Gefühl, ebenfalls in die Sache verwickelt zu sein. Dank Peter Bell erschien mein Name nicht in der Zeitung. Als die Freunde, die dabei waren, wissen wollten, was passiert sei, zuckte ich nur mit den Schultern und sagte: «Nicht viel. Ich werde für den Schaden bezahlen.»

Im Frühjahr wollte Miss Hurd unbedingt den Aufsatz in der Schülerzeitung veröffentlichen, den ich über unsere Erlebnisse in Griechenland geschrieben hatte. Ich gab mein Einverständnis nur widerwillig, weil ich die Reaktionen der Schüler fürchtete, aber die meisten waren sehr taktvoll und ermutigend. Irgendwie war es sogar eine Hilfe, daß das schmerzliche Geheimnis um den Tod meiner Mutter bekannt wurde. Meine Mitschüler dachten nicht geringer von mir, weil ich die Tragödie meiner Familie offenbarte – die Vergangenheit, die mich anders und fremd machte. Tatsächlich schien es, als ob sie mich nach dem Lesen des Aufsatzes mehr achteten. Ich entdeckte die Macht des geschriebenen Wortes.

Als die neunte Klasse im Juni 1956 zu Ende ging, mußte ich als Klassensprecher eine Abschiedsrede halten. Während der Feier wurde verkündet, daß ich von den Lehrern auserwählt worden war, den Preis für die besten Leistungen zu erhalten – ein Webster's-Wörterbuch mit Widmung. Über meine Rede und den Preis wurde in den Zeitungen von Worcester – im Gegensatz zu meiner Eskapade als flüchtiger Fahrer – ausführlich berichtet, und ich wurde zu einer lokalen Berühmtheit, vor allem in der griechischen Gemeinde. Die Kommentare der Griechen, die mir in der Kirche begegneten, waren nun keine Lektionen über rücksichtsloses Fahrverhalten mehr, sondern Lobgesänge. «Ist das der Nicholas, über den wir in der Zeitung gelesen haben?» fragten die alten Männer meinen Vater nach dem Gottesdienst. «Du kannst stolz sein, Christo! Er macht uns alle stolz.» Ich sah, wie mein Vater sich in der Bewunderung seiner Altersgenossen sonnte, und war überrascht, wieviel ihm mein Erfolg bedeutete und wie sehr es mich freute, daß er stolz auf mich war.

Meine Erfolge in der Schule und unsere verbesserte Beziehung bewegten meinen Vater, mir in meinem sechzehnten Jahr eine Seite seines Lebens zu offenbaren, über die ich nur vage Vermutungen angestellt hatte. Ich wußte, daß er Verwandten in Griechenland Geld und Briefe schickte, weil ich oft gehört hatte, wie meine Schwestern klagten, daß seine Großzügigkeit auf unsere Kosten gehe, wobei sie das griechische Sprichwort zitierten: «Wenn der eigene Garten durstig ist, wässert man nicht den Garten des Nachbarn.» Aber ich hatte keine Ahnung gehabt, wie weit seine Menschenfreundlichkeit ging, bis er mir die Briefe zeigte.

Seit ich in Amerika war, hatte ich meinen Vater jeden Abend nach der Arbeit am Küchentisch sitzen und Briefe aus Griechenland lesen und beantworten sehen, seine Antworten mühsam formulierend, manchmal innehaltend, um im griechischen Wörterbuch nachzuschlagen, und dann jeden Brief schwungvoll unterschreibend. Seine Brusttasche war immer voller blaurot gestreifter Luftpostumschläge mit sauber geschriebenem Absender in der oberen linken Ecke, bereit, adressiert und, vielleicht mit ein paar sorgfältig gefalteten amerikanischen Geldscheinen, an irgendeinen Bittsteller geschickt zu werden.

Wohl weil er meinte, ich sei nun verantwortungsbewußt und gebildet genug, übergab er mir die Schuhschachteln voller Umschläge, und ich erfuhr, daß sein Vermögen nicht gänzlich beim Kartenspielen verplempert worden war. Da waren Briefe von entfernten Verwandten und Bekannten, die ihm für gebrauchte Kleidungsstücke, Geld zum Kauf von Arzneimitteln, Samen für ihre Felder oder einem Jagdgewehr dankten. Viele Briefe waren erbarmungswürdig: «Man hat bei mir Tuberkulose festgestellt, und ich muß in ein staatliches Sanatorium in Kerkira gehen», schrieb eine Frau aus einem Nachbardorf. «Ich habe meine beiden Jungen in ein Kinderheim nach Philipiada und Thessaloniki geschickt und werde meine vierzehnjährige Tochter im Dorf lassen, damit sie sich um das Haus kümmern kann. Aber von dem, was auf unserem Feld wächst, kann sie nicht leben, und ich kann sie, ein Mädchen, nicht bei Straßenarbeiten im Dorf mitmachen lassen. Mr. Christos, Sie haben selbst Töchter, bitte helfen Sie, für den Lebensunterhalt der meinen zu sorgen, bis es mir bessergeht oder mein Ältester in der Lage ist, zu arbeiten und sich um sie zu kümmern.»

Aus den Briefen ging hervor, daß Vater auf all diese Bitten eingegangen war, auch auf die Bitten von Leuten, die er überhaupt nicht kannte. Viele Briefe kamen von alten Freunden aus der Anfangszeit in Worcester, die während der Depression in ihre Heimatdörfer zurückgekehrt waren und feststellen mußten, daß die Wirtschaftslage dort noch schlechter als in Amerika war. «Denkst du noch manchmal an die schöne Zeit, als wir im Kaffeehaus Binokel spielten?» schrieb einer. «Was würde ich jetzt nicht für eine Tasse Kaffee und eine Zigarre geben! Wir kochen wilde Zichorie hier, um Kaffee draus zu machen... Es gibt keinen Zucker, kein Fleisch, nur Löwenzahn und Bohnen.»

Jedem Briefschreiber war etwas geschickt worden, und wenn auch nur ein paar zerknitterte Dollarnoten oder ein Karton mit abgetragenen Kleidern meiner Schwestern. Nachdem ich einen Nachmittag lang Briefe gelesen hatte, sah ich meinen Vater verblüfft und mit neuer Bewunderung an. «Warum machst du das? Wie kannst du diesen Leuten Geld schicken?» fragte ich. «Weißt du nicht, daß jeder von ihnen zehn anderen von dir erzählen wird, so daß es nie ein Ende nehmen wird?»

«In diesem Leben sind wir alle einander verpflichtet, alle aufeinander angewiesen», antwortete er und zeichnete mit dem Fingernagel konzentrische Kreise auf das Plastiktischtuch. «Zuerst kommt der kleinste und wichtigste Kreis, unsere Familie – dann unsere Verwandten, dann unsere Freunde, dann die Menschen in unserer Gemeinde, dann unsere *patrioti* [Landsleute aus Epirus], dann alle anderen Griechen, dann alle Amerikaner und schließlich alle anderen auf der Welt. So wird unsere Verantwortung gemessen – die größte für die Familie und so weiter.»

Im Lauf der Jahre bekam ich diese Lektion noch oft zu hören und sah ihn immer wieder diese Kreise ziehen, wenn eines seiner Kinder sich beschwerte. Zum Beispiel als ein junger griechischer Matrose in New York von Bord gegangen war und sich bis Worcester durchgeschlagen hatte, weil der Name meines Vaters der einzige war, den er in Amerika kannte. Selbstverständlich durfte der Matrose auf unserer Couch schlafen, während mein Vater Peter Bell als Rechtsbeistand herbeizitierte und Freunde anrief, um dem Ausreißer einen Job und einen Schlafplatz zu verschaffen. Meine Schwestern und ich standen diesen Fremden, die ständig auf unserer Schwelle angespült zu werden schienen, oft voller Groll gegenüber, aber wenn wir uns bei unserem Vater beklagten, mußten wir uns einmal mehr die Rede mit den aufs Tischtuch gemalten Kreisen anhören.

Als die Zivilisten, die im Bürgerkrieg verschleppt worden waren, 1954 in ihre ausgeplünderten Dörfer zurückzukehren begannen, ging es in den Bittbriefen, die den Briefkasten meines Vaters füllten, nicht mehr um Nahrungsmittel, Geld und Bekleidung, sondern um Bürgschaften und Überfahrten nach Amerika. Jemand mußte gefunden werden, der für einen Einwanderer bürgte, der schriftlich bekundete, daß der Einwanderer dem Staat nicht zur Last fallen würde, sondern von seinem Bürgen unterstützt würde, wenn dieser nicht für sich selbst sorgen könnte. Vater überredete oft wohlhabende Männer wie Angelos Cotsidas oder Charley Davis, dieses Papier zu unterschreiben, aber alle wußten, daß der Vertrag nicht so riskant war, wie es schien, denn es war noch nie vorgekommen, daß ein Grieche Sozialhilfe in Anspruch nahm, nachdem er es durch die goldenen Tore geschafft hatte.

Es wurde meine Aufgabe, alle Unterlagen für die neuen Einwanderer auszufüllen und ihre Kinder in den Schulen anzumelden. Jedesmal konnte ich das Entsetzen der Kinder spüren, die wie ich an einen beängstigenden fremden Ort verpflanzt worden waren, wo niemand ein Wort ihrer Sprache verstand. Von allen Kindern, die ich in amerikanischen Schulen anmeldete, ist mir ein magerer, intelligenter Achtjähriger namens Pavlos am lebhaftesten in Erinnerung. Er war der jüngste Sohn von Mitsis Stratis und seiner Frau Despoula. Despoula war meine Cousine und hatte meiner Mutter bei der Pflege von uns Kindern geholfen. Ihr Mann, Mitsis, war ein Cousin von Kantas Mann Angelo.

Mit meiner Hilfe brachte Vater Mitsis 1956 nach Amerika, und achtzehn Monate später beantragten wir die Einwanderung seiner Frau und seiner vier Söhne. Bald erfuhren wir, daß die Einreise für den zweiten Sohn, Takis, abgelehnt wurde, weil er geistig zurückgeblieben war. Despoula war untröstlich, daß sie ihn bei Verwandten zurücklassen mußte, die sich ungern bereit erklärten, ihn mit durchzufüttern. Aber nachdem die Familie in einer Wohnung in der Piedmont Street heimisch geworden war, tröstete sie der Erfolg ihres Jüngsten. Pavlos lernte rasch Englisch und war in akademischen Fächern wie im Sport ausgezeichnet. Bis er in die High-School kam, gehörte er zu den beliebtesten Schülern.

1967 geschah es dann, daß der siebzehnjährige Pavlos unter der Dusche einen Knoten am Hals entdeckte. Innerhalb weniger Wochen starb er an einem sich schnell ausbreitenden Krebs. Ich fand Ärzte für den Jungen und versuchte Despoula zu trösten, aber während sie zusehen mußte, wie ihr Jüngster langsam verfiel und starb, verlor sie fast den Verstand vor Kummer. Sie ließ den Jungen in seinem Sarg fotografieren und hängte Vergrößerungen der Szene neben Fotos von ihm als Basketballspieler an die Wände ihrer verdunkelten Wohnung. Sie trug nur Schwarz und weigerte sich, das Haus zu verlassen, es sei denn, um zum Friedhof zu gehen. Mit den Familienersparnissen wurde ein Ewiges Licht und ein riesiger Grabstein gekauft. Sie weigerte sich, zu essen oder zu kochen und sogar am Sonntag in die Kirche zu gehen. Despoulas Mann und Söhne waren sicher, sie würde vor Kummer sterben.

Schließlich hatte ich eine Eingebung. Ich schrieb an den jüngsten Senator von Massachusetts – Edward Kennedy – und bat um seine

Intervention im Namen der trauernden Mutter, ihren geistig behinderten Sohn aus Griechenland kommen zu lassen. Kennedy setzte sich mit der Botschaft in Athen in Verbindung, und bald darauf kam Takis in Worcester an und wurde mit seinen Eltern vereint. Daß Despoula nun für den jungen Mann sorgen konnte, tröstete sie und gab ihrem Leben einen Sinn, und Takis fand als bezahlter Kirchendiener von St. Spyridon einen Platz in der griechischen Gemeinde von Worcester.

In dem Maß, wie sich die Neuankömmlinge aus unserem Dorf vermehrten, vervielfachten sich auch meine Aufgaben. Da ich als einziges Mitglied unseres Clans amerikanische Schulbildung genossen hatte, mußte ich ihre Sozialversicherungsausweise besorgen, Schulen für ihre Kinder finden, ihnen die Verkehrsvorschriften beibringen, Arbeitsstellen und Ärzte für sie suchen, wenn sie krank waren, oder Rechtsanwälte, wenn sie in Schwierigkeiten waren. Ich kümmerte mich auch um ihre Steuererklärungen, wenn sie das einfache Formular benutzten (was normalerweise der Fall war, denn die wenigsten verdienten mehr als fünftausend Dollar im Jahr). Das war eine Menge Verantwortung für einen Teenager, aber es gab mir Selbstvertrauen und Befriedigung, und es machte mich glücklich, daß Vater mich mit solch ernsten Angelegenheiten betraute.

Unter den Einwanderern aus unserer Provinz, die Mitte der fünfziger Jahre in Worcester eintrafen, war auch ein junger Mann namens Prokopi Economou, der Glykeria ins Auge fiel. Meine lebhafte, willensstarke dritte Schwester, die mit fünfzehn Jahren ganz allein der Partisanenarmee entfloh, war jetzt fast einundzwanzig.

In den sieben Jahren, die Glykeria bei Table Talk arbeitete, fühlten sich viele junge Männer von ihrer lebhaften Art und ihren munteren Blicken angezogen. Sie mochte auch diesen und jenen, sprach aber als gut erzogenes griechisches Mädchen mit keinem. Eines Tages, als Glykeria mit einer Freundin in der Green Street spazierenging, blieb sie an der Tür einer Wahrsagerin stehen. Diese las ihr aus der Hand, daß sie einen Mann aus weiter, weiter Ferne heiraten würde. Glykeria spottete darüber. Sie wußte ganz genau, daß sie nicht die Absicht hatte, sich wie Kanta einen Mann in Griechenland zu suchen. Es gab mehr als genug attraktive Männer in Worcester.

Von allen meinen Schwestern richtete sich Glykeria am meisten nach der Meinung der griechischen Gemeinde und achtete am ge-

nauesten auf die Nuancen richtigen Verhaltens. Sie, die der ganzen
kommunistischen Armee zu trotzen wagte, hätte es niemals gewagt,
den Dorfkonventionen zuwiderzuhandeln. Das ging so weit, daß sie
in der Kirche die Beine nicht übereinanderschlug und kein Haus
durch eine andere Tür verließ als die, durch die sie gekommen war.

Bei Familienanlässen hatte Glykeria ein ausgeprägtes Gespür für
die Feinheiten sozialer Wechselbeziehungen. Sie bemerkte beispielsweise, welche angeheirateten Verwandten es versäumten, sich herzlich zu begrüßen, und welche jungen Frauen welchen jungen Männern Blicke zuwarfen. Wenn eine Braut nicht schnell genug Wasser
und Süßigkeiten anbot oder sich beim Anbieten nicht an die Etikette
hielt – Glykeria entging kein Fauxpas. Nach jedem gesellschaftlichen
Ereignis führte sie die langen leidenschaftlichen Diskussionen mit
meinen Schwestern und anderen Griechinnen an, wobei jedermanns
Verhalten analysiert wurde und Verstöße gegen die Regeln mit Zun-
genschnalzen quittiert wurden. Man entschied, wer wen befehdete,
wer mit wem flirtete und wer sich in einer Weise benahm, die höchstens zu einem *alitis*, einem Landstreicher, paßte.

Das Telefon war Glykerias Lebensader. Als sie ein eigenes Haus
hatte, ließ sie Telefonkabel von solcher Länge installieren, daß sie den
ganzen Tag staubsaugen, kochen, bügeln und ihren anderen Haus-
haltspflichten nachgehen konnte, ohne den Hörer jemals loslassen zu
müssen, der permanent zwischen Ohr und Schulter eingeklemmt
war. Wenn Glykeria das Haus verlassen mußte, um einzukaufen oder
in die Kirche zu gehen, nahm sie stets den Hörer von der Gabel, um ja
keinen Anruf zu verpassen. Sie konnte den Gedanken nicht ertragen,
daß ein Telefon unbeantwortet klingelte, eine leckere Neuigkeit un-
gehört blieb.

Glykeria wurde zur Klatschkolumnistin und Telefonzentrale für
unsere ausgedehnte Familie und auch für die gesamte griechische
Gemeinde von Worcester. Sie verbreitete jedes Nachrichtenfitzchen,
jede Unterhaltung oder Meinung mit der Geschwindigkeit von Associated Press. Amerikaner würden sie vielleicht eine ihre Nase in alles
steckende Klatschbase nennen, aber sie hatte eine wichtige Funktion
in der griechischen Immigrantengemeinde inne und hat es noch: Wie
der Chor in der klassischen griechischen Tragödie repräsentiert Glykeria die Macht der öffentlichen Meinung, die Stimme jedermanns.
Sie sorgt für Zensur und Lob und, falls notwendig, für die Ächtung,

die gesellschaftliche Anarchie abwendet und uns alle davor warnt, Regeln zu verletzen. Das ist die moralische Kraft, die Griechenland die niedrigste Verbrechensrate in Europa beschert (mit Ausnahme der Verbrechen aus Leidenschaft, die von der Gemeinschaft ausdrücklich akzeptiert werden). «Meine Klienten werden von ihren Familien im allgemeinen so begrüßt: ‹Wie konntest du solche Schande über unsere Familie bringen?› und nicht mit: ‹Wo haben wir versagt?›», sagte mir einmal ein griechischer Rechtsanwalt. «Eine derartige Reaktion ist das wirkungsvollste Abschreckungsmittel, das es gibt.»

Mit ihren zwanzig Jahren gehörte Glykeria bereits zu den führenden Sittenrichtern – dem griechischen Chor von Worcester –, und so empfand sie es als doppelt schmerzhaft, daß ihre erste romantische Verbindung mit einigen wichtigen Regeln griechischen Verhaltens und griechischer Ehre kollidierte.

Eines Tages im Mai 1955, wenige Monate nachdem Kantas Mann Angelo sich unserem Haushalt zugesellt hatte, fuhr uns Jimmy Tzouras alle zum Haus von Leo und Chrysoula Tatsis, um einen Neuankömmling aus unseren Bergen zu begrüßen. Prokopi Economou, siebenundzwanzig, war in Nordgriechenland Postangestellter gewesen und stammte ursprünglich aus dem Nachbardorf Baburi. Seine Cousine zweiten Grades, Chrysoula, und ihr Mann Leo, der wohlhabende Lebensmittelgroßhändler, hatten ihn nach Worcester kommen lassen.

Prokopi kam in der Hoffnung nach Amerika, dort mehr Geld zu verdienen als in einem griechischen Postamt, denn er hatte viele Verpflichtungen, vor allem gegenüber zwei jüngeren Schwestern, die Aussteuern benötigten, und zwei Brüdern, von denen sich einer einen Studienplatz in Athen ergattert hatte, aber finanzielle Unterstützung brauchte. Als pflichtbewußter Sohn und Bruder war Prokopi verpflichtet, seiner Familie auszuhelfen. Chrysoula kaufte ihm noch am selben Tag, an dem er eintraf, einen neuen Anzug. «So, wie du aussiehst, kannst du nicht zur Kirche gehen», sagte sie. «Du kommst aus einer guten Familie.»

Als wir im Haus der Familie Tatsis ankamen, stand Prokopi gerade unter der Dusche. Bald danach betrat er das Wohnzimmer in einem neuen weißen Hemd und amerikanischen Hosen, sein rundes Gesicht glänzte rot vor Schüchternheit und von der warmen Dusche. Er war klein und untersetzt, sah aber gut aus mit der breiten epirotischen Stirn und dem offenen Lächeln, das uns das Gefühl gab, ihn schon ewig zu kennen. Auf dem Heimweg erwähnte Glykeria seine gesunde Gesichtsfarbe und sein offenes Wesen. «Und er macht einen unschuldigen Eindruck, nicht wie die meisten Klugschwätzer, die frisch aus Griechenland kommen», sagte sie. «Er benimmt sich nicht wie ein Romeo, sondern unterhält sich ganz natürlich wie ein Mitglied der Familie.»

Vater meinte ebenfalls, daß Prokopi ein feiner junger Mann sei. Außerdem erinnerte er sich an Prokopis Vater als ein prominentes Mitglied der Gemeinde, ein ehemaliger Lehrer und Steuereinnehmer von tadellosem Ruf. Aber er warnte Glykeria mit bedeutungsvollem Blick, daß es sich hier um einen jungen Mann mit vielen Verpflichtungen handelte. Noch viele Jahre lang wäre er nicht in der Lage, über sein eigenes Leben zu entscheiden. Während Vater redete, dachte Glykeria daran, daß sie Prokopis Vater bei der Beschaffung ihrer Ausreisepapiere offiziell kennengelernt hatte, und erinnerte sich, wie dessen finsteres Gesicht und autoritäre Art ihr angst gemacht hatten.

Nichtsdestoweniger war Prokopi von Glykerias lebhafter Art und ihrem runden, hübschen Gesicht genauso betört wie sie von ihm. Bald danach erreichten uns Gerüchte, daß Prokopi an Glykeria interessiert sei. Aber Vater entmutigte alle Verkupplungsversuche mit der Begründung, daß der junge Mann, der in Brown's Schuhfabrik in Worcester arbeitete und nur 29 Dollar die Woche verdiente, in keiner Position war, auf romantische Ideen zu kommen, vor allem nicht mit einer von *seinen* Töchtern.

Prokopi teilte eine Mietwohnung in der Piedmont Street mit Stavros Michopoulos, dem Zimmermann, der mir beim Renovieren unseres Hauses geholfen hatte, bevor wir einzogen. Michopoulos' Frau und Kinder waren noch in Griechenland – Flüchtlinge, die gerade erst aus Ungarn zurückgekehrt waren. Die beiden Männer lebten sparsam, aber Prokopi warf schon ab und zu ein Fünf-Cent-Stück in den öffentlichen Fernsprecher im Flur, um Glykeria zu Hause anzurufen. Das entging Vater nicht, der es nicht billigte, daß seine Töchter mit jungen Männern verkehrten, auch nicht per Telefon.

Kurz nachdem wir Prokopi kennengelernt hatten, feierten wir die Taufe von Olgas zweitem Baby, Christos, mit einer kleinen Party in unserem Haus. Der Pate des Kindes, Stavros Michopoulos, brachte seinen neuen Mitbewohner mit. Sowohl Michopoulos als auch Jimmy Tzouras hatten ein väterliches Interesse an dem jungen Einwanderer, und beide förderten das romantische Interesse, das er an Glykeria hatte. Tzouras, für den Glykeria wie eine Tochter war, bemerkte oft: «Die hat Mumm – eine echte Heldin!», während er seine übelriechende Zigarre paffte. Es freute ihn sehr, daß auch Prokopi sie für eine außergewöhnliche junge Frau hielt.

Bei der Tauffeier fiel Glykeria auf, daß Prokopi die Augen nicht von ihr abwenden konnte. Sie machte sich jedoch Sorgen, daß andere bemerken könnten, wie sie sich ansahen. Vater erinnerte sie oft genug daran, daß ihre Aussichten verdorben wären, wenn man eine romantische Verbindung mit einem jungen Mann vermutete und dieser sie dann nicht heiratete.

Jeden Tag wurde es schwieriger für das Paar, ihre Gefühle geheimzuhalten. Bei einer griechischen Hochzeit war Glykeria Brautjungfer – zierlich und strahlend in einem langen hellblauen Kleid. Prokopi tanzte alle Tänze mit ihr. Daß sie sich auf der Tanzfläche von einem Mann im Arm halten ließ, mit dem sie nicht einmal verlobt war, war für ein Mädchen aus so strenger Familie wie unserer schon ein recht fragwürdiges Verhalten, aber die Aufregung der Hochzeit und die Verehrung, die aus Prokopis Augen sprach, machten Glykeria leichtsinnig. Hätte Glykeria ein anderes Mädchen beobachtet, das sich so verhalten hätte, wäre sie die erste gewesen, die dem Mädchen den Vorwurf gemacht hätte, seinen Ruf aufs Spiel zu setzen.

An den Wochenenden auf der Farm von David Davidian, einem armenischen Bauern, der seine Produkte an viele griechischen Händler verkaufte, wo die Griechen von Worcester an den heißesten Sommertagen gerne tanzten, sangen und Lämmer brieten, vertiefte sich die Romanze, obwohl Prokopi und Glykeria sich beide sehr bemühten, vorsichtig zu sein. Prokopi tanzte die griechischen Tänze wie ein *palikari*, seine Behendigkeit und Kraft zeigend, und Glykeria, die bescheiden an der Seite ihres Vaters saß, wußte, daß es nur für sie war. Ihr Verehrer mochte nicht den herzzerreißend schönen Bariton von Prokopi Pantos haben, der jeden zum Weinen brachte, wenn er das Klagelied der suliotischen Frauen sang, aber auf dem Heimweg in Tzouras' altem Auto – Glykeria auf dem Rücksitz zwischen Kanta und Angelo und ihr Kavalier vorne neben Tzouras – sang Prokopi das wunderschöne Lied vom Mandelbaum. «Ich schüttle die Zweige der blühenden Mandel», sang er gefühlvoll, «so daß alle Blüten auf dein Haar fallen.» Er blickte sich nicht nach Glykeria um, aber ihre Wangen röteten sich vor Freude, daß er ihr ein Ständchen brachte, und aus Furcht, die anderen könnten merken, daß sie ihr Herz an einen Mann verloren hatte, der zwei unverheiratete Schwestern hatte und nur 29 Dollar die Woche verdiente.

Während Glykeria ziemlich erfolglos versuchte, diskret zu sein, war ich blind für ihre aufblühende Liebesaffäre, da ich mit Einwanderungsangelegenheiten und meinem Job als Mixer in der Imbißstube vollauf beschäftigt war. Trotz meines Erfolgs bei den Kunden ging die Arbeit nicht gut. Meinem Boss mißfiel es, daß ich so beliebt war. Er meinte, ich solle für einen rascheren Wechsel sorgen. «Sprich nicht so viel mit den Kunden», warnte er mich ständig. «Du unterhältst dich mit ihnen, und dann hängen sie nur herum und besetzen die Stühle. Füttere sie ab und dann raus mit ihnen!» Es war ihm nicht klar, daß die Hocker besetzt waren, weil ich mit den Kunden redete, besondere Speisen für sie kreierte und die Frauen mit extravaganten Komplimenten überhäufte.

Eines Tages kam ich zur Arbeit und fand einen schlaksigen, mürrischen Jungen – ein Jahr älter als ich – vor, der den Boden aufwischte. Es war Tony Deli, dessen Familie gerade aus der Türkei eingetroffen war. Sein Vater war ein albanischer Grieche, der in Konstantinopel ein Restaurant geführt hatte. Tony hatte seit seinem vierten Lebensjahr in der Türkei gelebt, aber jetzt war die Familie knapp den Pogromen, die die Türken 1956 gegen die Griechen in Konstantinopel entfesselt hatten, entkommen. Seine Familie war dank der Bürgschaft meines Chefs, eines entfernten Verwandten, gerettet worden.

Tony war ein muskulöser, stiller Bursche mit trauervoller Miene, der trotz einer guten Schulbildung in Konstantinopel nur sehr wenig Englisch konnte, aber fließend Albanisch, Griechisch und Türkisch sprach. Er und ich wurden schnell Freunde. Wir fühlten uns aufgrund unseres Erbes, unseres Alters und der gemeinsamen Abneigung, die wir gegen unseren Boss hegten, zueinander hingezogen.

Jedesmal, wenn mein Chef mich kritisierte, gab ich ihm eine freche Antwort, aber Tony konnte nichts entgegnen, denn der Mann hatte schließlich seine Familie gerettet. Statt dessen rächte er sich jeden Morgen, indem er sich einen riesigen Bananensplit machte und hinunterschlang. Einmal kam der Boss früher als sonst, und Tony schaffte es gerade noch, das Eis, den Becher und alles, was dazugehörte, in den Abfall zu werfen.

Mit Tony begann eine neue Phase in meinem Leben, in der ich mein Griechentum neu entdeckte und anfing, mit griechischen Jungen zu verkehren, die älter und weltgewandter waren als ich. Im Herbst 1956, als ich in die zehnte Klasse der Classical High School von Worcester kam, der angesehensten Oberschule der Stadt, hatte ich immer noch Kontakt mit meinen alten Freunden, aber ich gehörte nicht mehr zu den beliebtesten Cliquen. Zum einen konnte ich – mit meinem eingezogenen Führerschein – nicht mehr Auto fahren. Außerdem begann Geld für den gesellschaftlichen Erfolg an Bedeutung zu gewinnen, und ich konnte mir keine Kleider und Einladungen leisten wie die Schüler, die in ihren luxuriösen Häusern regelmäßig Partys gaben oder Freunde in ihre diversen Country Clubs einluden. Ich begann, mich von meinen amerikanischen Klassenkameraden langsam loszulösen, obwohl ich weiter an schulischen Aktivitäten teilnahm, politischen Schülerorganisationen beitrat und an der Schülerzeitung *Argus* mitarbeitete. Aber nach der Schule, nach meiner Arbeit in der Imbißstube und an den Wochenenden traf ich mich jetzt mit Tony und anderen neuen Einwanderern, die ich durch ihn kennenlernte.

Meine Aufgaben innerhalb der griechischen Gemeinde, das heißt, die Arbeit mit den Einwanderungspapieren, die mir mein Vater zugewiesen hatte, waren mit ein Grund, warum griechische Freunde mir jetzt mehr zuzusagen begannen. Und noch interessanter war die Entdeckung, daß diese neu angekommenen jungen Männer – die meisten einige Jahre älter als ich – zwar meist kein Englisch konnten, aber in sexuellen Angelegenheiten sehr erfahren waren, während die Jungen in der High-School, trotz häufigen Pettings auf den Rücksitzen der Autos oder auf Hobbyraum-Sofas, selten echte sexuelle Erfahrung besaßen. Die griechischen Neuankömmlinge erwarben auch rasch Führerscheine, und manche kauften sogar Autos, während ich auf dem trockenen saß, jede Woche meinen Bewährungshelfer aufsuchte und ihm ein paar Dollar meiner Buße überreichte.

Eines Nachmittags gingen Tony und ich die Front Street hinunter, um meinen Vater im Kaffeehaus zu treffen, als Tony vorschlug, einen seiner Freunde bei Howard Clothes zu besuchen. Im Hinterzimmer trafen wir Fotios (Fred) Malitas an, der dort nähte und Änderungen vornahm. Im Gegensatz zu dem schlaksigen und muskulösen, lässigen und gutgelaunten Tony war Fred klein und leicht erregbar, stark neurotisch und pausenlos Schicksalsschläge deklamierend, bis mir vor Lachen die Tränen kamen. Von sich selbst im Spiegel einen Blick erhaschend, blieb er stehen und starrte entsetzt hinein. «Schaut euch das an!» schrie er. «Kann man so was ein Gesicht nennen? Was für ein dürftiger Ersatz für einen Körper!» Dann fuhr er sich mit der Handfläche ins Gesicht – die klassische griechische verwünschende Geste. «Gott in Seiner Weisheit hätte meinem Vater an dem Tag, an dem er mich zeugte, sagen sollen, er solle lieber masturbieren!»

Als ich Fred zum ersten Mal sah, war er neunzehn und tatsächlich eine bizarre Erscheinung, obwohl er eigentlich ein gutaussehender, dunkler Grieche mit scharfen Gesichtszügen und glühendem Blick war. In seinem Bemühen, amerikanisch zu erscheinen, hatte er sich selbst einen Bürstenschnitt verpaßt, der ihm ungleichmäßig vom Kopf abstand. Obwohl er gelernter Schneider war, trug er eine bunte Mischung aus nicht zusammenpassenden Kleidungsstücken.

Wie Tony konnte auch Fred kein Englisch, aber sein runtergerasseltes Griechisch brachte uns immer zum Lachen, wenn er uns von den Demütigungen und Mißerfolgen eines Tages in diesem verwünschten Land berichtete.

«Was für eine schreckliche Verschwendung!» jammerte er. «Zufällig bin ich einer der besten Kämpfer, die jemals aus Epirus kamen, aber in diesem verdammten Land verschmähen mich die Frauen, weil ich sie nicht mit Worten umgarnen kann. Die haben ja keine Ahnung, was sie verpassen. Früher, in Ioannina, flehten die Frauen um meine Dienste. Hier könnte man meinen, ich hätte 'n Tripper. Es ist schon so lange her, seit ich meine Pistole benutzt habe, daß sie noch schrumpfen und abfallen wird. Natürlich ist es nicht so 'ne riesige Kanone, wie Tony sie hat. Wegen ihm laufen alle Frauen in Konstantinopel o-beinig herum. Aber es ist nicht die Größe, die zählt, meine Kinder, sondern Geschicklichkeit, die Finesse – und ich bin zufällig *muni*-Maestro. Glaubt mir, als ich Ioannina verließ, haben alle Frauen zwischen fünfzehn und fünfzig Trauer getragen.»

Während ich Freds Leidensgeschichte lauschte, erkannte mich ein anderer Angestellter von Howard Clothes und begann, sich mit mir in Englisch zu unterhalten. Plötzlich leuchtete Freds Gesicht auf, und er warf die Arme um mich.

«Hörst du diesen Jungen?» brüllte er Tony zu. «Er spricht die englische Sprache! Sie fließt ihm wie Honig von den Lippen. Er ist die Antwort auf unsere Gebete! Unser miserables Zölibat hat ein Ende! Wir werden wie die drei Musketiere sein – alle für einen und einer für alle. Er redet, und wenn sie ihm erst mal zuhören, übernehmen wir und schleppen sie ab.»

Trotz Freds wilder Begeisterung führten unsere gemeinsamen Bemühungen, amerikanische Frauen in seine Arme zu locken, nicht gleich zum Erfolg. Natürlich zogen wir griechische Mädchen als mögliche Sexualpartnerinnen gar nicht erst in Betracht, denn nur eine Prostituierte würde vor ihrer Hochzeit mit einem Mann schlafen. In der alten Heimat wurden junge Männer wie Tony und Fred von Prostituierten, die von ihren Vätern oder älteren Freunden bezahlt wurden, in einer Art Durchgangsritus eingeweiht. In den Vereinigten Staaten warf dies ein Problem auf, da wenig Griechen sich mit den Prostituierten verständigen konnten.

Um ihn über die Runden zu bringen, bis seine Liebeskünste von den amerikanischen Mädchen entdeckt wurden, machte Fred irgendwie die Bekanntschaft einer seit langem etablierten Prostituierten auf der Park Avenue, die – wie ich seinen Kommentaren entnahm – sehr billig und sehr alt war. Je mehr sich die Zeit zwischen den einzelnen Stelldichein hinauszögerte, um so jünger und attraktiver wurde sie jedoch in Freds Erinnerung.

«So alt ist sie eigentlich gar nicht», sagte er nach einem Monat. «Ich meine, wenn die Lichter aus sind, sieht sie gar nicht so schlecht aus. Sie macht mir nie Ärger. Ich glaub sogar, sie ist scharf auf mich.»

Wenn Freds Selbstgespräche einen bestimmten Punkt erreicht hatten, zweigte er fünf Dollar von seinem Lohn ab, lieh sich irgend jemandes Auto, fuhr mit mir zur Park Avenue hinüber und ließ mich am Bordstein zurück, während er in das heruntergekommene Mietshaus eilte. Fünfzehn Minuten später kam er wieder heraus und schlug sich mit dem Handgelenk gegen die Stirn. «Sie ist ein zahnloses altes Weib!» schrie er. «Ein Gesicht, das die Milch gerinnen läßt! Warum verschwende ich, der größte Kämpfer von Nordgriechenland, alles an eine Großmutter?» Aber ich wußte, daß er sich in ein oder zwei Wochen freundlicher an sie erinnern würde.

Während Fred im Hinterzimmer von Howard Clothes eifrig nähte und sich ausdachte, wie er mit meiner Hilfe eines der blonden, langbeinigen amerikanischen Mädchen eroberte, rieben Tony und ich uns unter der Fuchtel unseres Bosses an der Imbißtheke auf. Auch mein Vater hatte Schwierigkeiten mit seiner Arbeit, denn Charley und John Kotsilimbas-Davis waren in Urlaub und hatten das Restaurant Charleys Sohn Jimmy – frisch von der Harvard-Universität – überlassen.

Eines Nachts hörte ich, wie Dino von der Spätschicht kam und meinen Vater weckte. Sie saßen zusammen am Küchentisch, während Dino ein Gespräch wiederholte, das er mit dem jungen Jimmy Davis geführt hatte.

«Er redete belangloses Zeug, witzelte herum», berichtete Dino, «und dann sagte er: ‹Ich möchte dich was fragen, Dino. Wenn dein Schwiegervater uns verließe, würdest du dann auch gehen? Du weißt, wir würden dich ungern verlieren.› Ich hab mich dumm gestellt. ‹Mach dir keine Sorgen, Jimmy›, sagte ich. ‹Meinem Schwiegervater gefällt's hier. Er hat nicht vor, zu gehen.›

Jimmy begann sich zu winden», fuhr Dino fort. «Er sagte: ‹Na ja, wenn er nun aber doch ginge? Was würdest du tun?›

Ich hab ihn dann direkt gefragt», sagte Dino weiter. «‹Willst du mir damit sagen, daß ihr ihn entlassen wollt?› Er wand sich noch mehr. ‹Du weißt, Dino, der Mann ist jetzt über sechzig›, sagte Jimmy und sah verlegen aus. ‹Und er ist nicht mehr so schnell. Unsere Kunden erwarten besten Service. Wir brauchen Leute, die die Bestellungen schnell erledigen, so wie du.›

Ich sagte zu Jimmy: ‹Alles, was ich kann, habe ich von diesem Mann gelernt›, aber er sagte: ‹Er kann dir nichts mehr beibringen, höchstens, wie man langsamer arbeitet. Also, nun sag schon, was wirst du tun, wenn er geht?›»

Ich war auf alles gefaßt und konnte dann die Explosion förmlich durch die Schlafzimmertür spüren, als mein Vater zu brüllen begann. «Dieses arrogante Schwein!» tobte er. «Ich weiß noch, wie er in den Windeln gelegen hat, und jetzt will er mich vor die Tür setzen! Warte nur, bis sein Vater und Onkel zurück sind, denen werd ich erzählen, wie er mich behandelt hat. Die machen ihn fertig!»

«Sei nicht dumm», hörte ich Dino sagen. «Jimmy würde so was nicht von sich aus sagen. Die Alten müssen es ihm aufgetragen haben. Sie haben wahrscheinlich gesagt, er soll warten, bis sie in Urlaub sind.»

Langes Schweigen, während Dinos Worte einwirkten. Ich konnte mir den Ausdruck meines Vaters vorstellen, als ihm klar wurde, daß seine alten Kumpel beschlossen hatten, ihn loszuwerden. «Aber warum?» fragte er. «Wie können sie mir so etwas antun? Ich habe mich um ihr Restaurant gekümmert, als ob es mein eigenes wäre.»

«Darin liegt auch das Problem», antwortete Dino leise. «Du weißt, daß die Kellnerinnen immer versuchen, ein paar extra Krabben in den Krabbencocktail zu schmuggeln, damit sie bessere Trinkgelder kriegen? Und du hältst sie immer davon ab. Und ich sage: ‹Was kümmert's dich, wie viele Krabben sie nehmen?› und du sagst mir, wir haben eine Verantwortung gegenüber den Davis als griechischen Mitbürgern. Also – alle Kellnerinnen haben sich über dich beschwert. Sie sagen, du brauchst zu lang, um ihre Bestellungen zu erledigen, und machst ihnen das Leben schwer. Und Charley und John bemängeln, daß du deine Mittagspause immer um fünfzehn Minuten überziehst.»

Erneut langes Schweigen. Dann hörte ich, wie mein Vater mit verzagterer Stimme sprach. «Ich hätte es wissen müssen, daß keinem aus dem Peloponnes zu trauen ist, egal wie freundlich sie reden», murmelte er. Dann wandte er sich Dino zu. «Und was hast du dem Harvard-Schnösel gesagt?»

Dino stotterte ein bißchen. «Ich hab ihm eigentlich nicht richtig geantwortet», sagte er. «Schließlich habe ich zwei Babys und vier Brüder und Schwestern, die alle von meinem Gehalt abhängig sind. Ich konnte ihm nicht gut ins Gesicht spucken, oder? Ich sagte: ‹Schau, mein Schwiegervater hat sein eigenes Heim und ich meines. Wir treffen unsere eigenen Entscheidungen.› Der Junge klopfte mir auf den Rücken und sagte: ‹Ich wollt's bloß wissen. Sag Christy aber nichts.› Aber, wie du siehst, bin ich gleich nach Hause gekommen und hab's dir erzählt.»

Mein Vater begann, die Kotsilimbas-Davis – jung und alt – zu verfluchen. «Mögen sie durch ihr Restaurant gehen und nur das Echo ihrer eigenen Schritte hören!» brüllte er. «Möge es herabstürzen und in Ruinen um sie zusammenfallen!»

Er wurde immer lauter, bis Glykeria erwachte und in die Küche kam, um zu sehen, was los war. Als sie die ganze Geschichte erfahren hatte, warnte sie Vater, nichts Voreiliges zu unternehmen. «Hör zu,

Patera», hörte ich sie sagen, «John Davis ist seit dreißig Jahren dein Freund. Wenn er aus dem Urlaub zurück ist, gehst du zu ihm und appellierst an seine Freundschaft. Er war es schließlich, der dich vom Terminal Lunch abgeworben hat.»

«Ich soll an seine Freundschaft appellieren?» brüllte mein Vater. «Ich würde am liebsten das ganze Restaurant anzünden – mitsamt den Davis! Sie werden lernen müssen, daß man Christy Gatzoyiannis nicht wie ein benutztes Kleenex behandeln kann! Niemals wieder werde ich diese stinkende Küche betreten!»

«Warte wenigstens, bis du eine neue Stelle hast!» flehte Glykeria. «Du bist dreiundsechzig Jahre alt. Es ist nicht leicht, in deinem Alter Arbeit zu finden.»

Inzwischen war ich ebenfalls in der Küche erschienen, um zu sehen, wie sich das Drama weiterentwickelte. Die Miene meines Vaters war von so grimmiger Entschlossenheit, wie ich sie noch nie gesehen hatte. Der Zorn schien ihm sogar zusätzliche Kräfte zu verleihen.

«Du verstehst nicht», sagte er. «Wenn wir die Wahl hätten, für immer zu leben, dann wäre es vielleicht sinnvoll, Kompromisse zu schließen und Risiken zu vermeiden. Aber da keiner von uns den Tod überlisten kann, ist es wichtig, unsere Jahre ehren- und würdevoll zu vollenden. Ich habe noch niemals jemandem erlaubt, mich zu demütigen, und ich fange jetzt nicht damit an.»

Die Davis hatten das *filotimo*, das Ehrgefühl meines Vaters zutiefst verletzt, und nichts ist einem Griechen kostbarer. Am folgenden Tag meldete er sich krank, doch am Ende des Arbeitstages fuhr er zum Parkplatz neben dem Restaurant und wartete vor aller Augen auf Dino. In seinem alten Plymouth saß er mit der Würde des Hektor, der sich aufmacht, dem Tod auf den Feldern von Troja zu begegnen. Jimmy Davis blickte aus dem Fenster und sagte zu Dino: «Dein Schwiegervater ist zu krank, um zur Arbeit zu kommen, fühlt sich aber wohl genug, um dich abzuholen.»

«Wenn du irgendwelche Klagen hast – er steht draußen», erwiderte Dino nervös. «Sag's ihm selber.»

Aber Jimmy blieb im Restaurant, und mein Vater meldete sich noch eine weitere Woche krank. Am Zahltag holte Dino den Scheck meines Vaters ab und sagte, daß Christos sich entschlossen hätte, zu kündigen und nicht zurückzukehren.

11 Zukunftspläne

Als mein Vater die Sicherheit eines regelmäßigen Lohnschecks gegen die Demütigung einer Beleidigung seiner Ehre abwägte, zögerte er nicht, sondern verließ Putnam and Thurston sofort, seine Selbstachtung bewahrend. Trotz Glykerias Ermahnungen wollte er lieber wieder auf Arbeitssuche gehen, und schließlich fand er auch eine neue Stelle als Koch im Kaufhaus Kresge in der Main Street. Natürlich war dies ein großer Abstieg, nachdem er im feinsten Restaurant von Worcester Küchenchef gewesen war; aber die Bezahlung war besser: 85 Dollar im Vergleich zu den 75 die Woche, die er bisher verdient hatte. Außerdem war die Arbeit viel leichter. Jeden Morgen ging Vater in die Küche im zweiten Stock und kochte ein paar Töpfe Suppe und ein paar Spezialgerichte wie Hackbraten, Truthahn und Schinken, die er dann mit dem Speiseaufzug zur Lunch-Theke hinunterschickte. Er brauchte sich nicht um die Kellner zu kümmern. Die Arbeitszeit war auch günstiger – von acht bis sechzehn Uhr –, und so kam er nicht mehr, wie Dino, spät in der Nacht erschöpft nach Hause.

Der Widerstand meines Vaters gegenüber den Davis, sein Mut, in einem Alter die Arbeit niederzulegen, in dem es wenige wagen würden, beeindruckten mich mehr als alles andere, was er je getan hatte. Es zeigte mir, wie viel ihm Ehre bedeutete, und ich fing an zu verstehen, warum er uns über dieses Thema so oft Vorträge hielt.

Nachdem er die Stelle bei Putnam and Thurston aufgegeben hatte, fragte ich mich, warum ich selber immer noch die Demütigungen durch meinen Chef hinnahm, wenn mein Vater sich mit dreiundsechzig nicht beleidigen ließ. Ich begann, auf dem Weg von der Arbeit nach Hause in jeder Imbißstube in der Pleasant Street nachzufragen, und schließlich fand ich eine Halbtagsstelle als Koch für Schnellgerichte.

Dem Lokal, das O'Connor's hieß, war auch eine Bar angeschlossen; beide Etablissements gehörten dem Brüderpaar John und Charley O'Connor. John war meist in seinem Büro, aber Charley saß gern hinten im Restaurant, trank Screwdriver und unterhielt sich mit mir. Beide Männer waren großzügig und forderten mich immer wieder auf, die Arbeit zu unterbrechen und mir selbst einen Sandwich oder einen Eisbecher zu machen, und sie zahlten mir neunzig Cent die Stunde – zwanzig Cent mehr als ich in meinem früheren Job verdient hatte.

Während sich mein Leben beruflich und gesellschaftlich verbesserte, stieß Glykerias und Prokopis Romanze auf Schwierigkeiten. Das schlimmste war, daß seine Eltern absolut nichts von einer Heirat hören wollten, solange seine Schwestern nicht unter der Haube waren. Mein Vater murrte jedesmal, wenn das Telefon klingelte und Prokopi mit seiner Tochter sprechen wollte. Eines Abends rief er Glykeria mit triumphierender Stimme an und sagte: «Morgen mußt du in der Mittagspause zu Kresge's gehen und dich an die Lunch-Theke setzen. Ich habe dir und deinem Vater etwas zu sagen.»

Glykeria saß fünfzehn Minuten zu früh auf einem der Hocker, atemlos vor Aufregung, während Vater ihr finstere Blicke zuwarf und einen riesigen in Scheiben geschnittenen Schinken, einen Truthahn und mehrere Hackbraten in der Vitrine garnierte, um die Käufer zum Essen zu verlocken. Endlich tauchte Prokopi auf und blickte Vater entschlossen ins Gesicht. Die Kunden um ihn herum, die dieses Drama mit Neugier verfolgten, ignorierte er.

«Mr. Christy», begann er nervös, «ich möchte Ihre Tochter heiraten. Ich weiß, daß ein Mann mit meinen Verpflichtungen und mit so wenig Geld nicht an solche Sachen denken sollte, aber ich habe mit meinem Großonkel Nassio Economou geredet und habe eine Möglichkeit entdeckt, mehr zu verdienen, so daß ich bald finanziell in der Lage sein werde zu heiraten.»

Bei der Erwähnung des Namens seines alten Partners Nassio zuckte Vater zusammen. Nassio hatte ein florierendes Restaurant auf der Route 9 in Westboro eröffnet und kam zu Wohlstand. Aber Vater unterbrach den jungen Mann nicht.

«Ich werde mit Nassio und seiner neuen Frau über dem Restaurant wohnen und das Restaurant am Morgen öffnen und nach elf Uhr nachts, wenn ich heimkomme, aufräumen», erklärte Prokopi. «Dafür zahlt mir Nassio zehn Dollar die Woche und gibt mir Unterkunft und Verpflegung umsonst. Und er hat mir eine Stelle besorgt; ich arbeite von drei Uhr nachmittags bis elf Uhr nachts in der Firma Bay Strate Abrasives als Werkmaschineneinrichter. Da bekomme ich fünfzig Dollar pro Woche. Sie sehen also, mit insgesamt» – er machte eine kleine Pause, um die Wirkung zu steigern – «sechzig Dollar in der Woche, also mehr als das Doppelte von dem, was ich jetzt verdiene, kann ich meine Schwestern bald mit Ehemännern versorgen, und dann kann ich mit gutem Gewissen um Glykerias Hand bitten.»

«Aber möglichst bald», brummte mein Vater und zerteilte brutal einen Truthahn mit seinem riesigen Messer. «Es gibt noch eine Menge anderer Bienen mit mehr Honig. Sie kann nicht ewig warten.»

Glykeria war gleichzeitig begeistert und besorgt. «Aber das bedeutet ja, daß du weit draußen in Westboro wohnst», jammerte sie. «Wann werde ich dich je zu sehen bekommen?»

«Du brauchst ihn nicht zu sehen», fuhr mein Vater dazwischen. «Zuerst verlobt ihr euch, dann seht ihr euch.»

Trotz dieser Warnung und des Drucks, an einem Tag an zwei Arbeitsplätzen tätig zu sein, schaffte es Prokopi, Glykeria zu sehen. Er bat zum Beispiel Nassios Sohn Stavros, ihn während Glykerias Mittagspause in Stavros' rotem Buick Skylark zu Table Talk zu fahren, und das Trio fuhr dann so lange ums Viereck herum, bis es Zeit für Prokopi war, seine Arbeit bei Baystate Abrasives aufzunehmen. Glykeria achtete immer darauf, daß sie auf dem Rücksitz saß, während Stavros und Prokopi vorne saßen, falls sie jemand beobachtete. Da Stavros der Sohn ihres Paten war, betrachtete man sie fast als Bruder und Schwester, was diesen Ausflügen eine gewisse Ehrbarkeit verlieh. Und jedesmal, wenn Jimmy Tzouras abends vorbeischaute und Glykeria zu einer Ausfahrt einlud, sagte sie: «Oh, fahren wir doch rüber nach Westboro und besuchen wir Nassio in seinem Restaurant. Ich hab meinen Paten so lange nicht mehr gesehen» – obwohl es natürlich der junge Mann war, der den Fußboden aufwischte und hinter der Bar arbeitete, den sie sehen wollte. Nichtsdestoweniger brachten sie und Prokopi es fertig, ihre Romanze geheimzuhalten. Als Prokopis jüngerer Bruder Chris aus Griechenland kam, um mit ihm zusammen in Nassios Restaurant zu arbeiten, und Glykeria mit Tzouras vorbeikam, fragte Chris: «Wann kommst du ins Dorf zurück, um dir einen Mann zu suchen? Alle Männer dort drüben warten nur darauf, dich zu heiraten!» Prokopi und Glykeria lächelten sich über Chris' Schulter vielsagend an und sagten nichts. Manchmal besuchte Prokopi Glykeria auch zu Hause, obwohl er immer heimlich kam, nachdem er das Treffen telefonisch mit ihr vereinbart hatte. Sie ließ ihn durch die vordere Tür ins Wohnzimmer, damit ihn niemand sah, der zufällig vorbeikam – Gäste kamen immer durch den Seiteneingang in die Küche. Wenn das Paar im Wohnzimmer zusammensaß, dann nur unter den wachsamen Blicken meines Vaters oder meiner älteren Schwestern, denn Glykeria konnte mit Prokopi nicht allein gelassen werden, solange ihre Beziehung nicht formell war.

Eines Nachts, als Vater um elf Uhr vom Telefon aus tiefem Schlaf gerissen wurde, nur um zu entdecken, daß es wieder einmal Prokopi war, der Glykeria süße Nichtigkeiten zuflüstern wollte, verlor er die Geduld. Als Glykeria verträumt auflegte, brüllte Vater: «Es wird Zeit, daß du diesen Kerl vergißt! Der heiratet nie! Der läßt dich hängen und ruiniert dir deinen Ruf! Du verschwendest deine Zeit mit ihm – du wirst auch nicht jünger! Sag ihm, daß Schluß ist!»

Dieser Befehl reizte Glykerias trotzige Natur. Sie schrie zurück, es sei ihr gleichgültig, wie lang sie warten müsse. «Ich will keinen anderen außer Prokopi», schrie sie. «Ich liebe ihn!»

Vater wurde blaß. «Was soll dieses Gerede von Liebe?» rief er alarmiert. «Du warst doch nicht etwa allein mit ihm? Du kannst unmöglich wissen, ob du ihn liebst.»

«Ich habe in seinen Armen getanzt», erwiderte Glykeria dreist. «Ich habe mich stundenlang mit ihm unterhalten, hier im Haus und am Telefon. Ich kenne ihn seit einem Jahr. Ich liebe ihn!»

«Liebe? Quatsch! Ich will solchen Blödsinn nicht hören», sagte Vater verächtlich schnaubend. «Morgen sagst du ihm, daß Schluß ist, und damit basta!»

«Ich mache, was ich will», weinte Glykeria und stürmte aus dem Zimmer. «Und ich werde auf Prokopi warten, egal, wie lang es dauert!» Damit schlug sie die Tür zu.

Trotz ihres Widerstands gegenüber meinem Vater verbrachte sie weinend eine schlaflose Nacht, weil sie wußte, daß er recht hatte. Am nächsten Tag rief sie Prokopi von der Arbeit an. «Ich möchte mein Foto zurückhaben», sagte sie ruhig, aber bestimmt. «Und ich werde dir dein Foto zurückgeben. Wir müssen unsere Beziehung abbrechen. Ich büße alle meine Chancen ein, andere Männer kennenzulernen. Du wirst nie heiraten. Wir sind Freunde gewesen, das ist alles, und es ist Zeit, daß wir es dabei belassen.»

«Warte!» schrie Prokopi entsetzt. «Was ist los?» Aber Glykeria hatte bereits aufgelegt.

Am gleichen Tag kam Prokopi zur Mittagszeit mit Stavros Economou im roten Skylark angebraust. Er flehte Glykeria an, wenigstens noch einmal mitzukommen. «Was ist in dich gefahren? Wer hat mit dir gesprochen?» fragte Prokopi. «Warum verhältst du dich so? Du weißt doch, daß ich zwei Jobs habe und versuche, genug Geld zu sparen!»

«Du wirst deine Schwestern nie verheiraten, und das bedeutet, daß ich als alte Jungfer sterben werde!» weinte Glykeria. «Das hat mein Vater gestern nacht auch gesagt, und er hat recht. Wir sehen uns jetzt seit über einem Jahr. Ich kann nicht länger warten. Es ist vorbei.»

«Warte – ich will dich nicht verlieren!» bettelte Prokopi, während Stavros versuchte, so zu tun, als ob er nicht hinhörte. «Ich versprech dir, dir im nächsten Monat, an meinem Namenstag – am achten Juli – einen Ring zu schenken. Wir werden uns verloben, ob es meinen Eltern paßt oder nicht. Sag deinem Vater und deinen Schwestern, sie sollen für den achten Juli eine Verlobungsfeier vorbereiten!»

Prokopi informierte seine Eltern in einem Brief über sein Versprechen. Er und Glykeria gingen zum Juwelier Marcus in der Front Street, wo er ihr für 95 und sie ihm für 150 Dollar einen Brillantring kaufte. Der Rest der Familie begann, die Verlobungsfeier vorzubereiten, während Glykeria gespannt darauf wartete, wie ihre zukünftigen Schwiegereltern reagierten: Würden sie ein Telegramm schicken und das Paar segnen, oder würden sie ihren Sohn und die raffinierte Frau verfluchen, wegen der er seine Verantwortung gegenüber seinen Schwestern vergessen hatte?

An einem glühendheißen Juliabend versammelten sich unsere ganze Familie und Freunde im ersten Stock unseres Hauses, um Glykerias Verlobung offiziell zu feiern. Sie trug ein rotes Spitzenkleid, hatte ihr lockiges braunes Haar hinter die Ohren zurückgenommen und kam sich sehr schön vor. Prokopi hatte Chrysoula

Tatsis ausgeschickt, Glykeria ein Geschenk zu kaufen – ein glitzerndes goldenes Kreuz an einer Kette mit einem Brillanten in der Mitte, als Zeichen seines Versprechens zusätzlich zu den Ringen, die ausgetauscht wurden, während alle applaudierten. Dann steckte er ihr ein Bukett aus weißen Rosen und Nelken an. Das würde sie am nächsten Tag in der Kirche tragen, und sie würde neben Prokopi gehen, um der Gemeinde zu zeigen, daß sie verlobt waren.

Es klopfte an der Tür – der Telegrammbote. Glykeria riß den Umschlag auf, und freudige Röte zog ihr vom Hals hoch bis in die Wangen. Sie reichte das Telegramm meinem Vater, der es vorlas: «Herzlichen Glückwunsch zu Eurer Verlobung. Wir wünschen Euch einen frohen Austausch der Hochzeitskronen. Fotios und Calliope Economou.»

Jetzt, wo Glykeria den Segen ihrer Schwiegereltern hatte, war ihre Freude vollkommen. Bald tanzten alle einen temperamentvollen *tsamiko* um den schwer beladenen Eßtisch herum. Mein Vater legte die Arme um Glykeria und Prokopi und sagte: «Meinen Segen, meine Kinder. Jetzt könnt ihr zusammen ausgehen und euch verlieben.»

Am folgenden Tag saß Prokopi neben Glykeria in unserer Kirchenbank. Sie trug ein eng tailliertes gelb und weiß gestreiftes Kleid, das ihr Verlobungsbukett gut zur Geltung brachte. Nach dem Gottesdienst, als das junge Paar nach vorn trat, um das Stück Brot – die «Nachgabe» – zu empfangen, wunderte sich die ganze Gemeinde, wie glücklich sie aussahen. Viele bemerkten, was für ein schönes Paar sie seien, beide mit heller, gesunder Gesichtsfarbe und Gesichtern so rund wie der Mond.

Kurz nach ihrer Verlobungsparty erfuhr Prokopi zu seiner Erleichterung, daß Polyxene, die ältere seiner beiden Schwestern, einen Bräutigam gefunden hatte. Seine Eltern schrieben, daß Glykeria der Familie wohl Glück gebracht habe. Glykeria freute sich so sehr, daß sie jedes Geschenk, das sie erhalten hatte, neu einpackte und ihrer zukünftigen Schwägerin schickte.

Glykeria und Prokopi setzten den 11. November, den Veteran's Day, als Hochzeitstermin fest, da sie an diesem Feiertag beide nicht zu arbeiten brauchten. Vater verfügte, daß es die schönste Hochzeit sein würde, die Worcester je erlebt hätte. Der Empfang würde bei Putnam and Thurston stattfinden, und keine Unkosten würden gescheut.

«Aber warum dort, wo sie dich doch so schlecht behandelt haben?» fragte ich. «Warum willst du Charley und John Davis daran verdienen lassen?»

«Warum nicht?» entgegnete er. «Es ist das beste Restaurant in der Stadt, oder nicht? Glykeria ist die Tochter, die mir verlorengegangen war und zurückgegeben wurde. Sie war tot, und jetzt ist sie am Leben. Sie bekommt die beste Hochzeit, die ich ihr geben kann.»

«Aber es gibt doch noch andere Restaurants», sagte ich hartnäckig.

«Aber bei Puts arbeitet mein Schwiegersohn, und Charley Davis hat für viele Leute gebürgt, die ich herübergeholt habe», erklärte er. «Bei Putnam und Thurston habe ich sieben Jahre lang mein Brot verdient. Warum sollte ich sie nicht an uns verdienen lassen? Sie haben Fehler gemacht – wir machen alle Fehler –, aber es lohnt sich nicht, gegen jemanden einen Groll zu hegen. Es hat sich doch alles zu unserem Besten entwickelt, nicht wahr?»

Ich blickte ihm ins Gesicht, das ohne jede Arglist und Tücke war, und ich mußte daran denken, wie sehr er sich von meinem Großvater Kitso Haidis unterschied, der schlau und verschlagen war. Mein Vater zeigte all seine Gefühle, sowie sie aufkamen. Wenn ihm jemand unrecht tat, explodierte er vor Zorn und sprach dramatische Drohungen aus, aber sein Zorn hielt nicht an, und er konnte ihn auch nicht verbergen, und bald vergaß er seinen Groll.

Obwohl ich der Meinung war, daß Vater seinen früheren Arbeitgebern mit unnötiger Eile verziehen hatte, merkte ich bald, daß die Tatsache, daß er die Hochzeitsfeier in ihrem Restaurant abhalten wollte, seine Art von Revanche war, wobei er ihnen gleichzeitig die Hände zur Versöhnung reichte. Für ihn waren sichtbare Gesten äußerst wichtig. Er bestellte ein Orchester, das teuerste Roastbeef-Dinner für dreihundert Gäste, kunstvolle Tischdekorationen und eine vierstöckige Hochzeitstorte. Ich begann zu begreifen, daß er seine alten Freunde großzügig an seiner Feier verdienen ließ, ihnen aber gleichzeitig zeigte, daß Christos Gatzoyiannis ohne sie ganz prächtig auskam. Sie hatten ihn zwar ausrangiert, aber am 11. November würden seine früheren Kollegen für die Hochzeit seiner Tochter in der Küche schuften, während er die Tänze anführte, wie es dem Mann zukam, der für die Feier bezahlte. Das war ein weiterer Aspekt des *filotimo*. Obwohl man es mit Ehrgefühl übersetzen kann, ist die Bedeutung komplexer. Für einen Griechen nimmt die Wahrung der Ehre oberste Priorität ein und steht sogar an höherer Stelle als die Erhaltung des Lebens, aber es ist auch wichtig, daß man – nachdem man für seine Ehre gekämpft und gewonnen hat – dafür sorgt, daß der Rest der Welt davon erfährt.

Glykerias und Prokopis Hochzeitsfeier war die größte Feier, die unser Clan je erlebt hatte. Das Tanzen, Singen und Essen begann am Abend vorher, als die Verwandten mit riesigen Tabletts voller Speisen in unser Haus einfielen. Hochzeitslieder wurden gesungen, Goldmünzen auf die Hochzeitsmatratze geworfen und die «bestickten» Hochzeitsbrote bewundert. Am folgenden Tag, einem Sonntag, glühte mein Vater vor Stolz, als er Glykeria in der Kirche von St. Spyridon den Mittelgang entlangführte. Die dreihundert geladenen Gäste brachen beim Anblick ihres märchenhaften Kleides in bewunderndes Raunen aus. Meine Schwestern waren Brautjungfern in rubinroten Kleidern, und ich war Platzanweiser im schwarzen Smoking.

Wenn Vater sich in der Pracht von Glykerias Hochzeit sonnte, so erreichte sein Stolz drei Monate später noch größere Ausmaße, als in der *Evening Gazette* vom 22. Februar 1957 auf der Titelseite über der Nachricht, daß ich von der Freedom Foundation in Valley Forge einen Preis erhalten hätte, ein Bild von mir erschien. Ohne mir etwas davon zu sagen, hatte meine Englischlehrerin, Miss Hurd, meinen Aufsatz über unsere Flucht aus Griechenland eingereicht. Im glühenden Patriotismus, der Mitte der fünfziger Jahre in Mode war, zitierte die Zeitung von Worcester ausführlich aus meinem Aufsatz, dazu kamen Bemerkungen meines Arbeitgebers Charley O'Connor, daß ich als Mixer an der Eisbar «zuverlässig und gescheit» sei und einen «ausgeprägten Willen» hätte. Nicholas Gage, gab die Zeitung bekannt, besuche die drittletzte Klasse der Classical High School und sei der Sohn von Christy Ngagoyeanes, «Koch in einem Billigkaufhaus.»

Die Medaille und der Zeitungsartikel verursachten eine solche Sensation in der griechischen Gemeinde von Worcester, daß mein Vater vor Stolz ganz außer sich war. Und die absolute Befriedigung war für ihn, daß sein früherer Chef, Charley Davis, am Sonntag nach der Kirche auf uns zukam, um mir zu gratulieren.

«Einen sehr klugen Jungen hast du, Christy», sagte Charley und legte den Arm um meine Schulter. «Eine große Zukunft liegt vor ihm! Du solltest Arzt werden, mein Sohn. Das habe ich allen meinen Kindern gesagt. Studiert Medizin! Meint ihr, die hätten auf mich gehört? Aber du hast einen zu guten Verstand, um ihn zu verschwenden. Was meinst du, Nick? Glaubst du, daß du Mediziner wirst?»

Bis zu diesem Zeitpunkt hatte ich über meine Zukunft noch gar nicht richtig nachgedacht, aber bei Charley Davis' Frage wurde alles plötzlich ganz klar, und ich überraschte mich selbst mit meiner Antwort: «Nein, ich möchte Journalist werden.»

Die Macht des geschriebenen Wortes faszinierte mich mehr und mehr. Als ich diese ganze Aufregung über meinen Aufsatz erlebte, sproß der Same eines ehrgeizigen Plans in mir: Ich wollte die Geschichte meiner Mutter schreiben. Das wäre ein Weg, die Erinnerung daran, wie sie ihr Leben für uns gegeben hatte, zu bewahren. Vielleicht würde ich durch journalistische Nachforschungen sogar die Identitäten derjenigen herausfinden, die sie umgebracht hatten, so daß ich meine Mutter rächen könnte. Als ich das Wort «Journalist» aussprach, schien mir, als ob ich meine Zukunft schon längst gekannt hätte. Es machte mir Spaß, Redakteur für zwei Schülerzeitungen zu sein, aber die Auszeichnung der Freedom Foundation festigte meinen Entschluß.

«Viel Glück, mein Sohn», sagte Charley und klopfte mir auf den Rücken. «Was immer du dir auch vornimmst – ich weiß, es wird klappen.» Er wandte sich an meinen Vater. «Du hast gute Arbeit geleistet mit diesem Jungen, Christo. Ich beneide dich.»

Als mein Vater sich zu mir umdrehte, sah er mich mit neuem Respekt an. «Journalist», sagte er. «Das bedeutet, daß man für eine Zeitung arbeitet, nicht wahr? Muß man aufs College gehen, um das zu lernen?»

«Ich fürchte, ja», antwortete ich.

«Wenn du das willst, dann sollst du es machen», sagte er mit plötzlicher Entschiedenheit. «Ich sage immer, Bildung ist mehr wert als Gold. Ich wollte nächstes Jahr, wenn ich fünfundsechzig werde, eigentlich auf Rente gehen, aber ich werde weiter bei Kresge's arbeiten, bis du mit dem College fertig bist, damit ich dir dein Studium bezahlen kann. Charley hat recht, du hast einen zu guten Verstand, um ihn zu verschwenden. Arzt, Zeitungsmensch, was immer du werden willst – ich werde dafür sorgen, daß du das College besuchen kannst, das du brauchst.»

Ich war gerührt, daß mein Vater, der sich nicht richtig vorstellen konnte, wovon ich redete, bereit war, seinen Ruhestand aufzuschieben, um mir psychologische und finanzielle Unterstützung zu geben. Durch seine Ermutigung fühlte ich mich ihm näher als zuvor.

Während ich mein erstes High-School-Jahr abschloß, mehrte sich das Glück meines Vaters, bis er sich als Günstling der Götter fühlte. Im Mai 1957 bekam Olga einen dritten Sohn, den sie Thomas nannte, und Kanta wurde ebenfalls schwanger. Nachdem er seinen drei ältesten Töchtern ausgezeichnete Ehemänner gesichert und alle drei Paare in unserem dreistöckigen Haus untergebracht hatte – eines in jedem Stockwerk –, wurde mein Vater zum Patriarchen einer Dynastie.

Hinter unserem Haus befand sich eine betonierte Fläche, ein bißchen schütteres Gras und zwei große Garagen, wo insgesamt zehn Autos Platz hatten. Das war viel mehr, als wir brauchten, und wir hatten Garagenflächen an einige andere griechische Familien in der Nachbarschaft vermietet. Aber in jenem Sommer machte Dino den Vorschlag, eine der Garagen abzureißen und an ihrer Stelle einen Garten anzulegen. Der Rest der Familie war einverstanden.

Jede griechische Familie in Worcester bepflanzte selbst das kleinste Fleckchen Boden hinter ihrem Wohnhaus mit Tomaten und grünen Bohnen und faßte die Beete mit Basilikum, Kamille und Geranien in Olivenöldosen ein. Unter den griechischen Einwanderern schien die atavistische Notwendigkeit zu bestehen, den Boden zu bearbeiten, und meine Familie war keine Ausnahme. «Nichts schmeckt so gut wie die eigenen Tomaten», waren sich meine Schwestern einig, und schon planten sie alle Gerichte, die sie aus den flachen Fava-Bohnen zubereiten konnten, die wir pflanzen würden – die Art, die man in amerikanischen Supermärkten nicht so leicht findet.

Eines Tages im August kam ich von der Arbeit nach Hause und sah, wie mein Vater mit einer Leiter auf das Dach der zum Abriß verurteilten Garage kletterte, während Dino und Angelo die Leiter festhielten. «Was machst du da oben? Du wirst dir das Genick brechen!» rief ich.

«Du denkst wohl, ich bin ein nutzloser alter Mann, wie?» rief er zurück. «Aber wenn ich diesen jungen Spunden nicht beibringe, wie man die Garage abreißt, wird nur Pfusch draus.»

Ich ging ins Haus und fand Fotini, jetzt neunzehn, schrecklich aufgeregt vor, weil ein paar Griechen aus New Jersey angerufen hatten, um zu sagen, sie seien in Worcester und würden gern vorbeikommen, um einen netten jungen Mann vorzustellen, der ideal für sie wäre. Vor dem Spiegel fummelte sie mit ihren Haaren herum. «Ob er gut aussieht?» murmelte sie und toupierte ihren Pony. «Meinst du, es sähe besser aus, wenn ich den Pony über ein Auge fallen ließe, wie Veronica Lake?»

«Ich finde, du sähst besser aus, wenn du den Pony über das ganze Gesicht fallen ließest», sagte ich. Fotini wollte gerade ihre Bürste nach mir werfen, als wir beide Holz splittern und dann Kanta und Olga schreien hörten und wie erstarrt innehielten.

Beide Schwestern hatten Vater von ihren Veranden aus bei der Arbeit zugesehen, Olga im dritten Stock, wo sie ihr Baby stillte, und Kanta im zweiten. Als ich die Schreie hörte, wußte ich sofort, was geschehen war, und rannte zur Hintertür. Dino, Angelo und Prokopi standen wie versteinert da. Mein Vater war nirgends zu sehen. Auf dem Dach, wo er gearbeitet hatte, war nur noch ein ausgefranstes Loch.

«Er ist einfach durchgefallen», rief Prokopi.

«Schnell!» brüllte Olga von oben. «Lauft zu ihm! Schaut doch nach, ob er noch lebt!»

Alle drei Schwäger rannten zur Garagentür, aber ich blieb wie angewurzelt stehen, während die Szene vor mir zu verschwimmen schien. Mir wurde schwindlig, und ich meinte zu fallen, so wie mein Vater gerade sechs Meter tief auf einen Zementboden gefallen war.

Ein furchtbarer Schmerzensschrei sagte mir, daß Vater noch am Leben war, und riß mich aus meiner Versteinerung. Ich rannte in die Garage, wo Dino, Angelo und Prokopi neben ihm knieten.

Vater lag auf dem Rücken und drehte den Kopf von einer Seite zur anderen, die Zähne zusammengebissen, um sein Stöhnen zu unterdrücken. Wenigstens war sein Genick nicht gebrochen, dachte ich.

«Wir müssen ihn ins Krankenhaus schaffen», schrie Dino und rang die Hände.

«Wir sollten ihn vielleicht besser nicht bewegen», sorgte sich Angelo.

«Er hat wahrscheinlich innere Blutungen», warf Prokopi ein. «Wir dürfen keine Zeit verlieren. Wir müssen ihn hochheben.»

Mein Vater wog damals mehr als zwei Zentner, was mit ein Grund war, warum das verfaulte Dach ihn nicht getragen hatte. Auch wenn wir vier ihn anpackten, jeder einen Arm oder ein Bein nehmend, war es furchtbar anstrengend, ihn zum Auto zu schleppen, vor allem, weil er bei jedem Schritt vor Schmerzen brüllte. Schließlich hatten wir ihn auf dem Rücksitz. Seine Gesichtsfarbe – grau wie eine Leiche – machte mir angst, aber er war noch bei Bewußtsein. Dino setzte sich hinters Steuer und befahl mir, mich neben ihn zu setzen. «Du mußt im Krankenhaus reden», sagte er.

Während der Fahrt schrie Vater bei jedem Holpern auf, und ich blickte immer wieder ängstlich zu ihm zurück und fragte mich, wo er wohl verletzt war und wie schlimm. Jedesmal, wenn er mein Gesicht sah, zog er eine Grimasse und versuchte, ermunternd zu lächeln, was sich dann regelmäßig in einen weiteren Schmerzensschrei verwandelte. Endlich erreichten wir den Noteingang im City Hospital. Die Sanitäter eilten mit einer Räderbahre heraus und rollten ihn in den Behandlungsraum. Ich versuchte, dem Arzt zu erklären, was passiert war. Als die Krankenschwester seine Kleidung aufschnitt, wurde ich vor Entsetzen ganz still. Ich sah, daß Vaters Bein, seine Seite und sein Rücken blau wie Tinte waren.

Er mußte viele schmerzhafte Tests und Röntgenaufnahmen über sich ergehen lassen, aber endlich rollten sie ihn in ein Zimmer, und die Ärzte kamen herein, um mit uns zu reden. Sie richteten sich an mich, weil ich Englisch am besten verstand.

«Es sind einige Brüche vorhanden, die nur langsam heilen werden», sagte ein Arzt. «Was uns am meisten Sorgen macht, ist die Tatsache, daß sich ein Blutgerinnsel gebildet hat. Wenn es sich zum Herzen, in die Lunge oder ins Gehirn bewegt, könnten die Folgen sehr schwerwiegend sein. Ihr Vater muß absolut flach auf dem Rükken liegenbleiben und mit Blutverdünnungsmitteln behandelt werden, bis sich das Gerinnsel auflöst. Wenn er in den nächsten sechs Monaten sehr aufpaßt, geht die Gefahr vorüber.»

Der Arzt fragte, ob mein Vater arbeite und was er mache. Als ich es ihm erklärte, sagte er: «Auf keinen Fall kann er an eine Arbeit zurückgehen, wo er den ganzen Tag auf den Beinen stehen muß. In seinem Alter und bei seinem Gewicht braucht er bloß auszurutschen und zu stürzen und kann sich sofort die Hüfte brechen. Solche Sachen heilen bei älteren Menschen nicht so leicht. Er ist alt genug, um sich zur Ruhe zu setzen, und ich rate Ihnen dringend, ihn dazu zu überreden.»

Nachdem die Ärzte wieder gegangen waren, ging ich zu meinem Vater, der weiß wie sein Krankenhaushemd im Bett lag. Zum ersten Mal wurde mir bewußt, daß er ein alter Mann war. Er hatte immer einen so zähen, vitalen und alterslosen Eindruck auf mich gemacht, aber jetzt sah er alt, schwach und verletzlich aus. Ich fühlte mich fast betrogen, seine Sterblichkeit zu entdecken.

«Du hast gehört, was der Doktor gesagt hat», begann ich. «Es wird alles wieder gut, wenn du dich schonst. Du hast wirklich Glück gehabt. Ich habe dir ja gesagt, daß das eine verrückte Idee war – rauf aufs Dach in deinem Alter!»

«*Du* warst schuld», erwiderte er und rang sich ein schwaches Lächeln ab. «Du hast mich provoziert. Gut, daß ich ein zäher alter Esel bin, sonst wäre ich jetzt tot.»

Unbeholfen tätschelte ich seine Hand. «Die Hauptsache ist, daß du es nicht bist», sagte ich. «Du mußt dich einfach schonen und aufpassen.»

«Aber er hat gesagt, ich kann nicht zur Arbeit zurückgehen», jammerte Vater. «Wenn ich nicht arbeiten kann – wie sollen wir dann für dein College bezahlen?»

«Du brichst dir fast das Genick und machst dir Sorgen, wie ich aufs College komme?» rief ich aus. «Konzentrier dich mal aufs Stilliegen, damit das Blutgerinnsel verschwindet.»

Ich konnte sehen, daß er nicht so schwer verletzt war, wie ich befürchtet hatte, weil er bald wieder zu schimpfen anfing und aufstehen wollte. «Der junge Arzt hat doch keine Ahnung», murmelte er und bewegte sich unter Schmerzen. «Ich will nach Hause. Dr. Seidenberg würde mich nicht so schikanieren. Ruf Dr. Seidenberg an – er soll sofort hierherkommen.»

Daß er sich so beschwerte, nahm mir die Angst, die sich meiner seit seinem Sturz bemächtigt hatte, weil es bewies, daß er den Kampf noch nicht aufgegeben hatte. Aber später in der Nacht, als ich nach Hause ging, wurde mir klar, daß das verfaulte Dach meine Zukunftspläne mit in die Tiefe gerissen hatte, denn jetzt konnte ich mir einen Collegebesuch ganz bestimmt nicht mehr leisten.

12 Die Großfamilie

Die Genesung meines Vaters ging noch langsamer voran, als es die Ärzte vorausgesagt hatten. Es ärgerte ihn, ans Bett gefesselt zu sein, und er verlangte, per Krankenwagen ins Doctor's Hospital überführt zu werden, damit er in die Obhut von Dr. Seidenberg käme, aber der Urteilsspruch war immer noch derselbe: im Bett bleiben, bis sich das Blutgerinnsel aufgelöst hätte. Für ihn waren die Worte eines Arztes die Verkündigung vom Berg Sinai, und so akzeptierte er das Urteil, nie wieder voll arbeiten zu können.

Solange sein Leben in Gefahr war, konnte ich an nichts anderes als die Möglichkeit, ihn zu verlieren, denken, aber als er dann wieder aufstehen durfte, wurde ich durch andere Sorgen abgelenkt. Das letzte High-School-Jahr näherte sich seinem Ende, und ich wurde von zwei Problemen gequält, die jeden Morgen beim Erwachen wie der Felsbrocken des Sisyphus auf mich herabstürzten: Wie sollte ich das Geld fürs College zusammenbringen und wie meine Jungfräulichkeit verlieren?

Ich wußte, daß ich von keinem in der Familie Geld erwarten konnte, da unsere finanzielle Situation einen noch nie dagewesenen Tiefstand erreicht hatte. Nur Dino verdiente gut. Vater hatte ihn überredet, den gut bezahlten Job am Lunch-Tresen von Kresge's zu übernehmen, und nach dieser Acht-bis-sechzehn-Uhr-Schicht arbeitete er außerdem noch von siebzehn bis einundzwanzig Uhr als Koch bei Putnam and Thurston.

Dinos Traum von Wohlstand ließ sich jedoch längst nicht so leicht verwirklichen, wie er es sich erhofft hatte. Olga hatte in fünf Jahren drei Söhnen das Leben geschenkt, und die Ankunft von Dinos Geschwistern – eines nach dem anderen – hatte das Familienbudget weiter belastet und Olga und Dinos kleine Wohnung bis zum Platzen gefüllt. Alle diese Verpflichtungen und Sorgen heizten Dinos ohnehin aufbrausendes Temperament an, und er ließ seine Frustrationen oft an Olga aus, die mit Sanftheit versuchte, in dem vollgestopften Haushalt Harmonie zu bewahren. Da die beiden Jobs ihn vierzehn Stunden am Tag fernhielten, lasteten die heimischen Probleme zusätzlich zu den häufigen Schwangerschaften meist auf Olgas Schultern, so daß sie nicht auch noch meinen Vater pflegen konnte – eine Aufgabe, die Glykeria zufiel, die kurz nach ihrer Heirat schwanger wurde und ihre Arbeit bei Table Talk aufgab. Auch Kanta hatte Table Talk zu Beginn ihrer Schwangerschaft, die so schwierig war, daß sie die letzten drei Monate im Krankenhaus verbringen mußte, verlassen.

Nachdem wir Vater, Kantas und Glykerias Löhne eingebüßt hatten, konnten wir uns kaum das nötige Essen leisten. Ich wußte, daß ich nur dann aufs College gehen könnte, wenn ich das Geld selbst aufbrachte; deshalb verlängerte ich meine Arbeitszeit bei O'Connor's von vierzehn Uhr dreißig bis zwanzig Uhr dreißig und arbeitete jeden Samstag. Ich verdoppelte auch meine Anstrengungen, in der High-School gute Noten zu erzielen, um ein Stipendium zu bekommen. Im ersten Semester meines vorletzten Jahres war ich in den meisten Fächern Klassenbester gewesen, und Miss Shaunessy, die Respekt heischende Englischlehrerin, bestimmte mich zum Redakteur der Schulzeitung *Argus*.

Außerhalb der Schule und nach der Arbeit verbrachte ich den größten Teil meiner Freizeit mit meinen griechischen Gefährten Tony Deli und Fred Malitas. Fred schmiedete ständig neue Pläne, um eine der amerikanischen Schönheiten, von denen er wie besessen war, kennenzulernen und zu verführen. Um seine Chancen zu verbessern, hatte er seine sämtlichen Ersparnisse in die Anzahlung für einen wackligen alten Ford gesteckt, aber bisher hatten sich seine romantischen Eroberungen über die ehrwürdige Prostituierte von der Park Avenue hinaus nicht ausgedehnt.

Ich selbst hatte mir eine Gefolgschaft von Klassenkameradinnen zugelegt, die regelmäßig nach der Schule in der Imbißstube vorbeischauten und sich an die Theke setzten, um sich mit mir zu unterhalten. Ich übte meine Phrasen – meinen «Nachtigallengesang», wie

Fred es nannte – und teilte an jede Frau, die eintrat, ausgefallene Komplimente aus. «Sie sind der Star, auf den der ganze Abend wartet», erklärte ich einer Frau mittleren Alters, während ich ihr die Speisekarte vorlegte. «Die Lichter erscheinen trüber, sobald sie eintreten.» Ich glaubte, diese reifen Kundinnen würden merken, daß ich nur Spaß machte, aber manche nahmen meine Schmeicheleien ernst. Eine ältere Frau insbesondere kam immer wieder, um ihre Eheprobleme vor mir auszubreiten, bis ich mich zu fragen begann, wie ich sie entmutigen könnte.

Unter den Mädchen, die regelmäßig nach der Schule vorbeischauten, entdeckte Fred Malitas Debby – eine hellhäutige, anmutige junge Frau mit einer Mähne tizianroten Haares und einer unschuldig koketten Art. Als Fred sie sah, taumelte er. Debby war genau das, wonach er sich sehnte – die amerikanische Traumfrau. Sobald sie die Imbißstube verlassen hatte, begann er, mir auf griechisch zuzuzischen: «Das ist sie – die in den engen Hosen! Ich bin verliebt! Du mußt mich mit ihr zusammenbringen! Verschaff mir eine Verabredung mit ihr – und ich werd nie wieder was von dir verlangen!»

«Hör zu, Fred», warnte ich. «Nur weil amerikanische Mädchen flirten und lächeln und sich beim Sprechen an dich lehnen, heißt das noch lange nicht, daß sie mit dir ins Bett gehen wollen. Die Mädchen benehmen sich vielleicht wie Nutten, aber die meisten von ihnen sind Jungfrauen.»

«Ich versprech, daß ich nicht gleich auf sie losgehe – ich werde mich wie ein vollkommener Gentleman benehmen», stotterte Fred und gestikulierte wild herum. «Ich will mich ja nur mit ihr treffen, einfach nur ihre Haut berühren, ihr in die Augen sehen, ihre Stimme hören. Dann kann ich glücklich sterben.»

«Aber du kannst ja gar nicht mit ihr reden», erinnerte ich ihn. «Du kannst ja kaum ‹hallo› sagen. Du sprichst kein Englisch.»

«*Du* redest», sagte er beharrlich. «Bring uns nur zusammen. Den Rest besorge ich.»

Fred war so hartnäckig, daß ich mich schließlich einverstanden erklärte, Debby von ihm zu erzählen. Wir würden uns zu viert verabreden, und ich würde Debby überzeugen, daß Fred ein Austauschstudent aus Griechenland sei, und die Konversation übernehmen.

Debby war ein nettes, extrovertiertes Mädchen, mit dem ich seit

Jahren gut befreundet war. Endlich gab sie meinen Bitten nach und war einverstanden, mir zu Gefallen mit Fred auszugehen.

«Aber ich kenne ihn doch gar nicht», protestierte sie zuerst. «Doch, doch – du hast ihn hier bei O'Connor's kennengelernt», behauptete ich. «Ein dunkler, gutaussehender Kerl. Erinnerst du dich nicht? Du hast ihn angelächelt.»

«Wirklich?» fragte sie verblüfft. «Komisch, ich kann mich überhaupt nicht an ihn erinnern. Du sagst, er geht aufs College?»

«Ja, er ist aus Athen. Ein wirklich intelligenter Kerl. Im Herbst fängt er an der Penn-State-Universität an. Wahrscheinlich Medizin. Los, komm – es wird bestimmt lustig! Worüber machst du dir Sorgen? Ich bin ja in der Nähe – auf dem Rücksitz.»

«Na schön», sagte sie schließlich. «Wenn du sagst, daß er nett ist. Aber er muß reinkommen und meine Eltern begrüßen.»

Am verabredeten Abend, als Fred zu Debbys Haus am Tatnuck Square fuhr, wies ich ihn ein. «Sag kein Wort», riet ich. «Laß mich nur reden, und du lächelst und nickst und hältst den Mund. Ich hab ihnen gesagt, daß du im Herbst zur Uni gehst, Arzt wirst, tolle Noten hast, ein Freund von mir aus Athen bist.»

Fred kämmte sich nervös die Haare zurück. Ich hatte ihn überredet, sich für diesen Abend ein graues Jackett zu kaufen und es mit passenden grauen Hosen zu tragen. Er wollte sein Hemd aufknöpfen und den Kragen – wie in Europa – über das Revers legen, aber ich zwang ihn, das Hemd wieder zuzuknöpfen und eine Krawatte zu tragen, und er steckte ständig die Finger in den unbequemen Kragen.

Debbys Eltern begrüßten uns herzlich. Sobald wir durch die Tür traten, begann ich, ununterbrochen zu reden und alle Fragen, die an Fred gerichtet waren, abzubiegen. Er selber starrte wie berauscht Debby an, die ein blaues Kleid trug, das ihre Kurven betonte.

«Und wann sind Sie an unseren Ufern gelandet, Fred?» fragte Debbys Mutter.

«Oh, er ist jetzt zwei Monate da», sagte ich schnell. «Er fängt im Herbst an der Penn State zu studieren an – er hat ein Stipendium.»

«Das ist schön», sagte sie. «Stammen Sie aus einer großen Familie, Fred?»

«Vier Brüder und eine Schwester!» warf ich ein. «Fred ist für sie alle eine Art Vorbild.»

Während ich redete, lächelte Debby Fred an, und er grinste zurück.

Mit für ihn ungewöhnlicher Schweigsamkeit saß er da und warf schnelle Blicke auf die teure Wohnungseinrichtung, den riesigen Bildschirm des Fernsehapparats, das Klavier in der Ecke. Erschöpft von all dem Gerede, das ich aufrechterhalten mußte, schaute ich schließlich auf meine Uhr und sagte: «Wir müssen gehen, wenn wir rechtzeitig ins Kino kommen wollen. Ich muß das Mädchen noch abholen, mit dem ich verabredet bin.»

«Es war ein solches Vergnügen, Sie kennenzulernen, Fred», sagte Debbys Mutter, als wir zur Tür gingen. «Viel Glück im College! Welche Universität war es noch mal?»

Von seinem Erfolg ermutigt, beschloß Fred, der das Wort «Universität» verstanden hatte, eine eigene Antwort zu wagen. «State Pen», erwiderte er und verbeugte sich, als er ihr zum Abschied die Hand schüttelte.

«Er macht bloß Spaß», platzte ich in die verblüffte Stille hinein. «Er meint natürlich Penn State. Fred ist ein schrecklicher Witzbold.»

Nach diesem ersten Fehltritt ging es weiter bergab. Als der Film aus war, fuhr Fred uns am Flughafen vorbei. Debby beugte sich zu ihm und flüsterte ihm etwas ins Ohr. Plötzlich bog Fred scharf in einen Feldweg ein und brachte den Wagen zu einem kreischenden Halt. «Steig aus!» zischte er mir auf griechisch zu.

«Was soll das heißen?» rief ich.

«Stelle keine Fragen, nimm dein Mädchen und geh spazieren. Raus! Jetzt!» stieß er noch entschiedener hervor.

Wir waren keine zwanzig Meter gegangen, als wir Debbys Schreie, Freds Flüche und Kampfgeräusche hörten. Wir eilten zum Auto zurück, in dem Fred und Debby so weit von einander entfernt wie möglich saßen. Zwischen ihnen herrschte eisige Stille. Später, als Fred vor Debbys Haus hielt, war klar, daß es keine zweite Verabredung geben würde – so, wie sie die Tür zuschmiß.

Nachdem wir mein Mädchen nach Hause gebracht hatten, fragte ich scharf: «Was war los?»

Fred schlug sich mit dem Handgelenk gegen die Stirn. «Ich werde amerikanische Frauen nie verstehen», stöhnte er. Dann erklärte er, daß er uns aus dem Auto geworfen hatte, weil er geglaubt hatte, Debby habe ihm einen unsittlichen Antrag ins Ohr geflüstert. Nach weiterem Bohren erfuhr ich den aufregenden Satz, den Debby von sich gegeben hatte und der Fred überzeugt hatte, endlich ins Schwarze getroffen zu haben. «Was ich jetzt wirklich gerne hätte», hatte sie gemurmelt, «ist etwas zu essen.»

Ich merkte, daß es lange dauern würde, bis ich Fred über die sexuellen Sitten der amerikanischen Mädchen der späten fünfziger Jahre aufgeklärt hätte. Trotz allem war sein Optimismus ungebrochen, selbst nach diesem Debakel. Eines Tages tauchte er bei O'Connor's auf und erzählte mir stotternd vor Aufregung, daß wir Tanzstunden nehmen würden.

«Wenn du mit einem Mädchen tanzt, brauchst du nicht zu reden», erklärte er. «Du verführst sie mit der Sprache des Körpers, nicht der Zunge. Stell dir bloß mal vor: gedämpftes Licht, Alkohol, sexy Rhythmen – Tango, Rumba, Mambo! Die ist bereit, es gleich auf der Tanzfläche zu machen.»

«Aber kannst du denn Tango, Mambo, Rumba tanzen?» fragte ich. «Wie steht's mit Twostep?»

«Noch nicht, aber ich habe einen Tanzlehrer gefunden», sagte Fred glucksend. «Er hat versprochen, uns einen Sonderpreis zu machen, wenn wir alle drei uns zusammen anmelden: du, ich und Tony. Es wird nicht lange dauern, dann müssen wir die Mädchen mit einem Stock abwehren.»

Fred hatte irgendwie das überlebende Mitglied einer früheren Varieté-Tanzgruppe kennengelernt – einen großen, würdevollen, weißhaarigen Mann, der das Tanzstudio in der Mechanic Street führte. Für zwei Dollar pro Stunde versprach er, uns in nur zehn Wochen zu Tanzprofis zu machen.

Tony und ich ließen uns widerwillig die drei Stockwerke zum Studio hinaufzerren. Der alte Berufstänzer war überaus geduldig und half mit Gesten nach, wo Worte nicht ausreichten. Er tanzte den Part des Mädchens, obwohl er uns alle überragte. Tony und ich erwiesen uns jedoch als hoffnungslos in der Tanzkunst, taub, was den Rhythmus betraf, und stolperten über unsere eigenen Füße. Ich fand es entsetzlich, mit einem Mann zu tanzen – einem großen, knochigen Skelett, das in meinen Armen rückwärts tanzte und flüsterte: «*Eins* zwei drei, *vier* fünf sechs, jetzt tief und drehen und...»

Fred jedoch hatte Talent für die raffinierte Beinarbeit, vor allem bei den lateinamerikanischen Rhythmen. Er war klein und behende, und bald schwebten er und der große dürre Lehrer wie Rogers und

Astaire über die Tanzfläche. Tony und ich setzten uns kurz nach dem Foxtrott ab, aber Fred blieb dabei und führte überall gern seine neuesten Schritte vor: an der Bushaltestelle, in der Schlange vor dem Kino, auf der Straße.

Da Freds Kenntnisse in Small talk mangelhaft waren, brachte der Lehrer ihm höfliche Konversation bei. «Darf ich Sie um diesen Tanz bitten?» soufflierte er. «Wie heißen Sie? Sie tanzen himmlisch. Darf ich Sie zum Essen einladen?»

Als Fred endlich bereit war, mit seiner Kunst an die Öffentlichkeit zu treten, holte er uns in seinem alten Ford ab, und wir fuhren langsam die Southbridge Street entlang, bis wir vor dem Musical Café, einer uralten irischen Kneipe, hielten, wo mehrere Frauen mittleren Alters am Fenster saßen.

«Los, gehen wir rein und fordern wir sie zum Tanzen auf. Ich werde sie mit meinem Cha-Cha-Cha in Staunen versetzen», sagte Fred eifrig.

«Die sind ja alt und betrunken», sagte Tony.

«Um so besser – dann merken sie's nicht, wenn ich einen Fehler mache!» erwiderte Fred.

Während Tony und ich an einem Tisch saßen und zuschauten, streckte Fred einen Vierteldollar in die Jukebox und wählte «Cherry Pink und Apple Blossom White». Dann, als die Musik begann, schlängelte er sich zu den Frauen hinüber, die am Fenster saßen, und sagte zu einer: «Darf ich Sie um diesen Tanz bitten?»

Sie starrte ihn mit getrübtem Blick an und sah einen dunklen, begierigen jungen Mann – jung genug, ihr Sohn zu sein. Eifrig, wenn auch unsicher, erhob sie sich.

Tony und ich kamen in den Genuß eines bemerkenswerten Pas de deux, als Fred vor dem faszinierten Publikum irischer Arbeiter seine raffiniertesten Wechselschritte und Drehungen zu demonstrieren versuchte, während seine betrunkene Tanzpartnerin ihn an ihren üppigen Busen drücken wollte. Schließlich schrie Fred in panischer Angst: «Bringt mich hier raus!» Wieder im Auto, sagte er, die Ausdünstung seiner Partnerin habe ausgereicht, ihn für immer von den Frauen fernzuhalten – zumindest bis morgen.

Als sich ein weiterer griechischer Immigrant, Ulysses Mitsopoulos, unserem Team liebeskranker Schürzenjäger hinzugesellte, ging es mit uns bergauf. Ulysses, mit dreiundzwanzig Jahren der Älteste, hatte zwei größere Vorzüge aufzuweisen: Er lebte allein im eigenen Haus und fuhr ein nagelneues rosa-weißes Ford-Sunliner-Kabriolett.

Ulysses war aus dem Teil des nördlichen Epirus geflohen, der jetzt in Albanien liegt. Er war im Alter von zwölf Jahren oberhalb meines Dorfes über die Berge gewandert und hatte seine Mutter und Schwestern zurückgelassen. 1955 holten ihn seine drei Onkel nach Amerika, die in Oxford, Massachusetts, eine Fabrik für Gartenmöbel besaßen. Sie verschafften ihm eine Stelle und brachten ihn in der Nähe der Fabrik unter.

Auf unseren Jagdausflügen fuhr Ulysses, Fred und Tony saßen hinten, und ich wurde auf den Beifahrersitz plaziert, um die Mädchen mit meiner silbernen Zunge in den Wagen zu locken. Wir vier Hechte kurvten abends, wenn die Fortbildungs-, Sekretärinnenschulen und Vereine ihre Besucherinnen entließen, langsam durch Worcester. Immer wenn wir eine vielversprechend aussehende Mädchengruppe sahen, bremste Ulysses ab, und Tony und Fred klopften mir auf den Rücken und zischelten auf griechisch: «Rede! Rede! Rede!»

Es war schwierig, unter diesem Druck überzeugend zu sein, aber ich entwickelte einige brauchbare Ouvertüren: «He, Carol», rief ich.

«Ich bin nicht Carol», kam die Antwort.

«Oh, tut mir leid, du siehst aus wie ein Mädchen, das in der High-School in Geschichte vor mir sitzt», entschuldigte ich mich. «He, warte! Wir beißen nicht! Meine Freunde und ich sind auf dem Weg zum Highland Diner – was essen. Kommst du mit?»

Oder ich fragte, wohin die junge Frau ging, und bot ihr an, sie hinzufahren. Wir hielten uns oft an der Greyhound-Bus-Station in der Front Street auf, tranken Kaffee an der Theke, versuchten cool auszusehen und Mädchen zu überreden, sich von uns nach Hause fahren zu lassen.

«Verzeihung, Miss, sprechen Sie Englisch?» begann ich listig.

«Natürlich spreche ich Englisch! Wofür hältst du mich denn?» kam die überraschte Antwort.

«Sie sehen so weltgewandt aus, so ausländisch», antwortete ich. «Ich dachte, Sie sind vielleicht Französin oder Schwedin. Sie haben mehr Schick als die meisten amerikanischen Mädchen, so wie Sie angezogen sind und so. Sie sind ehrlich nicht aus Europa?»

«Nee, ich bin aus Rutland» (oder Webster oder Uxbridge oder Dudley).

«Wollen Sie da jetzt hin? Zufällig wohnt mein Freund hier in der Richtung, und der hat das zweifarbige Ford-Kabriolett, daß Sie draußen vielleicht bemerkt haben. Wollen Sie nicht mit uns fahren?»

(Von oben herab) «Ich steig zu keinem Fremden ins Auto!»

«Na schön, wie Sie wollen», antwortete ich lässig. «Aber sie haben gerade durchgegeben, daß Ihr Bus Verspätung hat.»

So ungefähr einer von dreißig Versuchen, junge Frauen in Ulysses' Auto zu bekommen, war erfolgreich. Gewöhnlich waren sie in Paaren unterwegs, und sobald wir zwei Mädchen ins Auto gelockt hatten – eines vorn zwischen Ulysses und mir und eines hinten zwischen Fred und Tony –, begannen meine weniger sprachgewandten Freunde, um ihre Zuneigung zu wetteifern.

Ulysses war meist der Erfolgreichste, weil er ein dunkles, byzantinisches Gesicht hatte und verzweifelten Notstand ausstrahlte. Er ging sofort aufs Ganze und flirtete heftig mit dem Mädchen neben ihm. «Möchten Sie fahren?» schlug er vor. «Keine Angst. Es ist leicht!» Dann zog er sie auf den Schoß und legte ihre Hände aufs Lenkrad. «Sehen Sie. Sie fahren gut!»

Fred und Tony machten sich auf dem Rücksitz keine Konkurrenz. «Wer gefällt Ihnen besser – ich oder mein Freund?» fragte Fred. «Er gefällt Ihnen besser, das ist okay! Kein Problem! Es macht mir nichts aus.» Die Mädchen mochten meist Tony wegen seines muskulösen Körperbaus, aber manchmal fühlten sie sich mehr zu Fred hingezogen, weil er so flink und lustig war.

«Sag ihr, daß sie mich an das erste Mädchen erinnert, das ich in Griechenland hatte», murmelte Fred mir auf griechisch zu. «Sag ihr, sie hätte sich wegen mir das Leben genommen.»

«Das glaubt sie nie!» gab ich zurück.

«Bestimmt! Mädchen glauben alles», sagte er hartnäckig.

Zwangsläufig hörte sich das Mädchen diese dramatische Geschichte an und bemerkte: «Ich würde mich für keinen Mann umbringen!» Aber sie lächelte dann Fred mit neuem Interesse zu.

Mit diesen Straßenbekanntschaften hatte ich selber kein Glück, was wohl auch daran lag, daß ich mit meinen einszweiundsiebzig und sechsundfünfzig Kilo eher wie fünfzehn als siebzehn aussah. Außerdem prallten meine geschwollenen literarischen Aussprüche und Komplimente glatt an ihnen ab.

Nachdem wir eine Weile gefahren waren, verkündete ich: «Mein

Freund Ulysses hat ein Haus in Oxford, also auf dem Weg nach Dudley. Es ist zu früh, um nach Hause zu gehen. Warum fahren wir nicht dort vorbei und trinken was und hören uns ein paar Schallplatten an?»

Wenn die Mädchen einverstanden waren, was meistens der Fall war, machten wir es uns mit Ulysses' Schallplatten und einer Flasche Scotch bequem, und bald lockte er die Willfährigste ins Schlafzimmer. («Möchten Sie mein Bett sehen? Sehr großes Bett. Sehr sauber!») Dann führte entweder Tony oder Fred das andere Mädchen ins zweite Schlafzimmer, und ich spielte mit dem Verlierer Rommé. Meine Freunde machten nie den Vorschlag, daß *ich* die Mädchen kriegen sollte, weil sie wußten, daß ich jung und unerfahren war. Und, im Gegensatz zu Fred und Tony, verteidigte Ulysses seine Eroberungen aufs heftigste, obwohl er selber anderen oft die Mädchen ausspannte.

An einem Samstag nachmittag holte mich Ulysses mit Tony und Fred von der Arbeit ab. Ich setzte mich neben den Fahrer, und wir machten uns auf die Jagd nach weiblicher Gesellschaft. Wir fuhren am Elm Park vorbei, wo jeder von uns an der Kreuzung der Elm und Russell Street vor der Kirche von St. Spyridon das Kreuz schlug. Als wir die Russell Street hinunterfuhren, trat Ulysses plötzlich auf die Bremse. Uns stockte der Atem. Vor uns ging ein hochgewachsenes Mädchen mit honigblondem Haar und wohlgeformten braunen Beinen in engen weißen Shorts und schob einen Kinderwagen. Wir brüllten ihr im Chor Komplimente zu, aber statt beleidigt zu reagieren lachte sie nur. Durch unseren Erfolg ermutigt fuhren wir an den Straßenrand und stiegen aus. Der Reihe nach lehnten wir uns in unserer besten James-Dean-Imitation lässig an den Ford.

«Hey, ich weiß, wer das ist» flüsterte Fred aufgeregt, als sie sich näherte. «Das ist das Mädchen, das bei Woolworth und Newbury Sachen demonstriert – Kartoffelschäler und Fleckenentferner und Mixer. Die haut einen glatt um!»

«Was für ein Körper!» murmelte Tony. «Ich hätte nichts dagegen, ein paar Runden mit ihr zu drehen.»

«Du hast keine Chance, du Wurm», sagte Ulysses. «*Ich* bin der einzige hier, der Mann genug ist, dieses Stück türkischen Honig zu vernaschen.»

Als uns die liebliche Aphrodite erreicht hatte, lachte sie wieder über die verstümmelten Komplimente, die ihr entgegenschallten. Sie blieb stehen, lächelte und schaukelte den Kinderwagen mit einer Hand und beantwortete unsere Fragen, ohne zu zögern. Sie heiße Angela, sagte sie.

«Ein Engel, und wenn nicht, dann ein irdisches Ebenbild!» rief ich aus. Sie belohnte mich mit einem Blick und einem kristallklaren Lachen.

Nein, sie sei keine Babysitterin, antwortete sie auf Ulysses' nächste Frage. Das Baby gehöre ihr. Ja, sie sei alt genug, um ein Baby zu haben.

Ein Chor bewundernder Worte folgte – was für ein erstaunliches Baby es sei, ein regelrechtes Musterbaby. Tony erkundigte sich nach dem Verbleib des glücklichen Ehemanns und Vaters.

«Ich bin nicht verheiratet», erwiderte Angela, und es schien ihr nicht im geringsten peinlich zu sein. «Ich war verheiratet, aber wir haben uns getrennt.»

«Was bedeutet das?» fragten mich meine Freunde auf griechisch. Als ich es erklärte, sagte Ulysses auf englisch: «Dieser Mann – der muß verrückt sein!»

«Nicht verrückt, nur zu dumm und langweilig, um uns zu verdienen», antwortete sie. «Ich möchte fliegen, und er zieht mich runter.»

Ich nickte und zitierte mit lebensmüder Stimme Balzac. «Kein Gegenstand ist schwerer als der Körper eines Menschen, den wir nicht lieben.» Dieses Mal warf sie mir einen langen, fragenden Blick zu, bevor sie mich mit einem Lächeln bedachte, das wie die Sonne strahlte.

«Dieser Mann – der war Sie nicht wert», erklärte Fred. «Gehen Sie heute abend mit mir aus. Ich werde Ihnen zeigen, was ein Mann ist.»

«Ich fürchte, heute abend kann ich nicht», sagte Angela.

«Dann fahren wir Sie nach Hause», ließ sich Ulysses hören und deutete auf sein Auto.

«Danke, aber ich wohne gleich hier unten», sagte sie und schwieg vielsagend. «Mit meinen Eltern.»

«Überlassen Sie das Baby Ihren Eltern, Freitag, Samstag. Gehen Sie mit uns tanzen», flehte Fred. «Geben Sie uns Ihre Nummer, wir rufen Sie an.»

«Aber ich hab keinen Stift und kein Papier», erwiderte Angela ruhig.

Eifrig fischte Fred einen Stift aus seiner Tasche, und Ulysses rannte zum Auto, um von einer Straßenkarte eine Ecke abzureißen. Wir versammelten uns um Angela herum, während sie auf dem Dach des Kinderwagens eine Telefonnummer niederschrieb. Dann richtete sie sich auf, blickte von einem gierigen Gesicht zum anderen und ging bis ans Ende der Reihe. Den Zettel sorgfältig faltend, warf sie mir einen bedeutungsvollen Blick zu und ließ die Notiz in meine Hemdentasche gleiten. Die Ausrufe, Entsetzensschreie und Pfiffe meiner Kumpel ignorierend, warf sie den Kopf zurück und stolzierte davon, den Kinderwagen vor sich her schiebend. Die anderen kreisten mich sofort ein.

«Ist das die Möglichkeit?» wütete Ulysses. «Die sucht sich Nick aus statt einen *palikari* wie mich? Ein unerfahrenes Kind!»

«Sie hat nur Spaß gemacht», sagte Tony verdrießlich.

«Nein, sie mag dich, Nick!» rief Fred aus. «Sie muß ein bißchen verrückt sein, aber welch ein Körper! Die ist scharf auf dich! Das ist deine große Chance! Du hast gerade das große Los gezogen!»

«Du mußt sie anrufen! Heute abend – bevor sie wieder zu Verstand kommt!» drängte Tony.

Am selben Abend riefen alle drei an, um zu hören, ob ich mich bei Angela gemeldet hätte, aber ich hatte noch nicht den Mut dazu aufgebracht. Am nächsten Abend beschloß ich, die Sache doch lieber weiterzuverfolgen, bevor sie meine Existenz vergaß. Als Angela ans Telefon kam, war ihre Stimme warm und freundlich, und es klang, als ob sie meinen Anruf erwartet hätte.

«Es tut mir leid, ich kann heute abend nicht ausgehen», sagte sie. «Mein Baby hat Fieber, und meine Mutter ist zu müde, um aufzubleiben. Aber komm doch nach dem Essen zum Kaffee und Nachtisch vorbei. Wir könnten uns ein bißchen unterhalten.»

Ich ging nach der Arbeit zu dem kleinen Holzhaus in der Nähe, und Angela öffnete die Tür. Sie trug einen Angorapullover und einen weiten Rock, den Petticoats aufbauschten, und sie sah wie ein High-School-Mädchen aus, obwohl sie mindestens vier oder fünf Jahre älter sein mußte als ich. Wir saßen in der Küche, und ihre Mutter bot mir Kaffee und Schokoladenkuchen an. Bald darauf kam ihr Vater nach Hause. Auf die Frage ihrer Eltern log ich und behauptete, daß ich die High-School schon hinter mir hätte und im Herbst nach Princeton ginge. Das schien ihnen zu gefallen.

Irgendwann setzten sich Angelas Eltern ins Wohnzimmer, um fernzusehen, und ließen uns in der Küche allein; Angela spielte mit dem Baby und erzählte mir von ihren Plänen. Ihr Traum, sagte sie, sei New York, sie wolle zum Theater gehen. Sie war der Meinung, daß ihr Job, bei dem sie Haushaltsgeräte vorführte, ihr nicht nur Geld einbrachte, sondern auch eine gute Übung für die Bühne sei. Aber während sie im Kaufhaus Raspeln demonstrierte, war sie mit einem Abteilungsleiter ausgegangen, und der hatte sie schließlich geschwängert. Ein netter Junge, sagte sie, und er wollte sie auch heiraten, aber «ich kann nicht den Rest meines Lebens mit einem Mann verbringen, der nach Hause kommt und vom Umsatz in der Korsettabteilung redet. Ich würde wahnsinnig werden! Ich brauche jemanden, der über das Theater, über Bücher, das Leben reden kann! Ich bin meinen Eltern nicht gern eine Last, aber ich weiß eines: Ich werde nicht in Worcester sterben.»

«Und was geschieht mit dem Baby?» fragte ich.

«Mir wird schon was einfallen», sagte sie. «Vorerst kann ich sie bei meiner Mutter lassen, und wenn ich eine Wohnung habe, auch wenn es nur ein Zimmer ist, hol ich sie nach. Ich werde sie zu den Proben mitnehmen.»

Schließlich schlief das Baby ein, und Angela legte es ins Bett. Wir saßen schweigend da, bis ihre Mutter hereinkam, um das Geschirr abzuräumen. Angela sagte impulsiv: «Jetzt ist die schönste Zeit des Abends, gleich nachdem die Sonne untergegangen ist. Gehen wir doch runter in den Garten und setzen wir uns auf die Schaukel.»

Angelas Mutter versuchte, mir noch ein Stück Kuchen aufzudrängen. Dann stellte sie das Radio aufs Fensterbrett über der Spüle, damit wir die Musik draußen im Garten hören konnten. Angela führte mich zu einer Holzschaukel, die hinten im Garten am Ast eines riesigen Ahornbaums hing. Im duftenden Zwielicht saßen wir nebeneinander und lauschten den Penguins mit ihrem «Earth Angel» und dem Klappern von Geschirr. Wir konnten Angelas Mutter eingerahmt vom beleuchteten Rechteck des Küchenfensters sehen; sie blickte ab und zu auf uns hinunter und lächelte.

Ein Auge fest auf Angelas Mutter gerichtet, legte ich einen Arm um Angela, und sie rückte langsam näher heran, bis sie auf meinem Schoß saß. Sie hatte so viele Petticoats an, daß sie über mir zusammenschlugen und versteckten, was darunter vor sich ging. Ich war überrascht, als Angela meine freie Hand nahm und sie unter ihre Petticoats steckte, und ich sprang beinahe wie von der Tarantel gestochen in die Höhe, als ich entdeckte, daß sie nichts darunter trug. Eh ich mich's versah, hatte sie den Reißverschluß meiner Hose aufgemacht, und diese ganze heimliche Aktivität war durch die Petticoatschichten vor den Blicken der Mutter verborgen.

Von da an ging alles sehr schnell. Während wir sittsam auf der Schaukel saßen, arrangierte Angela ihre vielen Petticoatlagen so geschickt, daß es von der Küche aussah, als ob sie nur auf meinem Schoß säße. Während die Schaukel langsam hin und her schwang, durchlief ich schweißgebadet eine Reihe von Empfindungen, die ich niemals in Reichweite bloßer Sterblicher vermutet hätte. Dort auf der Schaukel unter dem Ahorn, wo die Grillen in der Dunkelheit zirpten und das Geräusch einer Fernsehshow leise aus der Ferne an unser Ohr drang, trat ich unter der Führung meines hilfreichen Engels durch die Tore ins Paradies.

Nachdem ich Angelas Haus verlassen hatte, ging ich nicht, nein, ich hüpfte wie die jungen Bergziegen, die über meinem Dorf von einer Felsspitze zur anderen sprangen. Ich schaukelte an Baumästen, kickte Blechdosen und stieß hin und wieder einen Triumphschrei aus.

Kaum war ich zu Hause, rief ich der Reihe nach Fred, Tony und Ulysses an, um meine Initiation bekanntzugeben. Sie waren voller neidischer Komplimente und konnten es nicht erwarten, uns zusammen zu sehen. Am folgenden Abend hielten wir vier in Ulysses' Ford vor Angelas Tür und fuhren dann zu seinem Haus nach Oxford, wo nun endlich einmal ich derjenige war, der ins Schlafzimmer ging, während die anderen Rommé spielten.

Inzwischen hatte ich aufgehört mich zu fragen, wie solch ein Preis – das schönste, reizvollste und intelligenteste von allen Mädchen, denen wir uns bisher genähert hatten – sich für mich, den Jüngsten und Unerfahrensten der Clique, interessieren konnte. Offensichtlich besaß ich irgendein Talent, das Angela gefiel, und ich war nicht so dumm, einen solchen Glücksfall in Frage zu stellen. Ich ließ die tägliche Routine zwischen Schule und Arbeit wie ein Zombie an mir vorüberziehen, körperlich präsent, aber geistig die süßen Augenblicke, die ich mit ihr verbracht hatte, durchlebend, und stellte mir vor, was wir tun würden, wenn wir wieder zusammen wären.

Am dritten Tag unserer Affäre rief ich Angela an, und meine

Euphorie schwand dahin, als sie mir erklärte, daß sie mich an diesem Abend nicht treffen könne.

«Eigentlich kann ich dich überhaupt nicht mehr treffen, Nick», sagte sie sanft. «Es tut mir leid, aber Charley kam heute vorbei, und ich habe mich entschlossen, zu ihm zurückzugehen.»

«Wer ist Charley?» fragte ich, während mir das Herz in die Hose rutschte und elektrische Ströme der Angst bis in meine Fingerspitzen ausstrahlten, so daß es mir schwerfiel, den Hörer festzuhalten.

«Der Vater des Babys. Der Mann bei Woolworth», erklärte sie. «Wir werden zusammenbleiben. Er hat mit mir und meinen Eltern gesprochen, es ist wohl das Beste.»

«Aber was ist mit New York? Ich dachte, du hättest gesagt, er zieht dich runter und du wolltest fliegen», erinnerte ich sie. Ich versuchte verzweifelt, das Beste, was ich je besessen hatte, festzuhalten.

«Ich habe eine Menge gesagt, aber es ist Zeit, daß ich erwachsen werde und der Realität ins Auge blicke», erwiderte sie tonlos. «Das sagen meine Eltern auch, und wahrscheinlich haben sie recht. Es tut mir wirklich leid, Nick. Es hat mir gefallen, wie du immer aus Gedichten zitiert hast. Ich kam mir dann immer wie etwas Besonderes vor.»

«Du *bist* etwas Besonderes, Angela», flehte ich. «Du kannst doch nicht einfach aufgeben und ihn heiraten!» Aber ich argumentierte nicht lang. Ich konnte kaum bei einer Sache Einspruch erheben, die von Anfang an solch ein unverdientes Geschenk war. Ich sah Angela nie wieder, aber immer wenn ich zu Woolworth ging, blickte ich mich um und fragte mich, welcher von den Angestellten wohl Charley war, der Mann, der die Flügel meines Engels gestutzt hatte.

Der Verlust von Angela schickte mich jedoch nicht in die sexuelle Wüste zurück, aus der sie mich geholt hatte. Ich erfuhr bald, daß ich ihr mehr als nur meine Initiation zu verdanken hatte. Nach Angela schienen die Frauen instinktiv zu spüren, daß ich Erfahrung hatte, und reagierten auf meine Annäherungsversuche. Ich genoß die plötzlich einsetzende Flut weiblicher Gesellschaft, wo früher nur Dürre war. Wenn meine amourösen Aktivitäten denjenigen, die während der sexuellen Revolution die Barrikaden erklommen, auch lächerlich erscheinen mögen, waren sie auf jeden Fall befriedigend genug für mich, um mich nun auch der anderen Besessenheit dieses Lebensabschnitts zuwenden zu können; der Suche nach einer Möglichkeit, um aufs College zu gehen.

Leider waren meine Aussichten, die Studiengebühren zusammenzubringen, im vorletzten High-School-Jahr noch trüber als bisher. Da mein Vater nicht mehr ganztags arbeiten konnte, hatte er seine Rente beantragt. Dino hatte seinen zweiten Job bei Putnam and Thurston aufgeben müssen, weil ein Koch gefunden wurde, der ganztags arbeitete und ihn damit ersetzte, und so mußte er seine wachsende Familie von den 85 Dollar ernähren, die er bei Kresge's verdiente. Kantas Mann Angelo hatte eine Reihe von glücklosen Jobs – angefangen mit Table Talk bis zu einer griechischen Süßwarenfabrik und zu Bay State Abrasives – hinter sich, aber er wurde entweder vorübergehend entlassen oder die Firma wurde verkauft. So blieb ihm schließlich nichts anderes übrig, als in der entsprechenden Jahreszeit für zehn Dollar pro Tag Äpfel zu pflücken. Fotini hatte eine Stelle in einem Frisiersalon in der Main Street gefunden, aber sie bekam nur einen Hungerlohn und beschwerte sich bitter und langatmig über ihre Arbeit. Da Glykeria und Kanta beide ihre Arbeit bei Table Talk aufgegeben hatten, als sie schwanger wurden, war Prokopi, der immer noch bei Bay State Abrasives arbeitete, der einzige in der Familie mit einem anständigen Lohn; er verdiente 125 Dollar die Woche. Von den 40 Dollar, die ich bei O'Connor's verdiente, mußte ich 15 wöchentlich für meinen Unterhalt beisteuern, dazu zahlte ich immer noch die Unfallkosten ab, also blieb mir kein Pfennig zum Sparen.

Obwohl wir alle kämpfen mußten, gab es auch einen Trost in unserer Armut. Jede meiner drei älteren Schwestern bekam in diesem Jahr einen Sohn. Glykeria folgte rasch dem Vorbild von Olga und Kanta, die 1957 beide Söhne bekamen, und gebar im Mai 1958 ihr erstes Kind, Fotios. Somit hatte mein Vater fünf Enkel, alles Jungen, und alle lebten wie Brüder in unserem großen Haus zusammen.

Wenn ich Vater mit seinen Enkeln beobachtete, war mir klar, daß er glücklicher war als je zuvor, obwohl ihn seine Gesundheit am Arbeiten hinderte. Er liebte es, auf die Kleinen aufzupassen, und nahm sie zum Green Hill Park mit. Dort durften sie schaukeln und den kleinen Zoo besuchen, wo er ihnen den Büffel, die Rehe, Ziegen und Enten zeigte. Jeden Tag ging er mit ihnen zum Eiscafé an der Ecke, um ihnen ein Eis oder Bonbons zu kaufen, oder er nahm einen kleinen Enkel auf seine Besuchsfahrten im Auto mit, wo er ihn zwischen seinen linken Arm und die verriegelte Tür klemmte und das Baby glücklich über seine Schulter guckte.

Wir waren ärmer als je zuvor, aber es war eine der besten Zeiten für unsere Familie. Es war wie das Leben im griechischen Dorf, wo Großfamilien nebeneinander lebten: eine Mischung aus Großeltern und Säuglingen, Neuvermählten, Tanten und Onkeln. In unserem dreistöckigen Haus hatten wir eine senkrechte Version des Dorfclans, wo die Cousins wie Geschwister aufwuchsen, meine Schwestern und Schwager sich gegenseitig Gesellschaft leisteten und unterstützten und mein Vater über allem thronte.

Für irgendwelchen Luxus hatten wir zwar kein Geld, aber jeden Sonntag setzte Vater all seine Kochkünste ein, um uns ein herzhaftes Mittagessen zu bereiten: Huhn und Reis in einer Zitronen-Ei-Sauce oder Lammhaxe mit Gewürzen und frisch gepflückten Kräutern aus dem Garten. Nach der Kirche saßen wir alle zusammen in der im Erdgeschoß gelegenen Küche, und anschließend drängten wir uns in zwei Autos und fuhren zum Purgatory Chasm in Sutton, wo die seltsamen, hochragenden Felsformationen und tiefen Schluchten – die Abgründe des Fegefeuers – uns das Gefühl gaben, in Epirus zu sein. Meine Schwestern pflückten Löwenzahnblätter, während die Kleinen sich den Abhang hinunterrollen ließen und Steine in die Wasserfälle und Bäche warfen. Damals fühlten wir uns sicher und glücklich miteinander und dachten nicht daran, daß der Wohlstand, wenn er käme, die Bande, die uns zusammenhielten, verschleißen könnte.

Keiner der Griechen in Worcester verdiente damals viel Geld, außer einem kahl werdenden, mondgesichtigen jungen Mann namens Nick Karagounis aus dem nördlichen Epirus. Karagounis hatte eine ganz neue Idee, die seine Landsleute zunächst verblüffte und amüsierte, später aber das Leben Hunderter von griechischen Einwanderern in Neuengland veränderte. Mein Freund Fred Malitas war ein ferner Verwandter von Karagounis, und eines Tages erzählte mir Fred, daß sein Cousin einen kleinen, heruntergekommenen Laden in der Pleasant Street gemietet und in eine Pizzabäckerei verwandelt hatte.

«Nick verkauft Pizzas für fünfundsiebzig Cent das Stück, und wenn man drei kauft, kriegt man eine umsonst», sagte er.

«Wie kann er da was verdienen – nachdem er die Bedienung, die Tellerwäscher und alles andere bezahlt hat?» fragte ich.

«Das ist ja gerade das Geniale an seinem Plan», erklärte Fred. «Es gibt überhaupt keine Tische – also: keine Bedienung, keine Teller, keine Tellerwäscher, keine Gemeinkosten. Die Pizza gibt's nur zum Mitnehmen. Bei jeder Pizza macht er mindestens vierzig Prozent Gewinn.»

«Aber Pizza ist kein Dessert und keine richtige Mahlzeit», wandte ich ein. «Wie oft ißt eine Familie schon Pizza?»

«Du hast Nicks Pizza noch nicht gekostet!» sagte Fred. «Sie ist nicht dünn und spärlich bedeckt wie die italienische. Sie hat eine dicke Kruste wie Brot, und der Belag ist zwei bis drei Zentimeter dick – Käse, Peperoni, sehr würzig. Eine Fünfundsiebzig-Cent-Pizza kann für drei oder vier Leute eine Mahlzeit sein.»

Die meisten Griechen in Worcester machten sich über Karagounis lustig, und auch ich war skeptisch. Fastfood war 1958, als McDonald's 25 Cent für einen Hamburger verlangte, noch was Neues. Ich war überrascht, als ich sah, wie gut Karagounis' Geschäft nicht weit von O'Connor's ging, wo wir an der Lunch-Theke ein ganzes Menü servierten. Er verkaufte Pizza zum Mitnehmen wie die Straßenverkäufer in Griechenland ihre Kebabs und Gyros-Sandwiches. Aber als ich meinen Schwagern davon erzählte, erklärten sie, wenn eine Familie zum Essen ausgeht, will sie sich setzen, bedient werden und aus verschiedenen Gerichten ihre Wahl treffen.

Eine Zeitlang überlegte ich mir, ob ich nicht selbst für Karagounis arbeiten sollte, aber die höllische Hitze der Pizzaöfen schreckte mich jedesmal ab, wenn ich hinging und Nick beobachtete, wie er fachmännisch Pizzas mit einem breiten Holzpaddel aus den Öfen holte. Doch ich mußte etwas finden, das mehr als meine Arbeit bei O'Connors' einbrachte, wenn ich es jemals schaffen wollte, aufs College zu gehen.

Glücklicherweise konnte ich die High-School wegen der zusätzlichen Fächer, die ich im zweitletzten Jahr genommen hatte, schon im Januar nächsten Jahres beenden. Wenn ich ei..en guten Job fand, konnte ich neun Monate lang bis zum College-Beginn ganztags arbeiten. In der Zwischenzeit blieb mir nichts anderes übrig, als weiter bei O'Connor's zu arbeiten und mir auszumalen, was ich *nach* dem College machen würde, wenn ich so viel Geld verdiente, daß ich meinen ganzen Clan ernähren konnte. Ich würde einen Komplex von fünf Häusern um ein Schwimmbecken herum errichten, und genau so, wie wir jetzt in dem engen dreistöckigen Haus in der Chandler Street wohnten, würden wir alle bis ins hohe Alter hinein zusammenleben.

Aber meine Schwestern hatten ihre eigenen Träume, vor allem Fotini. Tina, wie wir sie inzwischen alle nannten, war seit unserer Ankunft in Amerika unglücklich gewesen. Selbst in Griechenland war sie die melancholischste meiner Schwestern gewesen, die ständig weinte und sich über Kränkungen beklagte, und es gab auch Gründe für ihre Unzufriedenheit. In eine Gesellschaft hineingeboren, wo ein weibliches Kind als Fluch und lebenslange Last betrachtet wird, weil sie angeleitet, rigoros bewacht und schließlich mit einer großen Mitgift in die Familie ihres Ehemanns geschickt werden mußte, war Tina die «vierte Katastrophe» unserer Mutter, wie sich mein Großvater immer ausdrückte, und hatte sich von Anfang an unwillkommen gefühlt. Sie war kaum ein Jahr alt, als *Mana* mich, den heißersehnten Sohn, bekam, dessen Ankunft ein vierzig Tage dauerndes Feiern auslöste, und seitdem fühlte sich Tina übergangen.

Als hübscheste meiner Schwestern fehlte es Tina nie an Verehrern, aber sie war von meinem Vater mit seinem ständigen Einhämmern tugendhaften Benehmens und seiner Gewohnheit, hinter ihr herzuspionieren, so eingeschüchtert, daß sie mit keinem Mann sprach. Außerdem fand sie keinen der jungen Griechen von Worcester anziehend.

Im Frühling 1958 wurde mir klar, daß wir Tina an einen Bräutigam aus einer fernen Stadt verlieren würden. Sie näherte sich ihrem zwanzigsten Geburtstag, und Vater hatte beschlossen, es sei Zeit, für sie einen Ehemann zu finden. Im vergangenen Herbst, als Glykeria geheiratet hatte und in den Flitterwochen nach Philadelphia gefahren war, um ihren Brautführer zu besuchen, hatte sie eine Anzahl Junggesellen gesehen, die für Tina in Frage kommen könnten – alles Einwanderer aus unserem Teil von Epirus. Nach ihrer Rückkehr berichtete sie meinem Vater darüber.

Weil Immigranten ihren Verwandten folgen, geschah es, daß die Menschen, die unsere kleine Bergregion an der nördlichen Grenze Griechenlands verließen, sich entweder in Philadelphia oder Worcester niederließen. Zwischen den beiden Kolonien wurde viel hin und her gereist und untereinander geheiratet, und jetzt konnte Gregory Bokas, Glykerias Brautführer, als Ehestifter für Tina fungieren. Der 25. Januar war das Fest des heiligen Gregors, und jedes Jahr gab Gregory Bokas an diesem Tag eine große Namenstagsparty für sich selbst. Deshalb beschloß Vater, mit seiner jüngsten Tochter nach Philadelphia zu reisen, um ihre Aufwartung zu machen.

Wenn Tina die hübscheste griechische Jungfrau von Worcester war, so war Minas Bottos, sechsundzwanzig, der bestaussehende griechische Junggeselle von Philadelphia. Er war vor kurzem mit einem Bruder und einer Schwester aus dem Dorf Finiki gekommen, das nur dreißig Kilometer unterhalb von Lia lag. Die drei Geschwister waren von einer gütigen Tante und einem Onkel herübergeholt worden, weil sie zu einer riesigen Familie mit elf Kindern gehörten und die Eltern die vielen Münder kaum stopfen konnten. Minas und sein Bruder hatten in Griechenland Möbelschreiner gelernt, und jeder hoffte, daß sie in Amerika Geld verdienen würden, um den Zurückgebliebenen in Finiki helfen zu können.

So wie Tina sich im Schatten ihrer älteren Schwestern und ihres jüngeren Bruders verloren vorgekommen war, war Minas in der Menge seiner Geschwister untergegangen, und auch er sehnte sich nach Ruhm und Aufmerksamkeit. Er nährte den Traum, Schauspieler zu werden, und schloß sich einer Theatertruppe in Philadelphia an, die Melodramen in griechischer Sprache aufführte. Minas redete leidenschaftlich über seine Zukunftserwartungen, zu denen die Schaffung eines Vermögens mit Hilfe seiner Holzbearbeitungskünste gehörte. Wie Tina hatte er geschickte Hände, und abends verwirklichte er seine eigenen Projekte: handgeschnitzte Heizkörperabdeckungen, die feinen Möbeln glichen, und reich geschmückte Hausaltäre für die Ikonen, die in der östlichen Ecke griechischer Wohnungen aufgestellt wurden. Die Schöpfungen verkaufte er, um sein Einkommen aus der Installierung von Ladeneinrichtungen aufzubessern.

Es war Minas' Tante und Wohltäterin, eine Säule der Rechtschaffenheit in der griechischen Gemeinde von Philadelphia, die Tina zuerst als potentielle Frau für ihn entdeckt hatte. Alle Frauen waren in der Küche von Gregory Bokas' Haus versammelt und gaben dem üppigen Buffet den letzten Schliff. Tina saß still und hübsch wie eine Blume da, aber als sie ihre Hilfe anbot, wurden ihre Kochkünste schnell sichtbar. «Ein hübsches Waisenmädchen aus Epirus und dazu noch eine wunderbare

Köchin!» sagte die alte Dame noch am selben Nachmittag zu ihrem Neffen. «Wenn du heute abend zu Gregory gehst, mußt du sie unbedingt kennenlernen!»

Tina war in gleicher Weise Minas' gutes Aussehen angekündigt worden, und man hatte ihr geraten, sich ihn gut anzusehen, wenn er käme. An diesem Abend – wo so viele Leute in dem vollen Haus das junge Paar beobachteten – tauschten sie kaum ein Dutzend Worte aus, aber ihnen gefiel, was sie sahen.

Nicht lange nachdem Vater und Tina nach Worcester zurückgekehrt waren, erhielt Vater einen Anruf von Minas' Onkel und Tante, die uns besuchen wollten. Glykeria schickte sofort einen Brief an alle Verwandten, um mehr über Minas und seinen Clan zu erfahren. Die Antwort war, daß die Familie tugendhaft und fleißig, aber riesig und deshalb arm sei.

Als Minas und seine Tante, sein Onkel und seine Schwester von unserem Vater förmlich ins Wohnzimmer geleitet wurden, waren wir wahnsinnig neugierig auf diesen Freier aus Philadelphia. Wir starrten ihn mit einer solch auffallenden Intensität an, daß die meisten jungen Männer eingeschüchtert gewesen wären, aber Minas erwies sich als charmant und gesprächig, angemessen ehrerbietig meinem Vater gegenüber und aufmerksam zu Tina.

Als Tina in die Küche ging, um das Tablett mit dem Kaffee und den Süßigkeiten zu holen, eilten meine Schwestern hinter ihr her und hielten flüsternd eine Konferenz ab. Er sah in der Tat gut aus, sagten sie, und er schien nett zu sein, aber sie solle sich nicht verpflichten, bis sie ihn besser kennengelernt hätte. Sie sei noch jung, und da war das Problem mit dem Haus voll Geschwister in Griechenland – eine Menge Leute, die finanzielle Hilfe und Schiffskarten nach Amerika brauchten. Das würde jede Ehe belasten. Sie solle es überdenken, rieten sie ihr, bevor sie dem Möbelschreiner aus Philadelphia ihre Hand reichte.

Diese Warnungen forderten Tina heraus. Während die Tante und der Onkel sich mit meinem Vater unterhielten, bat Tina, die noch nie mit einem jungen Mann allein gewesen war, um die Erlaubnis, mit Minas um den Block zu gehen, um ihm die Nachbarschaft zu zeigen. Als sie wieder zur Tür hereinkamen, verkündete sie der wie vom Donner gerührten Gruppe im Wohnzimmer, daß sie Minas versprochen hatte, ihn zu heiraten.

Für Tina bedeutete dies ein Umzug in die große Hauptstadt Philadelphia und ein neuer Freundeskreis und neue Verwandte. Wie eine Königin würde sie mit einem gutaussehenden und sie anbetenden Ehemann ihrem eigenen Heim vorstehen und endlich die lähmende Atmosphäre von Worcester und die anmaßende Gegenwart ihrer Geschwister hinter sich lassen.

Minas dagegen konnte es kaum erwarten, seine Flitterwochen anzutreten, die ihn nach Griechenland führen würden, wo er mit diesem tollen Mädchen, das genauso fließend englisch wie griechisch sprach, sein übervolles Elternhaus in Finiki betreten würde – eine elegante, moderne, clevere amerikanische Frau, die trotzdem alle seine Wünsche erfüllte, ihn bediente und ihn wie eine Geliebte anbetete, während seine Brüder und Schwestern neidisch zusahen.

Ich beobachtete den Fortschritt von Tinas und Minas' junger Liebe mit Zurückhaltung und war insgeheim froh, daß ich einer so turbulenten Sache wie wahrer Liebe noch nicht begegnet war. Das Problem, das mich am meisten quälte, war die Suche nach einer guten Stelle. Es erwies sich schließlich, daß mein Wohltäter der gleiche war, der Glykeria als Brautführer und Tina als Heiratsvermittler gedient hatte – Gregory Bokas.

Eines Tages im Mai rief mich Bokas aus Philadelphia an, um Glykeria und Prokopi zur Geburt von Fotios zu gratulieren. Bokas sprach der Reihe nach mit jedem von uns und fragte Tina nach ihren Hochzeitsplänen aus. Als er erfuhr, daß ich noch keinen Job gefunden hatte, bot er mir 75 Dollar die Woche für die Leitung seines Restaurants in Ocean City, New Jersey, und ein Hinterzimmer an, wo ich schlafen könnte. Ich brauchte nicht lange, um zuzusagen. Von der Notwendigkeit, meinen Unterhalt zu bestreiten, befreit, konnte ich meine gesamten Einnahmen sparen, und die Chance, O'Connor's Lunch-Theke zu verlassen, um den Sommer am Strand zu verbringen, war zu verführerisch, um nein zu sagen.

1958, vor der Zeit der Drogen, Rassenkrawalle und Protestmärsche, war Ocean City der perfekte amerikanische Familienferienort. Alkohol war auf der Insel verboten, und es herrschte ein starkes christliches Moralbewußtsein, das von den vielen Kirchen untermauert wurde. Gregory Bokas' Restaurant nannte sich Ocean View und florierte im Sommer wie alle anderen Restaurants an der Strandpromenade.

Gregory, seine Frau Sofia und ihre drei kleinen Kinder lebten wie ich in Hinterzimmern des Restaurants. Gregory leitete die Küche, während ich von sieben Uhr früh bis zum Abendessen, das meist bis einundzwanzig Uhr dreißig dauerte, für den Speiseraum verantwortlich war. Danach schloß ich ab. Wenn es nachmittags ruhig wurde, konnte ich zwischendurch schwimmen gehen.

Diese drei Monate in Ocean City waren der goldene Sommer meiner Jugend. Ich hatte alles: Geld, Ansehen, Sonne, Sand und Sex. Ich verbrachte so manche schwüle Nacht im Nightclub, eingeklemmt zwischen einer pulsierenden, schreienden Masse aus gebräunten, nach Sonnencreme riechenden Körpern, mich an einem Screwdriver festhaltend und Songs wie «Fever», «Blueberry Hill» und «Hard-Headed Woman» lauschend, dann in mein Zimmer am Ufer des Meeres zurückkehrend, um eines dieser glatten goldenen Mädchen in meinem Einzelbett zu umarmen, mit dem Rauschen der Brandung in der Ferne.

Meine sommerliche Idylle endete schlagartig am Labor Day – dem amerikanischen Tag der Arbeit am ersten Montag im September –, als ich mit 600 Dollar in der Tasche zurückkehrte, die letzte Rate meiner Buße bezahlte und feststellte, daß ich wegen des Konjunkturrückgangs nirgendwo einen Job finden konnte. Meinen Platz bei O'Connor's hatte ich in der Annahme, nach meiner Rückkehr mit neuen Erfahrungen eine viel bessere Stelle zu bekommen, einem griechischen Freund überlassen. Die unangenehme Wahrheit war jedoch, daß ich nicht einmal in einer Eisdiele Arbeit finden konnte.

Bevor mir die Sinnlosigkeit meiner Arbeitssuche klar wurde, gab es die angenehme Zerstreuung von Tinas Hochzeit am 7. September. Trotz unserer angespannten Finanzlage schafften wir es, mit Hilfe von Tinas Ersparnissen bei Putnam and Thurston eine anständige Party auf die Beine zu stellen. So viele Landsleute kamen aus Philadelphia, daß die griechischen Häuser in Worcester vor Gästen schier platzten. Es war eine Vermischung zweier großer im Ausland lebender Gemeinden aus unserer Provinz, und mein Vater herrschte über allem wie ein König, zerbrach Geschirr, tanzte und balancierte Weingläser, während Tina in ihrem weißen Spitzenkleid mit langer Schleppe einem Film entstiegen zu sein schien. Minas war so stolz und aufgeregt, daß er ununterbrochen redete und seiner Braut mit Ouzo zuprostete.

Kaum hatten sie das Flugzeug bestiegen, um ihre Flitterwochen anzutreten, als schon die ersten Gerüchte über Meinungsverschiedenheiten der Neuvermählten zu uns drangen. Sie wollte zuerst in ihr Dorf gehen, um ihren Ehemann vorzustellen und über dem Grab ihrer Mutter zu weinen. Er fürchtete, sie würde sich zu sehr aufregen, und außerdem wollte er zuerst sein eigenes Dorf aufsuchen, um mit seiner jungen Frau anzugeben. Es wurde über schreiend ausgetragene Machtkämpfe und Tränen berichtet und darüber, wie Tina sich eines Tages von Minas' Dorf aufmachte und die staubige Bergstraße hinuntermarschierte, bis er sie einholte und zum Umkehren bewegte.

Als sie sich in Philadelphia niedergelassen hatten, rissen die beunruhigenden Berichte nicht ab. Sie stritten sich häufig darüber, wer von beiden die meisten Verehrer zurückgewiesen habe, was jedesmal mit Brüllen und Tränen endete. Tina schien Philadelphia nicht so erfreulich zu finden, wie sie es erwartet hatte. Mein Vater und Kanta fuhren mehrmals hin, um Konflikte lösen zu helfen, und auch Tinas Schwiegereltern versuchten, die rauhen Stellen der Ehe zu glätten. Schließlich kam jeder zu dem Schluß, daß Tina, die unter schrecklichen Umständen ihre Mutter verloren hatte, wahrscheinlich in der Nähe ihrer Schwestern leben müsse, um sich sicher und glücklich zu fühlen. So zogen Minas und Tina nach Worcester und mieteten eine Wohnung in der Nähe der Chandler Street.

Jetzt fanden die Schlachten so nahe statt, daß wir bald alle das Gefühl hatten, an einer Kriegsneurose zu leiden. Einmal kam ich nach Hause und fand meinen Vater am Küchentisch vor. Er weinte, weil er nicht in der Lage war, zum Eheglück seiner Tochter beizutragen. Meine Schwestern rieten ihr zu einem Baby – das würde alles ins Lot bringen –, aber es half nichts, obwohl Tina und Minas eine Tochter und einen Sohn bekamen. Am Ende – nach fünfzehn stürmischen Jahren – beschlossen sie, sich zu trennen.

Während Tina und Minas ihre Flitterwochen in Griechenland verbrachten, machte ich meine entmutigenden Runden, um einen Job zu ergattern. Nach einem Monat fruchtlosen Suchens gab ich es auf und nahm eine Halbtagsarbeit an, die meine Tage bei O'Connor's wie bezahlten Urlaub erscheinen ließen. In einem Hamburger-Restaurant übernahm ich die Mitternachtsschicht und arbeitete als Koch von Mitternacht bis acht Uhr früh für neunzig Cent die Stunde. Da ich die ganze Nacht auf den Beinen war, durchlief ich das letzte Semester der High-School wie im Halbschlaf, völlig aus dem Takt mit dem Rest der Welt. Nachmittags um zwei kam ich aus der Schule, schlief bis acht, machte meine Hausaufgaben bis Mitternacht und arbeitete dann bei White Tower, bis die Schule anfing. Durch meine Nachtschicht im miesesten Teil von Worcester kam ich mit dem Elend der Stadt in Berührung. Nach zwei Uhr früh, wenn die Bars schlossen, kamen die echten Trinker zu uns, um etwas zu essen, und erbrachen sich häufig auf den Tresen oder nickten über ihrem Hamburger ein, während ich alles wegputzen mußte. Jeden Morgen ging ich angeekelter als am Tag zuvor zur Schule.

In der ruhigeren Zeit der Nachtschicht füllte ich College-Bewerbungen aus und träumte davon, wie sich mein Leben ändern würde, wenn ich nur ein Stipendium bekommen könnte. Im Umkreis von dreihundert Kilometern bewarb ich mich bei jedem College und hoffte, daß ich mit meinem guten Notendurchschnitt und meinen Preisen Erfolg hatte. Zu Weihnachten konnte ich die Arbeit im White Tower nicht länger ertragen und kündigte.

Jenes Weihnachtsfest gehörte zu den schlimmsten, an die ich mich erinnern kann. Ich saß im Haus herum und ließ mir meine düstere Zukunft durch den Kopf gehen. In wenigen Wochen wäre die High-School beendet, und ich war immer noch ohne Arbeit.

«Ich muß irgendwie das Geld fürs College zusammenkriegen, aber zum White Tower kann ich nicht zurück», sagte ich verzweifelt zu meinem Vater.

«Warum mußt du auch als Koch arbeiten?» fragte er hitzig. «Das ist für mich okay, aber du bist doch gescheiter und gebildeter. Du hast gesagt, du willst für eine Zeitung arbeiten – dann tu's doch!»

«Hier gibt's nur eine Zeitung, die *Telegram and Gazette*, und die nehmen mich nicht ohne College-Abschluß oder ohne Erfahrung», erwiderte ich.

»Mal sehen», sagte er nachdenklich. «Ich werde mit Charley Davis reden. All diese Bonzen von der *Gazette* essen jeden Tag in seinem Restaurant.»

Kurz nach Neujahr rief mich Charley Davis an und bat mich, am folgenden Nachmittag zu Putnam and Thurston zu kommen und die Geschichten, die in der Schülerzeitung erschienen waren, und meine Zeugnisse mitzubringen. Charley Davis war wie mein Vater klein und untersetzt und schritt mit großer Würde, seinen Schirm wie einen Spazierstock schwingend, aus. Vornehm wie ein Lord führte er mich aus seinem Restaurant, durch den Stadtpark von Worcester hinter dem Rathaus und durch das Portal der in der Stadt allgemein abonnierten Morgen- und Abendzeitung *Worcester Telegram and Evening Gazette.*

Charley wurde von allen mit Hochachtung begrüßt und direkt in das imposante Büro des Chefredakteurs geführt, der ihn wie einen alten Freund begrüßte. Dieser schickte uns schließlich zum Herausgeber, der mir nach Ansicht der Zeitungsausschnitte einen Job in der Werbeabteilung mit einem Anfangsgehalt von 60 Dollar die Woche anbot. Ich nahm sofort an, obwohl ich mir unter der Werbeabteilung nicht viel vorstellen konnte. Hauptsache, ich konnte in einer Zeitung Fuß fassen und meinem Traum näherkommen.

Für den Chef der Abteilung, einen kleinen, leicht erregbaren Mann, der, sich ständig schneuzend, in den Büros herumhastete, arbeiteten drei junge Frauen und ich. Als jüngstes Mitglied des Teams hatte ich zum Beispiel zu Geschäftsleuten zu gehen, um Referenzen zu bekommen («Ich hab mein Auto über eine *Telegram-and-Gazette*-Anzeige verkauft») und Anzeigen zu verfassen, die auf bevorstehende Sonderausgaben verwiesen.

Es machte mir unheimlich Spaß, für die Zeitung zu arbeiten, die Spannung um mich herum zu spüren, wenn Reporter losrasten, um Termine einzuhalten, und die Fernschreiber lebendig wurden und ein neues Informationsbulletin herunterratterten. Aber es war frustrierend, in der Werbeabteilung auf dem Nebengleis zu stehen. Ich sehnte mich danach, in der Nachrichtenredaktion zu sitzen, wo die Reporter die wichtigen Weltereignisse unter einer permanenten Glocke von Zigarettenqualm festhielten. Bei jeder Flaute in meiner Abteilung schlich ich mich in die Nachrichtenredaktion und versuchte, den hageren, wortkargen Lokalredakteur, Steve Donahue, dazu zu bewegen, mir etwas – irgend etwas – zum Schreiben zu übertragen. Manchmal scheuchte er mich weg, aber es kam auch vor, daß er mir Krumen zuwarf: Artikel über das Wetter oder High-School-Aktivitäten oder Nachrufe griechischer Einwanderer.

Meinen ersten Durchbruch hatte ich eines Tages im März, als ein Sturm das Dach eines großen Lagerhauses in Auburn abgedeckt hatte. Alle Reporter waren unterwegs, und in seiner Verzweiflung zitierte mich Donahue herbei. Ich sprang in ein Taxi und raste an die Stelle, wo Arbeiter herumstanden und sich beim Anblick des enthaupteten Gebäudes am Kopf kratzten. Wie ein richtiger Reporter stellte ich die richtigen Fragen, und am Abend las ich mit Begeisterung meine eigene Prosa auf dem Titelblatt der *Evening Gazette*. Geknickt stellte ich jedoch fest, daß es keine Autorenzeile gab. Am nächsten Tag fragte ich den Lokalredakteur warum.

«Es tut mir wirklich leid, Nick», sagte er. «Ich wollte dir eine Autorenzeile geben, aber das Problem ist dein unaussprechlicher Name. ‹Nicholas Ngagoyenes› paßt einfach nicht in eine einzelne Satzspalte. Entweder du schaffst dir einen kürzeren Namen an, oder du bleibst anonym.»

Eines Sonntags saß ich mit den Rosenberg-Zwillingen, früheren Klassenkameraden, auf dem Fußboden unseres Wohnzimmers und las die Sonntagsausgabe der *New York Times*, die ich jedes Wochenende kaufte. Ich studierte wie üblich den Unterhaltungsteil, als ich einen Artikel sah, der die Eröffnung des jährlichen Shakespeare-Festivals in Stratford, Connecticut, ankündigte.

«Schaut euch diese Besetzung an!» rief ich meinen Freunden zu. «*Othello* mit Alfred Drake und Earl Hyman! O Gott, ich wünschte, ich hätte ein Auto. Ich würde alles geben, um das sehen zu können – mein liebstes Stück von Shakespeare!»

Mein Vater, der in der Nähe saß, hörte das und fragte: «Wer ist dieser Shakespeare?»

«Der einzige Dramatiker, der neben Aischylos, Sophokles und Euripides stehen kann, ohne sich schämen zu müssen», antwortete ich.

«Dann müssen wir natürlich hingehen», sagte er. «Ich fahre dich und deine Freunde nach Connecticut.»

Wir waren schon eine komische Gruppe, als wir uns im alten grünen Plymouth meines Vaters auf den Weg machten, aber ich war begeistert, vor allem weil Donahue mir erlaubt hatte, eine Kritik für die *Gazette* zu schreiben. «Hebt das Niveau, so eine Besprechung des Shakespeare-Festivals», hatte er lächelnd gesagt.

Mein Vater sah sich die Vorstellung schweigend an. Auf der Rückfahrt nach Worcester fragte ich ihn: «Hast du es verstanden?»

«Nicht alle Wörter», antwortete er. «Aber die Geschichte, ja. Dieser Jago war doch ein Schwein.»

«Hat es Ihnen gefallen?» fragte ihn Phil Rosenberg.

«Ja, Shakespeare war ein großer Mann», antwortete er. «Im Kino gewinnen immer die Guten, aber Shakespeare sagt die Wahrheit. Im Leben gewinnen immer die Schweine.»

Ich mühte mich mit meiner Kritik bis zum Morgen, und als ich fertig war, tippte ich ganz oben eine neue Version meines Namens, wobei ich an den Spitznamen meines Vaters dachte: Dr. Gage. Am nächsten Tag erschien die *Evening Gazette* mit einer Kritik des *Othello*, verfaßt vom shakespearischen Korrespondenten der Zeitung, dem bislang unbekannten Nicholas Gage.

Donahue lobte meine Kritik und beglückwünschte mich zu meiner ersten Autorenzeile. Dann fragte er mich, was ich mit meinem Leben zu tun gedenke. Ich erzählte ihm von meinem Traum, bei einer Zeitung zu arbeiten, meinem Geldmangel und den Colleges, die mich zwar aufnähmen, die ich aber nicht bezahlen könnte.

«Es ist wichtig, daß du aufs College gehst, Nick», riet er. «Es muß nicht unbedingt Princeton sein. Ich war auf der Boston University, und die haben eine erstklassige Abteilung für Kommunikationswissenschaft, und die Gebühren sind bedeutend niedriger.»

«Aber es ist ja schon zu spät, um mich zu bewerben», sagte ich.

«Nicht unbedingt», erwiderte er. «Ich ruf sie an und sehe mal, was ich tun kann. In der Zwischenzeit meldest du dich bei allen, die Stipendiengelder zu vergeben haben: deine Kirche, griechische Organisationen, deine High-School, die Handelskammer.»

Steve Donahue rief seine Alma mater an, lobte mich über den grünen Klee und garantierte mir einen Job als Reporter bei der *Gazette* in den Sommerferien, und plötzlich sah ich mich mit einem Stipendium von 500 Dollar von der Boston University angenommen. Außerdem erhielt ich 400 Dollar von der AHEPA, der amerikanischhellenischen Gesellschaft zur Bildungsförderung. Die Studiengebühren für ein Jahr betrugen nur 950 Dollar, und mit den 600 Dollar, die ich gespart hatte, rechnete ich mir aus, daß ich gerade so hinkam, um für meinen Unterhalt bezahlen zu können. Und im nächsten Sommer würde ich – laut Donahue – endlich als echter Reporter in der Lokalredaktion sitzen.

Als der Sommer vorüber war, konnte ich es kaum erwarten, meine Feldkiste zu packen und in den Bus nach Boston zu steigen. Neue Kleidung oder Luxusgegenstände wie eine Schreibmaschine konnte ich mir nicht leisten, aber was mir an Materiellem fehlte, machte ich mit Vorfreude auf diese neue Welt wett, die mich bilden würde, damit ich mir meinen Lebensunterhalt nie mit dem Braten von Hamburgern oder dem Verkauf von Obst verdienen müßte.

Am ersten Septembertag fuhr Vater mich in seinem Plymouth zur Busstation, dem Schauplatz so vieler Rendezvous zwischen meinen griechischen Freunden und den Mädchen von Worcester, und begleitete mich zum Bus. Bevor ich einstieg, steckte er mir einen Fünfzig-Dollar-Schein zu.

«Das ist alles, was ich dir fürs College geben kann», sagte er mit einem Ausdruck, den ich noch nie an ihm gesehen hatte. «Es tut mit leid, daß du nicht das Glück hast, einen reichen Vater zu haben.» Dann drehte er sich um, um mit dem steifen Gang eines alten Mannes davonzugehen.

«Auf Wiedersehen, *Patera*», rief ich hinter ihm her. «Thanksgiving bin ich wieder zurück.» Ob er mich gehört hatte? Er gab mir kein Zeichen.

13 Höhere Bildung

Sobald ich in der Boston University angekommen war und meinen
Weg zum College für Allgemeinbildung gefunden hatte, ließ ich mein
Gepäck stehen und machte mich auf Zimmersuche. Alle Studenten
im ersten Jahr sollten eigentlich in einem Studentenwohnheim leben,
aber das kostete 855 Dollar im Jahr – mehr, als ich mir leisten konnte.
Ich ging durch die Seitenstraßen in Campusnähe und fand schließlich
ein Schild in einem Fenster in der St. Mary's Street, in einem ehemaligen Patrizierhaus. Das Zimmer, das zur Straßenseite lag, kostete nur
acht Dollar die Woche, weniger als die Hälfte dessen, was ich im
Wohnheim bezahlen müßte.

Trotz meines Heimwehs fand ich bald Freunde an der B. U., die
meisten aus Arbeiterfamilien, die sich keine Eliteschule leisten konnten. Aber nach den Vorlesungen ging ich zurück in mein Zimmer und
fand die Stille unerträglich. In der Bibliothek war es noch schlimmer.
Es war so still, daß ich mich nicht konzentrieren konnte – nach all
den Jahren, in denen ich meine Schularbeiten am Küchentisch gemacht hatte, umgeben vom tröstlichen Chaos meiner Familie, während ein niemals endender Strom von Verwandten und Bekannten ein
und aus ging.

Gleich in der ersten Woche suchte ich das Büro der College-
Zeitung *B. U. News* auf. Der Lokalredakteur Jim Savage wollte die
Artikel sehen, die ich für die *Evening-Gazette* verfaßt hatte. Nachdem er die *Othello*-Kritik gelesen hatte, streckte er die Hand aus und
murmelte: «Glückwunsch! Sie sind der neue Theaterkritiker.»

Ich besuchte jede Theaterproduktion auf dem Campus und interviewte die Theater- oder Filmgrößen, die hin und wieder den Cam-

pus besuchten, um zu den Studenten zu sprechen. Leider war für Theaterbesuche in Boston kein Etat vorhanden, aber als Universitätskritiker war ich einer der ersten, die die dramatischen Künste einer talentierten Schauspielschülerin, einer molligen Brünetten namens Faye Dunaway, lobten, die später der schlanke blonde Filmstar in *Bonnie und Clyde* wurde.

Der Redaktionsstab der *B. U. News* war ein Haufen kluger, lustiger und umgänglicher Studenten, die – wie ich – in den Journalismus vernarrt waren. Wir trafen uns meist nach den Vorlesungen in der Redaktion, feilten Storys aus, lernten und hingen herum, bis eine Gruppe von uns ins nahegelegene Peter-Pan-Restaurant ging, um Hamburger zu essen (an mein Budget denkend, bestellte ich mir nur Kaffee). Es war verführerisch, mit ihnen die Zeit totzuschlagen, aber ich wußte, daß ich einen einträglichen Job finden mußte, wenn ich auf dem College bleiben wollte.

Ich suchte mir im Bostoner Telefonbuch alle Firmen heraus, die mit der Bezeichnung «griechisch» oder «hellenisch» begannen, und entdeckte eine Zeitung mit dem Namen *Hellenic Chronicle*. Ganz sicher, daß mich die Vorsehung leitete, nahm ich die U-Bahn zum Copley Square und stellte mich dem Herausgeber, Peter Agris, vor, einem großen, stämmigen Veteranen aus dem Zweiten Weltkrieg, der griechischer Abstammung war und mit einem Stipendium für ehemalige Soldaten die Boston University besuchte und dann seinen Traum, eine englischsprachige Zeitung für die in Amerika geborenen Söhne und Töchter griechischer Einwanderer zu gründen, verwirklicht hatte.

«Ich weiß, daß es eine Menge gebildeter, wohlhabender Griechen der zweiten Generation gibt, die an griechischen Angelegenheiten interessiert sind, aber besser Englisch als Griechisch lesen können», sagte er. «Viele vergessen ihr Erbe, aber wir versuchen, sie zu finden, und sie darauf aufmerksam zu machen, was sie verlieren.»

Ich mochte Peters Enthusiasmus und Hingabe sofort. Er erklärte, daß die wöchentliche *Chronicle* im Grunde ein Familienbetrieb sei: Er war der Herausgeber und Anzeigenleiter, seine Frau und seine Schwester kümmerten sich um die geschäftliche Seite, und sein Schwager, Redakteur einer Zeitung in Rhode Island, schrieb in seiner Freizeit die Aufsätze und Leitartikel der *Chronicle*. Ich wurde angestellt und sollte montags, dienstags und mittwochs nach den Vorlesungen kommen, um beim Schreiben zu helfen, und donnerstags würde ich mit Peter zum Drucker gehen, um die Produktion zu überwachen. Dafür würde ich einen Dollar die Stunde oder etwa 15 die Woche (vor Abzug der Kosten für die U-Bahn-Fahrt) erhalten.

Der Job bei der *Chronicle* gab mir Gelegenheit, realen Journalismus zu üben und über Griechenland zu schreiben, aber ich verdiente immer noch nicht genug, um regelmäßig essen zu können, deshalb ging ich zur Arbeitsvermittlung der Universität und fand einen zweiten Job, in dem ich samstags und sonntags an der Theke einer Schnellgaststätte in Cambridge arbeitete. Ich brauchte bloß die Brücke über den Charles River zu überqueren und sparte dadurch das Fahrgeld.

Als der Winter die feurige Palette des Herbstes auslöschte und Boston in eine Kohlezeichnung verwandelte, verschwanden die Ruderer vom Fluß, und meine Entschlossenheit begann sich zu verschleißen. Es schien, daß ich ständig durch die bittere Kälte von einem Job zum anderen eilte, gegen den Wind ankämpfend, während ich die Brücke nach Cambridge überquerte oder aus dem U-Bahn-Schacht stieg, um die dunklen Büroräume der *Hellenic Chronicle* zu betreten. Oft ertappte ich mich dabei, wie ich das Bild meiner Neffen und Nichten anstarrte und mir vorstellte, was in der Chandler Street vor sich ging. «Jetzt räumt Glykeria den Tisch ab, und Jimmy Tzouras kommt mit einer Zigarre, um mit Vater zu politisieren», dachte ich. «Olga hat die Kinder gleich alle im Bett, und dann kommt sie runter und bringt *kulurakia* zum Kaffee mit.»

Mein Heimweh fraß die Energie auf, die ich brauchte, um die Woche durchzustehen, aber ich hatte keine Möglichkeit, zu Besuch nach Worcester zu fahren, da ich jeden Samstag und Sonntag hinter dem Tresen des Schnellimbisses stehen mußte. Samstags arbeitete ich dort von drei Uhr nachmittags bis kurz vor Mitternacht und mußte am Sonntag um acht Uhr früh wieder anfangen, um bis nachmittags halb fünf zu arbeiten. Die Sonntage waren am schlimmsten, weil sämtliche Leute in Cambridge nachmittags spazierenzugehen und anschließend zu einem Imbiß einzukehren schienen.

Eines Tages, mitten im kalten Winter, bediente ich in großer Hektik an der Theke, rannte hin und her und dachte wehmütig an die Sonntagnachmittagsszene in der Chandler Street – wie mein Vater nach dem großen Sonntagsmahl mit gelockertem Gürtel im Wohnzimmer saß und die bernsteinfarbenen Perlen durch die Finger gleiten ließ, während die Enkelkinder zu seinen Füßen spielten. Plötzlich hörte ich ganz deutlich das rhythmische Klick-klick des *kombolojio*. Ich blickte überrascht auf und sah meinen Vater, der am Ende des Tresens saß, mich gespannt beobachtete und über seiner Tasse Kaffee mit den Perlen spielte.

Es gab so viel zu tun, daß wir uns nur zulächeln konnten, während ich an ihm vorbeiraste, aber er saß den ganzen Nachmittag da und sah mir bei der Arbeit zu, bis meine Schicht vorbei war. Anschließend fuhr er mich mit seinem alten grünen Plymouth über den Fluß zurück zu meinem Zimmer.

«Ich habe dir *kuluria* mitgebracht», sagte er. «Ich dachte, ich nehme deine schmutzige Wäsche mit nach Hause. Und im übrigen wollte ich mal sehen, wie es dir so geht.»

Ich nahm die Mokkatassen und das *briki* mit in die Küche, um uns griechischen Kaffee zu kochen, brachte dann die schäumenden Tassen zurück und reichte ihm eine. Vater, der auf dem hölzernen Stuhl saß, sah sich im Zimmer um, das unter seinem Blick immer kleiner und billiger zu werden schien, und keiner von uns sagte etwas. Dann sprach er.

«Als ich mit siebzehn nach Worcester kam», begann er, «ging ich mit anderen Grünschnäbeln zu Reed and Prince und fragte nach Arbeit. Es war ein Tag wie heute, unter null Grad, und wir standen draußen vor den Toren und warteten, während der Vorarbeiter sich Leute aus der Menge aussuchte. Zuerst nahm er die Skandinavier – die Schweden und Finnen und Dänen –, und dann suchte er sich die Deutschen und Iren raus. Dann schaute er auf uns, den Rest, der mit hochgeschlagenen Kragen, die Hände in den Taschen, dastand, und sagte: ‹Ihr *greaser* könnt heimgehen!› Ich konnte nicht alles verstehen, aber ich dachte mir, *greaser* – Griechen –, das ist alles dasselbe, ich wußte nicht, daß es ein häßliches Schimpfwort für Ausländer ist. Er ist weggegangen, aber wir blieben noch stehen, weil wir dachten, daß er vielleicht doch noch ein paar Leute mehr braucht oder daß es ihm vielleicht leid tut, uns in der Kälte so stehenzulassen. Wir Griechen waren damals sehr hartnäckig _ wir mußten hartnäckig sein. Nach einer Weile kam der Vorarbeiter zurück. Mit einem Eimer Wasser ging er bis zum Tor und rief: ‹Hab ich euch nicht gesagt, ihr sollt gehen?› Er schüttete das eisige Wasser auf uns, und es war, als ob er uns mit der Axt ins Gesicht schlüge.»

Er schwieg, und wir beide hörten ein klirrendes Geräusch: seine Kaffeetasse auf der Untertasse, die er mit zitternder Hand hielt. Behutsam setzte er den unberührten Kaffee auf den Tisch neben dem Bett.

«Ich konnte an nichts anderes denken, als ich dich heute so arbeiten sah – wie du so hinter dem Tresen herumgerannt bist», fuhr er fort. «Ich dachte immer, mein Sohn, der wird mal nicht so leben, wie ich gelebt habe, wird sich nicht abrackern müssen, um essen zu können. Und nun – mein einziger Sohn –, frage ich mich, was ich eigentlich getan hab, um dir zu helfen?»

Er steckte die Hand in die Tasche und zog alle zerknitterten Geldscheine hervor, die er finden konnte – 63 Dollar insgesamt –, und legte sie neben die Kaffeetasse. Dann nahm er wortlos den Beutel mit der schmutzigen Wäsche und ging. Mit dem Schritt eines alten Mannes ging er den Korridor entlang, genau wie damals, als ich Abschied nahm, um nach Boston zu fahren.

Mein erster Impuls war, ihm nachzulaufen, weil ich wußte, wie weh es ihm tat, mir nicht helfen zu können, nachdem er jahrelang gepredigt hatte, wie wichtig es für mich sei, eine Ausbildung zu bekommen. Seine Scham und Enttäuschung waren so greifbar, daß ich ihm versichern wollte, daß es keine Rolle spielte, aber eine große Müdigkeit hielt mich zurück. Es spielte ja tatsächlich eine Rolle! Unwillkürlich wünschte ich, er hätte mehr aus seinem Leben gemacht, damit ich jetzt nicht so schwer für mein Studium zu arbeiten brauchte.

Während sich seine Schritte entfernten, fiel mein Blick auf den Geldhaufen auf meinem Nachttisch, und mir wurde klar, daß er mir immer gab, was er konnte, auch wenn es nicht viel war, wie jetzt. Es tat mir leid, daß ich ihm nicht gedankt hatte. Er hatte das Geld schließlich dagelassen, damit ich mich besser fühlte und nicht schlechter. Ich wußte sofort, was ich mit diesem unverhofften Gewinn tun würde. Ich hatte mich danach gesehnt, eines dieser Gastspiele vom Broadway zu sehen, besonders ein Stück mit Henry Fonda – *Silent Night, Lonely Night* von Robert Anderson. Eilig beschloß ich, mir eine Eintrittskarte zu besorgen. Der Gedanke, eine der ersten Vorstellungen mit Topbesetzung zu sehen, belebte mich derart, daß ich mit hochgeschlagenem Kragen die ganze Commonwealth Avenue entlangmarschierte, bis ich, gleich hinter dem Stadtpark, das Theater erreichte.

Ich kaufte mir eine Karte für den Balkon und stellte fest, daß ich noch zwei Stunden Zeit hatte, bis der Vorhang sich öffnete. Ich schlenderte durch den Stadtgarten und sah das Ritz-Carlton vor mir. Nun hatte ich immer noch mehr als 58 Dollar übrig, und so kam mir die Idee, im Ritz zu prassen.

An jenem Abend entdeckte ich den berühmten Hummer des Ritz in Whiskeysauce, während ich in einsamer Pracht unter den kobaltblauen und kristallenen Kronleuchtern saß, an einem Glas Weißwein nippte und den alteingesessenen, vornehmen Bostonern um mich herum freundlich zulächelte. Nach dem Kaffee fühlte ich mich zum ersten Mal, seit ich Worcester verlassen hatte, völlig gesättigt. Dann ging ich um die Ecke des Gartens herum zu Peretti's am Park Square, um eine gute Havanna auszuwählen. (Peter Agris hatte mich mit dieser Gewohnheit vertraut gemacht, indem er mich jedesmal, wenn wir die *Hellenic Chronicle* in Satz gaben, mit einer Havanna belohnte.)

An meiner Partagas paffend, setzte ich meinen Weg zum Colonial Theatre fort. Die Hälfte der Zigarre hob ich für später auf und machte es mir an meinem Platz bequem, um Henry Fonda mit dem Blick des erfahrenen Theaterkritikers zuzusehen. Ich würde diese Aufführung in der *B. U. News* besprechen, beschloß ich, und Fonda mit treffend formuliertem Lob für sein irreführend saloppes Spiel bedenken.

Nach der Vorstellung atmete ich die eisige Nachtluft ein und betrachtete den Boston Common, den Bostoner Stadtpark, der weiß und silbern im Mondlicht lag. Die Welt schien auf einmal ein viel schönerer Ort als am Morgen zu sein, als ich mich über den Fluß zu meinem Arbeitsplatz geschleppt hatte. Ich zündete meine Zigarre wieder an, schlenderte zur Universität und zu meinem einsamen Zimmer zurück und fühlte mich so wohlhabend wie der Zeitungsbaron William Randolph Hearst. Diese lukullische Luxusnacht hatte mich 15,25 Dollar gekostet – 4,50 Dollar für die Theaterkarte, 9,50 für das Essen im Ritz und 1,25 für die Zigarre –, aber sie hatte meinen Geist so weit wiederbelebt, daß ich wochenlang davon zehren konnte. Ich beschloß, das Geschenk meines Vaters und alle Trinkgelder, die ich einheimsen konnte, auf die Seite zu legen und mir einmal im Monat einen solchen Abend zu gönnen.

Die monatlichen Ausflüge wurden meine Rettung. Natürlich konnte ich es mir nicht leisten, noch jemanden dazu einzuladen, aber zu wissen, daß ich an einem von dreißig Abenden meinen glänzenden blauen Anzug anziehen und nach dem unbeschreiblichen Hummer mit Whiskeysauce in einem richtigen Theater sitzen und die besten Schauspieler der Welt sehen konnte, gab mir die Kraft, an den restlichen neunundzwanzig Tagen zu arbeiten, zu studieren und mich von Tomatensuppe oder übriggebliebenen Hamburgern zu ernähren.

In den Weihnachtsferien hatte ich endlich Gelegenheit, nach Worcester und zu meiner Familie zurückzukehren. Der Tumult meiner Nichten und Neffen, die Düfte nach Spinatkuchen und den buttrigen griechischen Weihnachtsplätzchen waren so süß, wie meine heimwehkranken Phantasien sie ausgemalt hatten. Aber nach wenigen Tagen schon wurde mir klar, daß es meiner Familie finanziell noch schlechter ging als zuvor.

Trotz ihrer Sorgen verwöhnten und lobten sie mich, und als ich nach Boston zurückkehrte, waren meine seelischen Batterien aufgeladen. Erst als ich Worcester verließ, begriff ich, was die Liebe und emotionale Unterstützung meiner Familie für mich bedeutete – Kraft und Selbstvertrauen, die vielen meiner amerikanischen Kommilitonen fehlten. Ich wunderte mich, wie viele von ihnen nur ungern nach Hause fuhren und begierig jede Entschuldigung aufgriffen, um einen Besuch zu verschieben, während ich mich ständig danach sehnte, bei meiner Familie zu sein.

In der vorlesungsfreien Zeit vor dem Examen fuhr ich regelmäßig nach Worcester. Mein Stipendium war im Juni erneuert worden, und eine weitere finanzielle Hilfe war meine Ernennung zum Lokalredakteur der *B. U. News* für das kommende Jahr; ich trat Jim Savages Nachfolge an, der Chefredakteur wurde. Der Verdienst deckte die Hälfte meiner Studiengebühren, so daß ich meinen Wochenendjob bei der Schnellgaststätte aufgeben konnte und immer noch genug zum Leben hatte. Das bedeutete, daß ich an den Wochenenden per Anhalter nach Worcester fahren und meine Familie öfter sehen konnte.

Meine Glückssträhne schien sich zu verflüchtigen, als ich im Frühjahr zu *Worcester Gazette* zurückkehrte, um meinen Job als Reporter anzutreten, den mir der Lokalredakteur versprochen hatte. Steine in den Weg legte mir der Chefredakteur, der mir sagte, daß ich, gleichgültig, was Donahue mir erzählt habe, auf jeden Fall in einem Vorortbüro anfangen müßte, bevor ich in der City arbeiten könne. Er bot mir einen Job im weit entfernten Gardner an, worauf ich entgegnete, daß ich da nur mit einem Auto hinkäme und keines besäße.

«Dann kauf dir eins», sagte er.

«Aber ich kann mir kein Auto leisten», erklärte ich. «Ich kann mir ja kaum mein Studium leisten.»

«Dann soll dein Vater eben ein Auto anzahlen, und du zahlst es mit deinem Verdienst ab.»

«Mein Vater kann sich genausowenig wie ich ein Auto kaufen», antwortete ich gereizt. «Er ist krank und arbeitslos.»

Der Redakteur zuckte mit den Schultern. Vorschriften sind Vorschriften, sagte er. Er konnte mich unmöglich in die Lokalredaktion schlüpfen lassen, ohne daß ich vorher meine Lehre in den Vororten absolviert hatte, ganz gleich, wie sehr Steve Donahue an mir interessiert war.

Ich rief Gregory Bokas in Philadelphia an und fragte ihn, ob er mich für die Leitung seines Restaurants in Ocean City wieder brauchen könnte. Er war einverstanden und bot mir sogar mehr, als ich zwei Jahre zuvor verdient hatte: hundert Dollar die Woche.

In diesem Sommer des Jahres 1960, als ein junger Senator aus Massachusetts über die Medien eine neue Art von Wahlkampf gegen Richard Nixon führte, genoß ich drei Monate an der Strandpromenade, die noch besser waren als 1958. Jetzt war ich so alt wie die Kellnerinnen, die ich beaufsichtigte, und meine Freizeitgestaltung war anregender als in der High-School-Zeit. Auch Sonne, Brandung und Rock 'n' Roll in Somers Point schienen besser zu sein – wahrscheinlich, weil dieser Sommer das Ende einer Ära war.

Nach drei Monaten Hedonismus in Ocean City hatte ich fast tausend Dollar gespart. Der einzige Nachteil war, daß ich um die Gelegenheit gebracht worden war, einige Zeit mit meiner Familie zu verbringen, und jetzt mußte ich zur einsamen Büffelei ins College zurückkehren. Ich konnte nicht einmal an den Wochenenden nach Hause fahren, weil Glykeria, die wieder schwanger war, auf ärztlichen Rat im Bett bleiben mußte und ihr Mann mich gebeten hatte, nicht auf Besuch zu kommen, damit sie nicht aufstände, um für mich zu kochen.

Daß ich gezwungenermaßen in Boston bleiben und mich auf meine Studien und die Zeitung konzentrieren mußte, erwies sich jedoch als Vorteil für mich. Als Lokalredakteur der *B. U. News* lernte ich vom

Chefredakteur, Joel Elman, eine Lektion, die letzten Endes viel nützlicher war als alles andere, was ich in den Vorlesungen gelernt hatte. Joel war ein Original, ein ehemaliger High-School-Drop-out, Trapezkünstler und Kommandeur in der Air Force, der jetzt slawische Literatur studierte. Er bestand darauf, daß wir in jeder Geschichte nach einer neuen Perspektive suchten und nie etwas für selbstverständlich hielten.

Zum ersten Mal lernte ich Joels Arbeitsmethode kennen, als er eine Serie über die Strafzettelverteilung der Bostoner Polizei an die Studenten der Boston University schreiben ließ. «Vielleicht ist die Polizei unfair. Geht sie gegen VIPs und Beamte genauso streng vor?» fragte uns Joel. «Sehen wir doch mal zu, ob wir das rausfinden können.» Wir faßten die teuren Hotels in der Innenstadt, Behörden und das Parlamentsgebäude ins Auge und stellten fest, daß Dutzende von Beamten die Parkvorschriften schamlos ignorierten, aber von der Polizei ungeschoren blieben. Als Höhepunkt unserer Reportage nahm der Fotograf der *B. U. News* das Auto des Kraftfahrzeugregistrators auf, das vor einem Luxushotel im Parkverbotsbereich neben zwei anderen Autos stand. Unsere Story und die Bilder wurden von den Bostoner Zeitungen aufgegriffen. Der Registrator erhob offiziell Einspruch, wurde aber schließlich zur Niederlegung seines Amtes gezwungen. In der Zwischenzeit ging die Polizei, die die Campusumgebung patrouillierte, unparteiischer vor, und ich begriff den Sinn von Joels Warnung, nichts für selbstverständlich hinzunehmen. Es war meine erste Lektion in Berichterstattung, die auf Recherchen beruht.

Als Lokalredakteur führte ich eine Kolumne ein, die Meinungskontroversen gewidmet war, und versuchte, verschiedene Studenten und Professoren dazu zu bewegen, über beide Seiten aktueller Themen zu schreiben. Als problematisch erwies sich dabei die Präsidentschaftswahl von 1960. Ich konnte an der Universität niemanden finden, der bereit war, Richard Nixon zu unterstützen, da Studenten und Professoren alle für John F. Kennedy stimmten. Ich übertrug die Aufgabe schließlich einem intelligenten Politologiestudenten, der vorgeben sollte, für Nixon zu sein, und ihn verteidigen sollte. Als Kennedy mit der geringsten Mehrheit des Jahrhunderts gewann, lernte ich, Wähler einer Uni in Massachusetts niemals als repräsentativ für das ganze Land zu betrachten.

Kennedys Antrittsrede im Januar 1961 war die beste, die ich je gehört hatte; er appellierte an eine «neue Generation von Amerikanern», die ihm helfen sollten, «unser Land zu erleuchten... so daß die Glut dieses Feuers die Welt erleuchten kann». Ich betrachtete Kennedy – vielleicht noch mehr als meine Kommilitonen – als *meinen* Kandidaten. Seit ich nach Amerika gekommen war, war er der erste Gegenkandidat der Präsidentschaftswahl gewesen, der aus Massachusetts stammte, und als katholischer Ire war er in dieser Yankee-Hochburg ein Außenseiter, genau wie wir Griechen.

Mein zweites Studienjahr neigte sich dem Ende zu, und ich erfuhr, daß der *B. U. News*-Stab mich für den Posten des Chefredakteurs vorgeschlagen hatte, obwohl diese Position traditionell an einen Studenten im letzten Jahr ging, und daß die Administration diesen Vorschlag akzeptiert hatte. In meinem zweitletzten Jahr würde ich also Redakteur sein – und diese Position schloß die Finanzierung der gesamten Studiengebühren mit ein.

Am Abend, als meine Ernennung offiziell bekanntgegeben wurde, gingen wir alle von der *News* zum Feiern in eine nahe gelegene Kneipe. Nach einigen auf mich ausgebrachten Toasts beschloß ich, meinen Vater anzurufen, und sammelte genug Kleingeld ein, um das Ferngespräch nach Worcester zu bezahlen. Als er meine Stimme hörte, glaubte er, irgend etwas sei nicht in Ordnung, aber ich konnte ihn beruhigen.

«Es gibt gute Nachrichten – phantastische Nachrichten», brüllte ich. «Ich bin im nächsten Jahr der neue Redakteur der Uni-Zeitung!»

«Das muß in deinem College eine hohe Ehre sein, so, wie du klingst», antwortete er.

«Zum ersten Mal wird die Position von einem Studenten im zweitletzten Jahr eingenommen», prahlte ich.

«Aha, es ist also auch eine Position, nicht nur eine Ehre», sagte er.

«Ja, natürlich, ich werde mehr als vierzig Leute unter mir haben», sagte ich. «Und meine ganzen Studiengebühren werden bezahlt. Ich kann es also ein weiteres Jahr schaffen.»

«Das sind wunderbare Nachrichten. Ich bin stolz auf dich», antwortete er etwas unsicher. «Bist du sicher, daß es nicht zu schwer für dich sein wird, das... Redakteur sein?»

«Absolut nicht», versicherte ich ihm. «Ich weiß genau, wie ich die Zeitung ändern möchte, und ich habe gute Mitarbeiter.»

«Du hast die Bildung, du weißt es am besten», sagte er. «Aber sag mir mal – damit ich es deinen Schwestern erklären kann, was macht eigentlich ein Redakteur?»

Ich erklärte es ihm, so gut ich konnte, und er hörte mir aufmerksam zu und zögerte nicht, mich um mehr Erklärungen zu bitten, wenn er etwas nicht verstand.

«Ja, jetzt begreife ich», sagte er schließlich. «Ich werde es deinen Schwestern erklären.»

Als ich zu meinen Freunden zurückkehrte, fragte ich mich ein bißchen besorgt, inwieweit meine Ausbildung und die neuen Möglichkeiten, die sie mir eröffnete, mich von meiner Familie entfernen würde.

Im Frühjahr kehrte ich mit der Neuigkeit zur *Evening Gazette* zurück, als erster Junior an der B. U. zum Chefredakteur ernannt worden zu sein. Ich schaffte es, den Chefredakteur der *Gazette* zu erweichen, und er gab mir einen Job in der Lokalredaktion, obwohl ich nicht in den Vororten gedient hatte. Das bedeutete, daß ich endlich wieder zu Hause wohnen konnte.

Als ich in den Semesterferien meine Stelle bei der *Gazette* antrat, befreundete ich mich mit Dave Mulholland, einem großen schlaksigen Tufts-Absolventen mit blondem Bürstenhaarschnitt, Brille und abstehenden Ohren, der am selben Tag wie ich seine Arbeit als Reporter aufnahm. Ich begriff bald, daß in Dave das für meine Generation typische soziale Bewußtsein brannte. Als Präsident Kennedy am 1. März 1961 das Peace Corps gründete, war es, als ob er Dave persönlich einberufen hätte; er bewarb sich sofort um die Aufnahme in die neue freiwillige Armee des Friedens und vertrieb sich bei der *Gazette* nur noch die Zeit, bis er benachrichtigt wurde.

Im Juli erfuhr Dave, daß er angenommen worden sei. Er konnte es nicht erwarten, seine Arbeit aufzunehmen, aber ich versuchte, seinen Idealismus zu dämpfen. «Da ich aus einem dieser unterentwickelten Länder komme, die ihr retten wollt», sagte ich eines Tages beim Mittagessen, «sollte ich dich warnen. Die Leute werden euch mit Mißtrauen begegnen: ‹Wie kommt so ein reicher, blonder amerikanischer Collegeboy dazu, mir zu sagen, wie ich mein Feld zu bestellen oder meine Kinder großzuziehen habe?› In ihren Regierungen wimmelt es von Korruption, Vetternwirtschaft und politischen Fehden. Du wirst frustriert, wütend und entmutigt sein, wenn du merkst, daß die Leute, denen ihr helfen wollt, sich dagegen sträuben.»

«Und was sollen wir tun? Sie einfach in ihrem Elend weiterleben und an Unterernährung sterben lassen?» erwiderte er ruhig.

Joel Elmans Lektionen setzte ich in diesem Sommer bei der *Gazette* um und versuchte, an jede Aufgabe mit neuer Perspektive heranzugehen. Als der Sommer vorüber war, erklärte Steve Donahue, ich hätte ein paar gute Storys geschrieben und er hoffe, ich würde nach meinem Studium zur *Gazette* zurückkehren und voll einsteigen.

Seine Worte brachten mich auf eine Idee; ich sagte, ich könnte vielleicht schon *vor* meinem Abschluß voll für ihn arbeiten. Wenn ich in meinem zweitletzten Jahr die Hauptanforderungen meines Journalismusprogramms erfüllte, könnte ich in meinem letzten Jahr Kurse wählen, die nachmittags stattfanden. Auf diese Weise könnte ich voll für die *Gazette* arbeiten, denn die Arbeitszeit eines Reporters begann um halb acht in der Frühe und dauerte bis nachmittags halb zwei. Wenn ich ein Auto hätte und etwas früher Schluß machte, könnte ich rechtzeitig zu den Zwei-Uhr-Vorlesungen in Boston sein.

Steve war mit diesem Plan einverstanden und sagte, er würde mir 85 Dollar die Woche zahlen – genug, rechnete ich mir aus, um die Studiengebühren und einen Gebrauchtwagen zu finanzieren (schließlich würde ich zu Hause wohnen und nicht für meinen Unterhalt aufkommen müssen).

Ich kehrte zur Universität zurück und zog in eine richtige Wohnung mit Küche und Bad, die ich mit einem Freund teilte. Im zweitletzten Jahr begann ich mit dem zweijährigen Journalismusprogramm, aber durch meine Erfahrungen bei der *B. U. News*, *Hellenic Chronicle* und *Worcester Gazette* waren mir Fächer wie Umbruch, Reportage und Verfassen von Titelgeschichten schon eine Selbstverständlichkeit, und so absolvierte ich die Kurse, ohne mich groß anstrengen zu müssen. Ich verbrachte viel mehr Zeit in der Redaktion der *B. U. News* im Untergeschoß eines Verwaltungsgebäudes der Universität als in meiner eigenen Wohnung, und der Redaktionsstab wurde wie eine Familie für mich.

In einer Universität, die so groß ist wie die B. U., braucht jeder Freunde zur gegenseitigen Unterstützung, und wir *News*-Kollegen wurden unzertrennlich. Montagabend war der Höhepunkt der Woche. Dann waren wir fast bis zum Morgengrauen auf, um die Zeitung für den Drucker fertig zu machen. Im dunklen, verqualmten Redaktionszimmer, im Geklapper unserer alten Underwood-Schreibmaschinen, wuchsen wir zu einem wunderbaren Team zusammen.

Es war ein bittersüßer Augenblick, als ich beim Frühjahrsdinner die redaktionellen Pflichten abtrat. Ich hatte immer noch ein Jahr College zu absolvieren, aber ich konnte mich nicht mehr an den redaktionellen Aufgaben beteiligen, wenn ich voll für die *Worcester Gazette* arbeiten wollte. Weil ich nicht einfach mit einem Schlag aufhören konnte zu schreiben, verfaßte ich in den letzten Monaten des Studienjahres noch einige Artikel und Kolumnen für die *News* unter meinem griechischen Namen N. C. Ngagoyeanes.

Eines Montags las ich im *News*-Büro im Literaturteil der *New York Times* die Besprechung einer neuen Biographie des Schriftstellers Eugene O'Neill von Barbara und Arthur Gelb, die sehr gelobt wurde. Weil Theater zu meinen Leidenschaften gehörte, ging ich zur Universitätsbuchhandlung, wo ich feststellte, daß das Buch 12,50 Dollar kostete; also las ich es im Laufe von mehreren Besuchen heimlich hinter den Regalen.

Schließlich stieß ich auf eine bittere Szene, die sich in O'Neills letzten Tagen abspielte. Seine Witwe, Carlotta Monterey, berichtete, daß er, als er den Tod nahen fühlte, beschloß, seine sämtlichen unvollendeten Theaterstücke zu vernichten, damit kein anderer jemals an ihnen arbeiten würde. Er hatte einen Zyklus von elf Stücken geplant, aber nur eines war fertig, und der deprimierte und kränkliche O'Neill bestand darauf, daß Carlotta ihm beim Zerreißen der unvollendeten Manuskripte half, um sie im Kamin der Bostoner Hotelsuite, in der sie lebten, zu verbrennen. «Es war furchtbar, es war, als ob man Kinder zerrisse», erzählte Carlotta den Gelbs. Einige Monate später, fuhr das Buch fort, starb O'Neill im Alter von fünfundsechzig Jahren, kurz nachdem er, nach Luft ringend, hervorgestoßen hatte: «In einem Hotelzimmer geboren und... verdammt... in einem Hotelzimmer gestorben!»

Während ich so, in die Biographie vertieft, in der Buchhandlung stand, fiel mir ein, daß diese Szene auf dem Campus der Boston University stattgefunden hatte, denn das Shelton Hotel, in dem O'Neill starb, war jetzt ein Studentenwohnheim – Shelton Hall. Ich beschloß, für die *News* eine Story über diesen lokalen Aspekt zu schreiben. Nachdem ich die Hausmutter überredet hatte, mich zur Suite 401 zu führen, entdeckte ich, daß kein Kamin vorhanden war.

Ich klopfte alle Wände ab, überprüfte die Originalpläne im Grundbuchamt von Boston und erfuhr, daß es dort nie einen Kamin gegeben hatte: O'Neill konnte seine Stücke dort nicht verbrannt haben.

Kurz nachdem mein Artikel, der beschrieb, was ich herausgefunden hatte, in der *B. U. News* erschienen war, wurde er zum Thema einer Zeitungskolumne von Elliot Norton, dem berühmten Theaterkritiker. Er erwähnte lobend meine Detektivarbeit und warf die Frage auf, ob die Witwe O'Neills möglicherweise gegenüber den Gelbs gelogen hatte und die kostbaren fehlenden Stücke immer noch in ihrem Besitz waren.

Die Story wurde von Associated Press aufgegriffen und erschien im ganzen Land. In der *News*-Redaktion erhielt ich einen Anruf vom Mitautor der Biographie, Arthur Gelb, der damals Chefkorrespondent der Kulturabteilung der *New York Times* war. Er war außer sich. Daß die *Times* die *B. U. News* anrief, schien so unwahrscheinlich wie ein Anruf des Weißen Hauses beim Präsidenten unserer Studentenschaft. Ich nahm den Hörer nervös aus der Hand eines von Ehrfurcht ergriffenen Reporters und hörte Gelbs scharfe Stimme, die im Schnelltempo Fragen an mich richtete: Was hatte ich geschrieben? Woher hatte ich es erfahren? Welche Quellen? Wie konnte das stimmen? Er und seine Frau Barbara hätten jeden Punkt im 970 Seiten umfassenden Buch geprüft, behauptete er.

«Waren Sie im Shelton?» fragte ich.

«Natürlich war ich im Shelton», erwiderte Gelb. «Aber wir konnten das Zimmer nicht betreten.»

Er versicherte, er würde O'Neills Witwe unverzüglich über die Diskrepanz befragen und mich wissen lassen, was er erfuhr.

In der Zwischenzeit setzte ich meine eigenen Nachforschungen fort. Ich machte den Mann ausfindig, der Direktor des Hotels gewesen war, bevor es von der Boston University gekauft wurde, und er führte mich schließlich zu einer Frau, die Zimmermädchen gewesen war, als die O'Neills im Hotel gelebt hatten. Sie sagte, daß sie und Mrs. O'Neill und ein inzwischen verstorbener Portier die zerrissenen Manuskripte in den Keller geschafft und dort im Ofen verbrannt hätten.

Gelb rief mich kurze Zeit später zurück und sagte, Carlotta O'Neill habe ihm die gleiche Geschichte erzählt. Er sagte, er würde die Biographie für die nächste Auflage überarbeiten, und dankte mir für das Auffinden des Fehlers. «Das war eine gut recherchierte Reportage», fügte er hinzu. «Sie sollten Journalist werden.»

«Das habe ich vor», sagte ich.

«Na, wenn Sie jemals nach New York kommen – suchen Sie mich auf», sagte Gelb zum Abschluß freundlich. «Vielleicht kann ich behilflich sein.» In der folgenden Woche kam mit der Post ein Exemplar der Biographie *O'Neill* mit einer Widmung beider Autoren – «damit Sie sie nicht im Stehen lesen müssen».

Von der *New York Times* gelobt zu werden, war für einen Studenten berauschend, aber ich wußte, daß ich zuerst meinen Abschluß machen und an einer kleineren Zeitung Erfahrung sammeln müßte, bevor ich daran denken konnte, für eine New Yorker Zeitung zu arbeiten. Am Ende meines zweitletzten Jahres ließ ich das normale Collegeleben hinter mir, um für die *Evening Gazette* zu arbeiten und zwischen Boston und Worcester zu pendeln. Auf diese Weise hoffte ich, genug zu sparen, um für mein letztes Jahr bezahlen und vielleicht sogar noch etwas für ein weiterführendes Studium übrigzubehalten. Die Journalistenausbildung für Graduierte an der Columbia University war, wie ich wußte, die beste im ganzen Land und eine Abkürzung auf dem Weg zur beruflichen Karriere im New Yorker Journalismus.

Ich kehrte also heim in die Chandler Street, wo ich in regelmäßigen Abständen Briefe von Dave Mulholland erhielt. Seine Erfahrungen im Peace Corps ließen meine Arbeit für die *Gazette* trivial erscheinen. Zu Weihnachten war Mulholland an seinem Posten in einem *barrio* namens Ilog in den Südphilippinen angekommen, um in einer überfüllten Schule, wo die Schüler ihre eigenen Stühle mitbringen mußten, zu unterrichten. Um zur Schule zu gelangen, mußte er jeden Tag fast fünf Kilometer zurücklegen, wobei er mit einem Fahrrad durch Zuckerrohrfelder fuhr und in einem Kanu über einen Fluß paddelte. Wenn ein Schüler nicht zur Schule kam und David fragte, warum, antworteten die anderen Schüler meist: «Ach, der ist gestorben.»

Daves Geschichten über das Leben auf den Philippinen machten mir wieder einmal klar, wieviel Glück ich hatte, und ich arbeitete mit verdoppelter Energie an der *Gazette*. Ich erhielt interessante Aufträge und suchte im Anzeigenteil nach einem guten Gebrauchtwagen. Ich ermutigte Dino auch, sich selbständig zu machen. An einem

Sommertag zeigte er mir ein Lokal, das sich The Crossroads nannte und an der Kreuzung zweier Landstraßen in West Boylston lag – ein kleines Restaurant mit einer Theke und ein paar Tischen, das sich an der Ecke eines hübschen Dorfangers befand. Ich sagte, es sähe nach einer guten Investition aus, und Dino beschloß, zusammen mit Angelo das Lokal zu erwerben.

In meinem Leben schien alles wunderbar zu klappen, bis Steve Donahue mir eines Morgens mitteilte, man würde mich aus dem Reporterstab in die Bezirksabteilung versetzen, wo ich Storys, die aus den Vorortbüros kamen, zu redigieren hätte.

«Ich will aber kein Redakteur sein, der anderer Leute Geschichten überarbeitet!» protestierte ich. «Ich möchte Reporter sein!»

«Tut mir leid, Nick, du *mußt* es übernehmen», beharrte Steve. «Anweisung von A. F.»

Ayton F. Smith war der Chef vom Dienst, ein auffallender Typ, der im Sommer einen Panamahut trug und sich mit lässiger Eleganz bewegte und redete, die in Worcester nur selten anzutreffen war. Ich ging sofort in sein Büro, aber A. F. erklärte mir ruhig und bestimmt, daß es besser wäre, wenn ich mit meinen Sachen in die Bezirksabteilung umzog.

Ich verlor jede Begeisterung für meine Arbeit, während ich den ganzen Tag über den Vororttexten brütete – Bezirksversammlungen, Debatten über Wasserrechte und Abfallbeseitigungsprivilegien – und versuchte, den Storys etwas Leben einzuhauchen. Jeden Tag, wenn ich aus dem Aufzug stieg, suchte ich A. F.s Büro auf und flehte ihn an, mich wieder zu den Reportern zurückzuschicken. Es dauerte nicht lange, und er zuckte jedesmal zusammen, wenn er mich erblickte. Eines Tages im August sagte er mit seinem wohltemperierten Akzent: «Nicholas, mein Junge, ich fürchte, das Leben bietet einem Entscheidungsfreiheit, aber keine Ideale. Du kannst in diesem bestimmten Augenblick entscheiden, ob du das fortsetzen willst, was du in der Bezirksabteilung gerade machst, oder ob du die Zeitung verlassen möchtest.»

«Gut», sagte ich, weniger wohltemperiert. «Wenn das die Wahl ist, die ich habe, dann kündige ich.»

Plötzlich platzten alle meine sorgfältig ausgelegten Pläne wie eine Seifenblase. Ich hatte keinen Job, keine Möglichkeit, mein letztes Studienjahr zu finanzieren, keine Stelle bei der *News* und keine

Wohnung. Verzweifelt meldete ich mich für den Rest des Sommers bei jeder Zeitung in Boston und in der Umgebung, aber alle bestanden auf einem College-Abschluß. Ich machte einen nostalgischen Besuch im alten *News*-Büro und stieß auf dem Weg mit einer Frau zusammen, die für das Pressebüro der Uni arbeitete. Sie bot mir eine Stelle als Pressereferent in der der Universität angeschlossenen Kunsthochschule an und sagte: «Die Bezahlung ist gering, aber sie könnte dich durch das Studienjahr bringen.»

Der Job bedeutete, daß ich etwa vier Stunden in einem winzigen Büro in der School of Fine Arts verbringen und Pressemitteilungen über dort stattfindende Ereignisse wie Kunstausstellungen, Konzerte und Theateraufführungen verfassen mußte. Ich bekam nur 800 Dollar im Jahr dafür, aber zusammen mit einem Stipendium des *Wall Street Journal* von 500 Dollar, das ich im vorangegangenen Jahr bekommen hatte, glaubte ich, es schaffen zu können. Ich fand eine winzige Wohnung mit einem Wandbett im Park Drive und bereitete meine Rückkehr nach Boston vor.

Am Tiefpunkt des Sommers, gerade als ich meinen Job eingebüßt hatte, erfuhr ich, daß mein alter Kollege und Freund Dave Mulholland auf den Philippinen an der Ruhr gestorben war. Er war das erste Mitglied des Peace Corps, das im Dienst ums Leben gekommen war. Seine Eltern erzählten mir, daß er die Ärzte an seinem letzten Tag gefragt hatte, wie schnell er nach Ilog zurückkehren könne, er habe dort noch so viel zu tun.

Nachdem ich mich in Boston wieder eingerichtet hatte, fuhr ich per Anhalter nach Quincy, um Daves Eltern zu besuchen. Sie zeigten mir eine Sammlung seiner Fotografien und Briefe, darunter auch einen an einen philippinischen Freund, in dem er schrieb: «Versuche, eine kleine Sache zu tun, die unvergänglich ist. Vielleicht erscheint dann alles der Mühe wert.» Ich wollte über Dave schreiben und setzte mich mit meinem alten Lokalredakteur von der *Evening Gazette* in Verbindung, aber der sagte: «Das würde nie gedruckt werden, wenn du's schreibst. A. F. ist immer noch sauer, weil du gegangen bist.» Ich überzeugte schließlich Daves Heimatzeitung, *Quincy Patriot Ledger*, die Story zu drucken, und sie widmeten Daves Leben und Arbeit auf den Philippinen am 21. Dezember 1962 eine ganze Seite.

Kurz nach Weihnachten erhielt ich einen Anruf vom Vorstand der Journalismus-Studenten der B. U.. Er wollte wissen, ob er diesen

Bericht in einem von der William Randolph Hearst Foundation gesponserten Wettbewerb einreichen dürfe. «Wir gewinnen nie was bei diesen Sachen», sagte er, «aber mir hat deine Story über diesen jungen Mann vom Peace Corps so gefallen – ich denke, wir sollten sie einreichen.»

Einen Monat später, als ich überhaupt nicht mehr an den Wettbewerb dachte, bekam ich einen weiteren Anruf, und ich erfuhr, daß ich mit dem Bericht über Dave Mulholland den ersten Preis des Monats gewonnen hätte: die Summe von 750 Dollar! Ich war mehrere Monate mit meiner Miete im Rückstand. Nun bewahrte mich dieser Preis nicht nur vor dem Rausschmiß, sondern er würde mich auch für den Rest des Jahres über die Runden bringen.

«Hast du sonst noch was, das wir einreichen könnten?» fragte der Dean.

«Was ist die nächste Kategorie?» wollte ich wissen.

«Laß mal sehen», murmelte er. «Im März sind es Leitartikel.»

Ich schickte ihm ein Bündel Leitartikel, die ich für die *Hellenic Chronicle* geschrieben hatte. Der Dean war genauso aufgeregt wie ich, als er mich zwei Monate später erneut anrief, um mir mitzuteilen, daß ich den achten Platz erzielt hätte – einen Preis von hundert Dollar.

Die Hearst-Preise gewonnen zu haben gab mir Mut, es mehreren meiner alten Freunde von der *B. U. News* gleichzutun und mich bei Columbia zu bewerben. Die Journalistenschule an der Columbia University wandte ein äußerst strenges Auswahlverfahren an und akzeptierte von etwa achthundert Bewerbern nur achtzig Studenten pro Jahr. Das Programm umfaßte unter anderem Berufspraxis in New York und Kontakte zu den großen Zeitungen.

Als ich im April nach Worcester fuhr, um das griechische Osterfest zu feiern, war ich in mieser Verfassung. Alle meine Freunde hatten Zusageschreiben von Columbia erhalten, nur ich nicht. Außerdem erfuhr ich zu Hause, daß Dinos und Angelos Restaurant ein Fehlschlag war. «Es frißt unsere ganzen Ersparnisse auf», klagte Dino.

Der Lammbraten, die Dill-und-Innereien-Suppe und die süßen, geflochtenen Osterbrote, die mit roten Eiern verziert waren, waren so köstlich wie eh und je und ließen an vergangene Osterfeste im Dorf denken, als Fleisch nur eine schwache Erinnerung war, aber ich konnte alles nicht richtig genießen, weil ich mir über das Restaurant meiner Schwager Sorgen und wegen des schlechten Rats, den ich Dino gegeben hatte, Vorwürfe machte und an meine eigene problematische Zukunft dachte. Dann kam ein Brief, in dem mir mitgeteilt wurde, daß Columbia mich akzeptiert und mir außerdem ein Stipendium in Höhe von 2500 Dollar gewährt habe. Das waren wunderbare Nachrichten, aber ich brauchte mindestens 3500. Ich schrieb zurück, daß ich akzeptierte, und fügte hinzu, daß ich die vollen Studiengebühren noch nicht beisammen hätte, aber optimistisch sei und die restlichen tausend Dollar im Laufe des Sommers sicher verdienen könne.

Kurz nach den Osterferien rief mich Karen Gaines, die Pressechefin, die mir den Job an der Kunsthochschule vermittelt hatte, an. «Sitzt du, Nick?» fragte sie.

Mir kam sofort der Gedanke, daß mit den Pressemitteilungen etwas schiefgelaufen sei, holte tief Lust und sagte: «Schieß los!»

«Du gehst ins Weiße Haus», sagte Karen.

«Sollte ich nominiert worden sein, laß ich mich nicht aufstellen, und sollte ich gewählt werden, trete ich mein Amt nicht an», spottete ich.

«Nein, ehrlich!» beharrte sie. «Du hast den ersten Preis im diesjährigen nationalen Journalismus-Wettbewerb der Hearst-Stiftung gewonnen, und Präsident Kennedy überreicht ihn dir am vierzehnten Mai!»

Zuerst konnte ich es nicht glauben, dann war ich vor Freude ganz außer mir. John F. Kennedy war nicht nur für griechische Einwanderer ein Held, sondern auch für Studenten, Peace-Corps-Freiwillige, Professoren – für jeden, den ich kannte.

Sobald Karen aufgelegt hatte, rief ich meinen Vater an. «Du errätst nie, was passiert ist!» brüllte ich. «Ich gehe ins Weiße Haus! Nächsten Monat!»

«Die haben dir einen Job im Weißen Haus gegeben?» rief er aus.

Etwas ernüchtert erklärte ich, nein, keinen Job. Es handle sich um einen Journalistenpreis, den ich aus den Händen von Präsident Kennedy erhalten würde.

«Also, das ist nicht schlecht für ein Greenhorn, das gerade erst vor vierzehn Jahren an Land gegangen ist», sagte er fröhlich. «Wird es im Fernsehen gezeigt?»

«Ich glaube nicht», gab ich zu, inzwischen wieder ganz auf der Erde. «Aber es wird in der Zeitung stehen», setzte ich tröstend hinzu.

«Also, erzählen wir am besten mal niemandem was davon, bis es wirklich passiert», riet er. «Du weißt, wie diese Politiker ihre Meinung ändern.»

Mein Vater folgte seinem eigenen Rat offensichtlich nicht, denn bei meinem nächsten Besuch in Worcester fielen die Griechen auf den Kirchenstufen über mich her. Alle wollten mit mir allein reden. Frauen und Männer zupften an meinem Ärmel, packten mich an der Schulter, zischten mir ins Ohr: «Du kennst doch den Mann meiner Tochter, der kein Visum kriegen kann, weil er mal von seinem Schiff abgehauen ist? Nur ein einziges Wort von dir zu Kennedy, und unsere Schwierigkeiten wären vorbei.» – «Der Paß meines Bruders... Die Bewerbung meines Sohns am College... Die Herzoperation meiner Mutter... Die Rente meines Vaters...» – all diese Probleme würden sich in Luft auflösen, wenn ich nur ein Wort ins Ohr des Präsidenten flüstern wollte.

Ich erklärte zuerst geduldig und dann gereizter, daß es nicht passend wäre, im Augenblick, in dem der Präsident der Vereinigten Staaten mir einen Preis verlieh, ihm um einen Gefallen zu bitten. Es handle sich um eine öffentliche Feier, sagte ich. Wir wären nicht allein. Für solche Bitten gäbe es keine Gelegenheit.

«Natürlich, ich verstehe», erwiderten sie, zwinkerten und tippten sich mit dem Zeigefinger an die Schläfe. «Schließlich sind wir beide Männer von Welt, oder nicht? *Natürlich* kannst du während der Preisverleihung nicht von solchen Dingen sprechen. Aber vor der Feier oder vielleicht hinterher, nur ein diskretes Wort von dir, von Freund zu Freund, über meine Probleme mit der Steuerbehörde... ich weiß, es wäre nichts für einen Mann von Bedeutung wie du.»

Bis die dreihundertste Person mit Anweisungen für das *rusfeti*, um das ich den Präsidenten in ihrem Namen bitten sollte, ankam, war ich nicht mehr höflich. Selbst meine eigenen Verwandten wollten nicht begreifen, daß ich keine Petitionen für sie überbringen konnte.

Als der Tag kam, an dem ich nach Washington fliegen sollte, machte ich mich allein auf den Weg. Ich zog meinen einzigen, oft getragenen blauen Anzug und ein weißes Hemd an und band mir eine schmale Allzweckkrawatte um, steckte ein weiteres Hemd und Unterwäsche zum Wechseln in eine Schultasche und nahm die U-Bahn und einen Bus zum Bostoner Flughafen. Ich hatte noch nie in einem Flugzeug gesessen, aber ich war so aufgeregt, daß es mir gar nicht einfiel, Angst zu haben. Ich ging ins Weiße Haus, um den Präsidenten kennenzulernen – der liebe Gott würde das Flugzeug schon nicht abstürzen lassen.

Die Hearst-Stiftung hatte mir das Flugticket und Anweisungen, wie ich zum Hotel Mayflower käme, geschickt, wo die Gewinner des Hearst-Wettbewerbs bei einer Cocktailparty begrüßt würden. Als ich das Hotel betrat, stellte ich fest, daß die anderen beiden Gewinner von der University of Nebraska stammten und mit einem Gefolge gekommen waren, während ich niemanden kannte. Es waren auch viele angesehene Presseleute und mehrere Mitglieder der Hearst-Familie da, einschließlich Randolph Hearst.

Am nächsten Morgen wurden wir auf einer kurzen Stadtrundfahrt und dann zum Capitol begleitet, wo wir mit einem Mittagessen, das von unseren jeweiligen Senatoren gegeben wurde, geehrt wurden. Meiner war Edward M. Kennedy. Am Nachmittag im Weißen Haus, als unsere Ausweise geprüft und wir durch die Tore gewinkt wurden, überkam mich das Gefühl, mich in einem Film und nicht im wirklichen Leben zu bewegen, ein Gefühl, das noch öfter wiederkehrte, bevor ich nach Hause zurückflog. Wir wurden in einen prächtig dekorierten Warteraum geleitet, wo sich Kenneth O'Donnell, der Stabschef des Präsidenten, zu uns gesellte. Nach einer Weile sagte er: «Der Präsident ist jetzt bereit, Sie zu empfangen», und führte uns ins Oval Office.

Ich zwinkerte im hellen Sonnenlicht und sah die imponierende Gestalt John F. Kennedys, der vor seinem Schreibtisch stand und zur Begrüßung die Hände ausstreckte. Dann nahm ich Unruhe hinter mir wahr, drehte mich um und sah mehrere Dutzend Reporter mit auf uns gerichteten Kameras und Mikrophonen. Sie brüllten alle durcheinander, blitzten, winkten und richteten das Wort an mich, als ob ich Cary Grant wäre, der gerade von Bord der *Queen Elizabeth II* geht: «Hierher schauen, Mr. Gage!» – «Bitte lächeln!» – «Wie fühlen Sie sich, den Präsidenten kennenzulernen?»

Als die Fotografen zufrieden waren, scheuchte Kennedy die meisten von ihnen hinaus und sprach dann zu jedem von uns einzeln. Er war entspannt, und es schien ihm Spaß zu machen, vielleicht weil sein erster Job, nachdem er die Marine verlassen hatte, Reporter bei der Hearst Corporation war und er die Gesellschaft von Journalisten und Randolph Hearst schätzte. Er war offensichtlich über unseren Hintergrund informiert worden und hob die Tatsache hervor, daß er und ich aus Massachusetts stammten. «Dieser Preis ist ein phantastischer Start für Sie», sagte er zu mir. «Sie sind offensichtlich ein viel besserer Reporter, als ich es war. Ich war ziemlich schlecht, nicht wahr, Randolph?»

Hearst erzählte ihm kurz, daß ich als Flüchtling nach Amerika gekommen war und es geschafft hatte, Englisch zu lernen, eine Journalistenschule zu besuchen und mein Studium mit Hilfe von Stipendien und Teilzeitjobs zu verdienen.

«Und das machen Sie alles, um Reporter zu werden?» fragte Kennedy. «Warum wollen Sie unbedingt Zeitungsmensch werden?»

«Wahrscheinlich bin ich ein Masochist», antwortete ich, weil ich nicht wußte, wie ich alle meine Gründe in ein paar Worte fassen sollte.

Alle lachten, als ob es sich um eine äußerst geistreiche Antwort gehandelt habe; am nächsten Tag wurde sie in den Zeitungen vielfach zitiert. Die Viertelstunde, die wir im Oval Office verbrachten, verflog im Nu.

Wieder im Hotel, rief ich sofort meine Familie an, um ihr vom Präsidenten zu erzählen. Sie hörten höflich zu, fragten aber nur, ob er mir auch etwas zu essen angeboten hätte. Ich war über ihre Reaktion enttäuscht, aber am nächsten Tag, als mein Bild neben Kennedy auf der Titelseite des *Worcester Telegram* erschien, riefen sie mich ganz aufgeregt an. Erst nachdem sie es in der Zeitung gesehen hatten, glaubten sie, daß ich Kennedy wirklich kennengelernt hatte.

«Niemand, den ich kenne, kein Grieche in Worcester oder Massachusetts oder ganz Griechenland, kann sagen, was ich sagen kann», erklärte mein Vater am Telefon. «Ich bin ein ungebildeter Einwanderer, aber mein Sohn ist vom Präsidenten der Vereinigten Staaten im Weißen Haus empfangen worden. Ich hatte große Dinge für dich erhofft, aber solch eine Ehre hatte ich mir nie vorgestellt.»

Meine Schwestern erzählten mir später, daß Vater sich extra einen Anzug gekauft habe, um standesgemäß gekleidet zu sein, wenn er die Glückwünsche der Griechen von Worcester entgegennähme. Vom Herrenausstatter ging er direkt ins Kaffeehaus und verbrachte den Rest des Tages damit, die Gäste auszuhalten – all diese Männer, die ganzseitige Anzeigen im Erinnerungsalbum von St. Spyridon gekauft hatten, deren Namen in den Buntglasfenstern der Kirche verewigt worden waren und die mit dem Erzbischof diniert hatten, als dieser in die Stadt kam, aber keine Söhne hatten, die im Weißen Haus verkehrten.

An jenem Tag kaufte mein Vater mehrere Exemplare der Zeitung und schnitt das Bild von mir und Kennedy aus. Eines davon ließ er mit Kunststoff beschichten und trug es von da an in seiner Brusttasche mit sich herum, um es beim kleinsten Anlaß seinen Freunden, Verwandten und völlig Fremden zu zeigen. Jedesmal, wenn er von der Ehre seines Sohnes sprach, endete er mit den Worten: «Gott segne Amerika!» Am Tage seines Todes fand ich das abgenutzte, kaum noch erkennbare Foto in seiner Brusttasche.

Niemand hatte mir gesagt, daß die Feierlichkeiten sich noch für zwei weitere Tage in New York City fortsetzen würden. Ich zog meinen leicht zerknitterten Anzug noch einmal an, und wir reisten als Gruppe mit dem Zug von Washington ab – meine erste Bahnfahrt. Im Salonwagen erkundigten sich einige der Hearst-Direktoren und Randolph Hearst persönlich nach meinen Zukunftsplänen. Ich sagte, ich hoffte nach Columbia zu gehen, wenn ich die noch benötigten tausend Dollar bis zum Herbst zusammenbringen könnte.

In New York wurden wir in einem Hotel mitten in der Stadt untergebracht und gebeten, am nächsten Tag an einem Essen uns zu Ehren im Toots Shor's Restaurant teilzunehmen. Bis auf den Hafen von New York, den ich bei unserer Ankunft 1949 gesehen hatte, kannte ich Manhattan überhaupt noch nicht. Die Stadt kam mir vor wie eine riesige Filmkulisse, die Straßenschluchten zu Füßen der unwahrscheinlich hohen Wolkenkratzer mit Menschen und Verkehr vollgestopft.

Am Morgen vor dem offiziellen Essen beschloß ich, in der Journalistenschule der Columbia University anzurufen. Als ich den stellvertretenden Dekan, Richard Baker, erreichte, bat mich dieser, vorbeizuschauen. «Ich möchte mit Ihnen reden», sagte er und beschrieb, wie ich zum Universitätsgelände käme.

Im Gegensatz zur Boston University sah Columbia wie ein College-Campus im Film aus – rote Backsteingebäude um ein grünes Quadrat herum, dominiert von der Bibliothek und der riesigen sitzenden Figur der Alma mater. Unter der Bronzestatue von Thomas Jefferson betrat ich die Journalistenschule. Richard Baker teilte mir mit, ich sei in ein spezielles internationales Fellows-Programm aufgenommen worden. Ich hätte zusätzlich sechs Stunden Vorlesung pro

Woche in Auslandsbeziehungen, und mein Stipendium würde auf 3500 Dollar erhöht – genug, um das ganze Jahr zu finanzieren. Ich stammelte meinen Dank und war so aufgeregt über diesen unerwarteten Glückstreffer, daß ich meinen Weg kaum in die Innenstadt zurückfinden konnte. Ich hatte mich schon verspätet, und so ging ich direkt zum Restaurant. Als ich von Shor persönlich begrüßt wurde, hatte ich das Gefühl, aus dem Zuschauerraum des Kinos in Greendale in einen Noel-Coward-Film versetzt worden zu sein. Vor Aufregung wie im Nebel sitzend, aß und trank und plauderte ich mit den Berühmtheiten und hatte nicht die geringste Ahnung, was ich aß oder sagte.

Die einzige klare Erinnerung habe ich an das Nachspiel des Essens, das den Reden und Gratulationen der Gewinner und den Witzen von George Jessel, dem «Chef-Toastmeister Amerikas» folgte. Randolph Hearst, der Sohn des Urbilds eines amerikanischen Zeitungsbarons (und später als Patty Hearsts Vater bekannt), stand auf und verkündete mit einem Lächeln in meine Richtung, daß die Treuhänder der Hearst-Stiftung gerade abgestimmt hätten und zwei Preisträgern «Überraschungsstipendien» gewähren wollten, «und zwar in Höhe von fünfhundert Dollar für Miss Harrington und eintausend Dollar für Mr. Gage».

Als wir aufstanden, um unsere Preise entgegenzunehmen, sah ich mich im Raum nach den Treuhändern der Hearst-Stiftung um. Ich vermutete, daß sie Mitleid mit mir gehabt hatten, als sie mich im gleichen fadenscheinigen Anzug sahen, der drei Tage lang an meinem unterernährten Sechzig-Kilo-Gerippe hing.

«Jetzt werden Sie Ihr Studium fortsetzen können», sagte Randolph Hearst, als er mir die Hand schüttelte.

«Ja, Sir», murmelte ich. «So etwas hätte ich nie erwartet.»

Als das Flugzeug vom Flughafen La Guardia abhob und über Manhattan kreiste, bevor es in nordöstlicher Richtung Worcester entgegenflog, ging die Sonne gerade hinter New Jersey unter. Ihre Strahlen trafen die Wolkenkratzer und die Straßen Manhattans darunter, so daß sie einen Augenblick lang wie aus Gold gemacht zu sein schienen, gerade so, wie es uns meine Mutter im Dorf immer erzählt hatte. Ob nun solche Einwanderermärchen wahr sind oder nicht – der Tag in New York hatte mir jedenfalls zweifaches Glück beschert. Jetzt hatte ich nicht nur genug, um die Studiengebühren zu entrichten, ich hatte auch noch tausend Dollar extra! Zwei Tage zuvor war ich ein Student gewesen, der seine Miete nicht bezahlen konnte, und jetzt war ich ein Kapitalist, der entscheiden mußte, was er mit dem überschüssigen Geld anfangen sollte. Aber ich wußte die Antwort im gleichen Augenblick, in dem mich diese Glückssträhne traf. Mit den tausend Dollar würde ich nach Griechenland zurückkehren!

Als Randolph Hearst mein Überraschungsstipendium verkündete, fiel alles mit einem Klick – wie vorherbestimmt – in die richtige Lage. In diesem Sommer wäre ich nach Abschluß des Studiums in Boston frei, da ich nicht zu arbeiten brauchte. Dann würde ich mit dem ein Jahr dauernden Graduiertenprogramm in Columbia beginnen und von da aus direkt ins Berufsleben einsteigen. Wenn ich jetzt nicht die Gelegenheit beim Schopf packte, hätte ich vielleicht so schnell nicht wieder eine Chance. Seit langem war mir bewußt, daß ich irgendwann in mein Dorf zurückkehren müßte, um genau zu erfahren, was nach unserer Flucht mit meiner Mutter geschehen war. Und meine Großeltern könnten sterben, wenn ich meine Reise verschöbe.

Es war mir klar, daß es schmerzhaft sein würde, Näheres über das Schicksal meiner Mutter zu erfahren. Aber ich hatte mit neun Jahren Griechenland verlassen, jetzt war ich dreiundzwanzig und ein Mann, und es war Zeit, Fragen zu stellen. Schließlich war alles, was mir Gutes widerfahren war – unsere Flucht aus dem Dorf, unsere Reise nach Amerika, selbst der Aufsatz für Miss Hurd, der mich auf den Weg zum Journalismus gebracht hatte –, von meiner Mutter ausgegangen. Ich war mehr und mehr davon überzeugt, daß die Ereignisse meines Lebens nicht zufällig geschahen, und diese beiden unerwarteten Preise waren der neueste Beweis. Das Hearst-Stipendium bestärkte mich in meinem Gefühl, daß die Zeit für meine Rückkehr in unser Dorf reif war.

Mein Vater erwartete mich am Flughafen von Worcester. Ich konnte seinen grünen Plymouth auf dem Parkplatz erkennen, sobald wir so niedrig flogen, daß erst Gebäude und dann Fahrzeuge in dieser flachen Landkarte unter uns plastisch wurden. Als wir aufsetzten, erspähte ich ihn mit seinem besten Filzhut im Innern des kleinen Flughafengebäudes. Ich ging über das Rollfeld, und als ich bei ihm war, schüttelte er mir feierlich die Hand.

«Jetzt hast du das Weiße Haus und den Präsidenten und New York

City gesehen und bist in Flugzeugen geflogen und hast mit reichen und berühmten Leuten gegessen», sagte er. «Du mußt mir alles erzählen!»

Ich berichtete und hob das Beste bis zum Schluß auf. Er fuhr vom Parkplatz, von der gleichen Stelle, zu der er mich in jener Nacht nach meinem Tag bei Gericht gefahren hatte. Er nahm die lange, sich windende Straße in die Stadt hinunter. Zuerst erzählte ich ihm von dem zusätzlichen Geld der Columbia University, und er lächelte erfreut.

«Das bedeutet, daß du dir in diesem Sommer keine Sorgen machen mußt und nicht so schwer zu arbeiten brauchst», sagte er. «Du kannst dich ein bißchen ausruhen.»

«Ich brauche überhaupt nicht zu arbeiten», sagte ich, und dann erzählte ich ihm vom Überraschungsstipendium.

«Tausend Dollar – so viel wie ein Arbeiter in mehreren Monaten verdient, und die geben dir das als Überraschung!» wunderte er sich. «Das müssen sehr reiche Leute sein! Und was wirst du mit dem vielen Geld machen?»

Ich beobachtete ihn von der Seite.

«Ich werde damit im Sommer nach Griechenland fahren», sagte ich.

Alarmiert drehte er sich zu mir um. «Warum willst du dorthinfahren?» rief er aus. «In Griechenland gibt es außer schmerzlichen Erinnerungen nichts für dich. Dein Leben ist jetzt *hier*.»

«Ich muß gehen, *Patera*», sagte ich. «Seit Jahren ist dieses Bedürfnis in mir gewachsen. Ich muß hinfahren, um bestimmte Dinge herauszufinden.»

«Was für Dinge?» Er brüllte jetzt, und ich konnte Angst und Wut in seinem Gesicht erkennen. «Hast du vergessen, daß dir deine Mutter befohlen hat, niemals zurückzukehren?» forschte er. «Daß ihr Fluch dich trifft, wenn du es doch tust?»

«Das glaube ich nicht, Vater», sagte ich. «Dieses Geld, das mir in den Schoß gefallen ist, gerade im richtigen Augenblick meines Lebens, ist, glaube ich, ein Wink des Schicksals.»

14 Heimkehr

Es war noch schwieriger, meine Schwestern als meinen Vater von der Klugheit meiner Entscheidung, nach Griechenland zurückzukehren, zu überzeugen. Da ich bei meiner Ankunft in Amerika noch so jung gewesen war und mich so gründlich assimiliert hatte, hielten sie mich jetzt für einen naiven *Amerikanaki*, den die gerissenen Griechen betrügen und schikanieren würden.

«Im Dorf gibt es alte Frauen, die allen möglichen Zauber kennen», warnten mich meine Schwestern und nannten mir ihre Namen. «Die geben dir einen Trank, und du verliebst dich in das erste Dorfmädchen, das du siehst, und kommst nie zurück. Oder wenn es Kommunisten sind, vergiften sie dich vielleicht sogar! Paß auf, wenn du in ihre Häuser gehst, daß du nie etwas ißt oder trinkst!»

«Selbst wenn du den Zauber der Dorfhexen überlebst», mahnte Olga, «trittst du wahrscheinlich auf eine Landmine der Partisanen und wirst in Stücke gerissen! Die sind über den ganzen Berg verstreut, weißt du? Erst im letzten Sommer war ein Hirtenjunge draußen bei der Schafherde...»

Sie überschütteten mich mit ihren Ratschlägen und Warnungen, aber am Ende, als sie hörten, wie mein Vater meinen Entschluß verteidigte – vor allem, weil er der Meinung war, daß die Männer der Familie zusammenhalten müßten –, wurde ihnen klar, daß meine Reise nicht zu verhindern war.

Vater hatte seinen eigenen Schwall von Ratschlägen. «Wenn dein Großvater und mein undankbarer Bruder Foto fragen, warum ich nicht mitgekommen bin», instruierte er mich, «dann mußt du ihnen sagen: ‹Mein Vater fürchtet, daß er einen Wutanfall bekommt und

287

euch umbringt, wenn er jemals wieder eure verfluchten Gesichter sieht. Deshalb hat er beschlossen, nicht zurückzukehren.› Es stimmt, weißt du? Ich kann keinem von beiden verzeihen, daß sie meine Frau und Kinder in die Hände der Partisanen fallen ließen, nach all den Jahren, in denen ich diesen beiden Skorpionen Geld geschickt hatte.» Er ermahnte mich außerdem mehrmals, darauf zu achten, wie ich mich Frauen gegenüber verhielt. «In Amerika sind die Mädchen freier», sagte er. «Wenn du in Griechenland eine junge Frau kompromittierst... wenn du nur längere Zeit mit ihr allein warst, glaubt ihr Vater schon, daß du sie entehrt hast, und ergreift drastische Maßnahmen.» Wie meine Schwestern schien er besorgt zu sein, daß irgendeine Dorf-Aphrodite mich umgarnen könnte und ich für immer verloren wäre.

Sein letzter Befehl war, ich solle jeden Tag ins Kaffeehaus des Dorfes gehen und alle Gäste in seinem Namen freihalten. «Ich war immer der tolle Kerl, wenn ich ins Dorf zurückging – ich hab jedesmal vielleicht tausend Dollar vergeudet und die Leute zum Essen und Trinken eingeladen», erinnerte er sich wehmütig. «Für sie war ich der King, und sie drängten sich um mich, um meine Geschichten aus Amerika zu hören. Sie sollen nicht denken, daß mein Sohn ein weniger toller Kerl als sein Vater ist, deshalb mußt du dich großzügig zeigen.»

Am Tag vor meiner Abreise gab er mir fünfzig Dollar. «Und sag ihnen, die Drinks sind von Christos Gatzoyiannis», erinnerte er mich.

Mein Bewirtungsfonds wuchs rasch, weil jede meiner Schwestern mir zwanzig Dollar gab, um einen guten Eindruck machen zu können, und Jimmy Tzouras fügte, mir «viel Spaß» wünschend, weitere fünfzig Dollar hinzu. Aber diese Geschenke waren nur der Anfang. Ich wurde mit Geld überschüttet, das nicht für mich, sondern für Verwandte meiner Verwandten bestimmt war. 1963 war es immer noch recht selten, daß ein Einwanderer im Urlaub nach Griechenland zurückkehrte. Nur einer oder zwei der Griechen in Worcester flog jeden Sommer «runter» in die alte Heimat. Deshalb mußte der Reisende die Verwandten aller anderen besuchen, um ihnen gute Wünsche ihrer Angehörigen in der *xenitia* und eine Handvoll Dollar zu überbringen und um zu zeigen, daß sie noch immer an die Leute daheim dachten und solvent waren.

Ich mußte mir zu diesem Zweck eine separate Brieftasche für all die Ein- und Fünfdollarscheine kaufen. In der Brieftasche führte ich auch eine Liste mit den Namen und Adressen der Spender und Empfänger mit. Darunter waren weit entfernte Cousins, sämtliche Verwandten meiner Schwäger und alle alten Kumpel meines Vaters. Als die kleinen Geschenke zusammengezählt wurden, enthielt die Brieftasche für das Geld anderer Leute 714 Dollar.

Ich sollte auch Sachgeschenke mit nach Griechenland nehmen, aber das lehnte ich ab. Die beiden Koffer, die ich mir von Kanta ausgeliehen hatte, waren bereits mit den Geschenken meiner eigenen Familie voll – Stoffe für meine Großmutter und Tante Nitsa, einen Anzug und Hemden für meinen Großvater, mehr Hemden und Zigaretten für meinen Onkel *Barba* Foto (den ältesten Bruder meines Vaters) und für Onkel Andreas, den Ehemann von Tante Nitsa. Ich hatte mir als Ersatz für meinen alten glänzenden blauen Anzug einen khakifarbenen Sommeranzug und eine ganze neue Garderobe gekauft – Schuhe, Unterwäsche, Hemden und Sporthosen. Ich zahlte 410 Dollar für einen Charterflug, für den in der *Hellenic Chronicle* geworben worden war. Der Abflug sollte am 10. Juni und der Rückflug am 2. September sein, gerade rechtzeitig, um mit dem neuen Studium zu beginnen.

Die Abschlußfeier der Boston University fand im Juni statt, aber ich war von meiner bevorstehenden Reise so abgelenkt, daß ich die Zeremonie im Stadion längst nicht so aufregend fand wie meine vier Gäste – mein Vater, meine beiden ältesten Neffen (die ich auf den Geschmack an höherer Bildung zu bringen versuchte) und Miss Hurd, meine frühere Englischlehrerin.

Für mich war die Abschlußfeier nur eine Nebensache, etwas, das ich vor meiner Odyssee zurück ins Dorf absolvieren mußte. Der ganze Clan brachte mich am 10. Juni zum Bostoner Flughafen, einschließlich der jüngsten Neffen und Nichten, die sich sehr für die Flugzeuge interessierten. Meine Schwestern küßten mich und weinten und überschütteten mich mit weiteren Warnungen und Ratschlägen. Als mein Flug endlich aufgerufen wurde, küßte ich sie alle zum Abschied. Dann wandte ich mich meinem Vater zu, der mir während der ganzen Fahrt von Worcester ausgemalt hatte, was für ein Erfolg ich im Dorf sein würde. Als er mein Gesicht zwischen die Hände nahm und meinen Kopf herunterzog, um mich zu küssen, war ich überrascht, auch seine Augen mit Tränen gefüllt zu sehen. «Mein Kind», sagte er rauh. Seine Worte brachten den Klang der Stimme meiner Mutter zurück, und ich bekam plötzlich Angst, ihn nie wiederzusehen, aber es war zu spät, um umzukehren. Ich ging übers Rollfeld zum Flugzeug und wagte nicht, mich nach ihm umzublikken.

Als das Flugzeug sich dem Flughafen von Athen mit seiner kleinen weißen byzantinischen Kirche und den grasenden Schafherden in der Nähe der Rollbahn näherte, war ich von den lebhaften, unerwarteten Farben, vor allem des Meeres mit seinem Gemisch aus Blau-, Türkis- und Purpurtönen, überwältigt. Die tonrote Erde, die roten Dachziegel und die strahlendweißen Häuser blendeten mich. Nach vierzehn Jahren stumpfem Grau und Grün in Massachusetts hatte ich die Farben meines Geburtslandes vergessen.

Als das Flugzeug landete und die Passagiere, in typisch griechischer Weise ohne die Reihenfolge zu beachten, dem Eingang zuströmten, sah ich, daß der Flughafen von Athen kaum größer als der von Worcester war. Niemand holte mich ab, weil ich meinen Besuch geheimgehalten hatte. Wie Kanta, die darauf bestanden hatte, im Hotel zu übernachten, wollte ich nicht gezwungen sein, in irgend jemandes Haus zu bleiben.

Mein Hotel in Athen war das Amalia, direkt gegenüber dem von Mauern umgebenen Schloßpark, den Amalia, die erste griechische Königin nach der Revolution, anlegen ließ, wo sie zwischen den Bäumen, künstlichen Teichen, Pfauen und Rosenbüschen umherwanderte und vor Heimweh nach Deutschland weinte. Im Hotel packte ich aus, duschte mich und fragte den Portier, wie ich zum Restaurant Zonar käme, wo zwei meiner Cousins als Kellner arbeiteten. Es befinde sich drei Häuserblocks weiter, sagte er, gleich hinter dem Verfassungsplatz.

Alles, was ich auf der Straße sah und hörte, steigerte meine Aufregung: die Schreie der Brezelverkäufer, Schwammverkäufer, Losverkäufer und Schuhputzer, die alten Frauen mit ihren schwarzen Kopftüchern und die schicken Athenerinnen in der neuesten Pariser Mode. Auf meinem Weg blieb ich nur einen Moment lang stehen, um die hochgewachsenen Wachposten in ihren weißen Faltenröcken und Pompom-Schuhen anzustarren, die vor dem königlichen Palast im Stechschritt hin- und hermarschierten, dann eilte ich weiter zu dem eleganten Restaurant und Straßencafé, wo mein Cousin Yianni Gatzoyiannis arbeitete. Yianni hatte sich um uns gekümmert, als wir 1949 aus dem Flüchtlingslager nach Athen kamen. Yianni selbst, gutaussehend wie ein Filmstar, und seine neunzehnjährige Frau Katie, die erste Frau, die wir sahen, die Lippenstift trug, hatten damals für uns zu den Wundern dieser Stadt gehört – so weltstädtisch in ihrer modischen Kleidung und mit den feinen Manieren.

Das Restaurant Zonar war ein Treffpunkt der Athener, wo Geschäftsleute und Intellektuelle über ihren Drinks und *pitas* diskutieren und die eleganten Damen sich nach dem Einkauf von Brillant- und Goldschmuck bei Zolotas gegenüber mit raffinierten Eiskreationen erfrischen konnten. Ich näherte mich einem der Kellner im weißen Jackett mit schwarzer Fliege und fragte ihn nach Yianni.

«Was wollen Sie denn von ihm?» fragte er mißtrauisch zurück, meine amerikanische Kleidung begutachtend und sich über mein Griechisch mit dem dörflichen Akzent wundernd. Ich erklärte, daß ich ein Verwandter aus Amerika sei. Das erregte ein kleines Aufsehen, und ich wurde in ein Hinterzimmer geführt, wo der Kellner mit Yianni telefonierte.

Mein Cousin bestand darauf, daß ich ihn sofort zu Hause besuchte, und erklärte mir, wie ich mit dem Bus vom Zentrum in seinen Stadtteil Kaisariani käme. In dieser Gegend lebten viele Flüchtlinge aus Kleinasien, die 1922 vor den Massakern der Türken geflohen und mit wenig mehr als dem, was sie auf dem Leib trugen, angekommen waren. Jetzt waren diese Straßen von düsteren, miteinander verbundenen, würfelförmigen Gebäuden gesäumt, an denen Girlanden von Wäsche und Stromleitungen hingen.

Yianni holte mich an der Bushaltestelle ab. Er trug amerikanische Bermudashorts und war so freundlich wie eh und je, nur ein bißchen dicker. Er führte mich in die Zwei-Zimmer-Wohnung, in der er mit seiner Frau und seinen beiden Kindern lebte. In zwei weiteren Zimmern über dem Flur wohnten die Eltern seiner Frau. Katie, die uns damals mit ihrem Lippenstift wie eine gefährliche Femme fatale vorgekommen war, war jetzt hochschwanger mit dem dritten Kind, aber sie huschte eilig hin und her und brachte Essen aus der kleinen Küchenecke, während Yianni mich auf alle Verbesserungen aufmerksam machte, die er in den vergangenen vierzehn Jahren eingeführt hatte. Sie hatten jetzt Toilette und Dusche im Haus und waren nicht mehr auf das Toilettenhäuschen im Hof angewiesen, sagte er stolz. Sie hatten sich sogar ein Telefon angeschafft, und eines Tages, behauptete er, würde er ein zweites Stockwerk auf die gegenwärtigen Räume setzen, um den Wohnraum zu verdoppeln.

Ich mußte immer wieder daran denken, wie hingerissen meine Schwestern und ich während unseres ersten Besuchs in Athen von Yiannis luxuriöser Stadtwohnung gewesen waren, als Neuheiten wie Telefone, Toiletten und Schaufensterpuppen uns verblüfft und fasziniert hatten. Jetzt verglich ich, trotz der neuen Annehmlichkeiten, unwillkürlich die überfüllten beiden Räume mit der Art, wie wir in Worcester lebten. Luxusgegenstände wie unser Auto, der Fernsehapparat und der große Kühlschrank ließen uns im Vergleich zu den Athener Verhältnissen wie Millionäre erscheinen.

Am folgenden Tag besuchte ich einen weiteren Verwandten, Foti Haidis, der im Zonar als Kellner ausgebildet wurde. Er lebte mit seiner Frau und seinem kleinen Sohn in einer beengten Zwei-Zimmer-Wohnung, die er über dem kleinen Haus seines Schwiegervaters errichtet hatte. Sie wohnten in einem Stadtteil von Athen, der nach Lord Byron Virona hieß. Foti und ich waren seit unserer Kindheit Freunde gewesen. Er war ungefähr sieben Jahre älter als ich und in der anderen Hälfte des Hauses meiner Großeltern im Dorf aufgewachsen. Seine Eltern starben beide an Tuberkulose, als er noch ganz klein war. Deshalb zog seine Großmutter, Anastasia Haidis, ihn bis zu dem Tag im Jahr 1944 auf, als sie von den eindringenden Deutschen ermordet wurde, die unser Dorf in Brand steckten und sie in die Flammen ihres brennenden Hauses warfen.

Mit zwölf Jahren auf sich selbst gestellt, lebte Foti bis zum Ende der Besetzung bei einem Verwandten und wanderte dann quer durch Griechenland bis nach Lamia, wo er eine Tante hatte. Zuerst arbeitete er als Kesselflickerlehrling und dann im Straßenbau, bis er beschloß, nach Athen zu wandern – eine Strecke von 225 Kilometer –, um dort Arbeit zu suchen. Athen wimmelte von Neuankömmlingen wie Foti, die alle ihren vom Krieg verwüsteten Dörfern entflohen waren und in der Stadt Arbeit zu finden hofften. Der Junge verhungerte beinahe und schlief, wo immer er für einen Tag Arbeit finden konnte. Schließlich lernte er die sechzehnjährige Tochter eines Bäckers kennen und heiratete sie, und Yianni verschaffte ihm einen Job als Tellerwäscher bei Zonar. Jeden Tag, wenn ich im Restaurant aß und Foti sich in der Nähe aufhielt, um sich für einen Schwatz ein paar Augenblicke zu stehlen, mußte ich daran denken, daß mein Schicksal nach dem Krieg genau wie seines gewesen wäre, wenn ich nicht einen Vater in Amerika gehabt hätte.

Zwei Tage nach meiner Ankunft schrieb ich einen langen Brief an meinen Vater und schilderte, um wie vieles schlechter die Zustände hier waren, als ich erwartet hatte. Ich ging zur Post in der Voulis-Straße in der Nähe des Verfassungsplatzes, um den Brief und ein paar Postkarten abzuschicken, und als ich wieder im Hotel war, stellte ich fest, daß die Brieftasche fehlte – die mit den 714 Dollar, die ich von anderen Leuten bekommen hatte.

Die Post war bereits zu, als ich zurückkehrte. Ich lag die ganze Nacht wach und fragte mich, wie ich all diesen Verwandten das Geld ersetzen könnte. Ich müßte mein Studium aufgeben und arbeiten gehen. Aber als die Türen des Postamts sich am nächsten Morgen öffneten und ich ins Büro des Direktors geführt wurde, erfuhr ich, daß der Hausmeister die Brieftasche gefunden und, ohne daß ein Pfennig fehlte, abgegeben hatte. Alles, was der Direktor wollte, war eine unterzeichnete Aussage von mir, mit der ich die Ehrlichkeit der Postangestellten bestätigte. Die gab ich ihm gern und bat, den Hausmeister kennenzulernen. Ich wußte, daß die Brieftasche so viel Geld enthalten hatte, wie er in zwei Jahren verdiente. Der Hausmeister wurde in seiner vielgestopften Kleidung hereingeführt. Er lehnte meinen Finderlohn würdevoll ab und sagte: «Ich habe nur getan, was recht ist.»

Am Ende konnte ich ihm doch noch einen Tausend-Drachmen-Schein in die Tasche schieben. Ich verließ das Postamt leichten Herzens und sah Athen plötzlich mit anderen Augen. Die Wohnverhältnisse waren vielleicht armselig und die Wirtschaft angeschlagen, aber die Griechen hatten viele Eigenschaften, die den Amerikanern fehlten. Wie der Hausmeister waren sie in persönlichen Angelegenheiten absolut ehrlich. Gleichgültig, wie arm sie waren – sie schätzten das Leben und verstanden es so zu genießen, daß ein Millionär hätte neidisch werden können. Die Verwandten, die ich besuchte, gingen jeden Abend aus und sei es nur für einen Kaffee in der Nachbarschaftskneipe. Sie neckten sich, flirteten und stritten spielerisch in einer Art miteinander, die ich schnell nachzuahmen verstand. Ihre Gastfreundschaft konnte mich zu Tränen rühren. Griechische Männer und Frauen konnten sich einander besser – mit ehrlicher Zuneigung – mitteilen als Amerikaner. Ich gewöhnte mich an den Anblick von Männern, die sich bei der Begrüßung küßten und umarmten, und von Teenagern, die ihre Eltern zum Abschied küßten. Ich lernte, die Späße und Spitzen aufzufangen und zurückzugeben, mit denen jede griechische Unterhaltung gespickt ist. Ich gewöhnte mich daran, jede Nacht bis lange nach Mitternacht wach zu bleiben und die Neckereien, politischen Diskussionen und den Tratsch zu genießen. Aber nach zwei Wochen erinnerte ich mich daran, daß ich nicht nach Griechenland gekommen war, um in Athener Kneipen angenehme Sommerabende zu verbringen. Es war Zeit, in mein Dorf zurückzukehren.

Ich flog von Athen nach Korfu und nahm in der alten venezianischen Stadt ein Hotelzimmer. In Korfu hatten sich meine Eltern aufgehalten, als mein Vater meine Mutter von einer zehrenden Krankheit gerettet hatte, indem er sie aus den Bergen zu Fachärzten gebracht hatte. Ihre Genesung in Korfu war die glücklichste Zeit ihres Lebens, und in der Luft, die nach den Orangenhainen und der See dufteten, schien noch immer die Erinnerung an meine Eltern zu liegen, die in einem altmodischen Landauer herumgefahren waren, um die berühmten Strände von Prosperos Insel zu sehen.

Ich telegrafierte meinem Großvater, er solle mich am folgenden Tag auf dem Festland treffen, und verbrachte den Vormittag damit, mehrere Cousins zu besuchen, bevor ich an Bord der Fähre ging. Innerhalb von zwei Stunden näherten wir uns der Stadt Igumenitsa, die wie ein Amphitheater um den Hafen herum erbaut ist. Dort hatten meine Schwestern und ich neun Monate nach unserer Flucht in Wellblechhütten des Flüchtlingslagers verbracht, bis uns unsere Großeltern nach Athen begleiteten, von wo aus wir die Reise nach Amerika antraten. Dort hatte ich auch vom Schicksal meiner Mutter erfahren, als Großvater von seiner Reise ins Dorf zurückkehrte und beschrieb, wie er ihre Leiche in einem flachen Massengrab gefunden hatte.

Während sich das Schiff noch in einiger Entfernung vom Hafen befand, konnte ich die lange, von Platanen gesäumte Straße ausmachen, von der aus ich zum ersten Mal das Meer gesehen hatte. Weiter oben auf dem Berg standen noch immer die Blechhütten des Flüchtlingslagers, in denen jetzt Soldaten untergebracht waren. Als sich die Fähre dem Hafen näherte, konnte ich endlich die weißhaarige Gestalt meines Großvaters erkennen, der noch genauso aussah wie damals, an jenem Tag in Piräus, als die *Marine Carp* abdampfte und er der letzte war, den ich sah, nur noch erkennbar an der Art, wie er zum Abschied seinen Spazierstock schwenkte. Jetzt war es, als ob die Zeit still gestanden und er vierzehn Jahre auf mich gewartet hätte.

Als wir anlegten, sah ich, daß Großvater Foto, den Bruder meines Vaters, mitgebracht hatte. Mein Großvater war dreiundachtzig und hatte sein ganzes Leben lang als Mühlenbauer gearbeitet. Er war schlank und gebräunt, hatte weißes Haar und einen Schnurrbart und die muskulösen Arme eines Athleten. Mein Onkel Foto war einundachtzig, eine dünnere, fast zahnlose Version meines Vaters – völlig kahl mit rundem Gesicht und Brille –, aber er bewegte sich mit dem kräftigen Schritt des Bergbewohners, der es gewöhnt ist, in großen Höhen lange Strecken zu wandern.

Mein Großvater schaute mich einen Moment lang prüfend an. Dann sagte er: «Als Kind bist du gegangen – und jetzt schau dich bloß an!»

Ich hatte meinen Großvater mit seinem furchterregenden Temperament, kalten Schweigen und beunruhigenden starren Blick immer gefürchtet. Seine Frau und seine beiden Töchter – meine Mutter und Tante Nitsa – hatten seine Schläge oft zu spüren bekommen. Mich hatte er allerdings nie geschlagen. Sein Gebrüll erschreckte mich genug, um zu gehorchen. Im Dorf war Kitso Haidis als Geizkragen, rachsüchtiger Feind und notorischer Schürzenjäger bekannt, aber noch mehr war er für seine Schläue, sein wunderbares Geschick beim Bauen und Reparieren von Mühlen und den scharfen Verstand bekannt, was ihn zu einem der angesehensten Männer in den Murngana-Bergen machte.

Bis ich nach Amerika fuhr, war mein Großvater der einzige männliche Verwandte, der Einfluß auf mich hatte. Jetzt stellte ich fest, daß wir uns sehr ähnlich sahen – die gleichen hageren, eckigen Gesichtszüge, tiefliegenden Augen unter dichten Brauen und dasselbe volle Haar. Mein Vater und Foto und meine Schwestern Olga und Glykeria hatten alle die weicheren, runderen Züge und den Körperbau des Gatzoyiannis-Clans. Aber ich hatte die Haidis-Züge meiner Mutter und ihres Vaters. Ich fragte mich, wieviel von der Natur meines Großvaters in mir steckte und wie weit ich wohl meinem Vater ähnelte, der in jeder Beziehung ein krasses Gegenteil von ihm war.

Während Großvater mich anstarrte und vielleicht dieselben Gedanken hatte, fragte Onkel Foto: «Hast du uns erkannt?»

«Natürlich hat er das, du Idiot!» stieß mein Großvater hervor. «Er war doch kein Baby, als er wegfuhr!»

«Neun Jahre alt – das ist ein Baby», erwiderte Foto lächelnd. «Aber in Amerika ist er ein Mann geworden. Das einzig Dumme ist nur, daß er dir so ähnlich sieht!»

«Wär's dir lieber, wenn er glatzköpfig und zahnlos wäre wie du?» gab Großvater zurück.

«Ich bin vielleicht glatzköpfig und zahnlos, aber ich kann immer noch aus hundert Meter Entfernung das Auge einer Wachtel treffen und klettere schon zum Propheten Elias hinauf, während du dich noch an der Quelle von Siuli abkämpfst», neckte ihn Foto. Es tröstete mich zu hören, wie sie wie früher immer noch mit denselben Beleidigungen im Wettstreit aufeinander losgingen.

Großvater mietete ein Taxi, das uns nach Filiates bringen sollte, der Stadt am Fuß der Berge, wo wir übernachten würden. Auf der holprigen halbstündigen Fahrt, während der die beiden alten Männer herummeckerten und mich über jeden in den Vereinigten Staaten ausfragten, konnte ich den abschätzenden Blick meines Großvaters auf mir spüren. Er hatte sein Urteil noch nicht gesprochen, erst kam die eingehende Prüfung. Es ärgerte mich, daß mir so viel daran lag, seine Anerkennung zu gewinnen. Seit so langer Zeit war ich nun frei von seiner Tyrannei, und jetzt stellte ich fest, daß ich klug und weltmännisch zu reden versuchte, damit er mich nicht für einen albernen *Amerikanaki* hielt.

Glykeria hatte dafür gesorgt, daß wir die Nacht im Haus ihres Schwiegervaters verbringen konnten. Prokopis Vater, ein Beamter, besaß ein großes Haus im türkischen Stil, das von einer Mauer umgeben war, hinter der sich ein hübscher Garten und eine separate Küche verbargen, wo die Frauen des Haushalts – Prokopis verheiratete Schwester und seine Mutter – sich mühten, uns in den bienenkorbförmigen Öfen ein Festmahl zu bereiten.

Ich machte mich auf den Weg, um die Süßigkeiten, das Gebäck, den türkischen Honig und Lebensmittel wie Salz, Zucker, Butter, Fleisch und Brot zu kaufen, die ich auf Anraten meiner Schwestern mit nach Lia nehmen sollte. In jener Nacht schlief ich in einem der kühlen, steinwandigen Räume des türkischen Hauses und träumte, daß ich wieder im Dorf war, wieder ein Junge, und mit meinem Onkel Andreas Vogelfallen aufstellte.

Auch von Filiates nach Lia fuhren wir mit dem Taxi. Damals bei unserer Flucht hatte es hinter Ajies Pantes keine Straße mehr gegeben, aber jetzt fädelte sich das staubige Band hin und her, zwischen Felsblöcken und Zwergkiefern hinauf, um Zypressen und Kapellenruinen herum, die ganze Strecke bis nach Lia und Baburi, die über den Wolken verborgen lagen.

Während sich die holprige Straße in die Höhe schraubte, glaubte ich jedesmal, wenn ein Dorf in Sicht kam, daß es Lia sei. Die Straße hatte alles verändert, und nichts sah vertraut aus, obwohl ich einmal jeden Stein dieser Berge gekannt hatte. «Das ist es!» rief ich, und mein Großvater lachte schnaubend und antwortete, nein, das sei Povla oder Tsamanta. Ich solle mich ein bißchen gedulden, sagte er. Wir würden noch früh genug ankommen. Während das Taxi immer höher fuhr und ich in der dünnen Luft Ohrensausen kriegte, merkte ich, daß meine Erinnerung, die ich für unfehlbar hielt, unter der Zeit gelitten hatte. Wenn ich nicht einmal mein eigenes Dorf erkannte, wie konnte ich dann alle Einzelheiten der Jahre zurückgewinnen, in denen meine Mutter noch am Leben war?

Als wir endlich in Lia einfuhren, stand am Eingang des Dorfes das Haus meiner Großeltern. Die Straße hatte alles umorganisiert – sie verlief gleich oberhalb des Daches des Haidis-Hauses und durchschnitt den senkrechten Fußweg, der ursprünglich der Hauptdurchgang gewesen war und sich am Hof des Hauses und der Quelle draußen vor dem Tor vorbeiwand.

Als mein Vater 1924 auf diesem Fußweg zur St.-Demetrios-Kirche emporgeklettert war, hatte er im Haidis-Garten das siebzehnjährige Mädchen mit weizenblondem Haar zum ersten Mal gesehen, das seine Frau und unsere Mutter wurde. Jetzt hielt das Taxi auf der Straße oberhalb des Hauses, und ich blickte hinunter in den Hof. Meine Großmutter und meine Tante waren beim ersten Geräusch des Autos herausgeeilt und starrten zu mir hinauf. Weil der Abhang so steil war, mußte ich, von einem Stein auf den anderen tretend, vorsichtig zum Eingang hinunterklettern. Mein Großvater, *Barba* Foto und Andreas trugen mein Gepäck und die vielen Lebensmittelpakete aus Filiates hinunter.

«Bringt das Zeug rein, bevor es die Nachbarn sehen», stieß Tante Nitsa ohne ein Wort der Begrüßung hervor. Dann drehte sie sich zu mir um, um mich von Kopf bis Fuß zu mustern. «Hat lange genug gedauert, bis du zu uns zurückgekommen bist, nicht wahr?» knurrte sie. «Gehen wir rein und sehen wir nach, was du mitgebracht hast.»

Ich erwartete, daß meine Großmutter bei meinem Anblick in Tränen ausbrechen würde, da ich immer ihr Liebling gewesen war, aber die winzige, zusammengeschrumpfte alte Frau stand nur da, die Hände unter der Schürze verschränkt, und starrte mich verwirrt an. Mein Großvater hatte mir unterwegs erklärt, daß ihr Geist nachzulassen begann.

«Ist er das? Er sieht nicht so aus», sagte meine Großmutter zu niemandem bestimmtes.

«Er ist's! Er ist's!» murmelte Nitsa. «Kommt rein!»

Das Haidis-Haus, wo wir mit meinen Großeltern gelebt hatten, nachdem die Partisanen uns aus unserem eigenen Haus oben im Periwoli geworfen hatten, war genauso, wie ich es in Erinnerung hatte: zwei Kammern zu beiden Seiten eines winzigen Flurs, beide mit einem eigenen Kamin. Das Toilettenhäuschen stand in einer Ecke des ummauerten Hofes, die Ziegen hausten im Keller, und die einzige Wasserstelle war die Bergquelle vor dem Tor. Ich konnte sehen, daß meine Verwandten die Wände hastig geweißt hatten – sicherlich, um sie für meine Ankunft zu reinigen –, aber es war schlampige Arbeit mit weißen Farbspritzern an den Fenstern und der grünen Decke.

Mein Großvater wies stolz auf zwei Liegen, die er für die «obere Kammer» – die für Gäste reservierte gute Stube – erworben hatte. Er und meine Großmutter, die alle Megali, «die Alte», nannten, schliefen immer noch auf Strohsäcken neben dem Kamin im anderen Raum, aber ich hatte ein Bett und sogar Sprungfedern, die er in Filiates gekauft und mit einer Strohmatratze bedeckt hatte. Auf seine nachdrückliche Aufforderung setzte ich mich auf die Matratze, denn außer dem niedrigen Tisch oder *sufra*, an dem sie hockend aßen, und der *kassella* an einer Wand, auf der die Decken aus der Aussteuer meiner Großmutter hoch gestapelt waren, befanden sich keine Möbel im Raum. Die anderen saßen auf dem Fußboden und schauten mich neugierig an, nur Andreas nicht, der in einer Ecke stand, als ob er es nicht wagte, zu viel Platz einzunehmen.

Nitsa sammelte sofort alle mitgebrachten Süßigkeiten, das ganze Gebäck und die Lebensmittel ein und sagte, sie würde sie in der Speisekammer, einer kleinen Nische auf der Rückseite des Hauses, aufbewahren. «Und ich pack nur ein paar wenige Sachen für uns zum Mitnehmen ein», sagte sie.

«Das glaub ich dir gern, aber läßt du uns auch was übrig?» knurrte mein Großvater. «Sie ist neunundfünfzig und ihr Mann ist vierundsechzig, und sie stopfen sich immer noch mit meinem Essen voll», beschwerte er sich. Er steckte sich eine Zigarette an, bot Andreas aber keine an.

«Warum leben Andreas und Nitsa nicht hier bei euch?» fragte ich und dachte an die elende Hütte am anderen Ende des Dorfes. «Dann könnten sie dir und Megali helfen.»

«Uns helfen?» brüllte er. «Uns Haus und Hof wegfressen, meinst du! Die sind sowieso schon viel zu oft hier.»

Es herrschte immer noch die gleiche Feindseligkeit, an die ich mich erinnerte – Nitsa jammernd, während mein Großvater sie angiftete. Seine älteste Tochter war mit ihrer Faulheit und Armut eine fortgesetzte Enttäuschung für ihn.

Ich überreichte die Geschenke – die Kleiderstoffe und Dollar, die meine Schwestern für alle mitgegeben hatten. Meine Schwestern hatten mir noch zusätzliches Geld gegeben, das ich Andreas und Megali heimlich zustecken sollte, denn sie wußten, daß sowohl mein Großvater als auch Nitsa sofort alles, was ihre Partner bekamen, konfiszieren würden. Als ich meiner Großmutter ein paar Dollarscheine überreichte, beugte ich mich zu ihr und küßte sie auf die Stirn, und sie blickte hilflos auf ihren Mann. «Bist du sicher, daß er's ist?» stammelte sie mit zittriger Stimme. «Ich erinnere mich nicht an ihn.»

Später, als ich auf dem Bett sitzend Fragen über meine Familie beantwortete, stand meine Großmutter plötzlich auf, kam leise zu mir und küßte mich auf die Stirn. «*Idia Eleni* (genau wie Eleni)», sagte sie. Die Worte und das plötzliche Wiedererkennen in ihren Augen rührten mich zu Tränen.

Tante Nitsa nahm das Geld, das ich ihr reichte, und segnete mich und meine Schwestern überschwenglich. «Wenn es euch nicht gäbe, wäre ich schon lange tot», sagte sie und warf meinem Großvater einen bösen Blick zu. «Ich denke an den Sommer von 1955, Andreas und ich hatten zwei Tage lang nichts gegessen, und ich redete nicht mit deinem Großvater, wie üblich – der Geizkragen! Ich wollte zur Schlucht hinaufgehen und mich runterstürzen, aber als ich am *Kafenion* vorbeikam, sagte man mir, daß ein Brief aus Amerika da sei. Glykeria hatte zwei Dollar geschickt, und du hattest fünf beigelegt. Also habe ich Fleisch gekauft und Suppe gekocht, und das hat uns das Leben gerettet.»

«Ja, du hast kaum genug zum Überleben, deshalb bist du ja auch nur Haut und Knochen», gab mein Großvater zurück und zeigte auf Nitsas runde Gestalt. Sie tat, als ob sie es nicht gehört hätte.

«Was kann ich dir anbieten?» fragte sie. «Megali ist schon so am Ende, daß sie nicht mehr kochen kann. Möchtest du Kaffee haben oder *raki*?»

«Nein, nur kaltes Wasser», sagte ich, plötzlich sehnsuchtsvoll. «Aber von der *matsala*, und ich möchte es selbst holen.»

Ich ging durch den Hof, aus dem riesigen Holztor mit den massiven Griffen, die von den Zähnen eiserner Löwenköpfe festgehalten wurden. Wie schon tausendmal zuvor kniete ich mich nieder, wo das eisige Wasser aus einem Felsspalt sprudelt, hob die hohlen Hände zum Mund, und plötzlich war ich wieder ein Junge. Während ich das Wasser trank, fühlte ich mich in den Krieg zurückversetzt, als ich an der gleichen Stelle trank und wenige hundert Meter weiter oben eine Granate einschlug und mich mit Steinen und Erde überschüttete. Ich konnte meine Mutter von der Tür her schreien hören; sie glaubte, ich sei getötet worden.

Das Geräusch von Schritten hinter mir ließ mich zusammenfahren. Ich drehte mich um und sah Andreas, der mir wie in früherer Zeit leise gefolgt war. Ich stand auf und stopfte ihm das geheime Extra-Geld in die Tasche. Ich wußte, daß er damit im Kaffeehaus Flaschen voll *raki* kaufen würde, um sie an den langen Tagen, an denen er hoch oben auf dem Berg saß und die Schafe hütete, zu trinken. Er lächelte und sagte mit verschwörerischem Zwinkern: «Du warst schon immer ein Teufel.»

Als ich meiner Großmutter das geheime Geld meiner Schwestern zusteckte, übergab sie es meinem Großvater, sobald er auftauchte. Das bißchen List, die ihr früher zu eigen war, war verlorengegangen.

Der Gedanke, daß es nun kein kleines Versteck mit gemahlenem Kaffee mehr für sie gab, der einzige Luxus, den sie genoß, wenn ihr geiziger Ehemann aus dem Haus war, betrübte mich.

Nachdem ich wieder im Haus war, wollte Nitsa unbedingt, daß wir alle Siesta hielten. Ihre eigene war unterbrochen worden, und sie wurde schläfrig.

«Ich bin nicht müde, ich möchte zum Periwoli hinaufgehen und mir mein Haus ansehen», erwiderte ich.

Sofort fing Nitsa zu kreischen an. «Die Leute werden dich sehen! Es ist schließlich Mittagsruhe! Warum willst du überhaupt da hinaufgehen? Es ist doch alles kaputt.»

Sie machte solch ein Theater, wobei Andreas und mein Großvater noch mit einstimmten, daß ich zu warten beschloß. Ich lag auf der neuen Matratze, bis ich sie alle gleichmäßig atmen hörte, meine Großeltern auf ihren Strohsäcken in der anderen Kammer, dann schlich ich mich auf Zehenspitzen in den nachmittäglichen Sonnenschein hinaus und schloß leise die Tür mit dem hölzernen Riegel.

Der Fußweg, der am Haidis-Tor vorbeiführte, setzte sich nach der Unterbrechung durch die neue Straße geradeaus nach oben zur Nachbarschaft fort. Ich kannte jeden Zoll dieses Pfads, selbst im Dunkeln, weil ich ihn immer barfuß erklommen hatte. Oberhalb des Hauses meiner Großeltern befand sich ein felsiger Abschnitt, wo man die Füße – fast wie auf einer Leiter – exakt einen vor den anderen setzen mußte. Im Frühjahr und Herbst war er mit gelben Krokussen und violetten Traubenhyazinthen gepolstert, aber jetzt war er mit wilder Kamille und Wolken von schlaftrunkenen Bienen bedeckt. Ein bißchen weiter oben bog der Pfad nach rechts ab, an einem Heuschober vorbei, wo ich zum ersten Mal etwas über Sex erfahren hatte, als ich während der Siesta umherstreifte und ein frischvermähltes Paar aufspürte, das sich in diesem Schober einen privaten Augenblick der Liebe, fern der vielen, im gleichen Raum schlafenden Verwandten, gestohlen hatte.

Der Weg bog nach links ab, und bald sah ich hinter den Spitzen uralter Zypressen St. Demetrios, die Nachbarschaftskirche, in der meine Mutter jeden Tag gebetet hatte und wo ihre Knochen jetzt im Beinhaus lagen. Im kühlen violetten Schatten der Zypressen befand sich ein winziger Friedhof. Jedes Grab war sauber mit einem Eisenzaun eingefaßt und enthielt einen Leichnam, der nach drei Jahren ausgegraben und ins Beinhaus gebracht wurde, damit ein neuer Toter das Grab belegen konnte. Die rötlichen Tonziegel des Kirchendachs verliefen spitz über einer Nische, die die uralte Ikone des heiligen Demetrios enthielt, der einen schlangenartigen Drachen erschlug. Die Farben waren so lebhaft wie vor Hunderten von Jahren. Ich versuchte, die Kirchentür zu öffnen, aber sie war verschlossen. Auch an der Eisentür des quadratischen Beinhauses hing ein Vorhängeschloß, und ein Kirchendiener war nicht zu sehen. Ich setzte meinen Weg fort.

Die nächste Windung brachte mich zum Garten des Makos-Grundstücks, der Stelle, an der ich mich von meiner Mutter verabschiedet hatte, bevor sie in die Schlucht hinabstieg, hinter einer Reihe von Dorffrauen her, die von den Partisanen zum Dreschen auf die Felder geführt wurden. Während ich ihr nachgeblickt hatte, war sie im Gebüsch des weit unten liegenden Tals verschwunden, dann wieder aufgetaucht, ein winziger Punkt, der den fernen Berghang zur Kapelle des Propheten Elias erklomm, wo die Straße sich außer Sicht wand. Es war ein heller Sommernachmittag wie dieser gewesen. Sie hatte sich umgedreht, eine winzige braunschwarze Gestalt, kurz bevor sie verschwand, und zum Abschied die Hand gehoben. Jetzt drückte die mittägliche Hitze und das Summen der Zikaden wie ein Gewicht auf meine Schultern, als ich mit zusammengekniffenen Augen auf den fernen Berghang blickte. Es schien, als ob ich noch immer ihre Gestalt auf dem Pfad erkennen konnte, die Hand zum letzten Gruß erhoben.

Ich wandte der Schlucht den Rücken zu, als mich der Pfad erneut nach links und hinauf zu unserem Haus führte. Unser Feld war terrassenförmig auf drei Ebenen unterhalb des Hauses angelegt. Als ich mich der unteren Ebene näherte und aufblickte, hörte ich ein kratzendes Geräusch und sah etwas Schwarzes, das sich zwischen ordentlichen Reihen von Bohnenpflanzen bewegte. Zuerst dachte ich, es sei eine Ziege oder ein Schaf, aber dann richtete die Gestalt sich auf – es war eine Frau, die das schwarze Kopftuch um den Kopf gewunden hatte und sich die Hände an ihrem schwarzen Wollrock abwischte.

Mit ihren blauen Augen blickte sie mir geradewegs in die Augen, und mein Herz krampfte sich zusammen – es war meine Mutter, die im Garten auf mich wartete! Dann sprach sie, und die Züge meiner

Mutter verschwammen und lösten sich schließlich im Gesicht von Vangelina Dimitriou, einer Nachbarin, auf.

«Wer bist du denn?» rief sie und rieb die Hände an der Schürze. «Doch nicht etwa der Sohn von Eleni? Sie haben mir gesagt, daß du zurückkommst. Dein Großvater hat mir erlaubt, hier zu pflanzen, weißt du? Es schien so schade, das Land brach zu lassen. Natürlich würde niemand oben am Haus pflanzen – dort haben sie so viele Gefangene begraben. Aber ich wollte ein paar Reihen Bohnen, Tomaten und Gurken setzen. Ich hoffe, daß es dir nichts ausmacht.»

«Natürlich nicht, *Thia*», sagte ich und zitterte immer noch vor Schreck, meine Mutter im Garten auf mich warten gesehen zu haben. «Pflanz ruhig, wo du willst. Ich bin nur heraufgekommen, um mir das Haus anzuschauen.»

«Was gibt es da zu sehen?» fragte sie mit einer Handbewegung nach oben. «Es ist nichts übrig außer den Seelen der Toten, die Frieden suchen. Es ist alles verändert, zerstört! Aber geh und sieh selbst!»

Ich ging den Pfad weiter hinauf, dem ummauerten Grundstück und Tor entgegen, das noch intakt war, aber schief hing. Viele flache Steine waren von der Mauer heruntergefallen, auf der ich als Kind manchmal gelegen und mich gesonnt hatte.

Gleich hinter dem Tor fand ich ein steinernes Bauwerk, das die Soldaten errichtet hatten – vielleicht ein Unterstand für den Wachposten oder ein Lagerhaus. Die Fenster unseres Hauses waren wie ehemals vergittert, aber das Glas war verschwunden. Ich ging bis zum Eingang, aber er war verriegelt und mit einer Kette verschlossen, deshalb spähte ich nur durch die Fenster in die Küche, wo wir in einer Reihe auf dem Fußboden geschlafen hatten, und in die Haupt-*kamera*, in der einmal das Eisenbett gestanden hatte, das für die Besuche meines Vaters reserviert war, das Grammophon, das er mitgebracht hatte, und die Familien-Ikonostase, vor der sich meine Mutter jeden Morgen und Abend bekreuzigt hatte. Die leere Küche brachte mir rasch ein Bild ins Gedächtnis zurück: meine Mutter, die rhythmisch die Ziegenmilch schlug, um Butter zu machen, während ich mich in der Nähe versteckt hielt und darauf wartete, daß die schaumige Molke nach oben stieg, weil ich sie gern mit Brot aß. Aber jetzt war alles still. Da war nichts als Staub und die gelegentliche rasche Bewegung einer Eidechse in den Spalten der Steine. Die Küchenwand, die sich an der Bergseite befand, war feucht und dick mit Moos bewachsen.

Entmutigt, weil ich mehr zu sehen erwartet hatte, obwohl ich nicht wußte, was, stieg ich den Hügel hinunter zur Seite, wo ein Eingang zum Keller gewesen war. Der Keller, der in den Berghang gegraben war, hatte als Stall für die Schafe und Ziegen gedient. Es war ein höhlenartiger Raum mit niedriger Decke und winzigen, hoch angebrachten vergitterten Fenstern. Als die Partisanen unser Haus beschlagnahmt und zu ihrem Hauptquartier bestimmt hatten, hatten sie den Keller zum Gefängnis gemacht.

Hier, in ihrem eigenen Keller, war meine Mutter festgehalten worden, eingepfercht mit Dutzenden von anderen Gefangenen, bis sie mit dem Rest der Verurteilten zur Schlucht hinauf in den Tod geführt wurde. Hier hatte man sie aus dem Gefängnis geholt, in den Räumen darüber verhört und gefoltert und dann, unfähig, sich auf den Füßen zu halten, wieder hinabgezerrt. Man hatte mir erzählt, daß mindestens eine der Gefangenen, eine junge Frau aus dem Dorf Mawronoron, versucht hatte, dem Horror des Kellergefängnisses durch Selbsttötung zu entrinnen, indem sie sich einen großen Nagel, den sie in einem Balken gefunden hatte, in den Bauch stieß. Aber sie starb nicht an der Wunde, und man ließ sie um Wasser betteln, bis sie herausgeholt und erschossen wurde.

Als ich mich dem Eingang zum dunklen Keller näherte, sah ich, daß die Holztür nur angelehnt war. In der gleißenden Nachmittagssonne packte mich klaustrophobische Angst vor dem, was darin sein mochte, aber eine ebenso starke Macht zog mich in die Tiefe. Ich konnte nicht anders, ich mußte auf die offene Tür zugehen.

«Was machst du hier?»

Ich wirbelte herum und erblickte Andreas – ganz außer Atem, weil er hinter mir her den Berg hinaufgeeilt war. «Konntest du nicht warten?» fuhr er fort. «Du mußtest unbedingt allein hier raufkommen! Schön – nun hast du's gesehen! Komm mit mir zurück! Deine Tante und Großmutter sind außer sich.»

Als wir zur Kirche St.-Demetrios kamen, blieben wir stehen, und er sagte: «Warte hier.» Bald war er mit den Schlüsseln zum Beinhaus wieder zurück. Ich war als Kind oft darin gewesen, wenn meine Mutter vor den Gebeinen ihrer Schwiegermutter betete. Damals hatten die Reihen von Schädeln und groben Schachteln voller Knochen mich nicht in Schrecken versetzt. Aber jetzt lag meine Mutter in diesem Raum.

Andreas öffnete das Vorhängeschloß, und die Eisentür flog geräuschvoll auf. Gleich vor mir stand auf vier Beinen eine kleine Holzkiste, keinen Meter lang, mit einem runden Deckel wie bei einem Sarg und einem einfachen Metallkreuz. Dahinter an der Wand hob eine Ikone Christi die Hand zum Segen über der Kiste, die mein Großvater gezimmert hatte, um die sterblichen Überreste meiner Mutter und ihrer Schwägerin Alexo aufzubewahren. Auf der Seite der Kiste war mit weißer Farbe «Eleni C. Gatzoyiannis, 41 Jahre, und Alexandre F. Gatzoyiannis, 56 Jahre, am 28. August 1948 von kommunistischen Verbrechern ermordet» aufgemalt worden.

Am Kreuz hing eine kleine verzierte Öllampe, aber sie brannte nicht. «Ich bin gestern vorbeigekommen und habe die Lampe angezündet», sagte Andreas und reichte mir eine Schachtel Streichhölzer. «Aber jedesmal, wenn jemand die Tür öffnet, bläst der Luftzug sie aus.» Er ließ mich allein und ging hinaus, um zwischen den Gräbern unter den Zypressen eine Zigarette zu rauchen.

Im Beinhaus zündete ich den Docht der Öllampe an, aber hier in diesem naßkalten, muffigen Totenlager konnte ich mir nur schwer vorstellen, daß dieser kleine hölzerne Kasten einen Teil meiner Mutter enthalten sollte. Sie schien draußen im Sonnenschein zu sein, vor der Kirche für ein kurzes Gebet zum Heiligen Demetrios innezuhalten und dann, unseren Esel Merjo führend, unseren Feldern entgegen- oder mit frisch gebackener *pita* den Pfad zu meiner Großmutter hinunterzueilen. Während ich auf die brennende Lampe starrte, fragte ich mich, warum alle meine Erinnerungen so reich und angenehm waren, wo meine Kindheit doch aus einem Jahrzehnt des Krieges und Hungers bestanden hatte. Mir wurde klar, daß es deshalb so schien, weil die Liebe meiner Mutter mich wie in einen schützenden Panzer gehüllt hatte. Nachdem sie gestorben war, schien es keine Sicherheit mehr zu geben, nicht einmal unser gutes Leben in Worcester schien sicher zu sein. Der große Riß in meinem Leben, der sich geöffnet hatte, als wir endgültig getrennt wurden – als ich in die Freiheit floh und meine Mutter in den Tod geführt wurde –, war eine Kluft, die immer breiter geworden war, bis ich es mir nicht mehr erlaubte, an einem Menschen oder an einer Sache zu hängen, weil ich fürchtete, sie könnten mir plötzlich genommen werden.

Als Andreas und ich endlich wieder zum Haus meines Großvaters hinabstiegen, warteten Nitsa und Megali auf uns. Nitsa ging sofort zum Angriff über. «Du konntest nicht warten, wie? Du mußtest unbedingt allein gehen», kreischte sie. «Warum suchst du den Schmerz? Er findet dich früh genug. Wo du in diesem Dorf auch hingehst, du solltest immer jemand bei dir haben. Du weißt nicht, was diese Leute fertigbringen!»

«Gut, ich gehe morgen wieder rauf, und dann nehme ich dich mit», sagte ich, um sie zum Schweigen zu bringen.

Aber Nitsa verschränkte die Arme und schüttelte eigensinnig den Kopf. «Von mir kannst du nicht mehr erwarten, daß ich zum Periwoli hochklettere. Es ist zu steil für mich. Ich kann es kaum hierher schaffen – auf der ebenen Straße von meinem Haus.»

«Na gut, dann gehen wir eben bis zu St. Demetrios und schauen nach, ob die Lampe noch brennt», sagte ich beschwichtigend.

«Selbst St. Demetrios ist zu weit!» jammerte sie. «Meine Klettertage sind vorbei, jetzt, wo ich diese ständigen Folterqualen in meinen Hüften erdulden muß.»

Mir kam ein Verdacht. «Wann bist du denn zum letzten Mal zum Periwoli hinaufgegangen?» fragte ich.

«Ostern, als Olga Venetis aus Athen zurückkam und ich sie begrüßen wollte», antwortete sie.

«Willst du damit sagen, daß du den Berg hinaufgehst, um Fremde zu besuchen, aber nicht, um eine Kerze für deine eigene Schwester anzuzünden?» brüllte ich.

«Was hat es für einen Sinn?» sagte Nitsa schnippisch. «Ich schicke Andreas jeden Tag hinauf, um die Lampe anzuzünden – jedesmal, wenn er mit den Ziegen vorbeikommt. Was nützt es denn überhaupt, eine Kerze anzuzünden? Damit kann ich Eleni nicht zurückbringen. Und du auch nicht!»

Ich beschloß, das Thema fallenzulassen, aber der Gedanke, daß der Tod meiner Mutter für meine Tante, meinen Onkel und meine Großeltern der Vergangenheit angehörte, während er für mich noch immer eine frische Wunde war, regte mich auf. Sie hatten gelernt, mit der Tatsache ihrer Ermordung zu leben und ihrem eigenen Alltag nachzugehen, während ich der Meinung war, daß ihr Schicksal zu schrecklich war, um es jemals akzeptieren zu können. Ich mußte ihrem Schicksal nachgehen und jeder Einzelheit ihres Leidensweges und Todes ins Auge blicken, bevor ich mein eigenes Leben fortsetzen konnte. Es machte mich wütend zu sehen, wie meine Verwandten es in aller Ruhe als eine Sache der Vergangenheit betrachteten.

Die Nachricht über meine Ankunft hatte jeden Winkel des Dorfes erreicht, und kaum war die Mittagsruhe vorbei, kamen auch schon die Dörfler vorbei, um einen Blick auf Elenis Sohn zu werfen. Widerwillig schleppte Nitsa Tabletts mit den Süßigkeiten an, die ich gekauft hatte, und entriß sie ungnädig den Gästen, bevor sie sich mehr als ein Stück nehmen konnten, während Andreas hin und her eilte, Kaffee kochte und für jeden Neuankömmling Schnapsgläser voll *raki* einschenkte.

«Wo ist das gute Gebäck, das in Goldpapier eingewickelt war?» fragte ich, als Nitsa ein paar Bonbons in eine Schale legte.

«Wenn du die erst anbietest, haben wir bald jeden Bettler im Dorf hier», sagte sie, die Nase rümpfend.

Schnell waren die beiden Räume meiner Großeltern bis zum Bersten gefüllt. Jedesmal, wenn neue klopften, mußten alte Besucher gehen. Die alten Dorffrauen äußerten sich alle erstaunt über meine Ähnlichkeit mit meiner Mutter. Sie saßen auf dem Fußboden um mich herum, und wie Geschichtenerzähler eine Sage oder ein Märchen wiedergeben, so erzählten sie mir von ihrer letzten Begegnung mit meiner Mutter.

Ich erfuhr, daß meine Mutter und Tante Alexo am Tag nach unserer Flucht auf dem Dreschplatz festgenommen, zum Dorf zurückgebracht und im Hauptquartier der Partisanen eingesperrt worden waren. Aber nach acht Tagen wurden sie mit dem Befehl, mit niemandem und vor allem nicht miteinander zu sprechen, freigelassen. Sie durften sich frei bewegen, bis die Partisanen sie einen Monat später erneut festnahmen. Danach kamen die Gerichtsverhandlung und die Hinrichtungen. Aus dem, was die Frauen mir berichteten, schloß ich, daß die Partisanenführer erwartet hatten, daß meine Mutter und meine Tante sie zu den anderen Verschwörern führen würden oder daß sie als Köder für einen Rettungsversuch ihrer Verwandten auf der anderen Seite dienen sollten. Aber als das nicht funktionierte, beschlossen sie direktere Maßnahmen zur Beschaffung von Informationen über den Fluchtplan.

Jede alte Frau, die mich an jenem Abend besuchte, erinnerte sich an meine Mutter, wie sie in ihrem blauen Kleid wie eine verlorene Seele auf dem Berg herumwanderte, während keiner mit ihr zu reden wagte. Eine Nachbarin sah sie weinend auf der Schwelle sitzen und meine braune, mit meinen kleinen Schätzen gefüllte Schultasche haltend, die ich im letzten Augenblick zurückgelassen hatte. Eine andere Frau, eine unserer nächsten Nachbarinnen, erzählte beschämt, daß sie Eleni, die mit einem Sack Bohnen aus unserem Garten den Pfad heruntergeschritten kam, zugeflüstert hatte, sie solle die Bohnen über die Mauer in den Hof werfen; sie wollte nicht, das jemand sähe, wie sie etwas aus den Händen der *Amerikana* entgegennahm.

Eine der wenigen, die es gewagt hatten, in der kurzen Zeit der Freiheit mit ihr zu sprechen, war Olga Venetis, eine sehr große Frau, die im Periwoli gleich oberhalb unseres Hauses wohnte. «Eines Tages ging ich zu unserem Feld unterhalb des Haidis-Hauses und sah deine Mutter weit unten. Sie trug Brennholz auf dem Rücken und kam den Pfad herauf», erzählte sie, während das Licht des Feuers auf den scharfen Gesichtszügen unter ihrer schwarzen *mandili* spielte. «Als wir uns nah genug waren, um miteinander reden zu können, sagte Eleni: ‹Komm zu mir, Olga, aber bleib im hinteren Garten, damit dich niemand sieht.› Als ich ankam, zog sie mich ins Haus und küßte mich. Sie sagte: ‹Sie beobachten mich nachts – jeden Morgen finde ich einen Haufen Zigarettenstummel vor dem Tor –, aber heute bin ich bis hinunter zum Kloster von St. Athanassios gegangen und habe niemanden gesehen. Ich hätte einfach weitergehen und die andere Seite erreichen können.› Ich fragte sie: ‹Warum in Gottes Namen hast du es nicht getan?›, und sie sagte, sie könnte nicht weggehen, solange Glykeria noch auf den Dreschplätzen sei, weil sie das Mädchen umbringen würden. Sie war ruhig, nachdenklich, dann sagte sie: ‹Es ist so schwer, Olga! Neulich hatte ich einen Traum und sah meine kleine Fotini, die Zöpfe ganz aufgelöst und verwirrt, und meinen Nikolaki, und er rief nach mir.› Dann fing sie an zu weinen und sagte: ‹Olga, bring mir einmal Dimitri, damit ich ihn für eine Weile halten kann. Er sieht Nikola so ähnlich.› Am nächsten Tag brachte ich meinen Sohn, und sie hielt ihn und weinte. Sie hatte solch eine Schwäche für dich! Dann, als der August kam und die Fastenzeit für die Jungfrau begann, holten sie sie wieder ab und steckten sie ins Gefängnis.»

Ich fragte Olga nach der Gerichtsverhandlung meiner Mutter und der sechs anderen Dorfbewohner aus. Sie sagte, sie sei am ersten Tag dabeigewesen, als das ganze Dorf auf dem Hauptplatz zusammengetrommelt worden war, um das Volksgericht in Aktion zu sehen, aber die Verhandlungen waren durch Granatfeuer aus den nationalistischen Lagern in den fernen Vorbergen unterbrochen worden. Die Richter mußten um ihr Leben laufen und verlegten den Prozeß weit den Berg hinauf zum *Wrisi*, einem hohen Plateau, das für Feste benutzt wurde und wo überhängende Felsen Schutz gewährten.

«Aber inzwischen fürchtete ich mich zu sehr, um hinzugehen», sagte Olga, «weil der Hauptrichter, ein Mann mit einer Stimme wie der Tod, mir sagte: ‹Dein Name ist mit roter Tinte geschrieben›, und ich glaubte, das hieße, mich würden sie als nächstes festnehmen.»

«Aber ich muß alles über den Prozeß erfahren», beharrte ich. «Wer hat gegen meine Mutter ausgesagt? Wie lautete die Anklage? Wer waren die Richter?»

«Du solltest dich bei Athena Charamopoulos erkundigen», erwiderte Olga. «Sie war die ganzen drei Tage dabei.»

«Als du *Mana* zu Beginn des Prozesses sahst – hat sie ausgesehen, als ob man ihr weh getan hätte?» wollte ich wissen und konnte die Frage kaum vollständig herausbringen, weil mein Mund so trocken war. Herauszufinden, was meine Mutter vor ihrer Hinrichtung erduldet hatte, hatte ich am meisten gefürchtet. In meiner Erinnerung war sie immer schön, die goldenen Zöpfe unter dem Kopftuch versteckt, ihr Kleid und ihre Schürze makellos, das Gesicht heiter. Ich wollte nicht, daß dieses Bild durch Enthüllungen wie Schläge und Folter, blaue Flecken, Blut, Schmerzgebrüll und Schreie um Gnade für immer zerstört würde. Ich wollte meine Mutter so stark und vollkommen in Erinnerung behalten, wie ich sie zum letzten Mal gesehen hatte, und ich schreckte vor der Angst, eine andere, schreckliche Wahrheit über ihren Leidensweg zu erfahren, zurück. Gott weiß, daß ich mir viele Greuel vorgestellt hatte, aber kein Zeuge hatte diese Alpträume bisher in Tatsachen verwandelt. Doch ich mußte alles erfahren, was sie ertragen hatte, denn sie hatte es getan, um mich zu retten.

«Nein, erst *nach* dem Prozeß fingen sie an, deine Mutter fürchterlich zu schlagen», fiel Vasiliki Petsis, eine runzlige alte Frau mit einem unschuldigen runden Gesicht, ein, die in der Nähe meiner Großeltern wohnte. «Ich erinnere mich, wie sie Eleni auf einem Maultier den

Berg herunterbrachten und sie zwangen, ihnen zu zeigen, wo sie Olgas Aussteuer versteckt hatte. Ich hatte sie gar nicht gleich erkannt, so schlimm war sie zugerichtet.

«Sei still, Frau! Hör auf!» unterbrach sie Nitsa. «Was hat es für einen Sinn, das Ganze wieder aufzuwärmen? Warum wollt ihr das Kind aufregen?»

Die alte Frau verfiel in Schweigen.

Ich sagte nichts, denn ich war entsetzt über das, was ich bereits gehört hatte, und die Hitze in dem überfüllten Raum erregte mir Übelkeit. Aber ich beschloß, Athena Charamopoulos aufzusuchen und später mit Vasiliki Petsis zu sprechen, wenn ich sie ohne Zuhörer befragen konnte.

Den ganzen Abend lang kamen und gingen die Leute, verschlangen das Gebäck, das ich mitgebracht hatte, und bemerkten, wie sehr ich meiner Mutter glich. Mehrere alte Frauen nahmen mich beiseite, bevor sie gingen, und erkundigten sich mit freundlichem Interesse, ob ich in den Vereinigten Staaten schon meinen Militärdienst abgeleistet hätte. Ich sagte allen die Wahrheit – daß ich bis zum Ende meines Studiums zurückgestellt sei.

Als der letzte Besucher gegangen war und Tante Nitsa wegen des erschöpften Süßigkeitenvorrats schmollte, fragte ich sie, warum man sich so für meine militärische Laufbahn interessiere.

«Die alten Hexen wissen, daß dich die griechische Armee einziehen kann, solange du hier bist, wenn du nicht in der amerikanischen Armee gedient hast», sagte sie und drückte einen Zeigefinger gegen ihre Schläfe. «Sie fragen, damit sie dich verraten können.»

Mit Schaudern erwiderte ich: «Aber was würden sie dabei gewinnen? Würde man sie für die Information bezahlen?»

«Nein», erwiderte Nitsa und lachte glucksend. «Ihnen gefällt nur das Gefühl der Macht. Sie würden dich vielleicht nicht einmal verraten, es gefällt ihnen nur zu wissen, daß sie es könnten. Du hast vergessen, wie die Menschen hier sind. Sie lehnen uns immer noch ab, weil wir die wohlhabende Familie waren – dein Vater und dein Großvater. Die Partisanen schlugen deine Mutter, weil alle behaupteten, sie habe einen Schatz mit Goldmünzen versteckt, aber was sie ausgruben, nachdem sie ihr die Beichte herausgeprügelt hatten, war nichts als ein Kessel voller verschimmelter Decken und Teppiche – Olgas kostbare Mitgift! Wasser war durchgesickert, bis alles verschimmelte, aber die Partisanen breiteten trotzdem alles auf der Erde aus und riefen die Dörfler zusammen und brüllten: ‹Schaut, welchen Reichtum die faschistische Verräterin versteckt hatte!› Und da lag alles, ganz verfault und grün vor Schimmel!»

Ich fühlte mich erschöpft von den Offenbarungen des Abends, obwohl ich wußte, daß ich weiter Fragen stellen mußte, wenn ich je erfahren wollte, wie meine Mutter gestorben und wer schuld an ihrer Ermordung war. Aber ich hatte bereits mehr erfahren, als ich an jenem Abend ertragen konnte, und als ich endlich einschlief, waren meine Träume voller gesichtsloser Ungeheuer und formloser Dinge, die mit Moder bedeckt waren und alle im Keller unseres zerstörten Hauses auf mich warteten.

15 Streifzug durch die Vergangenheit

Am folgenden Morgen nahm mich mein Großvater mit ins Kaffeehaus des Dorfes bei der riesigen Platane. Es war eine kleine Taverne,
die ein Mann namens Yiorgios Venetis führte. Tische waren draußen
auf dem Dorfplatz aufgebaut, und ein Bratspieß stand in der Nähe für
die Hähnchen und Ziegeninnereien, um die Teller mit *mesedakia* zu
füllen. Dazu gab es Leckerbissen wie Oliven, Käse und Tomaten, die
mit den Getränken gereicht wurden.

Als wir eintrafen, waren die Tische mit Männern aus dem Dorf
besetzt, die redeten, tranken, Karten spielten, die neueste Zeitung
herumreichten und darauf warteten, den Sohn von Christos Gatzoyiannis zu sehen. Bei unserem Erscheinen ebbten Lachen und
Scherzen ab, bis die Stille nur noch vom Klicken mehrerer *kombolojia* unterbrochen wurde.

Mit dem Spazierstock autoritär in eine Richtung weisend, wählte
mein Großvater einen leeren Tisch aus. Eine vertraute Geste meines
Vaters nachahmend rief ich den Besitzer herbei und verkündete:
«Eine Runde!» Die auf einen Fetzen Packpapier gekritzelte Rechnung machte weniger als einen Dollar aus, und so bestellte ich
prompt und mit der Absicht, den Ruf meines Vaters hochzuhalten,
eine weitere Runde.

Bald setzten sich zwei ledrige alte Männer zu uns, begierig unsere
Fertigkeiten beim *xeri*, dem in Lia favorisierten Spiel, zu testen. Ich
blickte in den Kreis der Zuschauer und wunderte mich, wie wenig
Gesichter ich wiedererkannte. Es störte mich, daß ich nicht wußte,
welche von ihnen Freunde und welche Feinde waren – wer gegen
meine Mutter ausgesagt und wer sich ihrer erbarmt hatte.

Mein Großvater war der anerkannte Weise von Lia, und seine Schlauheit, gepaart mit seinem Ruf als Mühlenbauer, war der Grund, warum man ihn vor dem Krieg immer wieder zum Vorstand des Dorfes gewählt hatte. Als ich ihn im *kafenion* beobachtete, fiel mir auf, daß er zuhörte, während die anderen redeten, und nur hin und wieder ironische Zwischenbemerkungen machte, um zu zeigen, daß ihn die Dummheit des Sprechers amüsierte. Nachdem alle geredet hatten, sprach er und verblüffte die Gruppe mit einem verbalen *coup d'esprit*. Viele seiner Dorfkumpel waren jedoch so schwachköpfig, daß sie nicht merkten, daß er sie verspottete, und es verdarb ihm die Freude, wenn niemand da war, der seine Klugheit zu schätzen wußte. Diese Funktion hatte ich nun wahrzunehmen.

Politik, die Jagd, Grenzstreitigkeiten, Fehden, Sport und natürlich Sex – das waren die traditionellen Gesprächsthemen. Am ersten Nachmittag meines Besuchs ging es darum, wie man Erfolg bei Frauen erzielte. Mehrere Zuhörer zogen ihre Holzstühle mit den Binsensitzen an unseren Tisch, um ihre Meinungen zum besten zu geben, während mein Großvater mit amüsiert geringschätziger Miene zuhörte.

«Geld brauchst du!» behauptete ein Kesselflicker in den vierziger Jahren, dessen Gesicht und Hände mit Narben von herumfliegenden Lötmetallteilchen bedeckt waren. «Wenn du für eine Frau genug Geld aufwendest, gibt sie garantiert nach. Ich denk da an diese Frau in Larissa –»

«Nicht die guten Frauen – die lassen sich nicht kaufen!» warf ein Böttcher ein. «Aber jede Frau ist mit Komplimenten zu gewinnen. Sag ihr, wie schön sie ist, wenn sie nicht so gut aussieht, oder wie intelligent sie ist, wenn sie schön ist. Sag ihr, daß sie sich wie der Sommerwind durch die Weizenfelder bewegt ... Frauen glauben alles! Hübsche Worte, meine Freunde, nicht Drachmen, stürmen die Barrikaden der Keuschheit einer Frau!»

«Alle Frauen sind nicht so eitel und dumm!» entgegnete ein anderer. «Das ganze Geheimnis liegt darin, hartnäckig zu sein und ihnen das Gefühl zu geben, gebraucht zu werden. Wenn eine Frau glaubt, daß du sie brauchst, daß du ohne sie stirbst, und dich immer wieder in den Kampf stürzt, auch wenn sie zuerst nein sagt – am Ende sagt sie doch ja!»

So ging es weiter. Jeder gab seine eigene Theorie zum besten. Als alle fertig waren, lehnte sich mein Großvater zurück, blickte einen nach dem anderen finster an und verkündete: «Ihr habt alle unrecht! Kein Wunder, daß keiner von euch nicht mal eine Zwanzig-Drachmen-Nutte in einer Bar von Piräus verführen kann!»

«Dann sag uns, *Barba* Kitso», riefen sie im Chor. «Was ist das wahre Geheimnis?»

Sie waren gespannt, denn jeder im Dorf wußte, daß mein Großvater bis in seine Siebziger oder noch länger ein Frauenheld gewesen war, und doch war er – im Gegensatz zu anderen Männern – nie von einem empörten Ehemann oder Vater erwischt worden. Die Gerüchte umgaben ihn wie eine verführerische Aura, aber die Frauen des Dorfes bewahrten ihre Geheimnisse und mein Großvater auch. (Mehr als einmal hatte ihn jedoch meine Großmutter aufgrund von Gerüchten, die ihr zu Ohren gekommen waren, mit einem Schürhaken verfolgt.)

«Das einzige Talent, das man braucht, um bei Frauen Erfolg zu haben, egal, ob sie jung oder alt, häßlich oder schön sind», verkündete mein Großvater, während wir näher rückten, «ist die Fähigkeit, diejenigen zu erkennen, die es wollen.»

Er lehnte sich zurück und lächelte zufrieden, als die Männer, von der Brillanz dieser Beobachtung verblüfft, sprachlos dasaßen. Das war es also, was meinen Großvater im Lauf der Jahre zu einem solch erfolgreichen Schürzenjäger gemacht hatte – er erkannte diejenige, die es wollte. Die Dorffrauen ernteten ihren Weizen, packten ihn in Säcke auf ein Maultier und brachten ihn zum Mahlen zur Mühle hinunter. Mein Großvater beobachtete sie, wenn sie hereinkamen, und merkte sich, welche Frauen beim gemeinsamen Abladen eine Hand die seine streifen ließen, welche zum Bach hinübergingen und sich kaltes Wasser ins Gesicht spritzten, wobei sie ein bißchen mehr Hals als notwendig enthüllten. «Warum kommst du nicht später zurück?» fragte er dann solch eine Frau. «Ich hab jetzt zuviel zu tun, aber ich mahle deinen Weizen um die Mittagszeit, wenn ich mit dem Rest fertig bin.» Und wenn sie dann in die verlassene Mühle zurückkehrte, mahlte er mehr als ihren Weizen.

Die Dorffrauen in Lia und Baburi hatten Ehemänner, die manchmal ein halbes Jahr oder länger fort waren, deshalb war es kein Wunder, daß viele seiner Kundinnen sich vom muskulösen Körper, den gemeißelten Gesichtszügen und den durchdringenden blauen

Augen meines Großvaters angezogen fühlten. Außerdem hatte er ja die eine wesentliche erfolgbringende Fähigkeit: Er konnte diejenigen erkennen, die es wollten.

Nach unserem triumphalen ersten Nachmittag im *kafenion* kehrten er und ich zum Haidis-Haus zurück und fanden Megali schlafend vor. Ich beschloß, uns beiden ein Feta-Zwiebel-Omelett zu machen, und Großvater sah mir mit Genugtuung beim Kochen zu. «Es tut gut, mit dir zusammenzusein», sagte er. «Die meisten Stammgäste im *kafenion* sind vom Zu-lange-in-der-Sonne-Sitzen trottelig geworden. Heute war es wie in früheren Zeiten, wenn dein Vater auf Besuch war und in seiner feinen amerikanischen Kleidung wie der Pascha von Ioannina über das Kaffeehaus herrschte und alle beim Essen und Trinken freihielt. Natürlich mußten wir uns jeden Tag die gleichen Geschichten anhören, wie er sich einmal in der Woche badete und wie saubere Gewohnheiten und ein geregeltes Leben ihn zu einem Tycoon und Führer der Gemeinde machten. ‹Für ein langes gesundes Leben gibt es zwei Grundregeln›, sagte er immer wie Moses, der die zehn Gebote verkündete. ‹Niemals auf der linken Seite schlafen und jeden Morgen Stuhlgang haben.›»

Großvater lachte sein abgehacktes Raucherlachen. «Ich war immer gern in seiner Gesellschaft, auch wenn er sich von den Einheimischen ausnutzen ließ», erinnerte er sich. «Warum ist er nicht mitgekommen, um wieder den Kapitalisten zu spielen?»

Seine Überheblichkeit ärgerte mich. Wie von meinem Vater angewiesen, wiederholte ich, was er gesagt hatte, schwächte es aber ein bißchen ab, um nicht die volle Wucht seines Zorns zu entfachen. «Er will nicht kommen, *Papu*», sagte ich, «weil er dir nie verziehen hat, daß du *Mana* und uns im Stich gelassen hast, als die Partisanen kamen – du hast dich nicht einmal von uns verabschiedet.»

Die Augenbrauen meines Großvaters zogen sich zusammen, und sein Gesicht verdunkelte sich, so daß ich nervös wurde, aber er fing nicht an zu toben. Ich wußte, daß er daran dachte, wie er am Ende nicht mehr mit meiner Mutter sprach, weil er darauf bestand, daß mein Vater ihm fünfhundert Goldsovereign schuldete. Er hatte uns nämlich übriggebliebenes Mehl gegeben, damit wir während der Hungersnot, die der deutschen Besetzung folgte und als die Postverbindung mit Amerika unterbrochen war, nicht verhungerten. Er und meine Mutter hatten sich bereits entfremdet, als er vor den eindringenden Partisanen aus dem Dorf floh und uns unserem Schicksal überließ.

«Ich hab euch im Krieg ernährt, und ich war der Meinung, daß man mir was schuldete», sagte er schließlich, und ich spürte, daß er es dabei belassen wollte.

«Aber du wußtest doch, daß die Partisanen kamen. Wir saßen in der Falle, als du uns zurückließest!» fuhr ich hartnäckig fort. «Sie haben uns schikaniert und uns aus dem Haus geworfen und schließlich angefangen, die Kinder mitzunehmen, deshalb plante *Mana* unsere Flucht, weil du es nicht getan hast, und dann haben sie sie dafür ermordet.»

«Wer konnte wissen, daß das alles passieren würde?» sagte er. «Wir dachten, die Partisanen würden ein paar Tage bleiben und dann wieder verschwinden. So war es in anderen Dörfern gewesen. Als klar wurde, daß sie sich verschanzten, arbeitete ich einen Plan aus, um mich zurückzuschleichen und euch alle herauszuholen.»

«Und warum hast du's nicht getan?» stieß ich mit aufwallendem Zorn hervor. «Niemand hat uns geholt! Nie!»

«Du irrst dich – ich *bin* gekommen!» gab er zurück. «Ich bin im März 1948 mit den nationalistischen Truppen zurückgekommen, als sie die Murngana angriffen. Wir waren zu mehreren aus Lia und Baburi und hofften, unsere Familien herausholen zu können. Ich kam bis Ajies Pantes, und dann hörte ich die Schüsse und merkte, daß wir es niemals bis Lia hinein schaffen würden. Sie waren uns zahlen- und kampfmäßig überlegen. Drum blieb ich in Ajies Pantes, aber die anderen gingen mit den Soldaten weiter und wurden gefangengenommen, die Dummköpfe!»

«Während du zurückbliebst und deine Haut gerettet hast!» sagte ich bissig.

«Wäre es dir denn lieber, ich wäre wie diese Idioten weitergegangen und gefangengenommen worden?» brüllte er. «Schau, was mit ihnen passiert ist! Spiros Migdalis! Er wurde erwischt. Sie nahmen auch seine Frau fest. Und dann stellten sie sie vor der Kirche auf und erschossen sie vor ihren Kindern. Wäre dir das lieber gewesen? Was hat Migdalis erreicht? Ich wollte euch holen, aber ich bin kein Narr. Ich wußte, wann ich mich zurückzuziehen hatte.»

Ich klatschte sein Omelett wütend auf einen Teller, und wir aßen schweigend. Ich wußte, daß er wie immer recht hatte, aber ein Teil von mir wünschte immer noch, daß wir ihm so viel bedeutet hätten, daß er sein Leben riskiert hätte, auch wenn alles so ausgegangen wäre, wie er sagte. Statt seine Schuld zuzugeben, brüllte und verteidigte er sich, als ich ihn mit meinen Anschuldigungen konfrontierte. Mein Vater hatte genau umgekehrt reagiert: Er hatte die ganze Schuld auf sich genommen. Mein Großvater war vielleicht schlauer, dachte ich, aber es fiel mir schwer, ihn zu mögen.

Die Kühle zwischen uns währte einige Tage, löste sich aber bei unseren täglichen Kaffeehausbesuchen, unseren Triumphen beim Kartenspiel und unserer gemeinsamen Freude an den Bonmots meines Großvaters allmählich auf. Schließlich wurden die Ressentiments von einem argwöhnischen gegenseitigen Respekt abgelöst. Er hatte mich gern um sich, und ich war unwillkürlich stolz darauf, wie jeder zu ihm aufblickte.

Eines Nachmittags, als meine Großeltern schliefen, kletterte ich den Pfad zum Haus von Athena Charamopoulos hinauf, die an allen drei Prozeßtagen anwesend gewesen war. Sie war eine kleine Frau mit intelligenten braunen Augen, die in der Nähe der Kirche St. Demetrios wohnte und zu den Freundinnen meiner Mutter gehört hatte.

«Nein, deine Mutter sah nicht aus, als ob sie geschlagen worden wäre, als sie zur Gerichtsverhandlung kam», sagte Athena auf meine Frage. «Man hat sie erst später geschlagen. Vor dem Gericht sah sie nur traurig und resigniert aus. Sie glaubte von Anfang an, daß man sie umbringen würde. Das hat sie mir in der Zeit zwischen ihrer ersten Festnahme und bevor man sie erneut einsperrte gesagt.»

Ich fragte sie, wer von den Dorfbewohnern gegen meine Mutter ausgesagt habe. Einundzwanzig Zeugen waren aufgerufen worden, um in der Öffentlichkeit die Aussage zu wiederholen, die sie insgeheim gegen die sieben Angeklagten aus dem Dorf gemacht hatten. «Die meisten Zeugen, die gegen deine Mutter aussagten, brachten nicht viel Belastendes vor», sagte Athena. «Sie berichteten, daß Eleni ihre Töchter Kopftücher tragen ließ, um ihre Gesichter vor den Partisanen zu verbergen, und daß sie Wertsachen versteckt habe. Aber die eine, die ihr wirklich geschadet hat, war Milia Drouboyiannis, deren Mutter und Schwestern bei den ersten beiden Fluchtversuchen dabei waren, und die beschrieb sie im einzelnen – wie die Gruppe einmal wegen eines schreienden Babys und dann ein zweites

Mal wegen dicken Nebels umkehren mußte. Sie sagte aus, um ihre Mutter zu retten, die ebenfalls vor Gericht stand, aber sie hätte nicht zu sagen brauchen, daß deine Mutter alles organisierte. Sie hätte jemanden von den Leuten die Schuld geben können, denen die Flucht gelungen war. Milia trug bei Gericht ihre Partisanenuniform, sie stieß mit dem Gewehr auf den Boden und schrie: ‹Ich schwöre bei dem Gewehr, das ich halte –›»

«Wo ist Milia jetzt?» unterbrach ich sie.

Athena schüttelte den Kopf. «Sie ist in der Tschechoslowakei, glaube ich, wo viele des kommunistischen harten Kerns landeten.»

«Hat sich denn niemand für meine Mutter eingesetzt?» fragte ich.

«Die einzigen, die es wagten, waren die alten Leute», erwiderte sie. «Der alte Grigorios Tsavos sagte: ‹Ich habe Eleni ihr ganzes Leben lang gekannt, und ich weiß, daß sie keinem im Dorf jemals etwas zuleide getan hat. Im Gegenteil, sie teilte immer alles, was sie hatte.› Aber der Richter schnitt ihm das Wort ab. Dann stand Kosta Poulos auf, und sie glaubten, weil Poulos Kommunist war und sein Sohn im Kampf gefallen war, würde er gegen sie aussagen, aber Poulos sagte das gleiche. Der Richter wurde wütend und sagte schließlich, nur diejenigen, die Belastendes vorbringen könnten, sollten reden, und so hat sich keiner mehr gemeldet.»

«Welcher Richter? Wie viele waren es?» fragte ich.

«Es gab drei, glaube ich. Der Hauptrichter, der mit der tiefen Stimme, der die Leitung hatte, wurde Katis genannt», sagte Athena.

«Aber ‹Katis› bedeutet auf albanisch einfach nur ‹Richter›», sagte ich. «Das ist kein richtiger Name.»

«Ich weiß», antwortete sie. «Sie hatten alle falsche Namen, um ihre wahre Identität zu verbergen. Selbst der Kommandeur der Partisanenarmee – der, der sein Hauptquartier in Baburi hatte und allen Richtern sagte, was sie zu tun hätten. Wir nannten ihn alle Pavlos Arvanitis, aber später, als die Partisanen sich hinter den Eisernen Vorhang zurückzogen, wurde dieser Mann der Führer der ganzen griechischen kommunistischen Partei im Exil. Das ist er heute noch. Es stellte sich heraus, daß sein richtiger Name Kostas Kolyiannis war.»

«Aber die anderen – die Richter, die Gefängniswärter, diejenigen, die sie geschlagen haben – wie kann ich sie finden, wenn ich ihre richtigen Namen nicht kenne?»

«Die müssen doch irgendwo in den Akten der Armee stehen», meinte Athena. «Das könntest du wahrscheinlich in Athen erfahren.» In den folgenden Tagen sprach ich noch mit einigen anderen Frauen, die auch beim Prozeß dabeigewesen waren, und stellte ihnen die gleichen Fragen: Wer waren die Gefängniswärter, wer waren die Offiziere, wer waren die Anführer? Aber sie konnten mir nur Spitznamen wie «der Schlächter» nennen und die Leute beschreiben. Einige erinnerten sich jedoch noch gut an die Zeugenaussagen, und ich hortete jedes bißchen Information wie ein Teil eines Mosaiks, damit ich eines Tages alle Teile auslegen und das Muster der letzten Lebensmonate meiner Mutter zusammenfügen könnte.

Eines Nachmittags ging ich zum Haus von Vasiliki Petsis, der alten Frau, die die Ereignisse des Tages, an dem die Partisanen meine Mutter aus dem Gefängnis geholt hatten, um Olgas Aussteuer auszugraben, zu beschreiben begonnen hatte. Sie hantierte herum, um mir Kaffee zu machen, und plauderte über meine Schwestern, und dann nahm die schwarzgekleidete Frau mit dem arglosen Gesicht die Geschichte wieder auf.

«Bei der Verhandlung sah sie wie immer aus – ruhig, ihrem Schicksal ergeben, würdevoll, das Haar von einem Kopftuch bedeckt», sagte sie. «Dann, einige Zeit danach, sah ich von meinem Haus aus eine Prozession: drei Partisanen, die vor einem Maulesel gingen, einer mit einer Schaufel, ein anderer mit einer Spitzhacke, dann der Maulesel, auf dem eine Frau zusammengesunken und gegen den Rücken des Holzsattels gelehnt saß, das Kinn auf der Brust. Hinter ihr gingen zwei Packpferde und eine Menge Partisanen. Alle Nachbarn versteckten sich hinter ihren Vorhängen und spähten hervor, aber ich war schon immer viel zu neugierig und bin aus dem Garten und hinüber zum Haidis-Tor gegangen, wo sie stehenblieben. Ich hörte sie sagen: ‹Dort ist es, unter dem Beet mit den trockenen Bohnen›, aber sie sprach mit unnatürlicher Stimme, als ob ihr das Reden Schmerzen bereitete. Und sie ließen sie stehen und fingen an zu graben –*rums, rums, rums* – mit ihren Spitzhacken. Ich bin nah herangegangen und habe zu Eleni gesagt: ‹Eleni, mein Kind. Bist du’s?› Und langsam, langsam hob sie ihren Kopf und blickte mir in die Augen und sagte etwas – ich konnte es kaum verstehen. ‹Geh!› sagte sie. ‹Sonst machen sie mit dir dasselbe...› Ihre Lippen waren aufgesprungen, und ihre Haare waren unbedeckt und ganz wirr.

Ihre Beine und Füße waren nackt und schrecklich geschwollen – ganz schwarz von den Schlägen –»

Ich war auf die Beine gesprungen. Ich konnte kein Wort mehr hören. «Genug – das reicht!» stieß ich hervor und erschreckte die alte Frau, die gerade erst richtig in Schwung gekommen und offensichtlich stolz darauf war, als einzige tapfer genug gewesen zu sein, um mit meiner Mutter zu sprechen.

«Aber willst du denn den Rest nicht hören?» fragte sie.

«Nicht jetzt, ein anderes Mal», murmelte ich und ging zur Tür. «Danke für den Kaffee, aber ich muß zurückgehen. Sie werden mich suchen.»

Ich verließ das Petsis-Haus viel entmutigter, als ich Athena Charamopoulos verlassen hatte. Die Namen der Gefängniswärter und Richter meiner Mutter waren mir bis jetzt entgangen, aber ich hoffte, sie in Athen ausfindig zu machen. Das Übelkeit erregende Entsetzen, das mich gepackt hatte, als ich hörte, wie Frau Petsis den bedauernswerten Zustand meiner Mutter so zungenfertig beschrieb, war jedoch mehr, als ich ertragen konnte. Ich war ihr ins Wort gefallen, weil ich es nicht aushalten konnte, mehr zu erfahren. Was sie bereits gesagt hatte, würde mich noch jahrelang verfolgen, und mir wurde klar, daß ich noch nicht stark genug war, mehr über die Leiden meiner Mutter zu hören. Mir die Hinrichtung, die tödlichen Schüsse, die ihrem Leben im Bruchteil einer Sekunde ein Ende setzten, vorzustellen, konnte ich ertragen, aber mir ihre Qualen und ihre Einsamkeit – getrennt von allen, die sie liebte, ohne Hoffnung auf Rettung – vorzustellen, war immer noch zu schmerzvoll.

Als der Juli sich dem Ende neigte, wußte ich, daß es Zeit war, nach Athen zu fahren. Bevor ich jedoch nach Amerika zurückflog, wollte ich zum Todestag meiner Mutter noch einmal ins Dorf zurückkehren. Ich sagte also meinen Großeltern, daß ich in Athen zu tun und noch einige Leute aufzusuchen hätte, daß ich aber zurückkäme. Ich verteilte auch den größten Teil meiner Kleidung an verschiedene Verwandte, um mein Gepäck zu erleichtern, aber auch, weil ich entdeckt hatte, wieviel ihnen, die das ganze Jahr über dieselben Sachen trugen, auch der kleinste Besitz bedeutete. Selbst die Taschentücher und Seifenstückchen, die ich dabeihatte, waren für die alten Frauen im Dorf Luxusgegenstände.

Ich mußte nach Athen fahren, um herauszufinden, wer die militärischen Führer der Kommunisten in unseren Bergen gewesen waren, andererseits mußte ich auch unbedingt für eine Weile in die Zivilisation zurückkehren.

Auf dem College hatte ich über Rousseaus romantische Vorstellungen vom edlen Wilden gelesen, aber in Lia war ich ins Mittelalter zurückgekehrt und hatte entdeckt, daß die Landschaft zwar herrlich, das Dorfleben aber rauh, brutal und schmutzig war. Bis auf ein gelegentliches Übergießen mit Wasser gab es keine Möglichkeit, sich sauber zu halten, denn es gab kein fließendes Wasser, nur ferne eisige Quellen. Alle saßen auf dem Fußboden und aßen aus demselben Topf, und unter Aufwaschen verstand man ein flüchtiges Abspülen des Geschirrs im Bach. Es gab keine Elektrizität, keine Straßenlampen oder Glühbirnen. Die Dunkelheit brach schlagartig herein; außer Schlafen blieb uns wenig zu tun übrig. Das harte Leben in der Isolation machte die Menschen rachsüchtig, mißtrauisch und abergläubisch. Als Kind kannte ich nichts anderes und bemerkte deshalb die verzweifelt primitiven Bedingungen nicht, aber jetzt sehnte ich mich nach einem Bad, nach sauberer Unterwäsche und einer Mahlzeit an einem Tisch von einem sauberen Teller.

«Ich komm zurück, bevor ich Griechenland verlasse», versprach ich meinem Großvater.

Er schaute mir fest ins Gesicht und fragte: «Du täuschst mich nicht?»

«Nein, ich werde zurückkommen, ich versprech's», sagte ich.

Nitsa spottete. «Kanta hat es auch versprochen, nach ihrer Hochzeit», sagte sie. «Ist *die* vielleicht zurückgekommen? Sind Fotini und Minas zurückgekommen, wie sie es versprochen hatten? Sei kein Dummkopf, *Patera*, das sagt er nur, damit wir kein Theater machen!»

«Halt den Mund», schimpfte mein Großvater. «Wenn Nikola sagt, daß er zurückkommt, dann glaube ich es ihm.»

Ich nahm den täglichen Bus von Lia, während meine Verwandten sich versammelten, um mir zum Abschied zuzuwinken. Nitsa heulte die ohrenbetäubenden *mirolojia* oder Trauergesänge des Dorfes, die von einer Bergspitze zur anderen zu hören waren. Bald war ich wieder im Luxus des Hotels Amalia. Sobald ich gebadet hatte, ging ich ins Archiv der griechischen Streitkräfte in einer Seitenstraße, nicht weit vom Hotel entfernt. Ich sagte dem uniformierten Offizier am Empfang, ich sei Student, sei an einer Forschungsarbeit über die

Geschichte des griechischen Bürgerkriegs und wolle ein paar Informationen über die Führer der kommunistischen Partisanenarmee nachprüfen.

Zuerst schien ihm meine Frechheit die Sprache zu verschlagen, dann fand er seine Stimme wieder und redete mit mir wie mit einem Kind. Er sagte, daß ich ohne Vollmacht des Verteidigungsministeriums keinen Zugang zu den Akten erhalten könne. Ich merkte, daß ich in eine Sackgasse geraten war, und beschloß, einen anderen Weg zu suchen.

Ich setzte mich mit Minas Stratis, einem Mann in den Fünfzigern, in Verbindung, der früher einmal – bevor seine nationalistischen Sympathien in den Anfangsjahren des Bürgerkriegs sein Leben in Gefahr brachten – der geachtete Lehrer von Lia gewesen war. Nachdem er sich vierzig Tage lang im Keller eines Verwandten versteckt hatte, war dem großen, schlaksigen Gelehrten die Flucht gelungen, und er hatte sich in Ioannina niedergelassen, wo er Arbeit als Lehrer gefunden und außerdem während des Krieges für den Geheimdienst des griechischen Militärs – Alpha Dio – gearbeitet hatte.

Minas war ein Cousin zweiten Grades meiner Mutter. Kurz vor der Invasion der Partisanen in Lia, als Mutter nach Filiates gefahren war, um die erforderlichen Papiere für die Auswanderung nach Amerika auszufüllen, war er ihr begegnet und hatte ihr geraten, das Dorf sofort zu verlassen, da es für die *Amerikana* und ihre Kinder gefährlich werden könnte.

Minas war jetzt Mittelschullehrer in Athen, und ich wußte, daß er immer noch gute Kontakte zum Militär hatte. Ich rief ihn an und bat ihn, mich im Zonar zu treffen. Trotz der schrecklichen Hitze kam er in seinem normalen Anzug, mit Hemd und Krawatte, und begrüßte mich, als ob seit unserer letzten Begegnung keine fünfzehn Jahre vergangen wären.

Als ich ihm sagte, daß ich seine Hilfe brauchte, um die Namen der Partisanen in unserem Dorf herauszufinden, weil ich über den Prozeß und die Hinrichtung meiner Mutter schreiben wollte, antwortete er wie ein typischer Lehrer vom ideologischen und historischen Standpunkt aus. «Du solltest dich nicht auf die einzelnen Personen konzentrieren, die für die Verbrechen an deiner Mutter verantwortlich sind», sagte er. «Das lenkt die Leute nur von der Schuld der Parteiführung ab. Diese Prozesse und Hinrichtungen waren politische Scharaden, die in jedem besetzten Dorf stattgefunden haben, um die Zivilbevölkerung in Schrecken zu versetzen und zum Gehorsam zu zwingen, vor allem am Ende, als die Partisanen merkten, daß sie verloren und sich zurückziehen und Zivilisten für ihre zukünftigen Armeen verschleppen mußten. Kommissare wie Koliyiannis trafen lange vor den Prozessen die Entscheidung, bestimmte Zivilisten hinzurichten. Die Schuld an der Ermordung deiner Mutter liegt eindeutig bei den Führern der griechischen kommunistischen Partei. Ihre Richter und Gefängniswärter waren nur Marionetten.»

«Die Führer haben vielleicht die Taktik formuliert – warum aber meine Mutter umbringen?» unterbrach ich ihn. «Ich muß die Namen der Dörfler herausfinden, die sie verraten haben. Wer waren die Wärter, die sie gefoltert haben – das war eine persönliche, keine taktische Entscheidung, oder nicht? Sie zu schlagen, bis sie nicht mehr gehen konnte? Einzelne Personen haben das getan! Ich will ihre Namen wissen! Ich muß die Gesichter der Menschen sehen, die sie gefoltert und erschossen haben! Ich kann mich nicht damit abfinden, die ganze Führerschaft der kommunistischen Partei zu hassen.»

«Die Knochen der meisten von ihnen verrotten seit den letzten Kriegsmonaten auf den Berghängen von Grammos und Witsi», sagte er. «Diejenigen, die überlebt haben, leben jetzt in der ganzen kommunistischen Welt verstreut – von Warschau bis Taschkent, außerhalb deiner Reichweite. Was würden dir ihre Namen denn nützen?»

«Ich möchte alles niederschreiben», erwiderte ich. «Ich möchte alle Einzelheiten für mich und meine Schwestern und unsere Kinder – Elenis Enkelkinder – aufschreiben. Sie sollen wissen, was für eine Frau ihre Großmutter war, wie sie litt und starb und wer verantwortlich dafür war. Für meine Familie und das Andenken meiner Mutter werde ich es tun, aus keinem anderen Grund.»

Am Ende war Minas einverstanden, seine Beziehungen zu nutzen und die Identitäten hinter den Spitznamen, die ich ihm nannte, in Erfahrung zu bringen. Aber ein paar Tage später lud er mich zum Mittagessen in sein Haus ein und teilte mir mit, er habe keinen Erfolg gehabt.

«Es ist nicht die richtige Zeit», sagte er. «Weil wir eine geschäftsführende Regierung haben und die Wahlen vor der Tür stehen, sind alle nervös. Ich habe jemanden im Archiv angerufen, aber unter den Spitznamen ist dort niemand aufgeführt. Alle haben Angst, daß die

Liberalen an Macht gewinnen, und wollen die Vergangenheit nicht aufwühlen. Wenn du mit Beglaubigungsschreiben eines Nachrichtenbüros zurückkommen könntest, würdest du vielleicht etwas erreichen, aber als Student und mit einer Übergangsregierung ... Es tut mir leid, Nick, aber ich kann nicht mehr für dich tun. Mein Rat ist: Laß es ruhen! Diejenigen, die noch am Leben sind, bekommen schon irgendwann, was sie verdienen.»

Auf dem Weg zurück in mein Hotel wurde mir klar, daß Minas zumindest teilweise recht hatte. Ich würde meine Nachforschungen verschieben müssen, bis ich über die entsprechenden beruflichen Erfahrungen und Beglaubigungsschreiben verfügte, um diese Männer aufzuspüren. Ebenso wie ich gefühlsmäßig noch nicht in der Lage war, der ganzen Wahrheit über die Folter und den Tod meiner Mutter ins Gesicht zu sehen, und nicht einmal in den Keller gehen konnte, wo sie gelitten hatte, fehlten mir auch die Kenntnisse und Erfahrungen, um ihre Mörder zu finden. Das beste, was ich im Augenblick tun konnte, war, mein Studium abzuschließen und meine journalistischen Fähigkeiten zu verbessern. Später könnte ich wiederkommen und ihre Geschichte bis zum Ende verfolgen.

Mitte August kehrte ich ins Dorf zurück. In Filiates unterbrach ich meine Reise und füllte meinen fast leeren Koffer noch einmal mit Gebäck und Süßigkeiten. Als das Taxi mich am Haus meines Großvaters ablieferte, trat er, vor Freude rot werdend, in den Hof, sagte aber nur: «Du bist zurückgekommen.»

Unser angenehmer Tagesablauf, der aus Essen, Trinken und Im-Kaffeehaus-Herumlungern bestand, setzte sich fort, während die Dorfbewohner Trauben, Feigen, Tomaten, Mais und Walnüsse zu ernten begannen – ein Füllhorn voller Köstlichkeiten, die es leicht machten, die zweiwöchige Fastenzeit, die dem Festtag der heiligen Jungfrau am 15. August vorausging, einzuhalten. Aber während ich herumalberte, spielte und aß, war mir gleichzeitig bewußt, daß meine Mutter in dieser Fastenzeit – fünfzehn Jahre zuvor – erneut festgenommen worden war, die letzten tragischen Ereignisse ihres Lebens sich abzuspulen begannen und in einer Gewehrsalve gipfelten.

Meine Schwestern hatten mir geraten, am Todestag unserer Mutter keine vollständige Gedenkfeier zu veranstalten, denn das hätte wochenlanges Kochen und ein kompliziertes Zeremoniell erforderlich gemacht, was, ihrer Meinung nach, außerhalb meiner Möglichkeiten lag. Nur sie, die in der Dorftradition zu Hause waren, konnten alle Rituale einhalten, ohne Gefahr zu laufen, den Ruf unserer Familie aufs Spiel zu setzen. So ging ich am 28. August, dem Tag ihrer Ermordung, nur in Begleitung des graubärtigen Dorfpriesters, Vater Nicholas, eines Meßdieners, meiner Tante und meines Onkels, meines Großvaters und meiner Großmutter und Onkel Fotos zur St.-Demetrios-Kirche hinauf. Wir betraten das Beinhaus und standen vor dem kleinen Kasten, der die Knochen meiner Mutter und *Barba* Fotos Frau Alexo enthielt, während der Priester das Weihrauchfaß schwenkte und das *trisajion*, die Dreiheiligkeitshymne für die Toten, sang und der duftende Rauch himmelwärts schwebte.

Wir waren alle still in unserer Erinnerung. Nur meine Großmutter schluchzte leise. Ich versuchte, die Gegenwart meiner Mutter zu spüren – wußte sie, daß ich trotz ihres Befehls zurückgekommen war, und verstand sie, warum ich es tun mußte? Aber nichts gab mir das Gefühl, daß ihr Geist in der Nähe war.

Seit meiner Rückkehr ins Dorf war mir meine Mutter mehrmals im Traum erschienen. Meine Schwestern träumten oft von ihr, aber es waren immer Botschaften aus dem Reich der Toten. In meinen Träumen jedoch war sie immer lebendig, ging im Haus umher oder die Dorfwege entlang und erledigte die Arbeiten, die ihre Tage ausfüllten, während ich an ihrer Seite war.

Als wir zum Haidis-Haus zurückkehrten, legten sich meine Tante und meine Großmutter zur Mittagsruhe hin. Mein Großvater ging auf die Veranda, um zu rauchen, und ich folgte ihm. Ich spürte, daß er immer noch an meine Mutter dachte. Sie war sein Lieblingskind gewesen, weil Eleni die einzige in der Familie war, die ihm an Intelligenz in nichts nachstand. Aber ihre Beziehung war nicht von Bestand gewesen.

«Du bist zurückgekommen, und ich bin dankbar, Nikola», sagte er jetzt, und ich sah, daß ihm jedes Wort schwerfiel. «Ich hatte mir immer einen Sohn erhofft, der den Namen Haidis tragen würde, aber es sollte nicht sein. Gott hat mir nur Töchter geschickt, die meisten tot, kaum daß sie geboren waren. Weil Nitsa unfruchtbar ist, bist du der einzige männliche Nachkomme, in dem mein Blut fließt.»

Wieder einmal fragte ich mich, wieviel ich durch das Blut meines Großvaters von seiner Natur geerbt hatte.

«Ich möchte dir etwas erzählen, das ich noch nie jemandem erzählt habe», fuhr er fort. Er sah mich nicht an, sondern lehnte sich an das Geländer des Hauses, das er mit eigenen Händen wiederaufgebaut hatte, nachdem es von den Deutschen niedergebrannt worden war. Er blickte hinunter zu den Wolken, die wie Schafe über die Ausläufer des Gebirges unter uns dahintrieben. «Ich habe einmal einen Mann getötet», sagte er tonlos. «Einen Türken. Es war 1916, und ich betrieb eine Mühle vor Jeromeri, die ich für den Sommer gepachtet hatte. Wir waren damals Sklaven der Türken, und dieser Räuber kam immer wieder vorbei und behauptete, ich hätte ihm einen Teil meiner Einnahmen zu zahlen, sonst könnte meine Mühle abbrennen. Es war damals allgemein üblich, daß von wohlhabenden Griechen Schutzgeld gefordert wurde. Nun, eines Tages, nachdem ich mich einverstanden erklärt hatte, ihm seinen Zehnten zu bezahlen, bot ich ihm *tsipuro* an, und als er schön betrunken war, nahm ich eine Axt von der Wand hinter ihm und spaltete ihm den Schädel. Ich begrub ihn unter den Steinen, die den Mühlbach einfaßten. Während ich das Loch aushub, leitete ich das Wasser in einen Graben um. Dann legte ich die Steine wieder an ihren Platz. Die Knochen sind immer noch dort, unter dem Mühlbach in Jeromeri, und werden dort bis zur Wiederkunft Christi bleiben.

Ich war erleichtert, daß ich meine Probleme so einfach gelöst hatte», fuhr er fort. «Niemand hat mich jemals mit dem Verschwinden des Türken in Verbindung gebracht. Aber deine Mutter – sie war damals neun – hatte mich besucht und schlief im Speicher der Mühle, als ich den Hund tötete – das glaubte ich jedenfalls. Sie hat alles gesehen. Es war deutlich, so wie sie mich anschließend ansah. Sie hat nie einem Menschen ein Wort davon erzählt, nicht einmal ihrer Mutter, aber jedesmal, wenn ich sie ansah, traf mich ihr vorwurfsvoller Blick.»

Er sagte nichts weiter, und gemeinsam blickten wir nach Süden auf die grauen Riesenbuckel des Gebirges in der Ferne – bis zu unserer Fluchtnacht die Grenze meiner Welt.

Mein Großvater erwähnte den Mann, den er getötet hatte, nie wieder, aber er war der Schlüssel zur heiklen Beziehung zu meiner Mutter. Sie hatte von seinem Verbrechen gewußt und ihn ständig mit der Angst in ihren Augen daran erinnert. Ich wußte, daß er trotz seines Zynismus wie alle Griechen glaubte, daß die Sünden der Väter an den Kindern gerächt werden. Meine Mutter war unter Gewaltanwendung gestorben, und er war zweifellos der Meinung, daß dies die Strafe für das Blut war, das an seinen eigenen Händen klebte. Gott hatte ihm zur Strafe für sein geheimes Verbrechen sein liebstes Kind genommen.

Schließlich begriff ich, daß die Beichte meines Großvaters ein Freundschaftsangebot und ein Versuch waren, meine Absolution für das, was er getan hatte, zu erhalten. Er fühlte sich verantwortlich für den Tod meiner Mutter, und nicht nur, weil er uns im Dorf zurückgelassen hatte. Aber das alles sagte er nicht am Jahrestag ihrer Hinrichtung. Er sagte nur noch mit resignierter Ironie: «Du hast deine Mutter verloren, aber ich habe meine Eleni verloren, und Gott hat mir dafür Nitsa gelassen.»

In diesem Augenblick fühlte ich mich meinem Großvater näher als jemals zuvor oder danach. Mit seiner Beichte schien er mich um meine Liebe und Vergebung zu bitten. Ich hatte nun eine viel höhere Meinung von ihm als bei meiner Ankunft in Griechenland. Aber kurz bevor ich mich für immer verabschiedete, demonstrierte er noch einmal, warum ich ihn als Kind so gefürchtet hatte.

Wenige Tage nach dem Gedenkgottesdienst kam ein Verwandter aus dem entfernten Dorf Wrisela, um meinen Großvater zu besuchen. Als Nitsa Kaffee und Wasser brachte, fragte er:

«Wo ist das Gebäck, das Nick mitgebracht hat? Gib uns davon.»

«Das ist alles weg – die Dörfler haben alles aufgegessen», erwiderte Nitsa.

«Die Dörfler! *Du* hast alles aufgefressen, du gieriges Biest!» tobte er und sprang auf die Füße. «Nichts ist hier sicher, solange ihr – du und dein nutzloser Mann – uns wie die Vampire das Blut aus den Adern saugt! Seit fünfzig Jahren hockst du an meinem Tisch – jetzt reicht es mir!»

Damit begann er, Sachen herumzuwerfen, gegen die Möbel zu treten, Geschirr an die Wand zu schmeißen und Nitsa mit Flüchen zu überschütten, während die Adern an seinem Hals und auf der Stirn zu alarmierender Dicke anschwollen. Der Besucher und ich versuchten, ihn zu beruhigen, während Nitsa und Andreas sich eilig in Sicherheit brachten. Meine Großmutter brach in Tränen aus.

«Beruhige dich doch!» brüllte ich. «Hör auf! Das ist ja verrückt!» Aber es war, als ob er mich nicht hören könnte. Sein Temperament hatte sich seiner bemächtigt, und er konnte nicht aufhören. Immer noch fluchte er, so laut er konnte, und schlug alles kurz und klein. Als der Gast schließlich das Haus mit unwürdiger Eile verlassen hatte, brüllte ich meinem Großvater zu: «Wenn du mit dieser Toberei nicht aufhörst, packe ich meine Sachen und gehe.» Aber er hörte nicht auf, sondern starrte mich an, als ob er mich am liebsten genauso treten würde wie die Möbel. Ich warf meine paar Sachen in den Koffer und ging.

Draußen vor der Tür fand ich Nitsa und Andreas, die sich im Hof versteckt hielten. «Komm, schlaf in unserem Haus!» wisperte Nitsa. «Du weißt, daß es nicht sicher ist, wenn er so wird.»

«Nein, das sähe so aus, als ob ich Partei ergriffe», antwortete ich. «Ich werde bei *Barba* Foto schlafen.»

Auf dem Weg die Straße hinunter konnte ich meinen Großvater immer noch brüllen und toben und meine Großmutter jammern und ihn verhöhnen hören: «So ist es richtig! Zerschlag nur alles, was wir besitzen! Du hast es sogar geschafft, Nikola aus dem Haus zu treiben – sehen wir doch mal, was du sonst noch alles ruinieren kannst!»

Am folgenden Tag fand mich meine Großmutter bei Foto und überredete mich, zurückzukommen. Der Zorn meines Großvaters sei verraucht, und er sei verschwunden, wie so oft nach diesen Wutanfällen, wahrscheinlich, um in seiner verlassenen Mühle zu schlafen, bis er sich wieder in der Hand hatte.

Für die restlichen Tage meines Aufenthalts ging wir höflich-kühl miteinander um, aber als ich das Dorf verließ, verstand ich besser denn je, warum meine Mutter so gern geheiratet und sein Haus verlassen hatte. Jeder Mann, den ihr Vater als Ehemann für sie wählte, war, verglichen mit ihrem Vater und seinen Launen, auf jeden Fall eine Verbesserung. Sie hatte Glück gehabt, daß sich Christos Gatzoyiannis, trotz seiner Fehler, als liebender und großzügiger Mann erwies, der oft die falschen Entscheidungen traf, aber bereit war, seine Fehler einzugestehen und nicht nachtragend war.

Als die Zeit meiner endgültigen Abreise gekommen war, jammerte Tante Nitsa so laut wie eh und je, aber ich spürte mehr Gefühl im stillen Lebewohl von Andreas und in den Abschiedsworten meines Großvaters. «Ich hoffe, daß du uns in freundlicher Erinnerung behältst und zurückkehrst, bevor ich sterbe», sagte er. «Es wird nichts mehr so sein, wie es war, wenn du fort bist.»

Meine Großmutter schimpfte laut: «Ich wünschte, er wäre nie zurückgekommen! Ich hatte mich an das Leben ohne ihn gewöhnt, und jetzt muß ich wieder von vorn anfangen!»

16 Brautschau

An der Columbia University brachten uns bewährte Journalisten, richtige «alte Hasen», die das Seminar in eine Art Grundausbildungslager der Marineinfanterie verwandelten, uns herunterputzten, demütigten und uns Nervenzusammenbrüche voraussagten, während wir verzweifelt gegen die Abgabefristen anschrieben, bei, wie man in New York City Bericht erstattet. Zu meinen Kommilitonen gehörten auch Frauen aus der ganzen Welt, darunter eine blauäugige Brünette aus Minnesota namens Joan Paulson.

Am Freitag, dem 22. November 1963, hatten wir beide Pläne, mit anderen auszugehen, aber als die Nachricht, daß Präsident Kennedy erschossen worden sei, sich wie ein Lauffeuer im Campus verbreitete, versammelten sich die Journalismus-Studenten instinktiv im Nachrichtenraum. Den ganzen Nachmittag standen wir um die ratternden Ticker herum, während fragmentarische Bulletins hereinkamen. Als alles vorbei war und Kennedys Tod offiziell bekanntgegeben wurde, waren wir so verzagt, daß keiner wußte, was er tun oder wohin er gehen sollte. Am Ende gingen ein paar von uns ins nahe gelegene Kino am Broadway – meine übliche Zufluchtsstätte, wenn ich mit dem Leben nicht zurechtkam –, und ich saß plötzlich neben Joan.

Danach begannen wir, regelmäßig miteinander auszugehen, obwohl ich mich auch noch mit anderen Frauen traf, darunter auch einigen, die ich von der Boston University her kannte. Es gab viele schöne und exotische Frauen an der Columbia, Studentinnen aus vielen Ländern, und ich hatte eigentlich nicht die Absicht, mit einer Amerikanerin aus Minnesota, Abkömmling von sechs Generationen presbyterianischer Pfarrer, eine engere Beziehung einzugehen.

Nichtsdestoweniger faszinierten mich Joans Aufrichtigkeit und absolute Arglosigkeit – Charaktereigenschaften, die man unter Griechen beiderlei Geschlechts nur selten antrifft. Aber ich zog sehr scharfe Grenzen zwischen den Frauen, in deren Gesellschaft ich mich bewegte: Da waren zum einen die Griechinnen, unter denen ich mir irgendwann einmal eine Ehefrau auswählen würde, und zum anderen Nicht-Griechinnen, mit denen ich allein zum Zweck, meinen Spaß zu haben, ausging. Mit Joan war es etwas schwierig, weil sie längst nicht so frei wie die anderen Frauen war, die ich kannte, und ich beschloß, daß es keinen Sinn hatte, meine Zeit mit einer nichtgriechischen Unschuld zu vergeuden.

Am Ende unseres Studienjahrs fuhr mein Vater von Worcester nach New York City, um der Abschlußfeier beizuwohnen. Es war ein warmer, sonniger Tag, und wir Graduierten waren voller Optimismus, was die Karriere betraf, die vor uns lag. Wir hatten über Morde in Brooklyn, Krawalle in Harlem, Prozesse in Nachtgerichten, Korruption in Albany berichtet. Wir hatten Malcolm X und Henry Kissinger, drogenabhängige Teenager und Madame Nhu interviewt. Wir hatten Artikel über die Leichenschauhäuser, Theater, Krankenhäuser und Prominenten von New York geschrieben. «If we could make it there, we could make it anywhere», sagten wir uns – wenn wir es hier geschafft hatten, dann würden wir es überall schaffen!

Vor der Feier bat ich Joan, mich und meinen Vater unter der Bronzestatue von Thomas Jefferson aufzunehmen – ein Schnappschuß, der zu einem meiner Lieblingsfotos wurde, weil es die Bindung zwischen Vater und Sohn so deutlich zeigt. Mein Vater steht aufrecht wie ein Soldat, zu seiner vollen Höhe von einsfünfundsechzig aufgerichtet, strahlend hinter seiner Metallbrille, die Schuhe zu blendendem Glanz poliert, die AHEPA-Krawattennadel an seinem schmalen blauen Schlips glänzend – ein Bild väterlichen Stolzes. Ich in meiner schwarzen Robe lehne mich zum Spaß mit beiden Armen auf seine Schultern – eine legere Pose, die auf das ständige gegenseitige Necken schließen läßt. Aus dem Foto geht deutlich hervor, daß mein Vater auf meinen akademischen Grad zwar außerordentlich stolz war, sich aber ganz und gar nicht von meiner Schulbildung einschüchtern ließ und seinen Sohn durchaus über jeden Aspekt des Lebens mit Ratschlägen bedachte, was in der Tat gleich nach den Feierlichkeiten geschah.

«Dieses Mädchen – Jones –, dem du mich da vorgestellt hast», sagte er (den Namen Joan meisterte er nie), «das ist ein sehr nettes Mädchen, sehr bescheiden und anständig. Trägt auch kein Make-up wie die meisten anderen Mädchen heutzutage.» Das stimmte zwar nicht, kam meinem Vater aber so vor. «Schade, daß sie keine Griechin ist!» fuhr er fort. «Wenn du ein griechisches Mädchen findest, das so ähnlich ist, solltest du es heiraten!»

Nach der Abschlußfeier fuhr mein Vater nach Worcester zurück, und ich begann mit der Jagd nach einer Stelle, die das Sprungbrett meiner brillanten Karriere werden sollte. Während des Studienjahrs hatten uns unsere Professoren bereits den Rat gegeben, den Gedanken, in New York City Arbeit zu finden, aufzugeben; es herrsche Einstellungsstop. «Geht zu einer guten Zeitung in einer Kleinstadt, verschafft euch solide Berufserfahrung, dann habt ihr Chancen in New York.» Wir hatten es so oft gehört, daß wir es im Schlaf aufsagen konnten, aber wir glaubten es nicht. Wir waren die *crème de la crème* des Journalismus, wie uns von denselben Professoren auch immer wieder eingetrichtert worden war. Columbia nahm nur die oberen zehn Prozent der Bewerber auf und machte Starreporter daraus.

Joan bereitete sich gehorsam darauf vor, nach Hause zurückzukehren und sich dort einen Job zu suchen, aber aus irgendeinem Grund – den ich nicht zu genau hinterfragen wollte – störte mich der Gedanke, sie nie wiederzusehen. An einem sonnigen Frühlingstag, wenige Wochen vor der Abschlußfeier, unternahmen wir eine romantische Bootsfahrt um die Insel Manhattan herum, und ich sagte zu ihr: «Wie kannst du New York verlassen? Gib dir zwei Wochen – und ich tu das gleiche. Du könntest dir mit ein paar Kolleginnen eine Wohnung nehmen. Vielleicht finden wir beide Jobs, und dann könnten wir uns weiter treffen.»

Sie war einverstanden, es zwei Wochen lang zu versuchen, aber nicht länger, und innerhalb dieser Frist fand sie tatsächlich eine Stelle. Für einen Seifen-und-Zahnpasta-Konzern in einem Wolkenkratzer auf der Park Avenue sollte sie die Firmenzeitung machen. Sie würde 75 Dollar die Woche verdienen und mit drei ehemaligen Kommilitoninnen eine Wohnung teilen.

Mit meinem brandneuen Magistergrad bewaffnet, machte ich die Runde durch alle Zeitungen und Nachrichtenbüros und suchte vor allem diejenigen auf, die mich bei der Hearst-Preis-Verleihung kennengelernt und mir Arbeit angeboten hatten. Aber jetzt gab es einfach keine Stellen, und ich bekam nichts als entschuldigend vorgebrachte Ablehnungen. Mein Vermögen war auf 14 Dollar geschmolzen, als ich schließlich als Urlaubsvertretung eines Autors bei einer kleinen Firma eingestellt wurde, die Leitartikel schrieb, die für zahlende Kunden Schleichwerbung enthielten. Diese Werbetexte wurden landesweit kostenlos an Zeitungen geschickt, wo sie von Kleinstadtredakteuren oft als Füllsel benutzt wurden. Man sagte mir beispielsweise, ich solle über das aufregende Leben von Fernfahrern schreiben, um das Image der amerikanischen LKW-Transportvereinigung aufzuwerten. Eine andere Story beschrieb, wie die Franzosen Schweine einsetzten, um die kostbaren Trüffel zu finden, wobei für die französische Trüffelindustrie geworben wurde. Dafür, daß ich solche Schleichwerbung so interessant machte, daß sie als Titelgeschichte gedruckt werden konnte, sollte ich während des einen Monats, in dem der Autor auf Urlaub war, ein wöchentliches Gehalt von 75 Dollar erhalten.

Das war eindeutig nicht die Karriere, von der ich geträumt hatte, nämlich auf den Seiten der *New York Times* Verbrechen und Korruption aufzudecken. Es war die niedrigste Form von Journalismus, die ich mir vorstellen konnte, außer vielleicht das Verfassen von finsteren Storys für die Regenbogenpresse. Nachts auf meiner Liege dachte ich entsetzt daran, wo ich nach dem ruhmreichen Hearst-Preis und dem Besuch im Weißen Haus gelandet war. Aber ich tröstete mich – zumindest konnte ich mich für einen weiteren Monat ernähren.

Mitten im heißen, drückenden New Yorker Sommer nahm ich den Bus nach Worcester zurück, um am *glendi* der Lioten, dem ganztägigen Picknick teilzunehmen, das jedes Jahr von den Einwanderern unseres Dorfes in einem Waldgebiet bei einem See in Marlboro veranstaltet wurde. Meine Schwäger begannen schon am Abend davor, die Lammstückchen für das Schaschlik zu marinieren. Es gab eine griechische Kapelle, eine Lotterie, bei der man als ersten Preis Flugtickets nach Griechenland gewinnen konnte, und eine Menge zu essen und zu trinken und Tanz und Gesang. Dieses jährliche Picknick war ein Ereignis, das sich keiner in meiner Familie entgehen ließ, weil mein Vater Patriarch der vielen Lioten war, die jetzt in Worcester lebten – der verehrte erste Einwanderer oder *protoporos*, dessen Bemühungen alle anderen herübergebracht hatten.

Wie immer wurde Vater bei diesem Ereignis wie ein König behandelt. In seinem leichten Leinenanzug und neuen Strohhut eine blendende Erscheinung, wurde er an den Ehrenplatz gesetzt, während ihm Säuglinge und Kinder vorgestellt wurden und ihn dankbare Verwandte begrüßten. Viele küßten seine Hand und redeten ihn mit *Papu* an. Als die Musik begann, führte er den ersten Tanz an und bewegte sich wie immer mit vorsichtigen, würdevollen Schritten, während er auf seinem kahlen Schädel ein Glas Wein balancierte. Wenn er zum Tanzen zu müde war, setzte er sich auf seinen provisorischen Thron, um den übrigen Tänzern mit dem zufriedenen Lächeln eines Mannes zuzusehen, der weiß, daß alles, was er überblickt, das Ergebnis seiner eigenen Anstrengungen ist.

In diesem Jahr wollte Vater unbedingt, daß neben ihm ein Stuhl für mich aufgestellt wurde. Ich versuchte, es ihm auszureden, denn ich kam mir wie ein Hochstapler vor. Der Sohn, der im Weißen Haus empfangen worden war, war jetzt ein bettelarmer Lohnschreiber, der sich dubiose Titelgeschichten aus den Fingern saugte, aber mein Vater ließ mich nicht entwischen. «Du mußt hier sitzen und alle begrüßen», sagte er «denn irgendwann bin ich nicht mehr da, und dann mußt du meinen Platz einnehmen.»

Mein Optimismus wuchs jedoch, sobald ich nach New York zurückkehrte. Obwohl der Autor, den ich vertreten hatte, aus dem Urlaub zurückkam, bot mir der Chef für hundert Dollar die Woche eine Dauerstellung an. Unmittelbar nach seinem Angebot erhielt ich den Anruf eines Direktors von Cowles Communications, wo ich mich um eine Stelle beworben hatte. Er sagte, er wolle mich für das schwindelerregende Gehalt von 125 Dollar die Woche in den Mitarbeiterstab des *Insider's Newsletter* aufnehmen. Ich nahm sofort an.

Der *Insider's Newsletter* war ein kleines Heft, das wöchentlich an Abonnenten verschickt wurde, die Informationen aus erster Hand über Geschäftstendenzen, Politik, Mode, Marketing wünschten – das Neueste, bevor es in den Zeitungen erschien. Ich spürte diese Nuggets auf vielerlei Weise auf, unter anderem, indem ich europäische Zeitungen las. Durch die sorgfältige Durchsicht verschiedener osteuropäischer Publikationen erzielte ich bereits im ersten Monat beim *Insider's Newsletter* einen Treffer, als ich den Sturz von Nikita Chruschtschow voraussagte.

Ich tappte damit zwar im dunkeln, aber die Nachricht wurde in der

Cowles-Organisation bemerkt. Als der Redakteur neun Monate später gehen wollte, bot man mir seine Stelle an, und zwar in der gleichen Woche, in der mich der Personalchef von *Associated Press* anrief und mir mitteilte, in New York sei endlich eine Stelle für mich frei geworden. Etwas unschlüssig entschied ich mich für den AP-Job, weil dies die Art von Journalismus war, für den ich ja schließlich ausgebildet worden war.

In meinem neuen Job hatte ich mehrere kurze aktuelle Texte pro Tag per Telefon durchzugeben, die ich mir mit Hilfe meiner Notizen in der Telefonzelle zusammenreimte. Nach einigen Monaten wurde ich zum Nachtredakteur befördert, was bedeutete, daß ich im *Associated-Press*-Gebäude am Rockefeller Center die Nachtschicht übernahm und sämtliche Nachrichten des Bundesstaates zusammenstellen und für den Frühreport vorbereiten mußte. Joan hatte inzwischen eine Stelle bei der Zeitschrift *Ladies' Home Journal* – ein paar Häuserblocks weiter – gefunden, und so trafen wir uns manchmal früh am Morgen im Rockefeller Center unter der Atlas-Statue, ich von der Arbeit kommend und sie auf dem Weg dorthin, und manchmal frühstückten wir zusammen bei Schrafft's. Ich berichtete ihr von den Krisen und Storys, mit denen ich mich in der Nacht herumgeschlagen hatte, und sie erzählte mir Anekdoten über die glitzernde Welt der Frauenmagazine, und dann dachte ich, wie angenehm es doch war, sich mit einer intelligenten Frau zu unterhalten, die außerdem noch über Journalismus Bescheid wußte – wenn ich doch nur eine Griechin finden könnte, die so wäre!

Meine nächste Beförderung bei AP sandte mich zu den Vereinten Nationen, wo ich anwenden konnte, was ich als Student gelernt hatte (eines meiner Fächer war Auslandsbeziehungen gewesen). Schließlich kam ich in die Auslandsredaktion mit der Aussicht, ins Ausland geschickt zu werden – der erste Schritt zurück nach Griechenland, und zwar in einer Position, die es mir ermöglichen würde, die Killer meiner Mutter zu identifizieren.

Aber gerade da erhielt ich noch ein anderes Stellenangebot, das mir unwiderstehlich schien. Ein Reporter vom *Boston Herald Traveler* teilte mir mit, daß seine Zeitung ein Team zusammenstelle, das aus hart recherchierenden Reportern bestehen solle. Auf Recherchen beruhende Reportagen waren damals noch nicht in Mode. Die meisten Redakteure waren der Meinung, daß solche Storys zu viel Zeit und Geld in Anspruch nahmen und zu viele Verleumdungsklagen nach sich zogen. Aber die Redakteure des *Herald Traveler* hatten sich vorgenommen, die Konkurrenz mit wichtigen Exklusivberichten zu schlagen, was die Zeitung dringend nötig hatte, und suchten Reporter wie mich, die gern in Akten wühlten, Quellen kultivierten und Spuren verfolgten.

Ich packte die Gelegenheit beim Schopf, die Art von Reporter sein zu können, von der ich geträumt hatte, und Kollegen für das Team vorzuschlagen, zu denen dann auch mein alter Freund Jim Savage von der *B. U. News* gehörte, der inzwischen für den *Miami Herald* arbeitete. Voller Begeisterung, wieder näher bei meiner Familie zu leben, zog ich nach Boston in eine sonnige Wohnung auf der Commonwealth Avenue mit herrlichem Blick auf den Charles River, und bald darauf ließ ich einen Wohnungsschlüssel für meinen Vater nachmachen. Er trug immer eine riesige, klirrende Kette voller Schlüssel mit sich herum, die zu allen Häusern, Autos und Geschäftsstellen seiner Kinder paßten, denn dann fühlte er sich wie ein Gutsherr.

Natürlich tat es mir leid, New York und Joan zurückzulassen, aber es war vielleicht besser so, sagte ich mir, denn es hatte ja keinen Sinn, sie hinzuhalten, wenn unsere Beziehung keine Zukunft hatte. Ich schlug jedoch vor, daß sie ab und zu für ein Wochenende nach Boston käme, und wollte ihr dann die Sehenswürdigkeiten zeigen.

Joan kam auch wirklich zu Besuch, und bei einer dieser Gelegenheiten nahm ich sie mit in die Chandler Street, wo sie meine Schwestern kennenlernte. Das verursachte keine große Aufregung, denn sie waren es gewöhnt, daß ich immer mal wieder mit einer befreundeten Amerikanerin vorbeischaute, und sie wußten, daß es nichts zu bedeuten hatte, denn eine Amerikanerin war nur eine Zerstreuung. Eine wie Joan hatten sie jedoch noch nie kennengelernt. Sie trug einen Hut und Handschuhe, als ich sie in die Küche im ersten Stock führte. Sie setzte sich an den wachstuchbedeckten Küchentisch und unterhielt sich mit meinen Schwestern über ihre Familien. Sie bot ihnen an, ihnen und den Kindern New York zu zeigen, wenn sie jemals in die Stadt kämen. «Was für ein nettes Mädchen», sagten sie anschließend, «und so bescheiden und anständig! Sie kleidet sich wie eine vornehme Dame. Du solltest versuchen, eine Griechin zu finden, die so ist wie sie.»

Wir vier Reporter des neuen Teams beim *Herald Traveler* waren begeistert, uns Storys widmen zu können, für die andere Zeitungen weder Zeit noch Möglichkeiten hatten. Meine erste Aufgabe bestand darin, Berichten über Mißhandlungen an einer staatlichen Schule für geistig behinderte Kinder in Waverly nachzugehen. Ich gab mich als Student aus und nahm einen Job als Pfleger im Gebäude für schwer geistig behinderte Jungen an. Während meiner Arbeit – Füttern, Überwachen und Aufräumen – sah ich viele Beispiele von Mißhandlung, Vernachlässigung und Überfüllung und schrieb eine Artikelserie, die schließlich zu legislativen Reformen in den psychiatrischen Anstalten des Staates führte. Die Serie brachte sowohl dem *Herald Traveler* als auch mir ein gutes Stück Publicity, dazu das Lob eines jungen griechisch-amerikanischen Abgeordneten namens Michael Dukakis.

Während meine eigene Karriere gedieh, fanden auch meine Schwäger endlich finanzielle Sicherheit im Pizzageschäft. Dino eröffnete mit seinem Bruder eine Pizzeria im vierzig Kilometer von Worcester entfernten Needham und erzielte sofort Gewinne. Bald danach hatte Kantas Mann Angelo, der sich mit Restaurantjobs herumschlug, die Idee, einen Schulbus in eine fahrende Pizzeria umzufunktionieren und Pizza an die Studenten der Boston University zu verkaufen, die – wie ich ihm versicherte – einen großen unangezapften Markt darstellten. Angelos fahrende Pizzeria wurde schließlich durch eine stationäre in Waltham ersetzt, und meine anderen beiden Schwäger Prokopi und Minas machten sich mit Pizzerien in Westboro und Concord selbständig, nachdem sie erst einen Obstladen eröffnet hatten, der ein Fehlschlag war. Bald verdienten alle mehr Geld, als sie es sich je hatten träumen lassen.

Dino setzte als erster seine Frau im Geschäft ein, und bald folgten die anderen seinem Beispiel, was bedeutete, daß meine Schwestern fahren lernen mußten. Die Fahrprüfung zu machen, war für Frauen, die kaum Englisch sprachen und bisher wenig außerhalb des Hauses zu tun hatten, eine traumatische Erfahrung, aber irgendwann schafften es alle vier, obwohl Glykeria fünfmal durch die Prüfung fiel und nach jedem Fehlschlag weinend nach Hause kam.

Während meine Schwestern Seite an Seite mit ihren Männern arbeiteten – etwas, das sie in Griechenland nie in Betracht gezogen hätten –, lernten sie, mit der amerikanischen Öffentlichkeit zurechtzukommen und besser Englisch zu sprechen. Als Arbeitspartnerinnen konnten sie schließlich auch mitreden, wenn es um die Verwendung des Familieneinkommens ging. Waschmaschinen, Farbfernsehgeräte, bessere Kleidung und Schmuck – diese Dinge gehörten zu den Früchten des amerikanischen Traums, die sie sich jetzt leisten konnten.

Meine Schwestern und ihre Männer arbeiteten winters und sommers ununterbrochen bis zu sechzehn Stunden an den heißen Pizzaöfen, wobei sie drei- oder vierhundert Pizzas pro Tag buken. Sie kamen nach Mitternacht nach Hause, ihre Kleider und Haare rochen nach Pizza, und sie fielen erschöpft ins Bett. Aber am Montag, ihrem einzigen freien Tag, konnten sie in glänzenden amerikanischen Autos herumfahren und Kleider tragen, die noch nie jemand vor ihnen getragen hatte. Meine Schwestern freuten sich, wenn sie diese Sachen in glänzende neue Waschmaschinen und das Geschirr in moderne neue Spülmaschinen stecken konnten. Die Pizza hatte ihnen ein Stück des amerikanischen Wohlstands beschert.

Doch die Erfüllung des amerikanischen Traums verursachte Risse in der Einheit unseres vertikalen Familienlagers. Die ersten, die auszogen, waren Olga und Dino und ihre vier Kinder. Mit seinen gesamten Ersparnissen eröffnete Dino 1964 seine Pizzeria und gab ihr zwei Jahre. Jeden Morgen holte ihn sein Bruder ab und fuhr ihn zur Arbeit. Olga holte die Kinder um halb drei von der Schule ab und fuhr mit dem Familienauto nach Needham, um selbst mit der Arbeit zu beginnen, während die Kinder im Hinterzimmer spielten oder lasen oder auf einer Liege schliefen, bis sie nach Mitternacht nach Hause gefahren und auf den Rücken ihrer Eltern die drei Stockwerke zu ihrer Wohnung hinaufgetragen wurden.

Olga wollte auf keinen Fall von Worcester, ihrem Vater und ihren Schwestern fortziehen, bis Dino eines Nachts mit zwei ihrer Kinder im Auto in einen fürchterlichen Schneesturm geriet und fünf Stunden lang kämpfte, um die Vierzig-Kilometer-Strecke nach Worcester zurückzulegen. Olga, die alle irgendwo tot vermutete, weinte und schrie die ganze Nacht. Danach kapitulierte sie und gab Dinos Forderungen, ein Haus in der Nähe des Geschäfts zu suchen, nach.

Meine anderen Schwestern flehten sie an, zu bleiben: «Dort hast du niemanden! Deine Kinder werden *Amerikanakia*. Sie werden ihre Traditionen, ihre Religion und Sprache vergessen!» Aber zu meiner

Überraschung riet mein Vater, der ursprünglich gegen Dinos Vorhaben gewesen war, Olga jetzt, in die Nähe seines Geschäfts zu ziehen. «Du mußt den Schritten deines Ehemanns folgen», sagte er. «Ich möchte nicht den Fehler machen, den mein Schwiegervater gemacht hat. Er bestand darauf, daß seine Tochter bei ihren Eltern blieb, statt mit ihrem Mann zu gehen, und das hat ihr das Leben gekostet.»

Dino und Olga hatten 10 000 Dollar auf der Bank, als sie einen kleinen Bungalow mit einem Schwimmbecken, der fast das ganze hintere Grundstück einnahm, für 28 000 Dollar in Needham fanden. An einem warmen Herbsttag kam die Spedition, und Olga und Dino zogen aus. Die Trennung war für Kanta und Glykeria so schmerzlich, daß sie sich den ganzen Tag vom Haus fernhielten, um den Möbelwagen, der ihre Schwester mit ihrer Familie abholte, nicht sehen zu müssen.

Meine Nichten und Neffen hatten immer wie Geschwister zusammengelebt. Es war ein richtiger Schock, als vier der Kleinen plötzlich verschwanden. Olgas und Dinos Nachkommenschaft hingegen gewöhnte sich an die Obere-Mittelschicht-Nachbarschaft von Needham, sobald sie den Swimmingpool sahen. Obwohl niemand in der Familie schwimmen konnte, war Olgas erste Tat im neuen Haus, die ganze Familie im Becken zu fotografieren, die mit feierlicher Miene bis zum Hals im Wasser stand – ein Schnappschuß, der ihren Aufstieg in die Bourgeoisie illustrierte und schnell an die staunenden Dörfler von Lia geschickt wurde, die wohl von Schwimmbecken gehört, aber noch nie eines zu Gesicht bekommen hatten.

Trotz der Voraussagen ihrer Schwestern gab Olga ihre gesellschaftlichen Verpflichtungen in der Gemeinde von Worcester nie auf. Sie fuhr jeden Sonntag zurück, um zur Kirche zu gehen, und verpaßte keine Taufe, Hochzeit, Beerdigung oder Tanzveranstaltung. Sie genoß es, sich jetzt die teuren Kleider kaufen zu können, nach denen sie sich immer gesehnt hatte, obwohl sie Dino den wahren Preis verheimlichte und mit Geld bezahlte, das sie der Haushaltskasse abknapste und – wie gefrorene Steaks in Aluminiumfolie gewickelt – heimlich im Gefrierfach versteckte.

In der Zwischenzeit stieß ich in meinem Traumjob plötzlich auf größere Schwierigkeiten in der Person von Joseph P. Linsey, einem Bostoner Geschäftsmann und früheren Schwarzbrenner, der Verbindungen zur Mafia hatte. Zwei Reporter unseres Teams deckten eine

Menge belastender Einzelheiten über Linsey auf. Aber der Herausgeber unserer Zeitung, George Akerson, rief sie in sein Büro und befahl ihnen, die Untersuchung fallenzulassen. «Vergeßt Linsey», sagte er. «Da ist nichts.»

Eine derartige Aussage gegenüber einem Reporter, der den Dingen auf den Grund geht, ist wie Katzenminze für eine Katze. Also verdoppelten wir unsere Anstrengungen und fanden bald heraus, daß Mr. Linsey nicht nur Verbrecher zu seinen besten Freunden zählte, sondern auch unseren Herausgeber, Mr. Akerson. Außerdem gehörte Linsey zu den Hauptaktionären der Zeitung, die uns beschäftigte. Das waren auf jeden Fall schlechte Nachrichten, denn kein Reporter mit Selbstachtung konnte für einen Verleger arbeiten, der Nachforschungen über seine Freunde im Keim erstickte. Aber um nach Boston zu kommen, hatten wir alle gute Jobs aufgegeben, was mit großen Schwierigkeiten und Kosten verbunden war. Wenn wir kündigten und unseren Chef verärgerten, konnten wir nicht sicher sein, jemals wieder Arbeit als Reporter zu finden.

Kurz bevor diese Krise im März 1967 auftauchte, erschütterte mich die Nachricht, daß meine Großmutter im Haus in Lia, wo sie in den dreiundsiebzig Jahren seit ihrem Hochzeitstag gelebt hatte, gestorben war. Bald danach erfuhr ich, daß mein Großvater ebenfalls krank war. Er war in das nächste Krankenhaus nach Filiates gebracht worden, wo die Ärzte ihm mitteilten, daß er unheilbar an Krebs erkrankt sei; ihm blieb nichts, als nach Hause zurückzukehren und auf den Tod zu warten.

Diese Nachricht erreichte uns über Glykerias Schwiegervater in Filiates, der ihr am Telefon sagte, daß mein Großvater zurück in die Berge gegangen und ins Bett gekrochen sei, das er für meinen Besuch gekauft hatte. Außerdem hätte er zwei Goldsovereigns auf den Tisch neben sich gelegt und den Dörflern mitgeteilt: «Ich will meinen Enkel Nikola oder meinen Schwiegersohn Christos Gatzoyiannis wiedersehen, bevor ich sterbe. Diese Sovereigns gehen an den ersten, der mir sagt, daß einer von ihnen den Berg heraufkommt.»

Als ich das hörte, überkam mich großes Mitleid. «Einer von uns muß zu ihm gehen», sagte ich zu meinem Vater am Telefon. «Er möchte uns etwas sagen. Im Augenblick stecke ich mitten in der Arbeit und habe Probleme, aber sobald sie gelöst sind, kann ich fahren.»

«Ich werde fahren», erwiderte Vater verdrießlich. «Ich wollte nie zurückkehren, aber wenn wir nicht auftauchen, kann er nicht in Frieden sterben. Ich werde reisen, sobald ich einen neuen Paß habe.» Nach dem langen, spannungsgeladenen Tag, an dem unser Reporterteam sich einigte, geschlossen zu kündigen, was immer das für unsere Karriere auch bedeutete, fand ich zu Hause meinen Vater vor, der im Dunkeln saß.

«Was machst du denn hier?» fragte ich. «Bist du wegen deines Passes nach Boston gekommen?»

«Nein, ich fahre nicht nach Griechenland», sagte er. «Dein Großvater ist tot. Er wurde ganz gelb und starb dann schneller, als alle gedacht haben.»

«Aber er hat doch auf uns gewartet!» rief ich aus und stellte mir schuldbewußt vor, wie er sich ans Leben geklammert haben mußte, bis ich käme, und wahrscheinlich jede Minute auf das Geräusch des die Straße heraufratternden Taxis gewartet hatte. «Er starb allein.»

«Er hatte Nitsa und Andreas», sagte mein Vater.

«So, wie er über sie dachte – für ihn war es wie Alleinsein», erwiderte ich.

Wir saßen eine Weile schweigend da und dachten an den grimmigen, verschlossenen, stolzen alten Mann. Dann sprach mein Vater wieder. «Er hat deine Mutter verlassen, so daß sie allein sterben mußte, und jetzt ist er allein gestorben. Aber er glaubte, seine Goldsovereigns würden uns holen. Er hat immer so sehr auf das Geld gebaut.»

Ich habe nie erfahren, was mein Großvater uns sagen wollte, aber ich vermute, daß es ihn nach Absolution verlangte – Vergebung dafür, daß er meine Mutter ihrem Schicksal überlassen hatte. Absolution und das Schicksal seiner Seele waren auf jeden Fall Dinge, die ihn auf seinem Sterbebett geplagt haben mußten. Das weiß ich, weil der alte Dorfpriester mir viele Jahre später erzählte, daß mein Großvater in seinen letzten Tagen zu ihm kam und ihm den Mord beichtete, den er fast fünfzig Jahre zuvor begangen hatte.

Die letzte Ironie des Lebens meiner Großeltern war die Tatsache, daß beide innerhalb eines Monats starben, nachdem sie 1894, als sie dreizehn und er vierzehn war, geheiratet hatten und dreiundsiebzig Jahre zusammen ertrugen, in denen sie einander fast täglich bitter bekämpften.

Nach dem Tod meines Großvaters fuhr ich nach Worcester, um mit meinem Vater und meinen Schwestern die Beileidsbekundungen unserer Verwandten entgegenzunehmen, während meine Reporterkollegen vom *Herald Traveler* sich im ganzen Land um Stellen bemühten. Ich fuhr schließlich nach New York und begann meine Runde durch die Zeitungen und Zeitschriften, beginnend mit der *New York Times*. Mein Kontakt bei der Zeitung war Arthur Gelb, den ich nach der Veröffentlichung seines Buches über Eugene O'Neill kennengelernt hatte und der jetzt stellvertretender Lokalredakteur für die Stadt New York war. Er arrangierte für mich ein Interview mit seinem Chef, A. M. Rosenthal, der meine Zeitungsausschnitte durchblätterte und mir statt einer Stelle einen Rat gab: «Machen Sie sich irgendwo einen Namen. Dann brauchen Sie nicht darum zu bitten, in unseren Stab aufgenommen zu werden – dann holen wir Sie!»

Zu meiner Überraschung wurde mir schließlich Arbeit beim *Wall Street Journal* angeboten, obwohl ich, wie ich einem Freund anvertraute, von Börsendingen keinen blassen Schimmer hatte. Der damalige Chef vom Dienst, Ed Coney, hatte seinen Ruf auf Recherchen beruhender Berichterstattung aufgebaut und hielt auch seine Mitarbeiter dazu an; oft befreite er Reporter vom Schreiben der täglichen Handelsnachrichten, damit sie einer Sache durch Nachforschungen auf den Grund gehen konnten, egal, wohin dies führte – eine Einstellung, die dem *Journal* eine Reihe von Pulitzer-Preisen eingebracht hatte.

Bemüht, mich nicht mit Aktiensplits und Gesellschaftsfusionen abgeben zu müssen, nahm ich mir Untersuchungen von korrupten Gewerkschaftsführern, einem Schwindel mit einer religiösen Stiftung und kriminellen Verbindungen zur Großindustrie vor. In aller Munde waren meine Artikelserie über die Verbindungen Frank Sinatras zum organisierten Verbrechen und ein Artikel auf der Titelseite über Vorurteile unter Gangstern, der mit der Überschrift begann: «Bei der Mafia herrscht keine Chancengleichheit».

Wieder in New York zu sein, bedeutete, daß ich Joan häufiger sehen konnte. Sie war aber nur eine von mehreren Frauen, mit denen ich ausging. Ich half sogar, einen Club namens *Herodotus Society* zu gründen, der sich ausschließlich aus griechischen Journalisten zusammensetzte, da ich mir dadurch gute Chancen ausrechnete, eine attraktive Griechin kennenzulernen, die außerdem intelligent, gebildet und an meinem Beruf interessiert wäre. Ich verdiente genug, um die Miete für eine hübsche Wohnung in der Upper West Side bezahlen zu können, und mein Privatleben war erfreulich ausgefüllt. Nichtsdestoweniger war es für mich ein Schock, als Joan mir etwa ein Jahr später mitteilte, sie habe genug Geld gespart, um eine lange Reise nach Europa finanzieren zu können. Zuerst wolle sie nur reisen und sich dann in London eine Stelle suchen.

Wann sie zurückkäme, fragte ich, und sie antwortete mit ihrer typischen Offenheit, daß sie es nicht wisse, daß es aber lange dauern könne. Seit vier Jahren kannten wir uns nun, sagte sie, und es sei klar, daß unsere Beziehung keine Zukunft habe, daß ihre Gefühle für mich sie aber hinderten, andere Männer kennenzulernen. Sie wolle so viele Meilen wie möglich zwischen uns legen.

Ich stimmte ihr zu – eine kluge Entscheidung – und wünschte ihr *bon voyage*. Wir trennten uns im besten Einvernehmen. Sie hinterließ mir sogar ihre gesamte Schallplattensammlung.

Joan reiste am letzten Tag im Mai, und wenige Wochen später brach um mich herum der turbulente Sommer des Jahres 1968 aus. Es gab politische Morde – Martin Luther King, Boby Kennedy. Es gab während der Parteiversammlung der Demokraten Unruhen in Harlem und in Chicago. Für einen Journalisten war es eine aufregende und herausfordernde Zeit, aber ich schaffte es gelegentlich immer noch, in der Mittagspause die ganze Strecke von der Wall Street bis zu meiner Wohnung auf der West Side zu fahren, um nachzusehen, ob zufällig ein Brief von Joan im Kasten lag.

Sie schickte mir regelmäßig lebhafte Berichte über ihre Reisen. Schließlich gelang es ihr, einen guten Job als Zeitschriftenredakteurin in London zu finden. Sie lernte auch eine Reihe von Engländern kennen, schrieb sie, vor allem einen ganz bestimmten jungen Geschäftsmann, den sie als geistreich, intelligent und recht erfolgreich beschrieb.

Aus irgendeinem Grund machten mich diese Briefe wütend – so wütend sogar, daß ich ihre sämtlichen Schallplatten an meine Freundinnen in New York verschenkte. Da hatte sie die Bescherung! Ich selber wurde in ihrer Abwesenheit natürlich nicht zum Mönch. Ich hatte kaum Zeit, mir Gedanken darüber zu machen, was sie in London anstellte. Eigentlich war ich erleichtert, daß Joan heiratsfähige Männer kennenlernte, dachte ich – schließlich gab es für uns beide ja keine gemeinsame Zukunft!

Vielleicht nicht ganz zufällig machte ich den Redakteuren des *Wall Street Journal* den Vorschlag, eine Serie zu bringen, die Recherchen verlangte und es erforderlich machte, daß ich mich mehrere Wochen in London aufhielt. Ich hatte Gerüchte gehört, daß amerikanische Mafiosi versuchten, Spielcasinos in England zu infiltrieren, und ich überzeugte meine Redakteure, daß es nötig wäre, mich als spendierfreudigen griechischen Schiffseigner auf einer von der Mafia organisierten Vergnügungsreise auszugeben: Zweck der ganzen Inszenierung war, zu beweisen, daß die verschiedenen Etablissements, in denen ich spielte, von amerikanischen Mafia-Familien heimlich übernommen wurden.

Das war harte Arbeit in London – den Schein zu wahren, die ganze Nacht zu spielen und den ganzen Tag nach Spuren herumzusuchen, Gespräche mit Spielkameraden und Mafiosi mit Hilfe eines Mini-Tonbandgeräts aufzunehmen, das unter meinem Hosenbein in der Socke steckte. Aber ich fand immer noch Zeit, mich mit Joan zu treffen, die mich auch zu den Casinos begleitete und mir beim Spielen zusah.

Es war ein denkwürdiges Wiedersehen. Mir wurde klar, wie sehr ich sie vermißt hatte. Und trotzdem fand ich es gut, daß ein Ozean zwischen uns lag. Während meines Aufenthalts in London erklärte ich ihr meine Situation: Seit dreitausend Jahren, sagte ich, hätten meine Leute nur Griechen aus ihren eigenen Bergen geheiratet. Ich war der erste in unserer ganzen Gemeinde mit Universitätsbildung. Alle Griechen in Worcester sahen in mir ein Vorbild für sich und ihre Kinder. Wenn ich eine Nicht-Griechin heiratete, gelte dies als Ablehnung meines Erbes. Ich würde meinen Clan verraten und meine Identität verleugnen. Ich würde damit zum Ausdruck bringen, daß es keine griechischen Frauen gebe, die gut genug für mich seien. So konnte ich meine Gemeinde nicht enttäuschen, erklärte ich ernst. Schade, daß sie keine Griechin sei, sagte ich mit einem Achselzucken. Mein Vater mochte sie. Meine Schwestern mochten sie...

Joan sagte, sie verstehe vollkommen. Sie wünschte mir Glück. Sie sagte, sie lebe so gern in London, daß sie sowieso nie wieder wegziehen wolle.

Wieder in New York, hatte ich das Gefühl, gerade noch einmal mit heiler Haut davongekommen zu sein. Weitere sechs Wochen arbeitete ich für das *Wall Street Journal*. Da ich inzwischen 5000 Dollar auf meinem Sparkonto angesammelt hatte, beschloß ich, mich für ein Jahr beurlauben zu lassen und in Griechenland zu leben. Wenn ich die für mich passende Griechin nicht in Amerika fand, dann mußte ich eben direkt an die Quelle gehen.

Meine Schwestern und mein Vater freuten sich, als sie hörten, daß ich in die alte Heimat zurückkehren wollte, um eine Braut zu finden. Vater bemerkte nicht zum ersten Mal, daß ich mit dem Heiraten viel zu lange gewartet hätte. Ich sei nun fast dreißig, fügte er hinzu, und es sei höchste Zeit, daß ich mich irgendwo niederließe und ihm einen Stammhalter präsentierte.

Über den anderen Grund meiner Reise sagte ich meiner Familie nichts. Inzwischen war ich nämlich der Meinung, daß ich genug Berufserfahrung gesammelt hätte, um mit der Suche nach den für den Tod meiner Mutter Verantwortlichen zu beginnen.

Im Dezember 1968 reiste ich also nach Athen und mietete für den Winter eine Wohnung im Zentrum der Stadt. Im Frühling zog ich in eine Wohnung in dem am Meer gelegenen Vorort Wuliagmeni. Gewissenhaft tat ich mein Bestes, um heiratsfähige griechische Mädchen kennenzulernen. Dutzende von Verwandten und Freunden stellten mich geeigneten Kandidatinnen vor, aber es war schwierig, anständige griechische Frauen näher kennenzulernen, denn damals war man in konservativen Kreisen immer noch dagegen, daß sich ein Paar allein traf, und junge Leute gingen meist in großen Gruppen mit Freunden aus.

Ich hatte jedoch viel angenehme Abwechslung, denn eine Reihe von ehemaligen Freundinnen aus Amerika kam mich in Griechenland besuchen. So viele alte Flammen fanden in jenem Jahr ihren Weg nach Athen, daß ich schließlich keine Lust mehr hatte, in der brütenden Hitze als Fremdenführer zur Akropolis hinaufzuklettern. Diese Besuche gaben mir Gelegenheit, meine amerikanischen Freundinnen in der fremden Atmosphäre und Lebensweise meines Geburtslandes unter die Lupe zu nehmen. Unter der griechischen Sonne schienen einige zu auffallend und ungehemmt, um jemals in das Leben meiner Familie und Verwandten zu passen. Dagegen waren viele griechische Mädchen, die ich kennenlernte, zwar intelligent und in der klassischen Literatur Griechenlands zu Hause, hatten aber keine Ahnung von englischer Literatur, amerikanischem Theater oder dem ungezwungeneren amerikanischen Lebensstil, den ich gewohnt war. Von griechischen Mädchen erwartete man damals, daß sie dekorativ und gut gekleidet waren und sich völlig den hauswirtschaftlichen Künsten widmeten, und ich begann zu meiner Bestürzung zu vermuten, daß ich zu sehr Amerikaner geworden war, um mit einer Frau zufrieden zu sein, deren Energien vollkommen darauf gerichtet waren, was sie trug und was sie kochte.

Die einzige, die weder in der einen noch in der anderen Kultur fehl am Platze schien, war Joan, die mich auch in Griechenland besuchte. Wir hatten uns weiter geschrieben, und ich überredete sie im Frühjahr 1969 zu einem kurzen Urlaub in Athen. Obwohl ihre Miniröcke in Athen eine Sensation waren, machte ihr ruhiges, bescheidenes Wesen und die Tatsache, daß sie griechisches Essen und die griechischen Gebräuche schätzte, einen guten Eindruck auf meine Verwandten, die die meisten amerikanischen Frauen aufgrund ihres Aussehens, Gangs und ihrer freundlichen Art als zu locker einstuften.

Noch immer ohne griechische Braut – und in meinen journalistischen Nachforschungen war ich fast genauso erfolglos! Die Obersten, die am 21. April 1967 die Macht in Griechenland an sich rissen, waren zwar streng antikommunistisch, aber so reaktionär, daß ich wie viele Amerikaner griechischer Abstammung in den Vereinigten Staaten in Anti-Junta-Organisationen tätig war. Deshalb betrachtete man mich in jeder Regierungsstelle, die ich betrat, mit großem Mißtrauen, und an militärische Akten und Unterlagen über den Bürgerkrieg heranzukommen, erwies sich unter der Junta als ebenso unmöglich wie unter der ehemaligen liberaleren Regierung.

Trotz meiner Fehlschläge war das Jahr in Griechenland nicht nutzlos vertan. Ich machte zwei wichtige Entdeckungen.

Glykeria und Olga reisten im Sommer an, um im Dorf einen richtigen Gedenkgottesdienst für meine Mutter abzuhalten. In Lia folgte ich ihnen den Pfad bis zu unserem Grundstück hinauf, aber als meine Schwestern das Haus betraten, wartete ich draußen auf sie. Sie weinten bitterlich.

Am folgenden Tag versammelte sich das ganze Dorf in unserer Nachbarschaftskirche St. Demetrios. Die Sonne schien schräg durch die staubigen Fenster der überfüllten Kirche, als der Priester zu singen begann und die Ministranten die Weihrauchgefäße schwenkten. Der schwere Duft vermischte sich mit dem Geruch nach Verfall. Der Lehrer stand auf, um zu sprechen. Er war der einzige Gebildete im Dorf, und er wollte eine Eloge vorbringen. Sobald er den Namen unserer Mutter nannte, begannen meine Schwestern die klagenden, heulenden Schreie auszustoßen, mit denen die Griechen ihren Kummer um die Toten zum Ausdruck bringen.

«Der Tod dieser Frau war kein gewöhnlicher Tod», setzte der Lehrer seine Rede über dem Aufruhr fort. «Sie wurde allein hingerichtet, der Ehemann weit weg, weil sie ihre Kinder zu retten versuchte. Sie war das Opfer ihrer griechischen Mitbürger. Dies ist kein gewöhnlicher Totengedenkgottesdienst. Sie wurde ermordet!»

Während ich so dastand, wünschte ich mir, überall, nur nicht hier zu sein. Es schnürte mir die Kehle zu. Mir war bewußt, daß die Knochen meiner Mutter nur wenige Meter von mir entfernt lagen. Die Schreie meiner Schwestern ließen die dünne Schicht meiner Selbstbeherrschung abbröckeln. Selbst als ich noch klein war, am Tag, als meine Mutter sich von mir verabschiedete, und dann, als ich erfuhr, daß sie tot war, behielt ich meinen Kummer für mich. Jetzt brach er hervor. Tränen quollen aus meinem Innern, wo sie so viele Jahre verborgen waren, und mein Schluchzen schüttelte meinen Körper wie im Krampf. Die überwältigenden Gefühle trübten meinen Blick, und dann gaben meine Beine nach. Zwei Männer, die in der Nähe standen, packten mich an den Armen, führten mich aus der Kirche und setzten mich auf den Erdboden, den Rücken an den Stamm einer dieser riesigen Zypressen gelehnt, die den Friedhof säumten.

Dieser Ausbruch war das erste und letzte Mal, daß ich die Gewalt über mich verlor und mich meinem Kummer hingab, aber als es vorüber war, spürte ich eine neue Kraft. Endlich war ich bereit, auf alles zu hören, was die Dorfbewohner mir über das Leiden und den Tod meiner Mutter zu sagen hatten. Ich wußte, daß ich jetzt ihren Schritten folgen konnte, selbst in den Keller hinein, wo sie gefoltert wurde, und bis zur Schlucht hinauf, wo sie starb. Den Rest des Sommers verbrachte ich damit, den Dörflern, wann immer ich ihnen begegnete, Fragen über die letzten Tage meiner Mutter zu stellen und Fakten zu sammeln, obwohl ich über die Identität der kommunistischen Partisanen immer noch keine Auskunft erhielt.

Im Herbst waren meine Ersparnisse praktisch aufgebraucht, und es war Zeit, nach New York und an meine Arbeit zurückzukehren, aber zuvor wollte ich in London Station machen. Nachdem ich mich in der ganzen Welt wie Diogenes mit der Lampe nach einer Braut umgesehen hatte, war mir endlich klargeworden, daß ich die Frau, die ich wollte, schon längst kannte. Ich hatte viele attraktive und interessante Frauen kennengelernt, und ich wußte, daß ich eine ganze Reihe von ihnen heiraten und mit ihnen glücklich werden könnte. Das würde aber bedeuten, Joan für immer aufzugeben, und ich wollte sie nicht verlieren.

In London führten Joan und ich lange, erregte Gespräche. Dann machten wir einen kurzen Ausflug nach Paris (was damals fast nichts kostete). Irgendwo auf der Rive droite im Regen kamen wir zu dem Schluß, daß wir nach sechs Jahren nun endlich zugeben sollten, daß wir uns liebten und ohne einander nicht glücklich sein konnten.

Ohne weitere Formalitäten, ohne Ring oder Ritual, waren wir uns einig: Sie würde ihre Stelle aufgeben und nach New York zurückkehren und in einem Jahr würden wir heiraten. Während wir mit dem Bus zum Flughafen Orly fuhren und der Regen gegen die Scheiben trommelte, erwähnte ich, daß immer noch eine Hürde zu überwinden sei, bevor die Hochzeit feststand. Ich brauchte noch die Zustimmung meiner Familie. Ohne deren Zustimmung könnte ich sie nicht heiraten.

Es hätte mich nicht überraschen sollen, aber diese Nachricht entnervte Joan derart, daß sie in Tränen ausbrach. Wie könnte sie einen guten Job in London aufgeben und zurück nach New York ziehen, wo sie überhaupt keine Stelle hätte, wenn unsere Heiratspläne am Ende doch ins Wasser fielen, wollte sie wissen.

Ich versuchte, sie zu trösten. «Mach dir keine Sorgen», sagte ich. «Pack nur deine Sachen und schreib deinen Eltern, daß wir heiraten werden. Ich werde mich um meine Familie kümmern.»

Joan tat, wie ich gesagt hatte, und ich rüstete mich für die Aufgabe, meine Familie für meine Wahl zu begeistern. Eine äußerst heikle Angelegenheit! Ich dachte an den Skandal, den ein Cousin zweiten Grades verursacht hatte, als er ein griechisch-amerikanisches Mädchen aus Worcester heiratete. Selbst eine Bindestrichgriechin galt schon als Risiko: Wer wußte denn, welche wilden modernen Ansichten sie in Amerika angenommen hatte? Dieses Mißtrauen schickte die meisten meiner griechischen Kumpel zur Brautsuche zurück in die alte Heimat, wo die Mädchen noch in der alten Tradition erzogen wurden. Meiner Familie beizubringen, daß ich keine Frau heiraten wollte, die nicht nur keine Griechin, nicht einmal eine griechische Amerikanerin war, sondern eine Skandinavierin aus Minnesota – das war eine diplomatische Übung, die selbst Fürst Metternich eingeschüchtert hätte.

Ich kehrte in die Vereinigten Staaten zurück, überredete die Redakteure des *Wall Street Journal*, mich wieder als Reporter einzustellen, und fuhr weiter nach Worcester. An einem Sonntag nachmittag versammelten wir uns alle in Olgas neuem Haus in Needham, in dem die neuen Möbel und Teppiche prangten. Die Wohnzimmermöbel waren mit Samt und glänzendem Brokat überzogen und kontrastierten zu einem ein Meter achtzig großen Plastikorangenbaum mit Plastikorangen. Durchsichtige Plastikbahnen verliefen über die Hauptverkehrwege des dicken beigen Teppichs, und Plastik schützte auch das gestickte Tischtuch auf dem Imitationsmahagonitisch, wo wir von vergoldeten Tellern und mit vergoldetem Besteck aßen. Meine anderen Schwestern bestaunten Olgas Palast – alles so neu, unberührt und modern im Vergleich zur altmodischen Schäbigkeit unseres dreistöckigen Hauses in der Chandler Street.

Nach dem Essen setzten wir uns im Wohnzimmer zusammen, und ich richtete mit ernster Stimme das Wort an die Familie. «Wir müssen etwas besprechen», begann ich feierlich. «Ihr wißt, daß ich ans Heiraten denke. Schließlich bin ich schon dreißig.»

«Ja, es wird Zeit», sagte mein Vater. «Du solltest nicht so lange warten wie ich. Sonst bist du schon alt, wenn deine Kinder noch klein sind.»

«In den letzten drei Jahren bin ich mit drei verschiedenen Frauen ausgegangen», fuhr ich fort und zählte auf: Joan, eine andere Amerikanerin aus der Boston-University-Zeit, und eine Griechin in Athen, die sie alle kannten. Ich verließ mich auf die Tatsache, daß alle Joan mochten und zumindest eine meiner Schwestern die anderen beiden ganz und gar nicht leiden konnte. «Ich glaube, ich könnte mit jeder von den dreien glücklich sein», sagte ich, «aber es ist mir wichtig, daß diejenige, die ich heirate, die Beziehung, die wir als Familie immer zueinander hatten, nicht stört, und deshalb möchte ich gern wissen, wie ihr darüber denkt.»

Meine Schwestern begannen, die Tugenden und Fehler der drei

Frauen zu vergleichen, und lobten die eine, die ihnen am liebsten war, und verurteilten die anderen, die sie nicht mochten, mit lauter Stimme und so aufgeregt, daß bald die Hölle los war.

«Aufhören!» brüllte mein Vater und stand auf. «Hört sofort mit diesem Geschrei auf!» befahl er. Meine Schwestern wurden still und sahen ihn an.

«Was soll das ganze Gerede von den anderen Frauen?» sagte er ärgerlich. «Jones ist die richtige für Nick.»

«Aber sie ist keine Griechin!» rief Glykeria aus.

«Na und?» sagte er. «Du hast diese Mädchen aus Griechenland gesehen. Sie wollen alles bestimmen. Glaubst du, daß Nick mit so einer Frau leben kann? Was die andere angeht – der hab ich nicht getraut. Also, was gibt's da noch lange zu überlegen? Jones ist die Frau für Nick.»

«Aber wird sie in unserer Kirche heiraten? Wird sie unsere Sitten achten?» fragten sie. «Du weißt, es muß eine große Hochzeit sein – du bist der einzige Sohn.»

Ich versicherte ihnen, daß Joan keine Einwände haben würde.

Schließlich akzeptierten sie Joan als die beste von allen und empfahlen mir, um ihre Hand anzuhalten. Ich fuhr mit meinem Vater zurück nach Worcester und freute mich, wie gut meine Strategie funktioniert hatte.

Als wir auf die Autobahn fuhren, sagte Vater: «Sag mir, was hättest du getan, wenn uns eine der anderen Frauen lieber gewesen wäre?»

«Na ja», erwiderte ich, «was ihr alle denkt, ist mir sehr wichtig, und ich –»

«Ja, sicher», unterbrach er mich. «Gut, daß du einen schlauen Vater hast.»

Für den Rest der Fahrt lachte er in sich hinein, und ich merkte, daß er mich von Anfang an durchschaut und dafür gesorgt hatte, daß die Würfel zu Gunsten meiner Wahl fielen.

Joan und ich planten unsere Hochzeit für das Labor-Day-Wochenende des folgenden Jahres, damit viele unserer Freunde aus New York nach Worcester kommen könnten. Meine Familie würde ohnehin ein Jahr benötigen, um eine Hochzeit vorzubereiten, die für den einzigen Sohn von Christos Gatzoyiannis prächtig genug wäre.

Seit Olga von der Chandler Street weggezogen war, waren meine anderen Schwestern in ihren engen Quartieren unzufrieden. Kanta entdeckte einen kleinen Bungalow mit drei Schlafzimmern, der auf der Maxdale Road, eine der neuen Wohnstraßen in der Nähe des Flughafens von Worcester, gebaut wurde. Sie kaufte das Haus und ordnete an, daß es ein ausgebautes, völlig offenes Untergeschoß mit Küchenecke und Bad enthalten sollte. Kanta, die gleich nebenan ein leeres Grundstück entdeckte, bewegte Glykeria, es für sie zu erwerben, und Glykeria wies den Bauunternehmer an, ihr ein Haus zu bauen, das Kantas Haus, einschließlich des Familienbereichs im Untergeschoß, aufs Haar glich. Mein Vater sollte weiter bei Glykeria wohnen und ein eigenes Schlafzimmer und Bad bekommen.

Die ausgebauten Keller waren es schließlich, wo die Familien meiner Schwestern all ihre freien Stunden verbrachten, wo sie saßen, aßen oder auf den bequemen Sofas vorm Fernsehapparat ein Nickerchen machten, während meine Schwestern am Herd standen und kochten oder bügelten, ohne die Fernsehsendung oder Gespräche zu verpassen, die gerade im Gange waren. Um auch mit der gesamten griechischen Gemeinde in Verbindung zu bleiben, ließ Glykeria sich von Prokopi am Telefon im Untergeschoß eine so lange Schnur anbringen, daß sie allen ihren hausfraulichen Pflichten nachgehen konnte, ohne den Hörer, der zwischen ihrem Ohr und ihrer Schulter eingeklemmt war, jemals loslassen zu müssen.

Amerikanische Besucher in den Häusern von Glykeria und Kanta wären sicher über die unbenutzte Küche, das Eß- und Wohnzimmer im Erdgeschoß überrascht gewesen, die mit einem Herd, Kühlschrank, einer Spülmaschine, teuren Möbeln, feinem Geschirr und Kristall, das in der Vitrine zur Schau gestellt wurde, vollkommen ausgestattet waren – alles so unberührt und unbenutzt wie am Tag, als die Sachen geliefert wurden. Kanta und Glykeria wischten in den oberen Räumen gewissenhaft Staub, aber alle Geräte, Geschirr und Möbel waren in bescheidener Ausführung auch im Keller vorhanden, wo die Familie eigentlich lebte, abgesehen davon, daß sie sich zum Schlafen in die Schlafzimmer im Erdgeschoß zurückzog.

Unten befand sich auch der Familienaltar meiner Schwestern, der in der östlichen Ecke über dem Fernsehgerät hing und wo ein Ewiges Licht die Papierikonen und ein Fläschchen mit Weihwasser – «für den Notfall», wie mein Vater gerne sagte – beleuchtete. Hier stellten

sie die Familienfotos, auch die von meiner Mutter, meiner Abschlußfeier und ihren eigenen Hochzeiten aus. Im Keller befanden sich ihre
schönsten gehäkelten Tischdecken und Sesselschoner, die *konboloji*
aus Onyx und das riesige Ölgemälde einer Dorfszene, das Glykeria
gekauft hatte und auf dem alle Fenster der Häuser und Straßenlampen
gemütlich aufleuchteten, wenn der Stecker eingesteckt wurde.

Diese neuen Häuser mit ihren prächtigen neuen Möbeln, riesigen
Fernsehapparaten, den modernsten Stereoanlagen und den vielen
elektronischen Geräten, die das Herz von Prokopi und Evangelos
erfreuten – Tonbandgeräte, Filmkameras und raffinierte Telefone –
hatte die Pizza finanziert. Meine Familie hielt nichts von Ratenkäufen; selbst ihre Autos waren mit braunen Papiertüten voller Bargeld
erworben worden.

Während meine Familie im Pizzageschäft Erfolg hatte, schritt auch
meine Karriere voran, und zwar in dem Maße, daß der Chef vom
Dienst mich gleich nach meiner Hochzeit ins Londoner Büro des
Journal schicken wollte. Das war damals die einzige europäische
Niederlassung der Zeitung, und die fünf Stellen in London waren die
Rosinen, nach denen jeder *Journal*-Reporter strebte. Ich freute mich,
endlich in Europa Fuß fassen zu können, so daß ich die Möglichkeit
hätte, ab und zu nach Griechenland zu reisen und meine eigenen
Nachforschungen zu betreiben.

Aber der Dämon, der bestimmte, daß alle meine beruflichen
Glückssträhnen paarweise auftauchten, schlug erneut zu. Wenige
Tage nach dem Londoner Angebot rief mich Arthur Gelb von der
New York Times an und lud mich zum Lunch im Speiseraum der
Geschäftsleitung ein. Mit seiner typischen Überschwenglichkeit bot
er mir einen Job als Chefreporter der *Times* in New York an, wobei
der Schwerpunkt meines Arbeitsgebiets auf dem organisierten Verbrechen läge, und nach dem Essen führte er mich ins Büro von A. M.
Rosenthal, dem neuen Chef vom Dienst.

«Ihr Gesicht kommt mir bekannt vor», sagte die legendäre Gestalt,
die die ehrwürdige *Times* in eine äußerst gewinnbringende und hochgeschätzte Zeitung verwandelte.

«Ich war schon einmal bei Ihnen», sagte ich.

«Und was habe ich damals zu Ihnen gesagt?» fragte Rosenthal.

«Sie sagten, ich solle mir einen Namen machen, dann käme die
Times zu mir.»

Er lächelte zufrieden. «Sehen Sie, ich hatte recht!» sagte er. «Sie haben unsere Aufmerksamkeit auf sich gelenkt, und jetzt kommen wir zu Ihnen.»

«Ja, das stimmt», antwortete ich ebenfalls lächelnd. «Aber jetzt koste ich das doppelte.»

Weil ich mich nun zwischen dem Londoner Job des *Journals* und der heißbegehrten Arbeit bei der *Times* hin und her gerissen fühlte, verlangte ich das Doppelte des Wochengehalts, das ich beim *Journal* bekam, und Rosenthal war, ohne mit der Wimper zu zucken, einverstanden. Dann sagte ich, ich brauchte im September zwei Wochen Urlaub, um zu heiraten, und er war wieder einverstanden. Wir schüttelten uns die Hände, und mir wurde bewußt, daß ich das Ziel meiner Karriere erreicht hatte, das ich von Anfang an im Auge gehabt hatte: Ich war Reporter für die *New York Times*!

Während ich vom Büro des *Journal* in die riesige Nachrichtenredaktion der *Times* in der dreiundvierzigsten Straße zog, schritten die Vorbereitungen für unsere Hochzeit rasch voran. Über den Wortlaut der Einladungen wurde man sich nicht einig, denn nach amerikanischer Tradition luden gewöhnlich die Eltern der Braut die Gäste ein, aber dies kam natürlich nicht in Frage, da die Hochzeit ein Großanlaß war, die von meiner Familie orchestriert wurde. Ich traf eine salomonische Entscheidung, und wir bestellten geprägte, konservative englischsprachige Einladungen, die so begannen: «Mr. und Mrs. Robert Paulson bitten um die Ehre Ihrer Anwesenheit...», und griechische Einladungen, auf denen eine Braut, ein Bräutigam, Amor, Goldringe, Blumen, Hochzeitskronen und ineinander verwobene Initialen dargestellt waren und die man wie eine Handorgel auseinanderfaltete und dann in goldenen, fettgedruckten Buchstaben las: «Mr. Christos Gatzoyiannis und Mr. und Mrs. Robert und Martha Paulson...»

Das Hochzeitsessen würde natürlich bei Putnam and Thurston stattfinden, wobei es das teuerste Fleischgericht geben würde, das man dort servierte – Steak. Die Brautjungfern und -führer würden meine Nichten sein: Fotinis Tochter Anastasia, zehn, und Olgas Tochter Eleni, elf, und zwei fünfjährige Mädchen, mit denen ich entfernt verwandt war, sowie fünf meiner Neffen im Alter zwischen sechs und siebzehn Jahren.

Weil diese Hochzeit der griechischen Gemeinde bestätigen mußte, daß meine Wurzeln und die Religion immer noch ein wesentlicher Teil meiner Identität waren, bestand ich darauf, die Zeremonie in der traditionellsten Weise ablaufen zu lassen. Der damals in St. Spyridon tätige Priester, Vater Solon Tsandikos, war ein junger progressiver Prälat, der vorschlug, die Feier halb auf griechisch und halb auf englisch abzuhalten, aber ich wies diese Idee mit Nachdruck zurück. Als meinen Brautführer wählte ich dem griechischen Brauch folgend Stavros Economou, den Sohn von Nassio und der Frau, die mich im Dorf aus der Taufe gehoben hatte.

Meine Schwestern bestellten die Hochzeitskronen, Kerzen und die Geschenke für die Gäste – kleine vergoldete Glaspokale, die mit einer Plastikblume und Jordanmandeln gefüllt waren. Joan las die erforderlichen Schriften und konvertierte zum orthodoxen Glauben. Sie ließ sich vom Priester auch eine Übersetzung der langen griechischen Hochzeitszeremonie geben, tippte sie ab und ließ sie fotokopieren und mit Bändern zwischen festen Einbänden binden, um sie an die nichtgriechischen Gäste verteilen zu können.

Mit meinem neuen Reichtum, der mir von der *New York Times* entgegenströmte, forderte ich meinen Vater auf, jeden einzuladen, den er wollte. Auf seiner Liste standen schließlich mehr als dreihundert Namen. Joan lud indessen ein paar New Yorker Freunde und fünf Verwandte ein: ihren Bruder und seine zukünftige Frau, einen Cousin und seine Frau und ihre Mutter (ihr Vater war zu krank, um zu reisen). Mein Vater lud fast ganz Worcester ein und überwachte die Pläne für die Feier, aber ich blockte ab, als er auch die Kirchenbänke großzügig mit Blumen schmücken wollte. «Die Blumen, die wir für vorn bestellt haben, genügen», sagte ich.

«Wir brauchen mehr Blumen, was sollen denn die Leute denken?» erwiderte er dickköpfig. «Letztes Jahr gab's eine Hochzeit, da schritten Braut und Bräutigam durch ein richtiges Blumentor zum Altar!»

«Keine Blumen mehr!» sagte ich streng.

Die Feierlichkeiten begannen bereits am Freitag des Labor-Day-Wochenendes Anfang September, als meine Familie der Familie des Brautführers einen offiziellen Besuch abstattete. Joan und ich trafen jedoch erst am Samstag mit der New Yorker Gruppe in Worcester ein. Am Abend brachten alle griechischen Frauen von Worcester Tabletts mit griechischen Speisen und Gebäck, die sie für ein kaltes Bufett in einem gemieteten Raum bei Putnam and Thurston vorbereitet hatten. Unsere Besucher aus New York setzten sich aus Reportern, Redakteuren, Rechtsanwälten, früheren Mitbewohnern und Kommilitonen zusammen, und die Begeisterung dieser «Ausländer» für die griechischen Speisen, Getränke und die Musik erstaunte die Griechen.

Den größten Erfolg konnte Joans aristokratische, weißhaarige Mutter für sich verbuchen. Sie war charmant und freundlich, obwohl ihr innerlich vor dieser exotischen Hochzeit graute. Als Tochter eines presbyterianischen Pfarrers hatte sie ein kalvinistisches Mißtrauen gegenüber jeder Art von hochkirchlicher Ausschmückung, gegen Priestergewänder, Weihrauch und gesungene Liturgie. Vor allem graute ihr vor der Zeremonie, bei der sie sich zum ersten Mal im Leben einem griechischen Priester gegenübersehen würde, für ein protestantisches Mädchen aus Kansas eine furchterregende Gestalt. Nichtsdestoweniger hielt sich Joans Mutter am Hochzeitstag mit der Fassung und Würde einer Königin Viktoria.

Am Morgen mußte das wöchentliche griechische Radioprogramm, in dem von Verwandten für besondere Anlässe Musik gewünscht wird, um eine Stunde verlängert werden, damit alle Platten, die uns zu Ehren aufgelegt werden sollten, abgespielt werden konnten. Am Nachmittag kleidete sich Joan in Glykerias Haus an, und ich machte mich nebenan bei Kanta fertig. Es war ein vollkommener Herbsttag, und jeder Grieche in Worcester schien der Kirche zuzustreben, um Zeuge unseres Gelübdes zu sein.

Wie bei jeder Hochzeit gab es ein paar kleine Pannen. Ich vergaß die Heiratserlaubnis und mußte zu Kantas Haus zurückfahren, um sie zu holen. Spiro, mein ältester Neffe und Hauptplatzanweiser, verlor die englischen Übersetzungen der Gelübde, die Joan so mühsam vorbereitet hatte. Und als wir die Kirche betraten, stellten wir fest, daß die Kirchenbänke mit phantastischem Blumenschmuck dekoriert waren; mein Vater hatte beschlossen, sich über mein Veto hinwegzusetzen, und auf eigene Verantwortung noch mehr Blumen bestellt.

Die Musik setzte ein, die kleinen Brautjungfern schritten voran, und Joan folgte am Arm ihres Bruders. Sie trug ein hochgeschlossenes Spitzenkleid mit Schleppe und wurde mit vernehmbarem Gemurmel der Bewunderung begrüßt. Ihre Mutter hatte bereits in einem eleganten rosa Crêpekleid mit passendem Hut und weißen Handschuhen für Aufsehen gesorgt. Meine Schwestern, die von den Platzanweisern eskortiert wurden, hatten lange Ballkleider und hochtoupierte Frisuren gewählt.

Zu Beginn der Zeremonie reichte der Priester mir eine brennende Kerze und machte das Zeichen des Kreuzes. Er tauschte die Ringe aus, setzte uns die Hochzeitskronen auf und ließ uns aus dem gemeinsamen Becher am Wein nippen. Als er uns fünfundvierzig Minuten später im Tanz des Jesaja dreimal um den Altar führte, wobei die Hochzeitskronen mit einem weißen Satinband miteinander verbunden waren, schienen selbst die Nichtgriechen von der Feierlichkeit des Augenblicks gefangengenommen.

Dann war die lange Zeremonie vorbei. Unsere Familien und Freunde kamen, um uns zu gratulieren, und die Hochzeitsgesellschaft versammelte sich im Elm Park, direkt gegenüber der Kirche. Wir mußten uns aufstellen und wurden in allen möglichen Gruppen und Kombinationen fotografiert. Es gab sogar eine Aufnahme der Braut und des Bräutigams, die allein unter den uralten Bäumen vor einem Teich und einem Springbrunnen standen und sich zum ersten Mal als Eheleute küßten.

Die anschließende Feier bei Putnam and Thurston stellte alles bisher Dagewesene in den Schatten. Nachdem die dreihundert Gäste Platz genommen hatten, wurden die Mitglieder der Hochzeitsgesellschaft angekündigt, die paarweise hereinmarschierten, beginnend mit dem winzigsten Blumenmädchen und dem Ringträger. Die anderen Schauspieler des Stückes lächelten, als man applaudierte, nur mein Vater trat in seinem schwarzen Smoking mit den Satinaufschlägen allein in den Saal, und als die Menge aufstand und der Applaus zu einer Ovation anschwoll, schritt er mit ernster, würdiger Miene an seinen Platz.

Meine Schwiegermutter, die Angst gehabt hatte, in die Klauen eines finsteren, bärtigen Priesters zu geraten, fand sich neben dem jungen, weltgewandten, glattrasierten Vater Solon wieder, der ihr Komplimente machte und sich höflich mit ihr unterhielt, bis sie vollkommen hingerissen und entspannt war. Nach dem Essen und den Toasts in griechischer und englischer Sprache begann die Kapelle die klagenden Melodien von Epirus zu spielen. Joan und ich und unser Brautführer standen auf, um die Reihe der Tänzer anzuführen. Selbst Joans Bruder und die erste Brautjungfer – die zukünftige Frau von Joans Bruder – stellten sich zur Freude der Menge an die Spitze der immer länger werdenden Reihe. Aber keiner wurde mit solchem Jubel begrüßt wie mein Vater, als er die Reihe anführte, dieses Mal mit einem Coca-Cola-Glas auf dem Kopf, und sich würdevoll drehte und kreiste, ohne einen Tropfen zu verschütten.

Dann gesellte sich die New Yorker Gruppe dazu, Beine blitzten unter Miniröcken hervor, Schreie und Jubel ertönten, und Tänzer wirbelten rücklings auf dem Fußboden herum und sprangen wie die Kosaken durch die Luft. Schließlich saß keiner mehr am Ehrentisch außer Joans sittsamer Mutter, aber ich sah ihren Fuß in einem rosafarbenen Satinschuh im Takt der Musik wippen. Wenige Augenblicke später führte sie die Reihe an und probierte anmutig die Seitenschritte des *kalamatiano*.

Wir tanzten alle wie Bacchanten. Die Musik reizte mich zu gewagteren Schritten, als ich sie je zuvor getanzt hatte, aber keiner schien so glücklich wie mein Vater, der mit einer inneren Freude erfüllt war, die ihn verklärte. Während ich ihm beim Tanzen zusah, wurde mir bewußt, daß er eine Bürde ablegte, die er vor einundzwanzig Jahren auf sich genommen hatte, als er im Alter von sechsundfünfzig Jahren plötzlich Vater von fünf Kindern wurde. Jetzt war er siebenundsiebzig. Er hatte für uns alle sein Bestes gegeben, und das letzte seiner Kinder war nun endlich verheiratet und hatte seinen Platz im Leben gefunden. Vater war es schwergefallen, im fortgeschrittenen Alter Alleinerziehender zu sein. Er hatte Fehler begangen und manchmal gepfuscht, aber jetzt konnte er stolz sein auf das, was er erreicht hatte, und mit dem Apostel Paulus sagen: «Ich habe einen guten Kampf gekämpft, ich habe den Lauf vollendet, ich habe Glauben gehalten.»

Auch als es immer später wurde, schien die Begeisterung der Tänzer nicht nachzulassen. Im Lauf des Abends reichten die griechischen Gäste meinem Vater Umschläge, die Geld enthielten und für die Neuvermählten gedacht waren. Als Zeichen der Achtung wurden sie aber ihm übergeben. Er steckte diese Geschenke in eine Aktentasche. Irgendwann nach Mitternacht entfernten sich Joan und ich heimlich von der Party und kehrten zu Glykerias Haus zurück, um unsere Sachen zu holen und in die Flitterwochen zu fahren. Als wir unsere Koffer in das Leihauto tragen wollten, sahen wir Vater im Untergeschoß am Tisch sitzen, schon wieder in seiner Alltagskleidung, und sich mit griechischem Hochzeitsbrot, das er in seinen Kaffee tunkte, stärken.

Während sich meine Schwestern und die übrigen Verwandten versammelten, um sich von uns zu verabschieden, winkte mich Vater zu sich heran, um mir einen letzten Rat zu geben. Ich war zwar jetzt ein verheirateter Mann, aber deshalb hatte ich Belehrung nicht weniger nötig. «Paß auf, wie du fährst, achte darauf, daß der Tank immer voll ist», sagte er und hob väterlich-mahnend einen Finger. «Und hör auf deinen Vater – sei nett zu deiner Frau. Sie kommt immer zuerst. Sei nicht wie dein Großvater, gut zu allen außerhalb des Hauses, aber böse zur eigenen Frau und den Kindern. Das Zuhause ist das wichtigste. Wenn das nicht in Ordnung ist, stimmt nichts im Leben.» Damit wandte er sich wieder seinem Imbiß zu, und wir machten uns auf unsere einwöchige Hochzeitsreise, auf der wir unter anderem auch systematisch alle Pizzerien von einem Ende des Cape Cod bis zum anderen abklapperten.

17 Das Ende der Reise

Seit ich verheiratet war und eine eigene Familie gründete, war mir bewußt geworden, daß mein Vater ein alter Mann war und nicht ewig leben würde. Er war mir immer so unzerstörbar wie unsere Berge erschienen, aber er war immerhin siebenundsiebzig Jahre alt. Bis jetzt hatte er mich, so gut er konnte, unterstützt – wenn nicht mit Geld, dann mit Ermunterungen und seinem Glauben an meine Zukunft. Er hatte meine Schwestern sogar von einer Ehe überzeugt, die, wie ich wußte, alle Traditionen bedrohte, in denen er uns aufgezogen hatte. Jetzt war seine Aufgabe beendet, und die Zeit war für mich gekommen, etwas für ihn zu tun. Ich hatte mein eigenes Zuhause und einen guten Job, und ich nahm mir vor, meinem Vater die drei Dinge zu schenken, die ihm in den Jahren, die ihm noch blieben, Freude machen würden.

Sein größter Wunsch war es, zwei Enkelkinder zu bekommen, die seinen und den Namen meiner Mutter tragen würden. Dieses Geschenk erforderte Joans Kooperation und eine Menge Glück. Die anderen beiden Gaben dagegen konnte ich allein zuwege bringen. Das eine war ein neues Auto. Er hatte immer nur Gebrauchtwagen besessen, die er verhätschelte. Das andere war eine Reise zurück in das Land, das er seit 1939 nicht mehr gesehen hatte, an den Ort, der ihn geformt hatte und der über uns alle immer noch solche Macht besaß.

Das Glück schien mir bei meinen Bemühungen zur Seite zu stehen, denn Joan wurde schwanger, kaum daß wir uns in einer kleinen Wohnung in der West End Avenue von Manhatten häuslich eingerichtet hatten, und ein Verlag bot mir einen beträchtlichen Vorschuß für eine Sammlung meiner Zeitungsartikel über die Mafia. Als ich Weihnachten 1970 nach Hause fuhr, brachte ich meinem Vater gute Neuigkeiten. «Joan ist schwanger», sagte ich, «und du reist im nächsten Sommer nach Griechenland.»

Zuerst machte ihm der Gedanke, nach zweiunddreißig Jahren zurückzukehren, angst, aber ich blieb hartnäckig. Die ganze Wahrheit war, daß ich ihn außer Landes haben wollte, wenn Joan im folgenden Juli ihr Baby bekommen würde. Ich wußte, wie sehr sich mein Vater einen Enkel wünschte, der seinen Namen tragen würde, und ich fürchtete, daß seine Enttäuschung, wenn unser Erstgeborenes ein Mädchen sein sollte, Joan und mich aufregen könnte.

«Warum sollte ich wohl nach so langer Zeit zurückkehren wollen?» spottete er, als er mein Angebot hörte. «Alles, was ich brauche, habe ich hier.» Aber bald wurde sein Enthusiasmus entfacht, als er an seine ehemaligen triumphalen Reisen nach Lia dachte und daran, daß er wie ein Sultan über das Kaffeehaus geherrscht und auf den höchsten Spitzen der Berge Wildschweine und Wachteln gejagt hatte.

Nun bekam ich Zweifel. «Das Dorf ist nicht mehr das, was es früher war, *Patera*», warnte ich. «Du hattest mal eine ganze Familie, die dich willkommen hieß. Jetzt sind alle alt. Du bist selbst nicht mehr jung – achtundsiebzig ist schließlich kein Alter mehr, um auf Wildschweinjagd zu gehen!»

«Mach dir um mich keine Sorgen», gab er zurück. «Ich brauch keinen jungen *Amerikanaki*, um mir was über das Dorfleben zu erzählen. Ich erinnere mich – einmal spielten wir drei Tage lang Karten im *kafenion*, ohne schlafen zu gehen...» Und weg war er wieder auf einer nostalgischen Woge.

Am Abreisetag – dem 11. April 1971 – traf mein Vater mit all seinem Gepäck in New York ein, darunter auch einem ganzen Koffer voll Toilettenartikel, Seifen, Körperpuder und dutzendfach Unterwäsche zum Wechseln, um seinen hohen Hygienestandard beibehalten zu können.

Er war mit seinem weißen 63er-Opel gefahren, den er für die Dauer seiner Reise bei mir lassen wollte, damit ich Joan, wenn ihre Zeit käme, quer durch Manhattan zum Krankenhaus fahren könnte, statt erst lange nach einem Taxi zu fahnden. Während ich ihn an jenem warmen Aprilsonntag zum Kennedy-Flughafen fuhr, gab er mir Ratschläge, wie ich sein Auto richtig zu behandeln hätte. Kurz bevor er an Bord ging, sagte er: «Falls etwas passiert und ich drüben sterben sollte, will ich nicht dort begraben werden. Ich möchte, daß du mich nach Worcester zurückbringst und mich im Hope-Friedhof beerdigst.»

Die Rückkehr meines Vaters nach Griechenland war kein Erfolg. Ich hatte ihm geraten, in Athen wie ich in einem Hotel zu übernachten. Bei Verwandten zu bleiben, konnte zu Streitereien und verletzten Gefühlen führen, wenn er ein bestimmtes Haus auswählte oder sich einer Familie gegenüber zu sehr verpflichtete, die sich dann darüber beklagen könnte, bei seiner Abreise keine adäquaten Geschenke bekommen zu haben. Er folgte meinem Rat und blieb in der ersten Nacht im Hotel Grande Bretagne, aber am nächsten Tag zog er in das überfüllte Haus seines Neffen Yianni und beklagte sich bei der Familie, daß die Zimmermädchen im Hotel hartnäckig darauf bestanden hätten, die Betten mit Leintüchern zu überziehen, was er für ungesund hielt, weil er unter dem Leinen fror. Er selbst hatte immer darauf bestanden, zwischen zwei warmen Decken zu schlafen. Wegen der Bettücher habe er sich schrecklich erkältet, sagte er, und würde nie wieder in einem Hotel übernachten. Ein unerwähnter Faktor mochte auch sein, daß er sich in dem eleganten, höhlenartigen Grande Bretagne mit seinen vielen Antiquitäten nicht so wohl fühlte wie in einer großen, lauten Familie, wo Frauen stets bereit waren, ihm seinen Kaffee und sein Glas Wasser («ein kleines Glas, niemals ein großes») zu bringen, so wie es meine Schwestern zu Hause taten.

Nachdem sich mein Vater mit den Verwandten in Athen neu befreundet hatte, machte er sich in Begleitung von Yianni auf den Weg zum Dorf. Das war eine noch größere Katastrophe als das Grande Bretagne. Seit dem Tod meiner Großeltern waren Nitsa und Andreas ins Haidis-Haus gezogen, aber die Haushaltführung meiner Tante ließ mit zunehmendem Alter zu wünschen übrig, denn ihre Augen wurden immer schlechter. Geschirr und Kleidung wurden nur oberflächlich gewaschen, sie fegte selten und ließ Staub und Ruß auf allem im Haus eine permanente Patina bilden.

Sobald er Nitsa erblickte, warf ihr mein Vater Nachlässigkeit und Verrat an seiner Frau vor. Meine Tante gab die Flüche und Beleidigungen so gewaltig zurück, wie er sie austeilte. Trotz Andreas' Versuchen, als Friedensstifter zu wirken, stürmte Vater bald aus dem Haus und erklärte, er würde nie wieder einen Fuß hineinsetzen. Er ging zum Haus seines Bruders Foto am anderen Ende des Dorfes. Als mein Vater seinem Tunichtgut von Bruder gegenüberstand, beschimpfte er ihn ebenfalls, ihn an jede Missetat seines verpfuschten, faulen, selbstsüchtigen Lebens erinnernd, und endete mit dem Vorwurf, daß Foto am Tod von Eleni und seiner eigenen Frau schuld sei und seine schwarze Seele der Hölle überschrieben habe, weil er während der Hungersnot sein Essen nicht mit seiner Familie geteilt und das Dorf verlassen habe. Mein Vater hatte diesen Groll und diese Vorwürfe offensichtlich in all den Jahrzehnten seit der Ermordung meiner Mutter mit sich herumgetragen, und der Anblick des Dorfes und der Gesichter seiner pflichtvergessenen Verwandten ließ alle Bitterkeit hervorbrechen.

Vater nahm ein Taxi zurück nach Ioannina, wo er sich mit allen möglichen Dingen bewaffnete: Liegestühle, damit er unter dem Traubenbogen im Hof sitzen konnte, eine Flasche Petrogas für den Gasbrenner, Wassergläser von der kleinen Größe, die er bevorzugte, alle möglichen Eßwaren, selbst eine hölzerne Klobrille, um das Ein-Loch-Toilettenhäuschen in Fotos Hof gemütlicher zu machen. Dann kehrte er nach Lia zurück.

Ich selbst wurde mit Briefen von den streitenden Parteien im Dorf überschwemmt. Mein Vater beschrieb die schreckliche Behandlung, die ihm Nitsa angedeihen ließ, und seine Kämpfe mit den eigenen Verwandten. Nitsa schrieb (was sie Andreas diktierte, weil sie Analphabetin war), daß Vater sie vor dem Dorf beschämt habe, weil er das Haus verlassen und es abgelehnt habe, in ihrem Haus zu bleiben. Onkel Foto beschwerte sich, daß mein Vater seine Gastfreundschaft mißbrauche und ihn täglich beleidige. Von New York aus versuchte ich, Frieden zu stiften. Ich schickte meiner Tante Geld und bat sie, damit eine Frau zu engagieren, die das Haus putzte. Ich schrieb meinem Vater und flehte ihn an, alte Verletzungen zu vergeben und sich mit den Verwandten, die noch im Dorf lebten, zu versöhnen, aber ohne Erfolg.

Vater saß am 17. Juli 1971 im Kaffeehaus am Dorfplatz unter der Platane, als Joan durch Kaiserschnitt einem Sohn – Christos – das Leben schenkte. Ich rief sofort meine Schwestern an, die vor Freude weinten, daß auch ich dem Gatzoyiannis-Fluch, nur Mädchen zu produzieren, entgangen war. Glykeria rief ihren Schwiegervater in Filiates an, und der übertrug die Neuigkeit dem Taxifahrer am Ort, der sich seinerseits auf die Fahrt in die Berge machte, um meinem Vater die Nachricht zu überbringen, daß er einen Enkel hatte, der seinen Namen tragen würde. Der Taxifahrer war sicher, eine hübsche Belohnung für seine frohe Botschaft zu erhalten. Er wurde nicht enttäuscht.

Bei der *panijiri* drei Tage später warf mein Vater Geld wie Konfetti um sich, lud jeden zum Essen und Trinken ein und gab den Musikern, die spielten, während er vor Freude über die gute Nachricht tanzte, großzügig Trinkgeld. Wenige Tage später traf in New York ein Telegramm aus Griechenland ein: «Komme früher nach Hause, um meinen Enkel zu sehen.»

Wir hatten unseren kleinen Sohn kaum im zweiten Schlafzimmer, das vor kurzem noch ein Arbeitszimmer gewesen war, untergebracht, als mein Vater eintraf. Er stieg aus dem Flugzeug, und ich umarmte ihn und fragte dann etwas ängstlich, wie ihm Griechenland gefallen habe.

Er schüttelte den Kopf. «Ich bin dort geboren, alle meine Kinder sind dort geboren», sagte er müde. «Aber mein Land ist Amerika. Ich bin froh, wieder zu Hause zu sein.»

Ich konnte sehen, daß er von der Reise erschöpft war. Als wir in unserer Wohnung ankamen, ging er sofort zum Bett des Babys und legte einen 50-Dollar-Schein auf Christos' Brust. Dann heftete er mehrere goldene *filakta*-Amulette an die Kissen um ihn herum, um den bösen Blick abzuwenden. «Ein feiner Junge, mein Enkel», sagte er. «Aber jetzt muß ich mich hinlegen.»

Es war wichtig für meinen Vater, daß wir die Tradition beachteten, auch wenn wir weit weg von Worcester in einem Wolkenkratzer in New York lebten. An jedem sechsten Dezember besuchte er uns zu meinem Namenstag und verbrachte viele Stunden kochend in unserer winzigen Küche. Dann saßen wir alle herum und warteten auf die Besucher, die mir Glück wünschen sollten. Aber er war immer enttäuscht, denn Joan und ich konnten nur wenige Paare vorweisen, die entweder Griechen waren oder die Namenstagstraditionen kannten. Ich konnte sehen, daß es meinen Vater schmerzte, daß wir in dieser kaltherzigen Stadt lebten, wo niemand das Fest des heiligen Nikolaus feierte, während in Athen die Straßen mit den Autos der Leute verstopft waren, die alle Nikolause, die sie kannten, besuchten.

Vater besuchte uns mehr als einmal im Jahr. Immer wenn ihn die

Wanderlust packte, vor allem bei warmer Witterung, bestieg er einen Greyhound-Bus nach New York. Nachdem er sich dann in unserem zweiten Schlafzimmer in der Nähe des Kinderbetts häuslich eingerichtet und all seine Sachen in ganz bestimmter Anordnung auf dem Nachttisch bereitgelegt hatte, ging er in die Stadt, fuhr hinunter an den Hafen, um die Fähre nach Staten Island zu nehmen und die Griechen zu besuchen, die das Restaurant führten, in dem er im Zweiten Weltkrieg als Koch gearbeitet hatte. Es machte ihn stolz, daß er in dieser großen Stadt mit Bussen und Fähren allein zurechtkam. Nachdem er nach Manhattan zurückgefahren war, vorbei an der riesigen Statue der «Sankt Freiheit», die ihn und seine Kinder in Amerika willkommen geheißen hatte, fuhr er weiter bis hinauf in den griechischen Distrikt in der Eighth Avenue. Aber er konnte nirgendwo lange bleiben, und der Drang, nach Hause zurückzukehren, überkam ihn stets, kaum daß er angekommen war. Joan und ich erwachten manchmal und fanden ihn fertig angekleidet auf seinem Koffer sitzend vor, den Hut auf dem Kopf, die Hände auf dem Spazierstock ruhend, ungeduldig auf die Morgendämmerung wartend, damit er zur Busstation und nach Hause fahren könnte.

Wenn er oder meine Schwestern uns nicht besuchten, fuhren wir fast jedes zweite Wochenende nach Worcester und übernachteten entweder bei Kanta oder Glykeria. In das griechische Leben meiner Verwandten einzutauchen – die Feste, Tänze, Besuche und Gottesdienste – gab mir die Kraft, mit den Ereignissen fertig zu werden, die die Stadt und meine Arbeit während der Woche erschütterten: Drogenrazzien, Korruptionsskandale und eine Reihe von Mafiakriegen, die Anfang der siebziger Jahre in New York ausbrachen.

1974 befand sich Griechenland in heftigem politischem Aufruhr. Die herrschende Militärjunta versuchte, den Präsidenten von Zypern, Erzbischof Makarios, zu ermorden, und im folgenden Chaos fielen die Türken auf der Insel ein. Die Obersten der Junta konnten die Invasion nicht aufhalten. Der Zusammenbruch ihres Regimes und die Rückkehr der Demokratie in Griechenland waren die Folge, Ereignisse, die täglich in den Nachrichten behandelt wurden und weltweites Interesse hervorriefen.

Ich drängte meine Redakteure bei der *Times*, ein Büro in Athen einzurichten, statt den Korrespondenten in Rom aus der Ferne berichten zu lassen. Mein Hintergedanke war dabei, selbst hingeschickt zu werden, so daß ich die Geschichte meiner Mutter weiterverfolgen konnte, während ich als Auslandskorrespondent für die *Times* arbeitete. Wer sonst sprach bei der Zeitung Griechisch? Sie folgten meinem Rat, ein Athener Büro zu eröffnen, setzten aber zu meiner Bestürzung einen anderen Reporter an den neuen Posten. Als ich mich bei A. M. Rosenthal beschwerte, sagte er: «Ich verstehe nicht, warum Sie New York gegen Athen eintauschen wollen, aber wenn es so wichtig für Sie ist, bekommen Sie den Posten als nächster.»

Die Verzögerung hatte wahrscheinlich ihr Gutes, denn Joan war wieder schwanger und würde das Kind in Amerika auf die Welt bringen können. Wir besuchten jedes zweite Wochenende weiter meine Familie, aber weil es schwieriger wurde, unsere wachsende Familie bei diesen Besuchen in Kantas kleinem Haus unterzubringen, beschloß ich, in der Gegend ein eigenes Haus zu kaufen. Eines Tages, Anfang 1974, als ich allein zu Besuch in Worcester war, entdeckte ich ein großes, zweihundert Jahre altes Bauernhaus im Kolonialstil mit einem 1,2 Hektar großen Grundstück im nahe gelegenen Grafton, nicht weit von der Autobahn entfernt und zu einem günstigen Preis zu haben. Joan und ich hatten schon lange ein altes Haus wie dieses gesucht. Aber ich wollte zuerst die Meinung meines Vaters hören, bevor ich mich verpflichtete, eine so große Summe zu bezahlen. Ich wußte, daß meine Schwestern das Haus entsetzlich finden würden, da sie verrückt auf alles Neue waren. Immer wenn Joan und ich ihnen die Antiquitäten zeigten, die wir auf Flohmärkten und Auktionen erstanden hatten, sagten sie: «Verdienst du denn immer noch nicht genug, daß ihr euch nichts Neues leisten könnt?»

Ich fuhr meinen Vater zum Haus mit seiner neoklassizistischen Fassade, den Weymouthskieferböden und Kaminen. Seine guten Kunden auf seiner Obst- und Gemüseroute wohnten damals in solchen Häusern.

«Nein, ich brauche das zweite Stockwerk nicht zu sehen», sagte er und betrachtete argwöhnisch die steile Treppe. «Es hat eine schöne, sonnige Veranda. Ich brauche nur einen bequemen Stuhl. Kauf's!»

An Wochenenden und im Urlaub bemühten wir uns, die mit rohen Balken versehenen Räume wohnlich zu machen, und während der Woche arbeitete ich weiter als Reporter für die *Times* und tröstete mich, daß ich 1977 nach Griechenland versetzt werden würde. Unsere Besuche in Massachusetts waren nostalgische Reisen zurück in die griechische Kultur. An Christos' drittem Geburtstag in unserem alten/neuen Haus fuhr jemand sein Auto auf den Rasen, um aus dem Autoradio griechische Musik in voller Lautstärke abspielen zu lassen, während Dutzende von Gästen zum Erstaunen unserer Yankee-Nachbarn Lamm brieten, sangen und über den Rasen Schlangentänze vollführten. Drei Monate später, am 8. Oktober, wurde Joan von einer Tochter entbunden, die wir nach meiner Mutter Eleni nannten. Das Kind wurde ihrer Großmutter mit der Zeit so ähnlich – die gleichen großen blauen Augen, klassischen Züge und dasselbe honigblonde Haar –, daß die Dorffrauen bei Elenis Anblick oft in Tränen ausbrachen, als wir sie mit nach Griechenland nahmen.

Die Freude meines Vaters berührte jeden, der es sah, als er bei Elenis Taufe, am 28. September 1975, tanzte. Die Gäste tanzten wie die Derwische, schwitzten, brüllten, warfen den Musikern Geld zu und rollten auf dem Fußboden, während die Zuschauer den besten Tänzern Zwanzig-Dollar-Scheine zuwarfen. Aber die Stars der Show waren mein Vater und seine elf Monate alte Enkelin in ihrem Taufkleid aus Spitze, die ihren Großvater nachahmte, die Hände in die Höhe hielt und vor ihm tanzte, als er die Reihe anführte, das Glas auf dem Kopf balancierend, bis er schließlich aufgab, um den winzigen, sich mit ernster Miene drehenden pausbäckigen Engel in die Arme zu schließen.

Bald nach der Taufe stellte ich fest, daß es noch schwieriger sein würde, meinem Vater ein neues Auto zu kaufen, als hintereinander einen Jungen und ein Mädchen zu produzieren oder ihn zu einer Griechenlandreise zu überreden. «Warum das Geld dafür ausgeben?» sagte er jedesmal, wenn ich die Sache zur Sprache brachte. «Mein Opel ist erst zehn Jahre alt!»

An einem Wochenende, als ich Worcester allein besuchte, holte ich meinen Vater in einem Mietwagen ab und fuhr zu Prokopis Pizzeria. Dort führten wir ein kleines Schauspiel auf, das ich mit meinem Schwager einstudiert hatte. Prokopi warf mir vor, jedesmal, wenn ich zu Besuch käme, Geld für einen Mietwagen zu verschwenden. Er sagte, ich müßte wirklich ein eigenes Auto haben. Aber das Auto in New York zu fahren, würde es ruinieren, entgegnete ich. Schließlich «überzeugte» mich Prokopi, einen neuen Wagen zu kaufen, ihn zur sicheren Aufbewahrung bei meinem Vater zu lassen und seinen alten

Opel nach New York mitzunehmen, da es um diesen nicht so schade wäre, wenn etwas passierte.

Vater war unsicher, ob er sich von seinem geliebten Opel trennen sollte, aber gleich nachdem wir uns bei einem Autohändler umgesehen hatten, fühlte er sich, wie ein Jugendlicher, der seine erste große Leidenschaft entdeckt, zu einem silbergrauen Oldsmobile Omega hingezogen. «Das ist der Richtige für dich», riet er. «Klare Linien, nicht zu groß, viel Innenraum!»

«Ich weiß nicht», sagte ich unsicher.

«Du brauchst nichts zu wissen!» rief er. «Hör auf deinen Vater! Wenn ich über etwas Bescheid weiß, dann sind es Autos!»

So wurde mein Vater der Besitzer des schlanken silbernen Omega, den er für den Rest seines Lebens hätschelte und pflegte.

Als sich der Tag meiner Abreise nach Griechenland näherte, schienen sich die glücklichen Vorzeichen zu häufen. Joan schenkte am 12. Juli 1977, nur zwei Monate vor unserer geplanten Abreise, einem weiteren Mädchen das Leben. Nun war sie dran, dem Kind einen Namen zu geben, und sie wählte einen, der von Griechen und Amerikanern gleichermaßen leicht auszusprechen war – Marina –, und den Mittelnahmen Zoe, das griechische Wort für Leben.

Wir leerten unsere Wohnung in der West End Avenue, verkauften unsere Möbel und trafen am 8. September in Athen ein, wo wir ein großes Haus mit einem ummauerten Garten im Vorort Neo Psichiko nahmen. Ich dachte, ich hätte Mittel, Zeit und Gelegenheit, um mit den Nachforschungen über das Schicksal meiner Mutter sofort zu beginnen, aber kaum waren wir am Ort, da tauchte eine ganze Reihe von internationalen Krisen auf, die mich fast für die gesamte Dauer meiner ersten beiden Jahre außer Landes hielten.

Die politische Lage in Griechenland hatte sich beruhigt, aber im gesamten Mittleren Osten tobte Gewalt. Ich pendelte zwischen Athen, Ankara und Beirut hin und her. Im Frühjahr 1978 signalisierten Aufstände in der nordiranischen Stadt Täbris den Beginn der Umwälzungen im Iran, die elf Monate später mit dem Sturz des Schahs endeten, und ich wurde umgehend nach Teheran geschickt. Im Frühjahr durfte ich für kurze Zeit nach Athen zurückkehren, und während dieser Zeit beschloß mein Vater, uns zu besuchen.

Er genoß es, in unserem ummauerten Garten unter den Zitronen-,

Bitterorangen- und Feigenbäumen mit seinem Hut und seiner Fliege wie ein König auf seinem Thron zu sitzen, der griechischen Musik aus dem Kofferradio zu lauschen und die Katzen, Schildkröten und Kinder, die immer unseren Garten bevölkerten, zu überwachen. Er hatte ein ganzes Repertoire an griechischen Scherzliedern auf Lager, die er sang, während er das Baby auf den Knien schaukelte, und es machte ihm riesigen Spaß, in unerwarteten Augenblicken seine obere Zahnprothese mit der Zunge aus dem Mund zu schieben, was die Kinder mit begeistertem Kreischen quittierten.

Ich schlug vor, jetzt, wo die Judasbäume blühten und der Frühling die Berge mit Wildblumen bedeckt hatte, zum Dorf hinaufzufahren, aber er sträubte sich. Schließlich gab er nach, und ich fuhr mit ihm und Joan nach Epirus. Aber mein Vater weigerte sich hartnäckig, bei irgend jemandem in Lia zu bleiben, und wollte unbedingt, daß ich ihn im Haus von Verwandten im Nachbardorf Baburi zurückließ, während Joan und ich zu Tante Nitsas Haus weiterfuhren.

Am nächsten Tag holte ich ihn ab, und wir fuhren auf einer holprigen, unfertigen Straße den Berg hinauf zur St.-Demetrios-Kirche. Wir gingen zusammen ins Beinhaus und zündeten Kerzen über dem groben Kasten an, der die Gebeine meiner Mutter enthielt. Vater blickte schweigend auf den Kasten, dann drehte er sich zu mir um. «Ich möchte, daß du mir etwas versprichst», sagte er. «Wenn ich sterbe, möchte ich, daß du die sterblichen Überreste deiner Mutter nach Amerika bringst und sie neben mir auf dem Hope-Friedhof begraben läßt. Ich habe die beiden Grabstellen bereits gekauft und den Stein mit unseren beiden Namen darauf bestellt.»

«Das könnte ich jetzt schon tun», sagte ich. «Wir könnten den Kasten im selben Flugzeug, mit dem du zurückfliegst, nach Worcester schicken lassen.»

Er schüttelte den Kopf. «Nein, ich möchte nicht sehen, wie sie beerdigt wird, während ich noch lebe», sagte er. «Aber versprich mir, daß du's tust, wenn ich sterbe.»

Ich versprach es, und wir gingen zum Auto zurück und fuhren zum Haidis-Haus hinunter, wo Joan, Nitsa und Andreas auf uns warteten. Aber als wir oberhalb des Hofs anhielten, sagte mein Vater: «Ich bin zu müde, um hineinzugehen. Bring mir nur einen Stuhl hier herauf, damit ich sitzen und eine Tasse Kaffee trinken kann.»

Nitsa und Andreas kamen die Straße herauf, und wir flehten ihn alle an, ins Haus zu gehen, aber trotz aller Bitten lehnte er es mit fester Stimme ab, einen Fuß in Nitsas Haus zu setzen. Am Ende brachten wir ihm einen Stuhl und stellten ihn unter einen großen Walnußbaum neben der Straße. Joan machte ihm eine Tasse Kaffee und brachte sie zu ihm hinauf, und er trank sie mit grimmiger Würde. Damit stellte er öffentlich zur Schau, daß er Nitsas Haus nicht betrat. Er betrat übrigens auch kein anderes Haus in Lia, und sein Verhalten war in griechischen Augen die größte Beleidigung. Ich war überrascht, wieviel Groll er gegen die Einheimischen hegte und wie vollkommen er das Dorf seiner Geburt aus seinem Herzen getilgt hatte.

Da Vater absolut nicht zu überreden war, einige Zeit im Dorf zu verbringen, reisten wir am nächsten Tag ab und fuhren zurück nach Athen, wo er zufriedener zu sein schien. Aber bald setzte seine alte Ruhelosigkeit wieder ein, und er sprach davon, nach Worcester zurückzukehren. Sein Magen quäle ihn, sagte er, und er habe Angst, krank zu werden und in Griechenland in ein Krankenhaus gehen zu müssen. Er wäre lieber zu Hause, in der Nähe seiner Ärzte. Ich stimmte ihm zu, daß dies wohl das beste sei, da ich selbst in den Iran zurückkehren mußte.

Am letzten Tag saß mein Vater mit mir im Garten und sagte: «Wenn du nach Amerika zurückkommst, findest du deinen Vater vielleicht nicht mehr vor. Aber bevor ich sterbe, möchte ich dir sagen, daß ich auf zwei Dinge im Leben stolz bin – erstens auf alles, was du getan hast, und zweitens, daß keine meiner Töchter mich je beschämt hat. Übrigens auch keine meiner Nichten – alle Gatzoyiannis-Frauen –, sie sind alle tugendhaft und haben unsere Familie nie entehrt.»

Die Tatsache, daß ich in den Iran zurückkehren mußte, und sein Verhalten im Dorf hatten mich schon gereizt, und jetzt explodierte ich. «Was ist so wichtig daran?» schrie ich ihn an. «Warum beruhen dein Stolz und die Ehre der Familie auf der Tugend der Frauen?»

«Du hältst Ehre nicht für wichtig?» fragte er in einem Ton, der mich trotz meiner Wut einschüchterte.

«Doch, Ehre ist wichtig!» erwiderte ich. «Aber sie sollte darauf beruhen, was wir alle als Individuen tun, und nicht auf dem Anstand unserer weiblichen Verwandtschaft. In den meisten Familien wird irgendein Mädchen die Grenzen überschreiten. Bedeutet das, daß die ganze Familie ihren guten Namen und ihre Selbstachtung verlieren muß?»

«Für mich, für meine Freunde und Feinde – ja!» donnerte er. «Alle Männer, mit denen ich aufwuchs, lebten in der Angst, daß eine ihrer Frauen sie beschämen würde. Man konnte eines Morgens aufwachen und merken, daß einen alle anders ansahen, weil irgendein Mädchen in der Familie etwas Verrücktes getan hatte. Deshalb bin ich stolz, daß keine meiner Töchter, keine der Frauen in der ganzen Familie, die unseren Namen trägt, Schande über mich gebracht hat. Ich kann mich mit hocherhobenem Kopf vor jedem Mann zeigen, den ich kenne.»

Ich beschloß, die Diskussion zu beenden. Niemand konnte wissen, wann oder ob mein Vater und ich uns jemals wiedersehen würden. Aber seine Worte halfen mir, sowohl sein Denken als auch die Gesellschaftsformen zu verstehen, mit denen ich im Iran, im Irak, in Pakistan und in der Türkei konfrontiert wurde, wo Frauen unterdrückt und von den Männern sorgfältig überwacht werden, aber eine Waffe besitzen, die die ganze Familie in einem Augenblick vernichten konnte.

Mein Vater kehrte nach Worcester zurück, und ich stürzte mich wieder in die iranische Revolution. Ich mußte erleben, wie mein Kollege, Joe Alex Morris von der *Los Angeles Times*, von einer verirrten Kugel erschossen wurde. Ich erhielt das letzte Interview mit dem Schah vor seiner Flucht und beobachtete, wie Ajatollah Chomaini das Land in eine rigide Theokratie verwandelte.

Kaum kehrte ich aus dem Iran zurück, wurde ich in das vom Krieg zerrissene Beirut und dann nach Pakistan geschickt, um über den Widerstand der afghanischen Rebellen gegen die sowjetische Invasion zu berichten. 1980 wurde mir klar, daß ich die *Times* verlassen mußte, wenn ich mich jemals den Nachforschungen über die Geschichte meiner Mutter widmen wollte, denn die Berichterstattung über die Krisenherde im Mittleren Osten brachte mich ständig außer Landes und nahm meine ganze Zeit und Energie in Anspruch.

Am 1. Oktober 1980 gab ich meinen Posten bei der Zeitung auf und machte mich an die Aufgabe, jeden zu finden, der mit den letzten Tagen meiner Mutter zu tun gehabt hatte. Die Reise, die folgte, führte mich durch ganz Griechenland und nach England, Kanada, Amerika, Polen, Ungarn und die Tschechoslowakei. Ich interviewte Hunderte von Menschen – frühere Freunde und Nachbarn meiner Mutter,

Dorfbewohner, die bei ihrem Prozeß anwesend gewesen waren, falsche Freunde, die gegen sie ausgesagt hatten, um sich bei den kommunistischen Partisanen einzuschmeicheln, und Partisanen, die die Befehle ausführten, die ihren Tod zur Folge hatten. Während ich in Griechenland umherreiste, die Spuren von Zeugen verfolgte und Lücken in der Geschichte meiner Mutter schloß, riefen mich meine Schwestern immer wieder an, um mir mitzuteilen, daß mein Vater immer gebrechlicher wurde und sein Gedächtnis nachließ. Sie neigten dazu, bei jeder Krankheit zu übertreiben – bei ihrer eigenen und bei Krankheiten anderer. Als ich im Februar 1981 zu einem Besuch nach Amerika flog, holte er mich vom Flughafen ab, und ich fand ihn so rüstig und geistig rege wie eh und je. Unterwegs, auf der Autobahn, drehte er auf und fuhr weit mehr als die erlaubten neunzig Stundenkilometer. Plötzlich hörten wir Sirenen, und ein Verkehrspolizist dirigierte uns an die Seite. Der junge Beamte wollte den Führerschein meines Vaters sehen, und als er ihn zurückgab, hatte er einen merkwürdigen Ausdruck im Gesicht.

«Würden Sie bitte mit zu meinem Auto kommen?» forderte er mich auf. Als wir außer Hörweite waren, sagte er: «Im Führerschein steht: Geburtsdatum 1891. Stimmt das?»

«Das stimmt», bestätigte ich, stolz, einen Vater zu haben, der im Alter von neunzig Jahren (oder achtundachtzig, wenn sein wahrscheinlicheres Geburtsdatum 1893 korrekt war) immer noch fahren konnte.

«Würden Sie mir einen Gefallen tun und den Rest der Strecke fahren?» sagte der Polizist und schüttelte den Kopf bei dem Gedanken, daß jemand, der im neunzehnten Jahrhundert geboren war, die Route 90 entlangraste.

Mein Vater war wütend, als ich ihn aufforderte, mir Platz zu machen und mich ans Steuer zu lassen. «Der hat dir gesagt, du sollst fahren?» rief er aus. «Warum denn das? Du weißt doch, daß ich besser fahre als du!»

«Ich weiß, *Patera*», sagte ich. «Aber du willst doch nicht, daß er dich festnimmt, oder? Machen wir ihm doch die Freude.»

«Na schön, dieses eine Mal», knurrte er. «Aber ich bin immer noch ein besserer Fahrer als du. Wenn sie mir jemals das Auto wegnehmen, leg ich mich hin und sterbe.»

Mein Vater schimpfte auf dem ganzen Weg nach Hause über diese

Ungerechtigkeit, und ich war beruhigt, daß weder sein Verstand noch seine Reflexe, trotz der Einwände meiner Schwestern, sich wesentlich verschlechtert hatten. Doch bald nachdem ich wieder in Griechenland war, hatte er einen Unfall, der seinem Fahren ein Ende machte.

Mein Vater hatte die Gewohnheit, in seinem kleinen Auto jeden Tag seine Runde zu machen, das heißt, von Worcester hinaus nach Grafton zu fahren, um sich um unser leeres Haus zu kümmern, hineinzugehen und zu sehen, ob alles in Ordnung war, sich einen Kaffee zu machen und sich eine Weile auf der Veranda in die Sonne zu setzen, dann ein paar Verwandte zu besuchen und weiter nach Westboro zu fahren, um nach Glykeria und Prokopi in ihrem Pizza-Haus zu sehen. An einem Sommertag, während er auf der alten Straße seiner Obst- und Gemüseroute fuhr, stieß Vater mit dem Auto einer Frau zusammen, die aus dem Parkplatz eines Supermarktes ausscherte. Es war ein geringfügiger Unfall, bei dem nur die Stoßstangen eingedrückt wurden, und Vater tauschte mit der Frau Namen und die notwendigen Informationen aus, aber als er in Westboro eintraf, sagte er aufgeregt zu Prokopi und Glykeria: «Ich hatte einen Unfall und hab mein Auto beschädigt, aber ich kann mich nicht erinnern, wo es passiert ist und wie!»

Sie ließen ihn die Strecke zurückfahren und versuchten, seinem Gedächtnis nachzuhelfen, aber Vater konnte sich an nichts erinnern. Schließlich erfuhr ihr Sohn alles bei der Verkehrspolizei, weil die beteiligte Frau einen Unfallbericht eingereicht hatte, aber Vater war von seinem Gedächtnisverlust so demoralisiert, daß er dem Drängen meiner Schwestern schließlich nachgab und aufhörte, allein zu fahren. Er mußte seine tägliche Besuchsrunde aufgeben und konnte sich nicht mehr um das Haus und die Aktivitäten seiner ausgedehnten Familie kümmern wie ein Herrscher, der sein Königreich überwacht, aber er wollte nicht zugeben, daß es für immer war. «Es rühre niemand mein Auto an», warnte er die Familie. «Ich fahre vielleicht nicht heute damit, aber ich werde es morgen nehmen.» Doch sein Selbstvertrauen war zerstört, und er fuhr nie wieder. Und als er nicht mehr Auto fuhr, begann er zu sterben.

Im August rief mich Prokopi in Athen an, um mir zu sagen, daß mein Vater wegen eines Prostataproblems im Krankenhaus liege und daß die Ärzte eine Ansammlung von Flüssigkeit in seiner Lunge entdeckt hätten, die sich als lebensbedrohlich erweisen könnte. «Ich glaube, es ist besser, wenn du kommst, Nick», sagte Prokopi. «Sein Geist läßt immer stärker nach, und er sieht nicht gut aus.»

«Das sagt ihr immer», brüllte ich wütend ins Telefon, «aber wenn ich dann dort bin, ist sein Verstand so klar wie eh und je! Er ist achtundachtzig und in besserer Verfassung als die meisten Sechzigjährigen!»

Trotz meiner Einwände nahm ich das nächste Flugzeug nach Massachusetts. Im Hahnemann Hospital in Worcester näherte ich mich dem Zimmer meines Vaters mit schlimmen Befürchtungen. Um Exilpartisanen und nicht freundlich gesinnte Zeugen zu interviewen, die gegen meine Mutter ausgesagt hatten, hatte ich mir einen Bart wachsen lassen, um meine Identität zu verbergen, damit mich frühere Dorfbewohner aufgrund der Ähnlichkeit mit meiner Mutter nicht erkannten. Jetzt machte ich mir Sorgen, daß mein Vater nicht wüßte, wer ich war, daß er vielleicht so senil geworden war, daß er nicht merkte, daß dieser rauhe Fremde mit dem Bart sein Sohn war.

Ich betrat das Zimmer und sah Flaschen über dem Bett hängen und Schläuche, die in seinen Venen steckten. Erschreckt stellte ich fest, wie zerbrechlich mein Vater aussah, so klein, grau und verhutzelt unter den Krankenhausleintüchern. Mit großer Anstrengung hob er den Kopf ein bißchen, um mich mit seinen von schweren Lidern überschatteten, aufmerksamen Habichtaugen zu mustern. Er runzelte die Stirn über das, was er sah, und dann hob er eine zitternde Hand, um eine Krankenschwester, die geschäftig im Zimmer hin und her ging, heranzuwinken.

«Kommen Sie her, Schwester», krächzte er mit einer Stimme, die so schwach war, daß ich ihn kaum verstand. «Bringen Sie mir meine Jacke aus dem Schrank.»

«Ihre Jacke?» fragte sie.

«Ja, ich brauche was.»

Sie brachte ihm die Jacke und stopfte ihm ein paar Kissen in den Rücken, während er sein Portemonnaie aus der Tasche fischte und mich immer noch mit angewidertem Blick ansah. Er zog zwei Dollarscheine heraus und streckte sie mir entgegen.

«Hier sind zwei Dollar», sagte er grinsend. «Geh und laß dich rasieren. Kein Sohn von mir soll wie ein Penner aussehen.»

Ich war so erleichtert zu hören, daß der Humor meines Vaters immer noch intakt war, daß ich die Behauptungen meiner Schwestern, sein Zustand verschlechterte sich, nicht mehr ernst nahm. Innerhalb von zwölf Tagen waren seine Lungen wieder frei, und er wurde aus dem Krankenhaus entlassen. Überzeugt, daß er sich auf dem Weg der Besserung befand, flog ich nach Griechenland zurück, um meine Nachforschungen abzuschließen.

Ende 1981 war ich fertig. Ich hatte mehr als vierhundert Personen in sieben Ländern interviewt und war bereit, das Buch über das Leben und den Tod meiner Mutter zu Ende zu schreiben. Am Neujahrstag 1982 zog ich mit meiner Familie zurück nach Amerika. Auf dem Rückflug redeten sie aufgeregt über ihr neues Zuhause und Land. Von unseren drei Kindern konnte sich nur mein zehnjähriger Sohn an das Leben in Amerika erinnern, nachdem wir viereinhalb Jahre im Ausland gewesen waren.

In Boston begrüßten mich meine Schwestern mit erschreckenden Nachrichten. «Wir wollten dich nicht beunruhigen, weil wir wußten, daß du sowieso nach Hause kommen würdest», sagte Glykeria. «Aber Vater ist wieder im Krankenhaus. Er ist sehr krank. Es ist Diabetes. Er ist mit dem Fuß angestoßen, und es will nicht heilen. Jetzt ist der Fuß brandig.»

Mein Vater hatte seit vielen Jahren Diabetes und hielt die Krankheit zuerst durch Diät und dann mit Insulin in Schach, aber jetzt war er alt, der Kreislauf war schwach, und die Infektion wollte nicht heilen. Ich fuhr direkt ins Hahnemann Hospital und war schockiert zu sehen, wieviel Gewicht er verloren hatte. Er wog ungefähr dreißig Pfund weniger als beim letztenmal und sah jetzt genauso aus wie sein älterer Bruder Foto, außer daß mein Onkel mit siebenundneunzig viel vitaler war als mein Vater, der neun Jahre jünger, aber so zart wie ein Kind war. Ich war noch schockierter, als ich das Leintuch anhob und die große, eiternde Wunde an seinem Bein sah.

Ich verlangte den Arzt meines Vaters zu sehen und fragte, warum nichts über seinem infizierten Bein angebracht worden war, um es gegen die Irritation durch Leintücher und Decken zu schützen.

«Wir werden sehen, ob wir etwas dagegen tun können», sagte der Arzt nicht sehr überzeugend. «Aber das ist das normale Verfahren.» Dann sagte er, daß sie das Bein wahrscheinlich amputieren müßten.

«Sein Bein amputieren?» brüllte ich. «Der Mann ist fast neunzig Jahre alt! Das würde er nie überleben!»

Der Arzt zuckte mit den Schultern. Wenn er auf Medikamente nicht ansprach, blieb nichts anderes übrig, sagte er. Entweder sie amputierten das gangränöse Bein, oder die Infektion würde ihn umbringen.

Rasch machte ich einige Telefonate und erfuhr, daß das beste Krankenhaus in der Gegend für die Behandlung von Diabetes die Joslin Clinic in Boston war. Ich meldete ihn im Krankenhaus von Worcester ab und fuhr mit ihm im Krankenwagen nach Boston. In der Vergangenheit hatte er mich gern geneckt und jedesmal, wenn wir uns trennten, gesagt: «Sag deinem Vater jetzt auf Wiedersehen, du siehst ihn wahrscheinlich nicht wieder», wobei er auf sich immer in der dritten Person verwies. Aber jetzt spürte er trotz seiner Schmerzen meine Angst und ging die Sache anders an. «Schau nicht so besorgt drein», schalt er mich. «Du verlierst deinen Vater noch nicht!»

Er hatte recht. Die Ärzte in der Joslin Clinic gewannen sofort mein Vertrauen, als sie einen käfigartigen Rahmen über dem Bein anbrachten, um es vor dem Bettzeug zu schützen. Sie reinigten die Wunde und behandelten ihn mit Antibiotika, und innerhalb von zwei Wochen stabilisierte sich sein Zustand so weit, daß von einer Amputation keine Rede mehr war. Mein Vater war viel schwächer, als ich ihn je gesehen hatte, aber er genoß die große Anteilnahme, wenn sich sein Zimmer mit Besuchern füllte, die jeden Tag die lange Fahrt nach Boston machten, um ihm griechisches Essen zu bringen und ihm ihre Achtung und Liebe zu zeigen.

Innerhalb weniger Wochen war mein Vater so weit wiederhergestellt, um in die Maxdale Road zurückkehren zu können; er wurde so auf das Sofa in Glykerias Keller gebettet, daß er inmitten der Familienaktivitäten liegen konnte, umgeben vom Gewusel seiner Enkel, den Unterhaltungen, dem Kochen, Fernsehen und von Besuchern und nur wenige Schritte vom Bad entfernt. Heikel und stolz wie eh und je lehnte er es ab, daß ihm jemand die Bettpfanne brachte oder ihm auf die Toilette half, nein, er ging allein, auf eine metallene Gehhilfe gestützt. Eine Krankenschwester kam jeden Tag, um die Wunde an seinem Bein zu reinigen und seinen Zustand zu überwachen. Ich schaute täglich vorbei und war froh, daß ihm die Schmerzen einer Amputation erspart geblieben waren.

Oft, wenn ich ihn besuchte, schien mein Vater die Fesseln, die ihn an diese Zeit und an diesen Ort banden, abgestreift zu haben. Ich merkte, daß sein Geist durch die Jahrzehnte zurück und um die halbe Welt reiste, ihn zu Szenen der Vergangenheit führte, die sich in seinem Kopf erneut abspielten wie Abschnitte eines Films, die vom Boden aufgelesen und ohne Beachtung der Chronologie zusammengeklebt worden waren.

Glykeria sagte, sie wisse immer, wenn er eine dieser Reisen in die Vergangenheit antrete, weil er dann dasitze und einen unsichtbaren Faden in eine unsichtbare Nadel zu fädeln versuche. Dann beginne er zu nähen.

«Was machst du da, Vater?» fragte sie, und er antwortete: «Ich nähe einen Knopf an.»

«Das mach ich für dich», sagte sie. «Du brauchst deine Sachen nicht zu stopfen.»

«Nein, ich will es selber machen», erwiderte er hartnäckig und nähte weiter wie Penelope, die Fäden seiner Vergangenheit verwebend, um den Gobelin seines Lebens zu vollenden.

Manchmal, wenn ich zu Besuch kam, war er mit mir in Glykerias Haus, schimpfte wie üblich über den rauhen Bart und fischte zwei Dollar heraus, damit ich mich rasieren lassen könnte. Aber an anderen Tagen war er ein zehnjähriger Kesselflickerlehrling auf der Insel Siros und über die Nachricht aufgeregt, daß ein englisches Schiff im Hafen eingelaufen war und ein englischer Lord von Bord gegangen war, um sich in einem Café zu stärken. «Ich möchte ihn auch sehen. Wo ist er? Ich hab noch nie einen richtigen Lord gesehen», sagte er auf griechisch zu einem unsichtbaren Kameraden. «Los, gehen wir! Ich möchte näher rangehen. Wo ist er? ... Aber das ist ja nur ein Mann! Er ist ein Mann wie jeder andere. Und so ein kleiner Mann! Stell dir mal vor – so ein kleiner Lord!»

Ich fühlte mich irgendwie privilegiert, neben seiner Couch zu sitzen und diesen Szenen aus seiner Kindheit um die Jahrhundertwende zu lauschen. Da ihn seine Reise näher an die Brücke brachte, die diese Welt von der nächsten trennt, sah er vielleicht die Schatten, die auf der anderen Seite auf ihn warteten, deutlicher als die erwachsenen Kinder neben ihm. Seine Mutter und seine toten Brüder und Schwestern waren für ihn lebendig. «Hier kommt meine Schwester!» rief er freudig und meinte die Schwester, die mit sechzehn Jahren gestorben war, ein Opfer des bösen Blicks. «Schau, wie schön sie ist!»

Die Gesichter seiner Jagdkameraden, als sie noch alle *palikaria* in der Blüte ihrer Jahre waren, umgaben ihn, und er brüllte: «Geh, hol Nashelis! Er weiß, wie man die Wildschweine aufscheucht. Ich bleib hier. Die kommen nicht an mir vorbei!»

Oft sprach er mit meiner Mutter, und ich beneidete ihn um die Fähigkeit, sie so nahe und lebendig zu sehen, während ich nur meine flüchtigen Träume hatte. «Komm, setz dich neben mich, Eleni», sagte er und klopfte mit der Hand auf den Platz neben ihm. «Erzähl mir, was es Neues in der T'Alonia gibt. Laß dein Fegen – jemand anders kann das machen. Setz dich einen Augenblick, jetzt, wo ich da bin. Aber warum trägst du nicht das neue Kleid, das ich dir mitgebracht habe?»

Im Herbst legte ich letzte Hand an das Buch, das ich *Eleni* nannte. Jeden Tag besuchte ich meinen Vater und sprach mit ihm über unsere Freunde, die Enkel, die Zeit, als er nach Amerika kam und als seine Kinder eintrafen. An anderen Tagen reiste er in seine eigenen Erinnerungen, und ich beobachtete ihn, während er Gespräche mit verstorbenen Verwandten wiederaufleben ließ, manchmal mit meinem Großvater oder mit Foto stritt, eine alte Rechnung zu begleichen versuchte, liebevoll mit seiner Mutter und den seit langem toten Geschwistern redete, die mit ihm in einem Land gelebt hatten, das noch unter türkischer Herrschaft stand und wo die Männer den roten Fes tragen mußten und junge Frauen aus Angst, die Aufmerksamkeit eines vorübergehenden Türken auf sich zu lenken und in einen Harem verschleppt zu werden, ihre Gesichter verbargen. Auch die schwierige erste Zeit in Amerika lief in seinem persönlichen Film ab – die schlechten Zeiten, als er im eiskalten Regen auf den Vorarbeiter wartete, der aus der Menge die für den Tag benötigten Arbeiter auswählte, und die besseren Zeiten, wenn eine Zeitung oder ein Brief aus Griechenland eintraf oder eine glückliche Hand beim Kartenspiel im *kafenion* ihn zu dem Schrei veranlaßte: «Ay, Costa! Eine Runde für alle!»

So wie die Zeit, die mein Vater in seiner privaten Welt verbrachte, immer länger wurde, schien sein Körper zu schrumpfen, als ob er sich langsam davonschleichen wollte, sich der Brücke nähernd, die uns schließlich trennte. Aber manchmal war er wieder bei mir. Dann saß er auf der Couch und blickte mich mit dem alten ironischen Funkeln in den Augen an.

«Ich schreibe ein Buch, *Patera*», sagte ich bei einer dieser Gelegenheiten.

«Noch ein Buch? Ich fürchte, du wirst dir irgendwann das Hirn kaputtmachen», sagte er lächelnd. «Um was geht's denn?»

«Es handelt von *Mana*.»

«Meine Engelsfrau.» Er nickte. «Bring es mir, sobald es herausgekommen ist. Ich hab all deine anderen Bücher auf dem Regal, gleich hier.»

«Bestimmt.»

Sobald ich eine gedruckte Ausgabe des Buches hatte, brachte ich sie meinem Vater. Aber er hatte vergessen, was ich ihm davon erzählt hatte. «Ich habe schon alle deine Bücher», sagte er zu mir. «Dort stehen sie.»

«Das hier ist neu», sagte ich und reichte es ihm. «Es heißt *Eleni*.»

Er schaute sich den Einband an, drehte es um und sah das Foto auf der Rückseite: ein Familienporträt, das 1946, in der kurzen Friedenszeit zwischen dem Ende des Weltkrieges und dem Ausbruch des Bürgerkriegs von einem Wanderfotografen aufgenommen worden war. Er hatte uns an einer Mauer aufgestellt und seine Box auf ein Stativ gesetzt. In der hinteren Reihe standen meine drei älteren Schwestern, ihre Haare zu Zöpfen geflochten, und Tante Nitsa. Vorne saß meine Mutter in ihrer groben bäuerlichen Homespunkleidung, das Haar von einem Kopftuch bedeckt. Fotini und ich standen zu beiden Seiten, und sie hielt meine rechte Hand in ihrer Linken. Wir starrten alle ernst in die Kamera.

Mein Vater schaute das Bild eine Weile lang prüfend an, sich vielleicht erinnernd, wie Mutter es ihm geschickt und er es an den Spiegel hinter der Theke des Imbisses, in dem er arbeitete, geklebt hatte. «Meine liebe Frau», sagte er endlich, reichte mir das Buch zurück und schloß die Augen. Wahrscheinlich sah er sie deutlicher als in jeder Fotografie. Ich stellte das Buch auf das Regal neben die anderen, die ich geschrieben hatte, und wußte, daß er es nie würde lesen können.

Meine Schwestern wußten zwar, um was es ging, hatten es aber auch noch nicht gelesen. Mitte April kam ein Faktenprüfer von *Reader's Digest*, das in jenem Sommer in zwei Ausgaben des Magazins eine 20 000-Wort-Zusammenfassung von *Eleni* bringen wollte. Es war ein schlanker, gelehrtenhaft aussehender junger Mann mit Brille namens Richard Hessney, der übergründlich war. «Sind Sie sicher, daß die Augen Ihrer Großmutter blau waren?» fragte er mich. «Können Sie mich an jemanden verweisen, der das bestätigen kann?» Nachdem er und ich das ganze Manuskript mühsam durchgearbeitet hatten, wobei der Prüfer jede Einzelheit unterstrich und in Frage stellte, bat er, meine Schwestern allein befragen zu dürfen, um sicherzugehen, daß ihre Erinnerungen mit meinen übereinstimmten. Ich rief Glykeria und Kanta an und erklärte ihnen, was er wollte, und sie waren einverstanden, obwohl die Tatsache, vom Vertreter eines so berühmten amerikanischen Magazins interviewt zu werden, ihnen ein bißchen angst machte.

Kanta nahm gar zwei Beruhigungstabletten, um sich gegen die Nervenprobe zu wappnen. Dann ging sie nebenan in den Keller von Glykeria, und die beiden Frauen saßen im Küchenbereich am Resopaltisch, während der junge Mann aus New York das kondensierte Manuskript Absatz für Absatz laut vorlas und alle paar Sätze pausierte, damit sie bestätigen konnten, daß alles richtig war. Er las ihnen von der Ankunft der Partisanen in unserem Dorf vor und von der Nacht, in der meine Mutter und Großmutter Olgas Fuß mit einem erhitzten Schürhaken aus dem Kamin verbrannten, damit sie zu verkrüppelt wäre, um von den Partisanen als *andartina* eingezogen zu werden. Und wie sie statt dessen Kanta mitnahmen und schließlich wieder freiließen, weil sie so oft in Ohnmacht fiel. Er las davon, wie die Partisanen uns aus dem Haus warfen und es zu einem Hauptquartier und Gefängnis machten, wo sie die Gefangenen folterten und zwangen, in unserem Garten ihre eigenen Gräber zu schaufeln. Er berichtete, wie ich Partisanen belauschte, die die Kinder des Dorfes verschleppen wollten, und wie ich zu meiner Mutter rannte, die unsere Flucht zu planen begann und im letzten Augenblick gezwungen war, selbst zurückzubleiben. Er ging die Einzelheiten unseres letzten Abschieds von unserer Mutter durch, als die Partisanen sie abführten. Stotternd las er vor, wie sie festgenommen, verhört und gefoltert wurde. Er beschrieb die Prozession der verurteilten Gefangenen, die an einer Quelle vorbei zu einer Schlucht geführt und von einem kleinen Mädchen beobachtet wurden, das meiner Mutter Wasser gab. Beim Anblick des Kindes brach meine Mutter in Tränen aus: «Oh, meine kleine Fotini, wo ist sie?» Schließlich las er die Aussage einer Frau aus dem Dorf vor, die an der Schlucht vorbeikam und den letzten, schrecklichen Schrei meiner Mutter – «Meine Kinder!» – hörte, dem eine Gewehrsalve folgte.

Der junge Mann hatte kaum zu lesen begonnen, als meine Schwestern anfingen zu weinen, aber sie hielten tapfer durch, nickten nach jedem Absatz und sagten: «Ja, so war es.» Der Prüfer sagte mir später leicht verlegen, daß auch ihm nach kurzer Zeit die Tränen in den Augen standen, so habe ihn ihr Schmerz berührt. Sie verbrachten den ganzen Vormittag damit, sich qualvoll durch die Geschichte zu arbeiten. Dabei sprachen sie leise, um meinen Vater, der auf seiner Couch schlummerte, nicht zu stören. Er nahm nicht mehr viel davon wahr, was um ihn herum geschah. Deshalb dachten sie, er würde den Journalisten aus New York gar nicht bemerken. Aber als die Nervenprobe vorbei und die letzten Worte vorgelesen waren, drehten sie sich nach ihm um und sahen ihn auf der Couch sitzen, die Wangen naß von Tränen um seine tote Frau.

Das Buch wurde im April veröffentlicht. Promotionsreisen nahmen fast den ganzen Mai in Anspruch, und Ende Juni war ich ausgebrannt und wollte unbedingt ein paar Tage freinehmen. Meine alten griechischen Freunde Fred Malitas und Tony Deli aus der Zeit, als wir uns zusammen in der Busstation an amerikanische Mädchen heranpirschten, schlugen vor, daß wir uns alle mit unseren Familien zu einem nostalgischen Wiedersehen in Ocean City treffen sollten, wo ich die besten Sommer meiner Jugend verbracht hatte. Fred besaß inzwischen eine ganze Kette von Pizzerien um Philadelphia herum, und seine junge griechische Frau Aleka hatte drei Söhne zur Welt gebracht, die eines Tages im Geschäft mithelfen würden. Tony Deli hatte eine Amerikanerin griechischer Abstammung geheiratet, die ihm zwei Söhne geboren hatte, und besaß einen ausgedehnten Obst- und Gemüsegroßhandel in Springfield, Massachusetts. Wir vereinbarten, uns in der zweiten Juliwoche in Ocean City zu versammeln, um unsere Kinder miteinander bekannt zu machen und einige unserer Jugendabenteuer wiederaufleben zu lassen.

Am Tag vor unserer Abreise besuchte ich meinen Vater. Ich küßte ihn und sagte: «Ich mache mit Joan und den Kindern Urlaub in Ocean City, *Patera*. In einer Woche bin ich wieder da.»

Er nickte. «Geh nur. Hab Spaß mit deiner Familie.»

«Wir fahren erst morgen früh», sagte ich. «Möchtest du noch irgendwas haben?»

«*Kalo telos*, ein gutes Ende», antwortete er mit einer Spur des alten Feuers in den Augen.

Er bekam sein *kalo telos* zwei Tage später – den Tod, den er sich gewünscht hatte, umgeben von seiner geliebten Familie.

Am Sonntag, dem 10. Juli, feierte Glykeria den Namenstag ihres Mannes Prokopi, und alle Griechen von Worcester waren zu einem kalten Büfett in ihr Haus geladen. Am Tag vor der Party kochte und putzte sie wie ein Wirbelwind und rannte die Treppe rauf und runter. «Bleib hier», rief ihr mein Vater zu. «Putz nicht so viel. Setz dich hierher, damit ich dich sehen kann.»

«Du willst nur schwatzen», erwiderte Glykeria unwirsch. «Ich kann nicht herumsitzen und reden, wir feiern morgen Namenstag!»

«Du solltest mich ins Altersheim schicken», sagte Vater, eines seiner Lieblingsthemen wiederholend. «Ich bin nur eine Last für euch. Ihr habt durch mich zu viel zu leiden! Aber wenn ihr in meinem Alter sein werdet, wollt ihr auch, daß sich eure Kinder zu euch setzen und mit euch reden.»

Am Sonntag kamen die ersten Gäste um fünf Uhr nachmittags, und bald drängten sich vierzig Leute in Glykerias Kellergeschoß. Sie hatte ein Krankenhausbett für meinen Vater in einen kleinen Anbau neben den Waschmaschinen gestellt, damit er nachts bequemer schlafen konnte, aber an jenem Tag wollte er unbedingt auf der Couch inmitten der Festlichkeiten sitzen, damit ihm nichts entging.

Alle erinnern sich, wie er lachte und Späße machte, seine Kinder und Enkel neckte, wie er eine Frau tadelte, weil sie zu laut lachte, und dann selber noch viel lauter lachte.

Vater haßte die Einschränkungen seiner Diät und bat immer wieder um einen Teller mit *jigantes*-Bohnen in Tomatensauce mit viel Knoblauch, aber Glykeria erinnerte ihn, daß sie für seines Diabetes nicht gut waren. Olga kam, setzte sich an seine Seite und fütterte ihn mit etwas Reis. Dann kam Kanta und hielt ihm eine Tasse Tee hin. «Eigentlich möchte ich ja von den Bohnen haben», sagte er kläglich.

Ein bißchen später begann er zu schnaufen und sagte zu Glykeria: «Bring mir Cognak oder Wein zu trinken. Irgendwas ist in meiner Brust steckengeblieben.»

«*Patera*, du weißt doch, das ist das Schlimmste für deinen Zucker!» schimpfte Glykeria und brachte ihm ein Glas Wasser. Sie dachte daran, wie er in der früheren Zeit auf Partys gern sein Glas Retsina geleert hatte, nachdem er es auf dem Kopf balanciert und die Tänze angeführt hatte.

Noch bevor die Gäste gegen halb zwölf alle gegangen waren, hatte sich Vater auf sein Bett in die Ecke gelegt; auf dem Weg nach draußen blieben alle Gäste vor ihm stehen, um ihn zum Abschied zu küssen. Die Söhne meiner Schwestern, die zu jungen Männern herangewachsen waren, hielten immer noch wie Brüder zusammen. Sie beschlossen, noch auszugehen und sich zu amüsieren. Auf dem Weg nach draußen küßte jeder seinen Großvater. Der letzte in der Reihe war der Jüngste, Fotinis neunzehnjähriger Sohn Christos, ein unverbesserlicher Witzbold wie sein Großvater.

Christos kniete sich neben das Bett und sagte schelmisch: «Mögest du viele Jahre für uns alle leben, *Papu*. Weißt du, wer ich bin?»

«Wer *bist* du?» fragte Vater blinzelnd.

«Christos Bottos!» rief er lachend aus. «Ich heiße Christos genau wie du. Ich bin dein Enkel und nach dir getauft worden.»

«Ja, ja, mein Kind», antwortete Vater und tätschelte ihn. «Du hast meinen Segen.»

Nachdem alle gegangen waren und Glykeria die schmutzigen Teller weggeräumt hatte, zog Vater wieder aus dem Bett auf die Couch in der Mitte des Raumes zurück. «Ich möchte heute nacht hier schlafen», sagte er.

«Aber im Bett ist es viel bequemer», sagte sie.

«Nein, heute nacht möchte ich hier schlafen», beharrte er.

Als Glykeria mit dem Aufräumen fertig war, legte sie sich zum Schlafen auf die andere Couch, wie sie es manchmal tat, wenn sie Angst hatte, daß Vater sie in der Nacht rufen und sie ihn nicht hören würde. Sie glaubte, er sei eingeschlafen, aber als sie sich niederlegte und die Decke über sich zog, fragte er: «Bleibst du hier?» Als sie es bejahte, antwortete er: «Gut!»

Glykeria nickte ein, wurde aber von meinem Vater geweckt, der plötzlich aufsaß und die Füße laut auf den Boden setzte.

«Mir ist nicht gut», sagte er. «Ich muß ins Bad.»

«Warte, bis ich meine Hausschuhe angezogen habe», sagte Glykeria. Aber er stand allein auf und fiel beinahe um. Sie fing ihn auf, bevor er zu Boden sank, aber plötzlich verzerrte sich sein Mund, und sie wußte, daß er starb. Da begann sie zu schreien: «Helft mir! Mein Vater! Er stirbt!»

Prokopi war oben. Die Türen waren geschlossen und das Fernsehgerät laut aufgedreht, und er hörte nichts, aber Glykeria schrie so laut, daß Kanta sie im Haus nebenan hörte und herübergerannt kam. Gleichzeitig kehrten die Enkel zurück und fanden ihren Großvater am Boden liegend vor, während Glykeria schrie. Ihr jüngerer Sohn Spiro versuchte Mund-zu-Mund-Beatmung, und jemand rief den Krankenwagen.

Prokopi saß im Krankenwagen hinten bei Vater, und alle anderen folgten in ihren Autos, außer Glykeria, die so hysterisch war, daß man sie nicht aus dem Haus ließ. Vater kam noch einmal kurz zu Bewußtsein und deutete mit Gesten an, daß Prokopi ihm das Portemonnaie aus der Brusttasche nehmen sollte. Es enthielt 400 Dollar – ein Teil des kleinen Spargroschens, den er in seinem Testament sorgfältig unter den Kindern und Enkeln verteilte.

In der Notaufnahme schoben ihn Ärzte und Schwestern schnell aus dem Raum. Nach wenig mehr als einer Stunde kam ein Arzt zurück, um den wartenden Verwandten mitzuteilen, daß Christos an Herzversagen gestorben sei. Er hatte die Brücke zur anderen Straße überquert, aber nicht ohne vorher jeden seiner Lieben zum Abschied geküßt zu haben.

Gegen drei Uhr früh wurde ich in der Wohnung, die wir in Ocean City gemietet hatten, vom Telefonklingeln geweckt. Glykeria teilte mir mit, daß mein Vater gestorben sei. Ich legte auf, bevor sie noch mehr sagen konnte: Ich mußte allein trauern. Ich hatte ihn erst mit neun Jahren kennengelernt, aber Gott hatte mir vierunddreißig Jahre geschenkt, in denen ich erfahren durfte, was für einen Vater ich hatte.

Wir begruben ihn am 13. Juli 1983 auf dem Hope-Friedhof im Doppelgrab, das er so viele Jahre zuvor schon vorbereitet hatte. Hunderte von Trauernden drängten sich im Bestattungsinstitut und in der Kirche. In der Kirche sang der Priester: «O Christus bei den Heiligen, schenke der Seele Deines Dieners Christos Frieden, damit er an einem Ort des Lichtes ruhen kann, wo es keine Schmerzen, keinen Kummer, kein Seufzen gibt, aber immerwährendes Leben... Die Schönheit ist vergangen, und die Kraft der Jugend hat der Tod dahingerafft... Kommt alle, die ihr mich liebt, und grüßt mich mit einem letzten Kuß, denn niemals wieder werde ich mit euch gehen oder zu euch sprechen.»

Nachdem wir die Kirche verlassen hatten, folgte dem schwarzen Wagen ein Leichenzug, der sich über mehrere Häuserblocks erstreckte und einen Umweg machte, um auf dem Weg zum Friedhof für einen Augenblick in der Maxdale Road zu halten, wo mein Vater nur drei Tage zuvor gefeiert und die Küsse seines Clans empfangen hatte. Auf dem Friedhof traten wir alle einzeln vor, um eine Blume auf den Sarg zu werfen, während der Priester und die Trauernden dreimal wiederholten: «Möge die Erinnerung an Christos, der des Lobes wert ist, für immer in uns bleiben.»

Briefe kamen von griechischen Senatoren und Mitgliedern des Repräsentantenhauses. Aus Griechenland trafen Telegramme ein. Der Nachruf in der *Worchester Telegram and Evening Gazette* sagte, daß «Mr. Ngagoyeanes im Laufe der Jahre für mehr als 100 Personen aus seiner Heimatregion gebürgt und damit ihre Einwanderung in die Vereinigten Staaten unterstützt hat». Die *Hellenic Chronicle* widmete dem ehemaligen Gemüsehändler und Koch einen ganzen Leitartikel. «Nach dem Tod (seiner Frau) war Christos Ngagoyeanes 35 Jahre lang seinen Kindern Vater und Mutter», hieß es. «Christos Ngagoyeanes war 73 Jahre lang ein Führer unter den *protoporoi* der griechischen Gemeinde von Worcester. Er arbeitete hart und... erreichte, was jeder griechische Einwanderer sich nur wünschen kann. Er bedauerte nur eines, daß seine Eleni nicht bei ihm sein konnte... Sie war von ihm gegangen, aber ihr lebendes Vermächtnis – ihre fünf Kinder, dreizehn Enkel und zwei Urenkel – waren da... Wir bitten, Gott möge ihm die wohlverdiente Ruhe schenken und uns helfen, daß wir uns ewig an ihn erinnern.»

Vierzehn Monate nach dem Tod meines Vaters wurden er und seine Eleni endlich wiedervereint, als ich ihre sterblichen Überreste aus Griechenland holte und sie an seiner Seite beerdigen ließ. Ein neuer Grabstein aus Marmor war bereit, der auf einer Seite ihre Namen und Geburts- und Todesdaten in englischer Sprache und auf der anderen Seite dieselben Daten auf griechisch trug, dazu ein Bild, das ihrem Hochzeitsporträt aus dem Jahr 1926 entnommen und in den Stein gehauen war: mein Vater in seinem amerikanischen Anzug, Schlips und Hut, meine Mutter mit ihrem Kopftuch und der bestickten Hochzeitstracht aus Samt. Eingraviert ist auch eine Zeile aus dem ersten Brief des Paulus an die Korinther:

«Die Liebe höret nimmer auf.»